# 교회 3.0

당신이 하나님을 더 깊이 알아 가고 더 널리 알리는 사람이 되는 것, 이 책에 담긴 예수전도단의 마음입니다. 말씀을 통해 저자가 깨닫고, 원고를 통해 저희가 누릴 수 있었던 그 감동이 책을 통해 당신에게도 전해지기 원합니다. 그리고 당신을 통해 그 기쁨과 은혜가 더 많은 이들에게 계속해서 흘러가기를 기도하겠습니다. 이 책을 통해 당신이 받은 은혜를 다른 분들에게도 나눠 주십시오. 사랑하고 축복합니다.

본질과 사명을 되찾는 교회의 재탄생

# 교회 3.0

**닐 콜** 지음 | **안정임** 옮김

예수전도단

이 책을 나의 형제이자 유기적 교회를
함께 가꾸어 가는 동료 폴 카크에게 바친다.
수년 전에 우리는 꿈을 꾸며 계획을 세웠고,
이제 그 꿈이 현실로 이루어지고 있다.
얼마나 감격스러운 일인가!

나는 '형제'라는 단어를 많이 사용한다.
(특히 상대의 이름이 생각나지 않을 때 그렇다.)
폴 카크를 형제라고 부르기엔 경솔한 감이 있지만,
실제로 그는 피를 나눈 진짜 형제나 다름없는 사람이다.
우리는 끊임없이 티격태격하면서도 모든 걸 함께 나눈다.
어떤 일이든 밤을 새워 가며 허심탄회하게 이야기한다.
내가 그를 놀리면, 그도 곧바로 나에게 복수를 한다.
이 세상에서 그렇게 할 만한 사람은 그밖에 없다.
누구라도 그를 괴롭히면 내가 가만두지 않을 것이며,
그도 나를 위해서라면 똑같이 할 것이라고 장담한다.

# 추천의 글

"한국 교회가 위기다!"라는 말은 이제 새로울 것도 없고 위기감도 없는 말이 되어 버렸다. 위기를 인식하는 사람들의 생각은 제각각이며, 진단 또한 다르니 그 해결책도 제각각이다. 위기에 대한 이해, 해석, 진단, 해결책 모두가 오리무중인 이유가 무엇일까? 교회란 무엇인가에 대한 선명한 그림을 갖지 못했기 때문일 것이다. 기존의 교회를 체념한 채 받아들이면서 교회 위기를 해결하는 것은 불가능하다. 그렇기에 교회가 무엇인지, 어떤 교회를 꿈꿔야 하는지, 어떤 부분을 개혁하고, 어떻게 새로운 시도를 할 것인지와 같은 질문은 오늘날 한국 교회의 생존을 위해서라면 피해 갈 수 없는 질문이다. 그런 의미에서 《교회 3.0》은 매우 도발적이고 도전적인 책이다.

저자는 교회의 머리이신 예수 그리스도의 충직하고 영민한 종들이 오늘날 자신이 처한 상황 속에서 과거와 전통에 매이지 않고 새로운 시도를 하고 있음을 보여 준다. 그는 그리스도의 복음과 교회를 향한 하나님의 계획을 선명하게 드러내기 위해 교회의 규모와 조직에서부터 리더십, 권위와 역할, 예배와 성례전, 헌금 등 모든 것을 해체하고 있다. 그러나 건강한 성경 해석과 정확한 시대 분석을 기반으로 삼았기에 '체제에는 위험하지만 교회에는 양약이 될' 진리를 담고 있음은 분명하다.

오늘날 한국 교회는 '교회 2.0' 시대의 한계에서 벗어나지 못한 채 심각한 위기에 처해 있다. 이제는 사회가 교회를 걱정하는 상황이 되었다. 하나님을 사랑하고 섬기는 사람이라면 누구나 교회를 염려하며 걱정한다. 하지만 아직도 많은 사람이 특정 사역과 프로그램 같은 방법론이나 운동을 돌파구로 삼고 있는 것 같다. 나는 우리가 누구이며 무엇을 위한 존재들인지 기억해 내는 것이 교회가 견고해지는 출발점이 되리라고 믿는다. 왜냐하면, 우리가 바로 교회이기 때문이다.

간결하게 정리된 답은 기대하지 마시길 당부한다. 이 책은 답이 아닌 질문을 주는 책이다. 본질을 향한 저자의 정신과 의식 속에서 우리가 진정으로 골몰해야 할 교회에 대한 고민을 되찾게 될 것이다. 교회에 대한 성경적 근본 원리뿐 아니라, 현 상황에 대한 사회 문화적 분석, 이 시대에 세워져야 할 교회에 대한 비전, 그리고 시행착오를 피해 갈 지혜가 풍성히 담긴《교회 3.0》을 한국 교회를 향해 거룩한 부담감을 가진 모든 분에게 추천한다.

**김형국 목사**

**나들목교회 대표목사,《교회를 꿈꾼다》저자**

이 책을 읽는 내내 나는 온몸에 전율을 느꼈다. 성령께서 나를 흔들고 있음이 느껴졌다. 교회란 무엇일까? 교회를 다르게 할 수는 없을까? 이는 세상으로부터 비난과 조롱을 받는 우리 시대의 목사들뿐만 아니라 모든 그리스도인이 갖는 고민이며 질문이다. 건강한 교회, 새로운 목회를 지향하는 '교회 2.0 목회자 운동'에 참여하는 동안 하나님께서 내게 주신 교회 정체성과 방향은 "더불어 함께하는 건강한 작은 교회"다. 그냥 '작은 교회'가 아니라 더불어 함께 즉, 유기체성이 살아 있는 건강한 작은 교회를 세우고, 그런 교회들이 연합하여 새로운 교회 생태계를 세워야 한다는 것이다.

그런데 과연 그게 가능할까? 그것이 우리의 기도 제목이며 고민거리이다. 이 책의 저자 닐 콜 목사는 작고, 단순하며, 하나님 나라에 대한 놀라운 계획을 담은, 그리고 하나님의 말씀에 근거한 의미심장함을 가지고 있으며, 착 달라붙을 정도로 매력적이고, 쉽고 빠르게 잘 퍼져 나가는 그런 교회가 가능하다고 소개한다. 이 책은 그런 교회가 어떤 곳이고, 어떻게 그런 교회가 가능한지를 이론적으로 설명하는 것에 그치지 않고, 실제로 수십 년 동안 그런 교회를 일구어 온 경험을 실제적으로 제시하고 있다.

우리나라에 소개된 저자의 책 《오가닉 처치》(가나북스 역간)가 예수님이 가르치고 세우신 교회인 '유기적 공동체'로서의 교회에 대한 개념과 내용을 소개했다면 《교회 3.0》은 그것을 실제 교회와 목회에서 어떻게 이루는가를 구체적으로 소개한 책이라 할 수 있다. 닐 콜은 개념과 내용 설명에서 그치지 않고, 교회 목표, 성장, 조직, 전도, 세례와 성찬, 주일학교 교육에 이르기까지 실제적 내용에 대한 적용 사례를 알기 쉽게 설명했다.

저자는 교회 1.0에서 3.0으로 이어지는 전통이나 역사적 계승 자체를 부인하는 것은 아니다. 다만, 교회 1.0 시대의 장점이었던 유기체성과 배가 확장성이 2.0 시대를 지나면서 구조화, 고착화, 대형화로 인해 사라진 것을 현대적 상황에 맞게 복원하고 발전시키자는 것이다. 유기체성이 살아 있고, 배가 확장성이 살아 있으며, 그리스도인과 교회가 감당해야 할 지역과 시대적 책임에 대해 최선을 다하는 교회인 "더불어 함께하는 건강한 작은 교회"를 꿈꾸는 목회자와 성도들에게 그 가능성을 구체화해 준 책 《교회 3.0》을 기쁨으로 추천한다.

**이진오 목사**

**더함공동체교회 담임목사, 교회 2.0 목회자 운동 실행위원**

《교회 3.0》은 성경이 말하는 교회, 주님이 세우시고 주님이 원하시는 교회가 어떤 교회인가에 대해서 잘 답변해 주고 있다.

급변하는 시대적 상황 속에 처해 있지만, 한국 교회는 아직도 1.0 혹은 2.0 교회에 머물러 허우적거리고 있다. 예수님께서 말씀하셨다. "새 포도주는 새 부대에 넣어야 둘이 다 보전되느니라"(마 9:17). 그 본질은 예수님 당시나 현재, 그리고 앞으로도 변하지 않는다. 그러나 비본질적인 형태는 시대나 세대, 상황에 따라 세모, 네모 그리고 원이 될 수도 있다. 본질을 보존하고 발전시키기 위해서라도 과감하게 형태를 바꾸어야 한다. 그렇지 않으면 둘 다 놓쳐 버린다.

저자는 인터넷 모바일 시대에 교회가 살아남기 위해서, 그리고 세상 속에서 사명을 감당하기 위해서는 과거의 고정관념이나 선입견을 버리고 새로운 패러다임을 가져야 함을 강조하고 있다.

《교회 3.0》은 참 교회의 모습을 말하고 있다. 한국 교회는 '교회'하면 건물이나 숫자를 생각한다. 그러나 성경은 교회를 한 번도 그렇게 언급한 적이 없다. 성도들의 모임, 즉 하나님 나라의 공동체를 '교회'라고 정의한다. 《교회 3.0》은 참 교회란 유기적 교회, 공동체성, 지체 의식과 가족 의식을 가져야 함을 강조하고 있다. 교회를 어떻게 보느냐에 따라서 목회의 방향과 사역의 내용이 달라지는 법이다. 그런 면에서 《교회 3.0》은 참 교회의 모습을 보여 주며, 이로써 성도들이 바른 태도와 동기를 가지고 교회와 세상을 섬기도록 상세히 가르쳐 주고 있다.

이 책은 교회 3.0의 원리와 현장을 균형 있게 보여 준다. 방법론이나 기술보다는 근본 원리와 정신 그리고 실천적 삶의 결과, 즉 자연적으로 나타나는 풍성한 열매들을 잘 보여 주고 있는 것이다. 독자들이 이를 자신의 삶의 현장에 맞추어 알맞게 적용시켜 나갈 때, 아름다운 공동체를 이루어 갈 수 있음을 가르쳐 주고 있다. 《교회 3.0》은 한국 교회의 변화와 개혁에 엄청난 영향력을 줄 것으로 기대된다.

**최상태 목사**
**화평교회 담임목사, 국제제자훈련원 경기 지역 CAL-NET 대표**

지난 2년 동안 우리 코너스톤 교회의 장로들 사이에는 교회의 변화에 관한 많은 이야기가 오갔다. 함께 성경을 공부하면 할수록 그러한 변화는 지극히 당연하다는 확신이 들었다. 주님은 우리 교회가 하나의 '몸'이 되기를 바라셨다.

지금까지 교회들은 성도들을 그리스도와 '인격적이고 친밀한 관계'를 맺게 하는 일에만 초점을 맞추느라, 단합된 주님의 증인이 되는 사명을 등한시해 왔다. 누군가는 그것을 가리켜 '블랙잭 신앙'이라고 비꼬기도 했다. 동석한 사람을 의식할 필요 없이 오직 카드를 나누는 사람만 신경 쓰면 되는 블랙잭 게임처럼, 그리스도인들도 그런 생각과 마음가짐으로 주일 예배에 참석한다는 것이다.

개인적으로는 지금과 같은 전통적인 예배 방식을 좋아한다. 아무도 신경 쓸 것 없이 뒷자리에 편안히 앉아 예배만 드리고 나오면 그만 아닌가! 십년 전에는 위가 뚫려 있는 커다란 냉장고 상자에 들어가서 혼자 연극을 해가며 그런 행동을 적극 권장하기도 했다. 마치 우리가 그런 상자에 들어가 있는 것처럼, 주변 사람들은 아랑곳하지 않고 오로지 위만 보며 예배드려야 한다고 설교했다. 신앙이란 하나님과 나 사이의 관계이니, 오로지 위에 계신 그분만 쳐다보면 된다는 의미였다. 이는 성경에서 근거를 찾을 수 없는 말이었으나, 아무도 내 말에 이의를 제기하지 않았다. 사실 주변 사람들까지 신경 쓰는 게 어디 쉬운 일인가? 그러니 귀를 즐겁게 해주는 설교에 누가 이의를 제기하겠는가?

그러나 얼마 못 가서 나는 교인들에게 '고립주의'를 찬성하고 권장했던 점을 깊이 뉘우쳤다. 하나님이 원하시는 것은 모든 그리스도인이 한 가족이 되는 것이다. 하나님은 이스라엘 백성만이 아닌 주의 모든 백성이 그분의 영광을 나타내기를 원하시며, 그리스도인 개개인이 아닌 '교회'를 사용하길 바라신다.

> 그러나 너희는 택하신 족속이요 왕 같은 제사장들이요 거룩한 나라요 그의 소유가 된 백성이니 이는 너희를 어두운 데서 불러내어 그의 기이한 빛에 들어가게 하신 이의 아름다운 덕을 선포하게 하려 하심이라(벧전 2:9).

나 혼자서는 하나님의 사랑을 '말'로 전하는 일밖에 할 수 없다. 그러나 다른 사람과 함께라면 하나님의 사랑과 용서와 인내를 실제로 '보여 줄' 수 있다. 단순히 예수님의 복음을 전하는 데 그치지 않고, 실제로 예수님을 목격할 수 있게 해주는 것이다.

> 어느 때나 하나님을 본 사람이 없으되 만일 우리가 서로 사랑하면 하나님이 우리 안에 거하시고 그의 사랑이 우리 안에 온전히 이루어지느니라(요일 4:12).

우리 교회 장로들이 교인들을 하나의 몸으로 연합하게 하고자 애쓰는 동안, 전 세계 많은 그리스도인도 우리와 똑같은 일을 하고 있다는 사실을 알게 되었다! 우리만이 홀로 새로운 길을 개척하는 선구자인 줄 알았으나, 성령께서는 다른 사람들도 이미 같은 길로 인도하고 계셨다. 심지어 우리보다 훨씬 더 앞서 가는 이들도 있었다.

내가 처음으로《교회 3.0》을 읽은 시기는, 마침 우리 교회 지도자들이 그 해답을 찾고자 고심하고 있을 무렵이었다. 그보다 더 적절한 시기는 없었다. 우리 지도자들은 교회를 향한 하나님의 뜻과 구상을 더 깊이 이해하고, 큰 그림을 그릴 수 있게 되었다. 남은 문제는 그 그림을 구체적으로 실현하는 것뿐이다. 내가 이 책에 고마움을 느끼는 이유가 바로 그것이다. 이 책은 매우 실용적이다. 이론과 개념을 뛰어넘어 공동체가 나아갈 또 다른 길을 제시하며, 많은 생각을 하게 해준다.

모든 교회 목사가 꼭 이 책을 읽어 보았으면 좋겠다. 이 책에서 말하는 모든 내용에 100% 동의하라는 이야기가 아니다. 저자도 이 책에서(혹은 어떤 책에서라도) 제시하는 방법을 그대로 따라하는 것은 적절하지 않다고 지적했다. 그러나 저자의 생각과 의견을 두고 독자 스스로 씨름하는 과정은 분명 유익하리라 믿는다. 이 책을 읽는 사람이라면, 교회에 작은 변화라도 일으키려는 마음을 참지 못할 것이다.

앞으로 미국 교회에 어떤 변화가 일어날지를 생각하면 가슴이 설렌다. 교회가 예수님의 아름다운 신부로 거듭나기를 바라는 것은, 분명 이 책 저자만의 바람이 아니기 때문이다.

**프랜시스 챈(Francis Chan)**
**미국 코너스톤 교회 설립자, 《지옥은 없다?》, 《크레이지 러브》 저자**

## 당부의 글

우리가 변하면 일이 잘될 것이라고 단언하지는 못하겠다. 그러나 일이 잘되려면 우리가 반드시 변해야 한다는 건 단호히 말할 수 있다.

– 게오르크 C. 리히텐베르크(Georg C. Lichtenberg)

세상에 태어난 것은 좋은 일이고, 왜 태어났는지 아는 것은 그보다 더 좋은 일이다. 그러나 가장 좋은 일은 자신이 태어난 '목적'을 성취하는 일이다.

내가 살아가는 목적은 예수님이 다시 오실 때까지, 또는 내가 죽는 날까지 전 세계에서 헌신적인 예수님의 제자와 기독교 지도자와 함께 교회를 지속적으로 세우는 일을 하는 것이다. 이 인생의 목표가 매우 확고해서 곁길로 빠지기는 힘들 것 같다. 이 일을 제외한 다른 것은 내 사명과 부합하지 않는다고 생각한다. 오직 이 일만이 아침에 나를 눈뜨게 하고, 밤늦게까지 잠들지 못하게 한다. 내가 지은 모든 책도 이 일에 초점이 맞춰져 있다.

내가 저술한 《LTG 삶을 변화시키는 소그룹》(NCD 역간)이나 《구하고 구하라》(*Search & Rescue*)는 헌신적인 제자 양육을 위한 것이고, 《오가닉 리더십》(*Organic Leadership*), 《추수할 일꾼 모으기》(*Raising Leaders for the Harvest*), 《진리 갈망》(*Truth Quest*)은 건강한 교회 배가 방법을 담았다.

《교회 3.0》은 건강한 교회 배가 운동을 하기 위한 실제적 방안을 제시하는 첫 번째 책이다. 물론 이 책의 주제는 '건강한 교회'(교회가 성장하려면 당연히 건강한 교회여야 한다)가 되는 방법이지만, 여기에는 그보다 더 큰 그림이 그려져 있다. 이 책에서 권하는 '향상'이란, 전 세계에서 교회 배가 운동이 일어나게 하는 데 그 목적이 있다. 하나님은 모든 피조물이 스스로 건강을 유지할 수 있게 만드셨다. 건강한 생명체는 자체적으로 생식 능력이 있지만, 돌연변이가 일어나거나 질병이 생기면 생식력이 약화된다. 이런 경우에는 생명체가 생식을 하지 않기에 병이 전파되는 것을 막는다. 이것은 단순한 적자생존이 아니다. 대대로 생명체를 유지하고 보존할 수 있도록 하나님이 고안하신 방식이다.

생명력이 있는 하나님의 교회도 마찬가지다. 전통적인 기존 교회들이 배가되지 못하는 이유 중 하나는, 하나님이 그런 교회의 배가를 원하지 않으시기 때문이라고 생각한다. 솔직히 말하면, 하나님은 우리가 현재 직면하고 있는 문제를 더 확대하려 하지 않으신다. 하나님의 백성이 더 나은 성도가 될 때, 그리고 그런 성도가 더 많아질 때, 이 땅도 더 나은 세상이 될 것이다. 지금은 업그레이드가 필요한 시기다.

그러나 무엇이든 향상시키려면 비용이 들어간다. 기존 시스템을 완전히 새로운 것으로 대체해야 하기 때문이다. 두 가지 시스템을 동시에 가동할 수는 없는 노릇이다. 그렇다고 해서 좋은 교회가 되기 위해 기존 교회를 폐쇄하거나 하나같이 가정교회를 세워야 한다는 이야기는 아니다. 하나님의 교회에 대한 고정관념을 버리고, 교회 고유의 은혜와 성장과 배가에 대한 새로운 패러다임을 형성하라는 뜻이다. 해답은 결국 하드웨어가 아닌 소프트웨어에 있다.

당신이 어떤 교단에, 어떤 교회에 속해 있는지에 상관없이 교회에 대한 개념을 바꾸고, 더 은혜로운 교회가 되기 위한 방법을 모색하며, 다양한 형태의 교회 배가 운동에 참여하는 것은 얼마든지 가능한 일이다. 헬라어로 회개는 '메타노이아'(metanoia)라고 하는데, 이는 생각을 바꾼다는 뜻이다. 소아시아의 일곱 교회에 보낸 편지에서 예수님은 '회개하라'는 말을 무려 여덟 번이나 반복하셨다. 이는 교회가 생각을 바꾸되, 아주 많이 바꾸어야 한다는 의미다. 우리는 '생각을 바꾸는 법'을 배워야 한다. 그렇지 않으면 고정관념이라는 틀에 갇혀 버리게 된다. 회개하기 위해서는 낡은 사고방식을 버리고 새로운 사고방식을 터득해야 한다. 잘못된 생각을 하지 않는 것도 중요하지만, 올바른 생각을 하는 훈련도 중요하다. 이 책에서는 각 장마다 잘못된 고정관념을 지적하고, 그에 대한 올바른 해답을 제시할 것이다.

현대 교회들이 건강한 교회로 성장하기 위해서는 먼저 회개해야 한다. 생각의 방식을 바꾸는 일은 절대 선택 사항이 아니다. 모든 교회가 반드시 해야 할 의무 사항인 것이다. 예수님이 일곱 교회에 보낸 편지마다 같은 말을 되풀이하신 이유도 그 때문이다. "귀 있는 자는 성령이 교회들에게 하시는 말씀을 들을지어다." 우리는 성령이 교회들에게 하시는 말씀을 제대로 듣고 있는지 계속 점검해야 한다. 지금까지 이렇게 해 왔으니 앞으로도 이럴 것이라고 넘겨짚으면 안 된다. 성경에 명백하게 기록된 사항이 아닌 이상, 교회의 머리 되신 이가 우리에게 끊임없이 새로운 것을 말씀하고 계시며, 우리는 그 말씀을 들어야 한다는 사실을 잊어버리면 안 된다.

'오가닉 처치'(Organic Church)라는 신개념 교회를 소개한 뒤에 또다시 《교회 3.0》이라는 제목을 단 책을 출간했으니 독자들이 혼란스러울지도 모르겠다는 생각이 든다. 여기에 한 가지 분명한 설명을 곁들이겠다. 교회는 '유기적'이다. 이 말은 교회에 대한 비유가 아니다. 교회는 유기체와 같은 조직이 아니라 교회 자체가 '유기체'다. 다른 유기체와 마찬가지로 교회도 건강해야 생식을 하고, 이로써 자연스럽게 자기와 동일한 존재를 재생산할 수 있게 된다.

교회의 시스템을 업그레이드한다는 말은 하나의 비유라 할 수 있다. 교회를 유기체라고 말했던 내가 이제 와서 다른 말을 한다고 오해하지 말기를 바란다. 교회 시스템을 업그레이드한다는 말은, 교회와 관련된 모든 면에서 더 나은 방식이 있다는 걸 설명하려는 비유일 뿐이다. 우리는 더 나은 방식을 추구해야 할 의무가 있다. 그 의무를 저버리게 되면, 인류 역사상 가장 절호의 기회가 될 일을 단지 "우리는 그런 식으로 한 적이 한 번도 없어요"라는 구실로 놓쳐 버리고 말 것이다.

인터넷의 빠른 확산과 발달은 더욱 활발하고 통합적이며 독립적인 '가상 공동체'를 형성하고 있다. 이러한 공동체는 개인적인 적응이 가능하고, 동등한 계층을 지향하며, 어떤 면에서는 유기적이다! 사람들은 웹 2.0 시대를 그런 식으로 이야기한다. 인터넷 소셜 네트워크는 우리를 비롯해 다른 사람과의 '인맥'에 대해 많은 것을 가르친다. 트위터, 페이스북, 마이스페이스, 플리커, 링크드인 같은 소셜 네트워크 서비스가 이전과는 다른 양상으로 사람들의 관계를 엮어 주고 있다. 30년 동안 소식을 모르고 지내던 친구와 마치 30분 동안 떨어져 있었던 것처럼 이런저런 수다를 떨 수 있게 되었다. 현실적으로 인터넷은 인위적인 가상 공간이라기보다 '실제적 공간'이라 할 수 있다. 그 공간이 우리 안에 있기 때문이다. 그렇다면 앞으로는 어떤 일이 일어날까? 정확히 예측할 수 있는 기술 정보나 능력은 내게 없지만, 최소한 미래의 교회에 어떤 일이 일어날지는 말할 수 있다.

이 책은 유기적 교회에 대해 사람들이 자주 제시하는 의문점에 대한 답변처럼 여겨질 것이며, 어떤 면에서는 그것이 사실이기도 하다. 그러나 이 책에는 그보다 더 많은 이야기가 담겨 있다. 여기에서 제기하는 질문은 유기적인 교회가 되기 위해 반드시 일어나야 할 변화가 무엇인지를 생각해 보는 '시작점'일 뿐이다. 나는 사람들이 유기적 교회에 대해 궁금해하는 질문에 답했고, 그 질문을 이용해 우리의 사고를 바꾸는, 즉 회개하는 방법을 제시했다. 그러므로 독자들은 이 책을 읽기 전에 자신에게 들을 귀가 있는지부터 자문해 보기 바란다.

이 책은 교회가 건강을 회복하고 재생 능력을 되찾아 세계의 변화를 이루어 보자는 간절한 소망을 담고 있다.

가끔은 진짜 기술자가 되어 새로운 형태의 교회를 만들어 내는 상상을 하기도 한다. 그러나 삭막한 지하 연구실에 혼자 앉아서 새로운 교회를 제작하는 기술자가 되기는 싫다. 오히려 그 반대가 되고 싶다. 그동안 나는 밭을 갈아서 씨를 뿌리고 잡초들을 뽑았다. 물론 혼자서 그렇게 한 것이 아니다. 이 책은 나 혼자 이룬 성과 보고서가 아니라 수많은 사람의 실험이 낳은 결과물이다. 그중에서도 특히 큰 공로를 인정받아야 할 사람들이 있다.

내가 목회했던 어웨이커닝 교회(Awakening Chapels)는 10년이 넘는 세월 동안 많은 것을 깨닫게 해준 실험의 장이었다. 따라서 함께 배움의 길을 걸었던 우리 교회의 모든 성도에게 머리 숙여 깊이 감사한다.

CMA(Church Multiplication Associates)와 그린하우스(Greenhouse)의 사역자들이야말로 내게 끊이지 않는 축복의 원천이었다. 내가 제시하는 새로운 형태의 훈련 방식을 그들은 끈기 있게 수용해 주었다. 이제는 그 이름을 일일이 언급하기도 어려울 만큼 사역자들이 많아졌지만, 그렇다고 해서 내가 그들을 잊었다거나 고마움을 모른다고 오해하지 말기를 바란다.

나와 함께 땅을 갈고 씨를 뿌리고 작물을 가꾸며 수확의 날을 기다렸던 폴 카크(Paul Kaak)는 나의 사고를 다듬어 주고 내 마음에 용기를 심어 준 사람이다. 이 책 곳곳에 그의 지혜가 빛나고 있다. 나와 동행했던 그에게 감사하지 않을 수 없다.

앨런 허시(Alan Hirsch)는 친구이자 동역자이다. 이 책을 쓰는 동안 계속해서 그가 머릿속에 떠올랐다. 이 책을 쓸 수 있도록 영감을 주고, 언제나 깊은 사고와 용기를 불어넣어 준 그에게 진심으로 감사한다.

나의 멘토가 되어 준 톰 울프(Thom Wolf) 목사의 탁월한 통찰력에도 고마움을 표시하고 싶다. 내가 쓴 책 가운데 그의 사상이 반영되지 않은 책은 없다고 보아도 무방하다.

이 책을 읽는 독자라면, 채 몇 장을 넘기지 않아도 지금의 나를 있게 한 사람들이 바로 나의 가족이라는 사실을 눈치챌 것이다. 삶의 동반자이자 가장 친한 친구인 아내 다나(Dana)에게 감사한다. 나의 뜬금없는 발상과 잦은 출장, 낯선 사람에게서 듣는 남편에 대한 험담에도 꾸준히 인내하며 참아 준 아내에게 진심으로 감사한다. 아울러 우리 아이들, 헤더(Heather)와 에린(Erin)과 재커리(Zachary)에게 고마움과 사랑을 전한다. 자녀가 진리 안에서 걸어가는 모습을 지켜보는 것만큼 아비로서 더 큰 기쁨과 보람은 없다. 자랑스러운 우리 아이들이 계속해서 진리 안에 살기를 바란다.

CONTENTS

part 3

## 유기적 교회의 실제적 문제

자기가 이미 알고 있다고 생각하는 것을 배우기는 불가능하다.

**에픽테토스(Epictetus)**

머리말

# 이 책은 무엇을 말하고 있는가?

**교회 2.0에서 교회 3.0으로 업그레이드**

생각하고 싶지 않은 시시한 노래가 머릿속에 자꾸 맴돈 적이 있는가? 누구나 한 번쯤은 그런 경험을 해보았을 것이다. 어떤 노래는 전염성이 매우 강해서 잠시라도 그 노래를 들으면 옆에 있던 사람도 똑같이 그 노래를 흥얼거리거나 생각하게 된다.

1990년에 스탠퍼드 대학의 칩과 댄 히스(Chip & Dan Heath) 형제는 노랫가락을 손가락으로 두드려 전달하는 실험 결과를 바탕으로 박사 논문을 작성했다.[1] 이 실험에 참여한 사람들은 '손으로 두드리는 사람'과 '듣는 사람' 중 한 가지 역할을 맡았다. 손으로 두드리는 사람에게는 "생일 축하 노래"와 같이 대중에게 잘 알려진 노래 25개를 알려 주고, 그 노랫가락에 맞춰 손가락으로 탁자를 두드리게 했다. 그러면 듣는 사람이 노래 제목을 알아맞히는 아주 간단한 실험이었다.

실험에서는 모두 120개 노래가 사용되었는데, 듣는 사람은 그 노래 가운데 2.5%만 제목을 제대로 알아맞혔다. 말하자면 120개 노래 가운데 3개만 무슨 노래인지를 알아맞힌 것이다. 이 실험에서 주목할 만한 사실은, 노랫가락을 손으로 두드렸던 사람들에게 먼저 듣는 사람들이 노래 제목을 얼마나 알아맞힐 수 있을 것 같은지 질문했다는 점이다. 놀랍게도 그들은 듣는 사람이 50% 정도를 맞힐 수 있을 거라고 추측했다. 그들은 왜 그토록 낙관적인 결과를 예상했을까? 이 실험의 흥미로운 점이 바로 여기에 있다.

노랫가락을 손으로 두드렸던 사람들은 머릿속으로 그 노래를 생각하며 부르고 있었다. 그러지 않으면 그 노랫가락을 손으로 두드릴 수가 없으니까 말이다. 못 믿겠다면 당신이 직접 해보라. 그러나 정작 듣는 사람들은 머릿속으로 그 노래를 부르고 있지 않았다. 그들의 귀에 들려오는 것은 마치 무전을 치는 것처럼 이어졌다 끊어지기를 반복하는 '톡톡' 소리뿐이었다.

노랫가락을 두드렸던 사람들은 듣는 사람이 노래 제목을 거의 맞히지 못하는 것이 놀랍다는 반응을 보였다. "애국가"처럼 모두 잘 아는 곡의 멜로디를 손으로 두드렸는데도 듣는 사람이 전혀 감을 잡지 못하자, 바보가 아니냐는 듯 의아한 눈초리로 쳐다보았다.

실험을 주도했던 히스 형제는 마침내 다음과 같은 결론에 도달했다. "노랫가락을 손으로 두드렸던 사람들은 자신들에게 주어진 지식(노래 제목)이 있었기에 그 지식의 결여가 어떤 것인지를 상상할 수 없었던 것이 문제였다. 손으로 두드리는 동안 그것을 듣는 사람은 노래가 아니라 단순히 탁자를 두드리는 소리만 듣고 있다는 사실을 그들은 생각하지 않았다. 이것이 바로 '지식의 저주'(Curse of Knowledge)다. 우리가 무언가를 알게 되면 그것을 모른다는 것을 상상하지 못하게 된다."[2]

어떤 면에서는 우리 개신교 그리스도인도 지식의 저주에서 허우적대고 있다. 지식 자체가 악하거나 아는 게 나쁜 일이어서가 아니라 이것이 새로운 것을 배우지 못하게 하기 때문이다. 새로운 뭔가를 열심히 설명했는데 상대는 그저 "그래, 알았어, 알았어"라며 무심히 받아넘겼던 경험을 우리는 얼마나 많이 해보았는가? 알지 못하는 게 분명한 어떤 상대방을 설득하기 위해 얼마나 애를 써야 했는가? 바로 이것이 새로운 것을 깨닫지 못하게 하는 지식의 저주다. 이 세상에서는 이런 일이 비일비재하게 일어나고 있다.

교회 3.0의 획기적 발상을 설명하려는 이 시점에서, 나 역시 지식의 저주를 언급하지 않을 수가 없다. 수천 년의 역사를 거치는 동안 인간은 기존 지식 체계를 토대로 삼아 살아왔다. 우리는 그것을 당연한 일로 여겼다. 예를 들어, 어떤 노래는 몇백 년이 지나도 여전히 사람들의 입에 오르내린다. 내가 이 책에서 제시하는 새로운 발상을 수용하기 위해서는, 당신이 성경이나 교회에 대해 알고 있는 지식이 전부가 아니라는 사실부터 염두에 두어야 한다.

물론 성경을 내던지고 사회학자나 유명 사상가에게서 배우라는 이야기가 아니다. 오히려 그 반대다. 우리가 성경에서 말하는 것이라고 확신하는 것들이 정말로 그렇게 이야기하고 있는지를 심각하게 자문해 보라는 뜻이다. 자, 한번 생각해 보라. 성경을 읽을 때면 머릿속에는 익숙한 노랫가락이 울려 퍼진다. 그래서 성경에 기록된 내용보다 우리 머릿속에서 맴도는 소리에 더 귀를 기울이게 된다. 성경 말씀이 우리에게 새로운 노래를 가르치도록 하는 게 아니라, 우리가 만든 성경 가락을 반복해서 듣는 것이다. 이제는 오랫동안 머리에서 맴돌던 가락을 과감히 지워 버리고 난생처음 성경을 읽는 사람처럼 말씀을 대해야 한다. 하지만 그게 가능한 일일까? 큰맘 먹고 한번 시도해 보기 바란다. 머지않아 아주 재미있는 사실을 발견하게 될 것이다. 나는 독자들이 그런 모험을 해보기를 간곡히 당부한다.

실제로 그런 모험은 이 책을 읽는 데도 큰 도움이 될 것이다. 머릿속에서 맴도는 노래들, 고대 교부들이 쓴 노래를 잠재우고, 성경 말씀을 새로운 눈으로 바라보기 바란다. 예전부터 기독교 지도자들은 '성경적'이라는 표현을 즐겨 사용했다. 그 이유는 자기가 하는 말이 정말로 성경에 바탕을 둔 것이기를 바랐기 때문이다. 그러나 실제로는 성경의 몇 구절을 인용한 것이었고, 그마저도 문맥과 관계없이 엉뚱한 뜻으로 인용하거나, 자신의 사상을 뒷받침하는 괄호 내용에 지나지 않을 때가 많았다. 그들은 자기의 사상에 근거 없는 권위를 내세웠지만, 어쨌든 사람들에게 하나의 노래를 가르쳤다. 솔직히 말하면 모든 그리스도인이 그런 일을 한다. 이제는 그런 일을 멈추어야 한다. 그러므로 내가 이 책에서 말하는 것들을 너그러운 마음으로 들어주기 바란다.

사도행전 17장 10-15절에 나오는 베뢰아 사람들은 매우 이지적이었다. "베뢰아에 있는 사람들은… 더 너그러워서 간절한 마음으로 말씀을 받고 이것이 그러한가 하여 날마다 성경을 상고하므로." 오랫동안 구약 말씀을 배우며, 랍비들이 가르쳤던 노래가 머릿속에 맴돌았던 그들은 기존의 지식을 뒤엎을 만한 전혀 새로운 사실을 듣게 되었다. 그들은 성경 말씀을 재차 확인하면서 직접 들은 것의 진위 여부를 가려내고자 했다. 베뢰아인은 옹졸하거나 소견이 좁은 사람들이 아니고 너그러운 사람들이었다. 바로 거기에 큰 차이가 있다.

이 책을 읽다 보면 내가 하는 이야기가 교회에 대한 당신의 생각과 너무 달라서 당신의 귀에 거슬리게 느껴지거나 심기가 불편해질 수도 있다. 어쩌면 그것이 내가 성경을 제대로 이해하지 못한 탓일 수도 있다. 당신이 듣는 새로운 노래가 성경에서 말하는 내용이 아닐 가능성도 전혀 배제할 수는 없다. 내가 부르는 노래가 좋은 노래이기는 하나, 또 다른 좋은 노래가 있을 수도 있고 심지어 더 좋은 노래가 있을 수도 있다. 너그러운 마음으로 성경을 연구하되, 그동안 당신이 정확한 가락에 춤추고 있었는지 확인하려는 용기를 잊지 말기 바란다.

## 소프트웨어를 업그레이드하라

컴퓨터 소프트웨어를 업그레이드하는 일은 축복이 될 수도 있고 저주가 될 수도 있다. 팡파르를 울리며 대단한 프로그램인 것처럼 선전하는 게 사실인 경우도 있고, 별것도 아니면서 골치만 아프게 하는 경우도 있다.

비밀리에 소프트웨어를 업그레이드한 뒤, 기존 제품과 어떤 충돌을 일으키는지도 검사하지 않고 대중에게 판매하는 일이 흔히 일어난다. 그런 프로그램을 샀다가 날마다 사용하는 중요한 시스템과 호환이 안 되어 난처했던 경험이 있을 것이다. 시스템 패치(프로그램 일부를 고치거나 바꾸는 것 – 역주)나 플러그인(쉽게 설치하고 사용할 수 있는 웹 브라우저의 일부 – 역주) 같은 것들은 프로그램의 문제를 해결하기 위해 고안된 것이다. 그래서 새로운 업그레이드 프로그램이 출시되면, 몇 달 정도 기다렸다가 구매해서 사용하라고 전문가들은 권한다. 그때는 다른 실험용 쥐들이 그 프로그램의 장단점을 모두 파악하고 난 뒤라서, 미로 끝에 치즈가 있는지 덫이 있는지를 알 수 있게 된다는 것이다. '얼리 어답터'(early adopter, 남보다 신제품을 빨리 구매해서 사용하는 사람 – 역주)들은 신선한 치즈를 먹는 즐거움을 누릴 것이고, 나중에 사는 사람들은 안전성에 만족감을 누릴 것이다.

모든 사람이 소프트웨어의 업그레이드를 중단하면 어떤 사태가 벌어질까? 아마도 백열전구의 발명만큼이나 파격적인 결과가 빚어질 것이다. 업그레이드하지 않으면 더 배우거나 성장하거나 발전할 수가 없다. 그러므로 계속해서 성능을 개선하고 향상시켜야 한다. 물론 아주 저급한 업그레이드가 이루어지는 경우도 있지만, 업그레이드가 전혀 이루어지지 않는 것보다는 낫다.

이런저런 이유로 교회는 언제나 업그레이드가 가장 늦게 이루어진다. 기독교의 보수적인 성향이 모든 것을 신성하게 만들었다(그러지 않아도 되는 영역까지 그렇다). 그러다 보니 모든 게 건드릴 수 없는 영역이 돼 버렸다. 그 결과, 교회는 시대에 뒤떨어지고 활력이 사라진 장소로 전락하고 말았다. 교회 사역이 하나님의 축복을 받아 성공하면, 우리는 하나님이 그 사역을 인정하신 결과라고 단정한다. 하지만 시간이 지나 그 사역이 더는 시대 흐름이나 문화에 맞지 않는데도, 여전히 그것이 하나님의 뜻이라고 우기며 계속 밀고 나간다. 몇십 년, 심지어 몇백 년씩…. 교회 사역에 변화를 주려다가 이단이나 신성모독으로 몰릴 수도 있다. 서양 교회들의 당회실에는 이 한마디가 죽음의 경구처럼 울려 퍼진다. "우리는 한 번도 그런 식으로 한 적이 없어요."

소프트웨어도 그렇고 교회도 그렇고, 어떤 업그레이드는 상투적이고 사소한 변화에 불과하다. 당면한 문제를 해결하고 조금 더 나은 시스템을 만들고자 하는 자그마한 변화일 뿐이다. 보통은 필요한 패치와 함께 한두 가지 특징이 기존 시스템에 덧붙는다. 그런 업그레이드 버전은 앞자리 숫자는 같고, 소수점 이하 숫자가 달라진다. 예를 들면, 2.3 버전에서 2.4 버전으로, 혹은 2.3 버전에서 2.3.1 버전으로 바뀐다.

그러나 때로는 전체 시스템을 업그레이드하는 경우도 있다. 실험과 실전으로 터득한 새로운 지식과 기술을 통합하기 위해, 그리고 컴퓨터 공학의 눈부신 발전으로 패치나 플러그인만으로는 부족한 경우, 완전히 새로운 시스템이 필요하다. 그때는 낡은 버전을 버리고 새로운 버전으로 대체해야 한다. 이런 형태의 업그레이드에는 소프트웨어의 첫 번째 숫자가 바뀐다. 예를 들면 2.7 버전에서 3.0 버전으로 바뀌는 것이다.

물론 전면적으로 업그레이드된 프로그램을 사용하기 위해서는 많은 것을 새로 배워야 한다. 그러나 기능이 월등하게 좋아졌기 때문에 사람들은 시간과 노력을 들여 배우는 일을 마다하지 않는다. 시간이 지나면 사회의 전반 시스템도 그에 맞춰 새롭게 적응하므로 예전 시스템과 하드웨어는 완전히 사라지고 만다. 산업이 점차 발전함에 따라 상점들은 낡은 시스템 사용을 중단한다. 과거의 DOS 체제와 플로피디스크를 기억하는가?

훌륭한 업그레이드 버전에는 몇 가지 특징이 있다. 작업을 더 쉽고 간단하게 할 수 있도록 수행 능력이 향상되며 용량이 커진다. 또한 과거에는 없던 새로운 기능을 추가하여 새로운 시장을 개척한다.

사도행전 시대 이래로 교회 역사에는 두 번의 획기적인 업그레이드가 일어났다. 이는 교회의 전체 시스템을 바꾸어 놓았다. 첫 번째 획기적인 변화는 콘스탄티노플 황제가 다스리던 시기에 일어났다. 지하에 숨어 있던 민중 중심의 유기적 교회들이 체계화된 국가 조직으로 변화한 것이다. 그리고 두 번째 변화는 바로 지금 일어나고 있다고 확신한다.

### 교회 1.0

1세기 교회는 '교회 1.0'이었다. 이때만 해도 교회 사이에는 별다른 차이가 없었다. 예루살렘 교회가 최초의 교회 1.0이었다면, 안디옥 교회는 교회 1.1이라고 할 수 있다. 바울과 바나바가 첫 번째 선교 여행에서 개척한 갈라디아 교회들은 교회 1.2에 해당하고, 고린도 교회는 바울이 몇 개 패치를 적용한 덕분에 교회 1.3 버전 정도로 변화가 일어났다. 아울러 에베소 교회는 교회 1.4라고 할 수 있다.

이런 변화는 이후 2세기 동안 이어졌다. 이에 교회들은 로마 제국의 압박과 박해 속에서 더욱 단순하고 유기적인 공동체가 되었다. 이단이 생겨났어도 얼마 뒤에는 사라졌다. 이 시기에는 교구를 담당하는 사제들을 임명하고, 일부 신앙생활 형태를 제도화했다. 그러나 당시의 기독교는 극심한 박해 속에서 신앙 활동을 했던 민중 중심의 소수 종교에 불과했다.

이와 같은 상황은 서기 313년 콘스탄티노플 황제가 기독교를 승인하고 박탈한 재산을 돌려주기로 하면서 순식간에 변했다. 그는 최초의 '그리스도인' 황제가 되었으며, 기독교는 비주류에서 주류로 올라섰다. 기독교가 국교로 격상된 뒤로 교회는 별다른 큰 변화를 겪지 않았다. 바로 이것이 '교회 2.0'이 탄생한 사건이다.

### 교회 2.0

콘스탄티노플 황제 시대부터 몇 세기 동안 서양 교회들은 여러 방면에서 진화를 거듭했다. 그러나 전면적 체계가 변하지는 않았다. 로마 가톨릭 교회와 동방 정교회가 설립된 이래, 수백 년 동안 별다른 변화가 일어나지 않았다. 종교 개혁은 서양 교회를 구교와 개신교(교회 2.0)로 나누었다. 교회가 두 갈래로 갈라지기는 했지만, 근본적인 조직 체계는 크게 변하지 않았다. 종교 혁명과 더불어 재침례교 운동이 일어나고 핍박을 받기는 했어도, 그것은 2.1에서 2.2로 버전이 바뀌는 정도의 변화에 불과했다.

18세기 영국 교회가 석탄 캐는 광부들을 전도했던 것이나 21세기 교회가 신세대 젊은이를 전도했던 것은 대부분 교회 2.0의 패치와 플러그인에 해당한다. 고교회파든 저교회파든, 오순절파든 개혁파든, 교회는 2.0 버전에서 미미한 업그레이드만 거듭했을 따름이다. 침례교단에서 형제교단으로 메노파교단에서 감리교단으로 다양한 변화가 있기는 했어도, 근본적인 체계는 수백 년이 지나도록 예전 모습에서 거의 달라지지 않았다. 음악이 있는가, 파이프 오르간을 연주하는가, 전자 기타를 연주하는가, 천장이 높고 스테인드글라스가 있는 예배당인가, 창문도 없는 골방 같은 예배당인가만 다를 뿐 교회의 기본적인 시스템은 세월이 지났어도 변함없다.

당신이 다니는 교회에는 사제나 목사가 있을 것이고, 주일예배 때 찬양과 설교를 하며, 매주 헌금을 걷을 것이다. 또 예배당에는 강대상과 교인석이 있을 것이다. 교회는 4세기 이후부터 줄곧 그래 왔다. 교회 건물이 아니라 한 개인의 집에서 이 모든 일이 이루어진다 해도, 근본적인 시스템이 바뀌지 않는다면 교회를 변혁한 게 아니라 교회를 '축소'한 것에 불과하다. 찬양 형태를 바꿨다고 시스템이 향상된 게 아니다. 조명을 줄이고 음향을 키운 것은 기존 시스템의 패치와 플러그인일 뿐이다. 성가대와 찬송, 찬양대와 연무기, 무릎 꿇기와 일어서기는 시스템의 작은 변화다. 주제별 설교나 책별 설교가 시스템을 바꾸지 않는다. 약간만 조정해 줄 뿐이다. 주일학교나 소그룹 활동은 근본적인 시스템 변화와 무관하다. 이전에 운영하던 시스템을 살짝 변형한 것에 지나지 않는다.

지난 수 세기 동안 2.0 교회들은 패치와 플러그인을 적용해서 기존 시스템을 보완하고 개선하려 노력했지만, 그로 인해 오류도 만만치 않게 발생했다. 대부분 오류는 교회를 예전의 부실한 시스템으로 돌리려는 혹독한 핍박 속에서 일어났다. 사람들은 그것이 교회 1.0으로 돌아가려는 '다운그레이드'(downgrade)라고 말할 것이다. 왜냐하면 2.0 시스템이 과열되어 망가져 버렸기 때문이다. 그 대표적인 예가 재침례교 교회다. 중국의 가정교회 역시 2.0 버전에서 멀어졌다. 그러한 시도는 절대 본이 될 수 없고, 되어서도 안 되며, 실제로 지금까지 기독교 전체에 아무런 영향도 미치지 못했다. 굳이 영향력을 꼽으라면, 그러한 실패로 얻은 교훈 덕분에 새로운 버전, 즉 '교회 3.0'을 만들 수 있게 되었다는 것이다.

### 교회 3.0

나는 두 번째 획기적인 변화가 바로 지금, 우리 시대에 일어나고 있다고 확신한다. 사람들은 다시 초대교회로 돌아가기를 원한다. 초대교회를 알면 알수록 동경하는 마음이 생기는 것이 사실이지만, 우리는 결코 그 시대로 돌아갈 수 없다. 역사는 오직 앞으로 나아갈 뿐이다. 만약 돌아간다면 최근의 성능보다 더 개선된 버전이어야 한다. 그렇다면 이렇게 질문해 보자. 현대 교회는 과거 교회 1.0보다 더 나아질 수 있을까? 항간에는 이런 질문조차 이단이 하는 질문이라고 비난할지 모른다. 이것은 그저 하나의 질문일 뿐이다. 그러나 생각의 여지를 주지 않는가?

실제로 초대교회보다 더 개선되고 나은 교회를 만들 수 있을까? 사도행전을 자세히 연구해 보면, 초대교회 안에서도 경험을 토대로 수많은 개선 작업이 수십 년에 걸쳐 이루어졌음을 알게 된다. 그렇다면 오늘날 우리가 지난 2천 년 동안의 잘못과 오류를 되짚으며 성능 개선을 추구하지 못할 이유가 어디 있겠는가? 나는 분명히 가능하다고 믿는다. 1세기에 일어났던 기독교의 강력한 영향력과 급속한 전파가 다시 이루어질 것이다. 또한 2천 년 동안 얻은 교훈과 더불어 진보한 현대 기술 문명의 덕도 볼 수 있을 것이다.

한번 상상해 보라. 사도 바울이 비행기를 타고 12년이 아니라 12시간 만에 세계를 횡단할 수 있었다면 무슨 일이 일어났을까? 그가 인터넷을 이용하여 전 세계에서 일어나는 일들을 단번에 알 수 있었다면 어땠을까? 오늘날 타문화를 이해하고 외국어를 번역하는 일은 2천 년간의 실패와 그 실패를 통한 성공을 바탕으로 이루어진 것이다. 현대 그리스도인이 가장 큰 덕을 본 것이 있다면, 교회가 제도화될 때의 맹점이 무엇인지를 알게 된 것이다. 교회가 제도화되면 성도 사이의 친교는 사라지고 조직화된 시스템만 남는다. 그 사실을 아는 우리는 계속해서 앞으로 나아갈 수 있다.

초기 교회들은 무분별하게 종교 권력을 계층화함으로 수백 년 동안 암흑기에 빠져들었다. 이제 우리는 역사가 남긴 그 교훈을 배워야 한다. 교회 3.0은 믿음이나 신앙생활의 다운그레이드가 아니다. 오히려 모든 면에서 교회 시스템을 향상시켜, 초대교회를 능가하는 교회를 세울 수 있을 것이다. 하나님이 우리가 과거로 돌아가길 원하신다고 믿는 이유가 무엇인가? 하나님은 우리가 더 나은 방향으로 성장하고 발전하기를 바라신다고 생각하지 않는가?

교회의 업그레이드가 이루어지면 다음과 같은 일들이 일어날 것으로 예상된다. 첫째로 우리가 과업을 달성할 수 있도록 큰 능력을 부여받고, 교회 3.0에 엄청난 영적 능력이 더해질 것이다. 또한 교회 몸의 모든 영역이 더 높은 기능과 능력을 발휘하게 될 것이다. 시스템의 업그레이드에서 둘째로 바라는 것은 시스템을 더 쉽고 효율적으로 사용하는 것이다. 교회 3.0으로 향상되면 많은 면에서 그렇게 되리라 믿는다. 단순화와 기능 향상이 병행되면 교회가 끼쳐야 하고, 끼칠 수 있는 영향력이 극대화되고 가속화된다. 셋째로는 최신 기술 발전에 힘입어 모든 전자 기기를 더욱 효과적으로 사용할 수 있게 된다. 교회 3.0은 매우 유연하고, 다양한 교회 구조와 잘 어울리며, 세상의 장애물을 극복하는 데 훌륭한 기능을 발휘할 것이다. 넷째로 업그레이드됨에 따라 더 많은 정보와 기능과 저장 용량을 확보하게 된다. 마지막으로 업그레이드의 특징적인 요소들이 시스템의 활용 폭을 넓히고, 더 흥미로운 교회가 되게 한다. 3.0 버전을 도입한 교회들은 상당한 만족도를 표시하며, 한결같이 예전의 시스템으로는 돌아가지 않겠다고 말한다.

내가 이 책에서 제안하는 내용은 단순히 예전 버전의 패치나 플러그인이 아니라는 사실을 명심하라. 교회 3.0은 교회의 핵심을 바꾸는 획기적인 변화다. 최소 용량에서 최대 용량으로 모든 면에서 교회의 기능을 새롭게 정립하는 버전이다. 〈도표 I.1〉은 폴 카크와 내가 교회의 핵심과 근본적 요소가 어떻게 변하는지를 비교한 것이다.

| | 교회 2.0 | 교회 3.0 |
|---|---|---|
| 좌석 배치 | 일렬 | 원 모양 |
| 분위기 | 개인적 | 친화적 |
| 지도자 | 배출 신학교 교육 | 현장 교육 |
| 성장률 | 더하기 | 곱하기 |
| 결과 | 새신자 수 | 영적 군대 양성 |
| 사역 주도자 | 안수받은 성직자 | 평신도 |
| 자원 | 추수지에서 수입 | 추수지에서 발견 |
| 지도자의 일차적 역할 | 목회와 설교 | APEST 팀 |
| 교육 방식 | 교실 교육 위주 | 현장 교육 위주 |
| 비용 | 높은 비용 | 낮은 비용 |
| 사역 장소 | 모임이나 예배 장소 | 현장 |
| 성공 여부 | 교인 수 | 파송자 수 |
| 전도 방식 | 수동형: '누구든 오시오!' | 능동형: '우리가 가겠소!' |
| 매력 | 도움이 되는 프로그램 | 실제적 삶의 변화 |
| 교회 생활 | 지식 추구 | 하나님의 가족 |

〈도표 I.1〉 교회 2.0과 교회 3.0 비교

## 변화는 이미 시작되었다

나는 미래주의자도 아니고 선지자도 아니다. 이 세상은 놀라운 변화를 겪고 있다. 하나님은 이미 용기 있는 자들을 부르셔서 미래를 위한 교회 업그레이드를 시작하게 하셨다. 이 책에서 나는 미래 교회에 일어나야 할 중요한 변화를 언급했다. 그러한 변화가 이미 일어나고 있음을 목격했기 때문이다. 나는 직접 체험하여 증명하지 않은 내용은 저술하지 않는다. 전 세계

많은 나라를 돌아다니며 기독교 지도자들을 훈련하면서 느낀 것은, 주님이 이 시대를 위해 벌써 그러한 업그레이드를 시작하셨다는 사실이다. 이 책의 내용을 몇몇 사람의 야심 찬 포부와 비전으로만 여기지 말고, 이미 일어나는 현실로 인식해 주기 바란다. 내가 묻고 싶은 질문은 "이런 일이 일어날까?"가 아니다. 다만 "이 역사적 시기에 당신과 당신의 교회는 하나님이 하고 계신 일에 동참할 것인가?"이다.

결론적으로 현재 전 세계에는 어떤 변화가 일어나고 있다. 지난 2년 동안 〈타임〉(*Time*)을 비롯해 〈로스앤젤레스 타임스〉(*Los Angeles Times*)와 〈시카고 트리뷴〉(*Chicago Tribune*)은 최근에 일어나는 새로운 동향에 대해 여러 가지 기사를 실었다. 250만 부를 발행하는 한 일본 신문사와 〈월스트리트 저널〉(*Wall Street Journal*)은 얼마 전 나에게 인터뷰를 요청하여, 그 동향에 관해 이야기해 달라고 했다. 각 기사마다 많은 그리스도인이 예전 교회 방식(교회 2.0)에서 벗어나 더욱 관계 중심적이고 효율적인 교회, 목회자와 프로그램에 덜 의존하는 교회로 가고 있다는 점을 강조한다. 분명 어떤 변화가 일어나고 있는 것이다. 우리는 지금 새로운 역사의 출발점에 서 있다.

## 이 책은 무엇을 말하는가?

이 책은 유기적 교회를 권장하고자 쓴 글이 아니다. 자연스럽게 성공적으로 이루어지는 현상을 굳이 나서서 주장할 필요가 있겠는가? 물론 유기적 교회에 대해 자주 제기되는 질문을 《오가닉 처치》(가나북스 역간)에서 대답하긴 했지만, 그것은 내 이론을 변호하려는 목적이 아니라 우리가 더 나은 교회를 만들 수 있음을 보여 주기 위해서였다. 당신의 교회도 교단과 교파에 상관없이 이 책에서 제안하는 방법을 시도해 볼 수 있다. 비록 작은 변화일지라도 그것은 건강과 자연스러운 연합을 위한 것이고, 하나님의 백성을 강하게 단련하여 다 함께 과업을 수행해 나가도록 돕기 위한 것이기 때문이다. 만약 당신의 교회가 이 책에서 제시하는 어떤 방법도 실제로 적용할 수 없는 상황이라면, 적어도 전 세계적으로 하나님 나라를 위해 어떤 일이 일어나는지 정도는 알게 되기를 바란다.

또한 이 책은 유기적 교회가 다른 교회보다 더 낫다는 이유를 설명하는 책도 아니다. 유기적 교회는 일종의 새로운 교회 유형이 아니라, 어떤 교회 유형에도 적용이 가능한 원칙과 과정일 뿐이다. 즉, 유기적 교회는 유형이 아니라 '개념'인 것이다. 더 자연스럽게 하나님께 나아가고 성도들과 교제를 나누며 사람들을 전도하는 새로운 방식이라고 말할 수 있다. 유기적 교회 운동은 가정교회에만 국한된 것이 아니라, 규모와 구조를 초월한 모든 교회에 해당한다는 점을 명심하기 바란다. 이 운동은 이미 여러 교단과 단체로 널리 퍼졌다. 우리가 제안하는 원칙과 과정을 설립 초기부터 적용한 교회는 급속도로 성장 가능한 단순 교회 네트워크를 형성할 수 있다. 그러나 기존 교회에는 상황과 형편에 맞는 여러 훈련을 제공한다.

이 책의 목적은 간단하다. 이 시대 교회들이 과거보다 더 많은 과업을 수행할 수 있는 길을 모색하려는 것이다. 목회자 주도식 프로그램 위주로 진행되던 전통 교회를 교회 3.0으로 업그레이드하면 단순하고, 재생력 강하고, 관계 중심적인 교회로 바뀌게 된다. 교회는 교인들을 섬기는 장소가 아니다. 섬기는 사람들이 곧 교회다. 하나님을 섬기고, 서로 섬기고, 상처받은 세상을 섬기는 사람들이 곧 교회인 것이다. 종교 기관이었던 교회가 유기체로 바뀌는 것이야말로 건전하고 생산적인 변화다. 이제 교인들은 교회를 예배드리러 가는 장소로만 여겨서는 안 된다. 자신들이 소속된 '하나님의 가정'으로 여겨야 한다. 또한 교회는 사역으로 불신자들을 전도하는 곳이 아니라, 하나님 나라를 세상 사람들에게 보여 주는 곳이 되어야 한다.

이제는 눈을 떠서 문제를 다른 각도로 바라보라. 그리고 이런 질문을 던져 보았으면 한다. "성경이 현대 교회의 목회 방법을 상세히 제시하고 있지 않다면, 우리가 다른 방법으로 그 방법을 찾아도 되지 않을까?" 나와 동료들은 십 년이 넘도록 이런 의문을 품은 채 다양한 시도를 해보았다. 그 결과, 몇 가지 사실을 깨달았다. 이제 그 사실을 독자들 앞에 펼쳐 보이려 한다. 우리가 시도한 업그레이드는 가정교회만이 아니라, 어떤 형태의 교회나 교단에도 적용할 수 있는 매우 유용한 방법이라는 점이 실험으로 증명되었다. 이 책은 그런 면에서 도움이 될 것이다. 사실 나는 모든 교회에 그런 변화가 일어나야 한다고 굳게 믿고 있다. 지금 우리는 업그레이드를 하느냐, 아니면 몰락하느냐의 위기 상황에 처해 있기 때문이다.

1부에서는 현재 이 세상에서 일어나는 현격한 변화를 서술하고, 그 변화에 힘입어 교회를 바꾸기 위한 어떤 절호의 기회가 기다리는지 이야기하겠다. 그다음 내용은 사람들이 품고 있는 궁금증에 대한 답이다. 교회에서 불어오는 변화의 바람에 호기심은 있지만, 색다른 방법으로 목회할 엄두를 내지 못하는 이들에게 길을 제시하기 위해서다. 나는 가는 곳마다 유기적 교회에 대한 똑같은 질문을 수도 없이 받았다. 주일학교는 어떻게 운영하는가? 유기적 교회에서 훈련된 지도자를 세우지 않는다면, 교묘한 이단의 출현을 어떻게 막아 낼 수 있는가? 대규모 장소에서도 모임을 갖는가? 이 책은 그러한 질문뿐 아니라 더 많은 의문점에 해답을 제시해 줄 것이다.

하지만 단순히 그러한 궁금증을 해소해 주기 위해 이 책을 쓴 것은 아니다. 사람들이 품은 의문을 우리도 고려하고 있다는 점과 더불어 과거에 시도했던 방법을 새롭게 개선한 사실도 함께 알려 주고 싶었다. 교회의 규모만 축소하여 과거와 똑같은 방법으로 사역하는 게 유기적 교회의 목표라면, 그것은 무가치할 뿐이다. 솔직히 말하면, 문제 많은 가정교회에 다니느니 문제 많은 대형 교회에 다니는 게 훨씬 더 속 편하다. 큰 교회에는 최소한 숨을 곳이라도 있지 않은가!

우리가 행하는 새로운 시도는 반드시 '업그레이드'이어야 한다. 그렇지 않다면 차라리 두 손 놓고 가만히 있는 게 낫다. 지금까지 교회의 업그레이드는 너무 오래 방치되고 지연되었다.

교회 3.0에 온 여러분을 환영한다!

PART

1

# 세상은 변하는데 교회는 잠자고 있다

미래는 예고 없이 찾아오는 법이다.

**조지 윌(George Will)**

1장

# 지금은 어떤 시대인가?

## 지역 교회에서 지구촌 교회로

노아의 대홍수 이래 세계가 이토록 급속히 변화된 것은 지난 20년 동안의 시기가 처음일 것이다. 세계 인구는 기하급수로 늘어났고, 기술과 문명의 발전은 인간관계의 형태까지 바꿔 놓았다. 중국의 천안문에서 민주화 시위가 한창일 때, 한 남자가 탱크 부대의 진입을 막고 서 있는 사진 한 장이 그들의 저항을 상징적으로 보여 주었다. 2009년 테헤란 자유 광장에서 반정부 시위가 벌어졌을 때는 한 장의 사진이 아니라 수백, 수천 장의 사진이 트위터와 페이스북에 올라왔다. 휴대전화로 찍은 동영상이 실시간으로 전 세계에 퍼졌다. 테헤란 도로에서 시위를 벌이던 네다 아그하솔탄이라는 젊은 이란 여성이 가슴에 총을 맞아 죽어 가는 동영상을 지켜보던 전 세계인이 그 죽음을 애도했다. 이제 세상은 언제든 누구와도 연락할 수 있을 정도로 좁아졌다.

만일 15년 전에 누군가가 당신의 자동차가 언제 어디에서 방향을 바꿔야 할지 말로 안내해 줄 것이라고 했다면 당신은 어떤 반응을 보였을 것 같은가? 만일 5년 전에 내가 당신에게 "조금 전에 트위터를 했다"라고 말한다면 당신은 어떻게 이해했을 것 같은가? 내년에는 과연 어떤 일이 일어나서 우리가 사용하는 단어를 바꾸고 대인 관계를 바꿔 놓을지 의문이다.

세상에서 가장 느리게 변하는 조직이 있다면 그건 아마도 '교회'일 것이다. 그리스도인은 변화에 저항하기로 악명 높지만, 이제 더는 저항할 수 없는 상황에 이르렀다. 복음의 핵심은 물론이고, 구원받고 성화(聖火)되는 과정 모두 '변화'를 의미한다. 그런 까닭에 우리 그리스도인은 누구보다 변화를 적극 수용해야 한다. 복음의 진리와 끊임없이 변화하는 세상의 관점에서 볼 때도, 우리 앞에 펼쳐진 기회를 붙잡기 위해서는 변화를 추구할 수밖에 없다. 1세기를 제외하고 지금과 같은 절호의 기회는 아마 없었을 것이다.

나의 멘토 톰 울프(Thom Wolf) 목사는 21세기가 1세기의 자매 시대가 될 것이라고 자주 이야기했다.[1] 21세기와 1세기에는 놀라운 공통점이 있다. 이 장에서는 1세기부터 지금까지 교회에 걸림돌이 되는 것과 디딤돌이 되는 것을 6가지로 간추려 설명해 보겠다.

## 세계를 지배하는 강대국의 출현

이 지구에 200년 동안 평화가 지속되었던 시기가 있었다. 사람들이 갑자기 선해져서가 아니라, 세계를 지배하는 강대국에 필적할 나라가 없어서였다. 그 강대국은 바로 로마 제국이었다. 역사학자들은 그 기간을 '팍스 로마나'(Pax Romana), 즉 로마의 지배로 평화를 누렸던 시대라고 부른다. 하나님이 나사렛 예수라는 인간의 형상을 입고 인간 세계에 내려오신 것도 바로 그 시기였다.

사실 로마라는 강대국의 지배는 복음 전파에 여러 가지 혜택을 주었다. 최초 국외 선교사들은 로마 시민권자라는 특권을 이용해 선교 사역을 무사히 완수했다. 사도 바울이 로마 시민이었기에 총독이 비용을 부담해 가며 그를 로마로 보내 주었고, 그곳에서 바울은 여러 왕을 비롯해 로마 황제에게까지 간증을 들려줄 수 있었다. 바울이 로마에서 가택 연금을 당해 갇혀 있는 동안 복음은 급속히 퍼져 나갔다. 그곳에서 바울은 전도하고, 지도자를 양성하고, 편지를 쓰며, 하나님 말씀을 이방인에게 전하는 소임을 충실히 수행할 수 있었다. 또한 로마 제국의 그리스도인 박해는 기독교를 전 세계로 퍼지게 하는 기폭제가 되었다.

오늘날에도 아주 오랜만에 강대국으로 떠오른 한 나라가 있다. 바로 미국이다. 좋든 싫든 현대는 '팍스 아메리카나'(미국 지배에 의한 평화 시대)의 시대라 할 수 있다. 근세 역시 평화와는 거리가 먼 시대였으나, 소련의 공산 체제가 무너지고 난 뒤부터 미국은 세계의 강대국으로 우뚝 자리를 잡았다. 비록 다른 나라들을 지배하는 것은 아니지만, 국제 분쟁이 일어날 때마다 미국이 중요한 역할을 담당하고 있음은 분명하다. 국가 간 충돌이 발생할 때면 미국은 어떻게든 문제를 해결하는 일에 앞장선다. 이스라엘과 팔레스타인이 중동에서 격돌했을 때도 미국을 불러 중재를 요청했다. 인정하든 못 하든, 미국은 이라크와 발칸 반도와 아프가니스탄의 정치에도 깊숙이 개입해 있다. 비록 권력을 제대로 행사하지 못하여 '추악한 미국인'이라는 오명을 쓰고 있기에 긍정적인 지배력을 행사한다고 말할 수는 없지만, 미국이 전 세계에 큰 영향력을 끼치는 것은 부인할 수 없다.

오늘날 미국 시민권자 역시 어느 정도 혜택을 누리고 있다. 강대국 국민이라는 사실만으로 당연하게 타국인의 호감을 사는 것은 아니지만, 선교의 문을 열고 복음을 전파하는 데는 확실히 유익한 면이 있다.

## 전 세계에 통용되는 언어

1세기에는 전 세계적으로 통용되던 '공통 무역 언어'가 있었다. 사람들은 자신의 모국어가 아닐지라도 다른 나라와의 무역과 의사소통을 위해 그 언어를 배워서 사용했다. 당시 공용어는 표준 그리스어였다.

베드로와 바울을 비롯한 1세기 기독교 지도자들은 공용어의 혜택을 톡톡히 누렸다. 그리스어로 기록된 그들의 편지가 여러 지역에서 읽혔으며, 모든 사람이 알아듣는 언어로 가는 곳마다 복음을 전파할 수 있었다.

오늘날의 세계 공용어는 '영어'다. 전 세계 어디를 가든 사람들은 영어를 말한다. 영어를 구사할 줄 아는 그리스도인은 영어를 배우기 원하는 나라 사람과 종족에게 가서 즉시 복음을 전할 수 있다. 실제로 많은 나라가 영어를 가르칠 현지인 영어 교사를 고용하려 하며, 그 기회를 이용해 성경을 영어로 가르치는 선교사가 증가하고 있다.

## 지구촌을 하나의 공동체로 만드는 기술 문명의 발전

1세기에는 세계의 범위를 좁혀 주는 새로운 문명이 개발되어 있었다. 그 때문에 세계 각국의 문화와 언어와 상업이 하나로 이어졌다. 당시의 발전은 상당히 혁신적이었기에, 이후 일어난 모든 문명의 든든한 기초가 돼 주었다. 사실 지금 이 순간에도 우리는 그 문명의 혜택을 누리고 있다. 바로 그것은 '도로의 발달'이다. 로마 시대의 간선도로는 신약성경에도 여러 차례 소개되어, 어떻게 구원을 얻는지를 묘사하는 방편으로 인용되기도 했다. 로마의 도로망은 세계 각국을 로마로 통하게 했다. '모든 길은 로마로 통한다'라는 말을 기억하는가? 이는 실제로 모든 도로가 로마에서 시작되었기에 생겨난 말이다.

바울과 바나바, 베드로, 요한은 그 길을 따라 각 지역을 돌아다니며 복음을 전했다. 로마의 도로망이 잘 닦여 있었기에, 복음은 그 어느 때보다 빠르게 전파될 수 있었으며 세계 복음화가 가능했다.

오늘날에는 컴퓨터 공학을 비롯해 원거리 통신망, 인공위성, 항공기 등의 눈부신 기술 발전이 세계를 대폭 축소해 놓았다. 하루하루 분주하게 살아가느라 그 변화를 미처 감지하지 못할 때도 있지만, 지난 10년 사이에 우리 삶이 얼마나 크게 바뀌었는지를 생각해 보라.

2001년 9월 11일 아침, 세계무역센터가 무너지는 모습을 실시간 방송으로 목격했던 순간을 결코 잊지 못한다. 페이스북 덕분에 30년 만에 만난 고등학교 동창과 마치 30분 정도 떨어져 있다 만난 사람처럼 농담을 주고받게 되었다. 요즘은 델리에 사는 인도 여성이 아랍에미리트의 부호가 자금을 댄 일본 기업이 제조한 전화기로 미국 매사추세츠 주에 전화를 걸어, 런던에 본사를 두고 있는 싱가포르 회사 제품을 주문할 수 있는 시대다. 참으로 좁은 세상이다.

세상은 좁아졌을 뿐만 아니라 토머스 프리드먼(Thomas Friedman)이 말한 것처럼 더 평평해졌다.[2] 프리드먼은 2000년부터 시작된 이 새로운 시대를 세계화 3.0[3]이라고 부르면서 다음과 같이 역설했다. "(이 새로운 세계화는) 갈수록 개인에 의해 좌우될 것이며, 그것도 더 다양한 사람 즉 서양인과 백인이 아닌 사람들의 영향력에 지배를 받게 될 것이다. 평평해진 세상의 구석구석에 있는 사람들이 자신의 능력을 맘껏 발휘하고 있다. 세계화 3.0으로 수많은 사람이 플러그를 꽂고 활동하게 될 것이며, 유색 인종을 포함한 모든 무지갯빛 인류가 참여하는 것을 보게 될 것이다."[4]

기술 문명의 발전은 인류가 하나로 연결된 세상을 이루고, 놀이터의 높이를 낮추어 누구나 '자기 목소리'를 낼 수 있는 세상을 만들었다. 실제로 블로그, 유튜브, 1인 출판, 페이스북이나 트위터 등의 소셜 네트워크 등은 이제 모든 사람이 기업의 도움을 받지 않고도 자신의 생각을 대중에게 널리 전달할 길을 열어 주었다. 이제는 좋은 발상만 있으면 누구든 세상에 영향을 끼칠 수 있다.

복음에 문을 닫은 나라도 자국민의 인터넷 사용마저 저지하지는 못한다. 그리스도인이 넘지 못하는 담도 라디오 방송은 넘어 들어간다. 비행기를 타면 하루도 안 걸려 지구 반대편에 도착할 수 있다. 복음 전파가 이처럼 절호의 기회를 맞은 시기가 있었는가!

## 상대주의 철학

세계가 좁아지고 사람들이 다른 종교와 문화와 인생관을 접하면서 '상대주의'가 고개를 쳐들었다. 상대주의란 절대 진리와 가치를 부인하고 모든 것을 상대적으로 보려는 견해를 말한다. 즉 '너에게 진리라 해서 나에게도 진리는 아니다'라는 말로 대변할 수 있다. 이러한 철학적 견해는 1세기에도 있었다. 빌라도 총독이 예수에게 "진리가 무엇이냐?"라고 질문했던 것이 대표적인 예다.

상대주의는 궁극적으로 도덕적 타락과 이상의 부재로 이어진다. 쇠붙이가 녹슬듯 모든 고결한 가치를 녹슬게 해서, 결국은 희망과 이성을 잃어버리게 한다. 현대인의 마음 한구석에는 상대주의가 충족해 주지 못하는 '본질적인 것'에 대한 동경이 자리하고 있다. 교회는 바로 그러한 기회를 포착하여 절망이 팽배한 세상에 참 진리를 전해야 한다.

오늘날 상대주의 철학이 놀라운 속도로 번져 나가고 있다. 이러다 보면 얼마 못 가서 인생의 의미는 사라지고, 어둠과 절망만이 사람들을 사로잡을 것이다. 상대주의 철학에 젖어 들수록 사람들은 더욱더 견고하고 흔들림 없는 가치에 목말라한다. 바로 그런 가치관을 우리가 전해 주어야 한다. 그리스도인은 상대주의 철학에 위압감을 느끼며 움츠러든다. 그러나 전혀 두려워할 것 없다. 사람들은 상대주의를 솔깃하게 받아들이지만, 그것은 전혀 실용적인 개념이 아니다. 오히려 상대주의에서 비롯되는 절망감이 하나님 나라의 복음에 더 귀를 기울이게 할 뿐이다.

## 난무하는 사이비 종교

1세기는 이방 종교와 온갖 신들을 예배하는 '우상숭배'가 만연했던 시기였다. 사도 바울 역시 선교 여행을 하는 동안 여러 차례 이 문제에 부딪혔다.

아테네 사람들이 수많은 신상을 세우다 못해서, 행여 빠진 신이 있을까 봐 "알지 못하는 신에게"라고 새긴 제단까지 만든 것만 봐도 그 사실을 짐작할 수 있다(행 17:22-23). 바울이 에베소에 갔을 때도 똑같은 사건이 있었다. 기독교를 받아들인 사람들이 우상들을 부수려 하자, 우상을 만들어 생계를 이어 가던 사람들이 거리에서 폭동을 일으켰다. 바울은 아테네에 세워진 수많은 거짓 우상을 보고 분노하며 비탄에 잠겼다. 루스드라에 갔을 때는 갑자기 신으로 추앙받다가, 다음 순간 돌에 맞아 죽을 뻔했다. 하루아침에 인기 대열에 올랐다가 몇 시간 만에 사형당할 위기에 처한 것이다.

오늘날에도 위카(Wicca, 현대 종교 형태로 행해지는 마법 숭배)나 주술과 같은 신비 종교들이 젊은이들 사이에서 급속도로 퍼져 나가고 있다. 그들은 영적 세계를 직접 체험하고 싶어 한다. 불행하게도 인간의 '숭배 본능'이 창조주가 아닌 피조물에 눈을 돌리게 한 것이다. 사이비 종교는 영적인 영향력과 예지와 같은 능력이 생긴다고 유혹하지만, 결국 미신과 두려움과 노예 상태에 빠지게 할 뿐이다.

뱀파이어, 고스, 마술사를 비롯해 지하 감옥이나 용처럼 소설에 등장하는 가공의 존재마저 우리 사회에 새로운 풍속을 낳았으며, 사람들 삶의 일부가 돼 버렸다. 바울이 로마 제국에서 전도하던 시대처럼, 오늘날의 사람들 또한 수많은 신을 숭배하고 영적 세계에 대한 지식과 능력을 소유하고자 혈안이 되어 있다.

사도 바울은 사람들의 그 같은 '영적 호기심'을 십분 활용했던 사람이다. 아레오바고에 갔을 때는 에피쿠로스와 스토아 철학자들과 더불어 진정한 창조주가 누구인지를 놓고 열띤 토론을 벌였다. 바울이 에베소에서 하나님 나라를 전한 것처럼, 오늘날 우리도 호기심을 품은 사람들이 하나님 나라의 능력과 위엄을 경험하게 해주어야 한다.

## 문란한 성생활, 마약 중독

로마는 술과 유흥으로 유명했던 도시다. 부와 권력, 상대주의 철학과 우상숭배는 성적 문란과 퇴폐적인 생활로 이어졌다. 결국 그러한 도덕적 기반의 붕괴가 로마 제국의 몰락으로 이어졌다고 역사가들은 믿고 있다.

오늘날에도 성적 타락은 이미 도를 넘어섰다고 말할 수 있다. 성생활이 문란해짐에 따라 갖가지 부작용이 나타나고 있다. 날로 성병이 증가하며, 세계의 주요 대륙이 에이즈로 많은 인구를 잃어버릴 위험에 처했다. 원치 않는 임신과 낙태가 만연하며, 젊은 여성을 볼모로 잡아 섹스 노예로 삼는 일이 지구 곳곳에서 벌어지고 있다. 아버지 없이 성장한 아이들은 권위자에게 분노를 쏟아 도시 주민에게 골칫덩이가 되는 경우가 많다.

신약 시대 그리스도인 역시 성적 타락의 굴레를 심각한 문제로 생각했다. 성적 타락은 인간의 영혼에 깊은 상처와 아픔을 남긴다. 문란한 성생활로 섹스 상대를 쉽게 버리는 사람들은 어둠과 질병에 잠식되어, 결국 정신질환에 걸리거나 귀신 들리거나 죽음에 이르고 만다.

이 모든 것이 가슴 아픈 현실이고 어려운 문제인 것은 틀림없지만, 우리에게는 오히려 기회로 작용할 가능성이 크다. 도덕적 타락의 희생양이 된 사람들은 자유와 용서와 치유의 소망에 자신의 마음을 열기 때문이다. 즉 상처받은 사람일수록 복음을 쉽게 받아들인다. 하나님 나라는 바로 그런 사람에게 자유와 용서와 희망을 주는 곳이다.

## 아슬란이 행동을 개시하다

C. S. 루이스가 쓴《나니아 연대기 – 사자, 마녀 그리고 옷장》(*Chronicles of Narnia*)을 보면 '나니아'라는 상상의 나라가 등장한다. 이 나라는 성탄절도 없이 100년 동안이나 차갑고 혹독한 겨울을 보내고 있었다. 상황이 점점 더 악화되고 있을 때, 옷장 안에서 나니아로 들어가는 문을 발견한 어린 방문객들이 그 나라에 새로운 희망을 전한다.

나니아의 변화는 수월하게 이루어지지 않았다. 선과 악의 치열한 전쟁이 벌어졌으며, 배반과 죽음과 투옥과 노예 생활 끝에 마침내 구원이 이루어졌다. 상황이 변할 즈음 희소식이 들려왔다. 겨울이 물러나고 있다는 소식이었다. 이윽고 성탄절이 찾아오고 초목이 돋아나며 얼었던 시내와 강에서 다시 물이 흐르기 시작했다. 방방곡곡에 이런 소문이 퍼졌다. "아슬란이 돌아와 행동을 개시한다."

하얀 마녀의 마법으로 오랜 어둠과 혹독한 추위를 겪으면서 겨울 이전의 모습조차 잊어버렸을 때, 생각지도 못한 방법으로 겨울이 물러간다. 나니아 사람들의 영혼에는 어딘가 더 좋은 세상이 있을 거라는 확신이 있었다. 자유로운 나니아와 창조자 아슬란에 대한 이야기가 금지된 전설로 전해졌지만, 누구도 그가 돌아올 것이라는 기대를 품지 않았다. 그러다 마침내 잊혔던 예언이 현실로 이루어지는 것을 보면서, 그의 귀환에 대한 소문이 퍼져 나간다.

이 시대를 살아가는 우리에게도 그와 비슷한 현상이 나타나고 있다.

지금까지 여러 나라와 지역에서 부흥과 각성의 섬광이 어렴풋이 엿보였었다. 하나님의 백성이 소생하고 교회가 새롭게 태어나는 역사가 일어났다. 그러나 그런 일들은 언제나 지엽적이었다. 지금 우리는 1세기 이후 한 번도 보지 못했던 새로운 양상에 직면해 있다. 세계 각국을 다니며 여러 나라의 국민과 부족을 만나고 다양한 문화를 접했던 나는 세상 모든 교회를 동시에 일깨우는 무언가를 목격한다. 하나님은 그분 나라가 이 땅에 새롭고도 확실하게 이루어질 수 있도록 지구촌 곳곳의 백성들을 동시에 일깨우고 계신다. 지금 우리는 가장 설레고 흥분되는 시대를 사는 것이다!

인류 역사를 통틀어 1세기만큼 하나님 나라가 빠르게 확장된 적이 없었다. 당시 그리스도인은 사도행전에 묘사된 것과 같이 하나님 나라의 삶을 직접 체험하고 싶어 했다. 지금 내가 강조하고 싶은 점은, 21세기를 살아가는 우리에게 그와 같은, 아니 어쩌면 그보다 더 크고 위대한 복음 전파의 기회가 있다는 사실이다. 비록 지금은 어둠의 시기이지만, 어둠은 빛을 더 밝게 드러나게 한다. 그 빛을 이 세상에 비추기 위해 우리는 스스로 변해야 한다.

과거 교회들은 미래의 기회를 붙잡을 준비가 되어 있지 않았다. 이제는 핵심 시스템을 바꾸어, 현재 우리에게 주어진 기회를 최대한 활용해야 한다. 새로운 시대를 위해 교회를 업그레이드하자! 지금은 교회 3.0 버전을 다운로드해서 실행할 때다.

변화의 시기에는 계속해서 배우는 자들이 세상을 차지한다.
배웠다고 자부하는 자들은 뒤늦게야
더 존재하지 않는 세상을 차지할 준비가 된다.

**에릭 호퍼(Eric Hoffer)**

2장

# 세상은 어떻게 변하고 있는가?

모더니즘에서 포스트모더니즘으로

1장에서 나는 1세기 상황이 재현된 듯한 현대 사회의 변화를 언급했다. 하지만 그러한 변화는 단순히 외적으로, 혹은 환경적으로만 일어나는 변화가 아니다. 사람들의 마음과 생각에도 변화가 일어난다. 이제 사람들의 생각은 모더니즘 세계관에서 포스트모더니즘 세계관으로 바뀌었다. 교회가 그 사실을 인식하고 복음 전파 방식을 변경하지 않는다면, 기독교에 무관심해진 이 사회에서 더는 설 자리를 잃을지도 모른다.

이 장에서는 모더니즘 사회에서 포스트모더니즘 사회로 넘어가는 과정에 어떤 변화가 일어났는지를 설명할 것이다. 아울러 우리 사회에 일어난 그와 같은 변화가 실제로는 복음 전파에 디딤돌이 되며, 복음 자체에는 아무런 위협 요소도 되지 못한다는 사실을 강조하고 싶다.

## 포스트모더니즘이란 무엇인가?

포스트모더니즘은 더러운 욕조에 빠져 있는 쓰다 만 비누 조각과도 같다. 그것은 붙잡았다고 생각하는 순간, 손에서 미끄러져 버린다. 그래서 다시

한 번 더러운 목욕물을 손으로 휘젓게 한다.

포스트모더니즘을 이해하기 어려운 이유는 그것이 직선적이고 인지적인 사고 과정에서 나온 사상이 아니기 때문인지도 모른다. 포스트모더니즘은 일종의 철학 체계라기보다 모더니즘에 대한 '감정적 반응'이라고 보는 게 더 정확하다. 가끔 직선적인 철학적 사고 체계 관점에서 포스트모더니즘을 분석한 글을 읽을 때마다 웃음이 난다. 그들은 마치 사전에 그런 사상을 예견하고, 모든 사람이 그것을 삶의 철학으로 받아들인 것처럼 이야기한다.

포스트모더니즘은 논리적인 사상이 아니라 감정적인 반응이며, 어떤 면에서는 문화적인 반응이라고 볼 수도 있다. 물론 철학적 견지에서 포스트모더니즘 사상을 가진 사람이 없는 것은 아니지만, 보통은 변화된 환경에 적응하고자, 또는 실패한 모더니즘 때문에 포스트모더니즘으로 돌아선 경우가 대부분이다. 모더니즘에서 현실의 만족감을 얻지 못했기 때문에, 그 좌절감에서 포스트모더니즘이 탄생한 것이다.

사람들은 보편적 '방법론'으로만 삶을 풀어 가려는 모더니즘 가치관에 반발했다. 젊은 세대는 자발성이 빠진 그러한 방식을 좋아하지 않았다. 모더니즘에서 제시하는 일련의 규율과 논리적 해결책은 일반적 호응을 얻지 못했다. 사람들은 다양한 인간관계를 형성하고 싶어 했고, 합리주의 이성론으로 설명할 수 없는 시적 감상을 동경했다. 그런 면에서 포스트모더니즘은 만개한 철학 사상이 아닌 강한 반항심에서 비롯했다고 할 수 있다.

포스트모더니즘은 생각을 구체적으로 정리해서 우리가 어디로 가고 있는지를 보여 주는 사상 체계가 아니다. 누군가 무엇을 하면 사람들은 그에 대한 반작용으로 "우리에게 일률적인 잣대를 들이대지 말라"라고 말한다. 모더니즘 잣대에 대한 거센 반발이 바로 혐오감과 감정적 대응으로 나타난다. 하지만 이는 매우 실제적이기 때문에 과소평가할 문제가 아니다. 직선적이고 논리적인 체계가 아니라고 해서 비논리적이라고 매도해서는 안 된다. 포스트모더니즘은 선을 무시해 버리고 색을 칠하려 한다. 선이라는 것은 억압적이고 비현실적인 낡은 체제를 대변하기 때문이다. 선을 벗어난 채색이 지저분하고 눈에 거슬릴 수 있지만, 어떤 면에서는 그것도 아름다움이 될 수 있다.

포스트모던(postmodern)이라는 이름 자체도 논리적이지 않다. 지금 현재의 것을 왜 포스트(post, 뒤나 후를 의미함 – 역주)라 말하는가? 그럼 우리가 미래주의자란 말인가? 포스트모더니즘을 논리적이고 권위적인 것에 대한 반작용이라고 한다면, 그것도 합당한 이름이라고 할 수 있다. 포스트모더니즘은 교실이나 과학 교과서에서 배우는 것처럼 상식적으로 '말이 되는' 사상이 아니다. 따라서 '무엇인가?'보다 '무엇이 아닌가?'에 더 가깝다. 출발점 자체가 무엇을 추구해서가 아니라, 어떤 것에 대한 반작용에서 비롯한 것이다. 따라서 그 목적 또한 사람들이 나타내는 창의적이고 다양한 모든 것으로 정의할 수 있다.

계몽주의에서 탄생한 모더니즘은 사람들에게 거짓말을 했다. 인간의 '정신'(mind)이 모든 문제를 해결할 수 있다고 말이다. 인본주의의 근본 사상은 인간을 세계관의 중심에 놓는 것이다. 린든 존슨(Lyndon B. Johnson) 전 대통령은 빈곤이 그의 시대에 종식될 것이라고 선언했다. 존슨 대통령은 세상을 떠났지만 빈곤은 여전히 남아 있다. 과학은 천연두를 멸종하게 했듯이 인간의 모든 질병을 몰아낼 수 있다고 큰소리쳤다. 오늘날 우리는 그 어느 때보다 더 많은 질병에 시달리고 있다. 새로운 질병이 계속 발병하여 인류를 괴롭힌다. 심지어 천연두도 다시 살아날 조짐을 보이고 있다. 모더니즘은 실패했다. 이제 우리는 모더니즘 이후 세상에 살고 있다. 포스트모더니즘의 정의가 불가능한 이유는, 그것이 실패한 모더니즘의 해결책이 아니라 그에 대한 반작용이기 때문이다. 그러나 이러한 반작용에도 아주 유용한 것이 있다. 포스트모더니즘의 근원적 가치관을 파헤치면 복음 전파의 기폭제가 될 만한 것을 발견할 수 있다.

## 모던도 아니고 포스트모던도 아닌 교회

서양 교회들은 세상이 포스트모더니즘으로 바뀌는 현상에 위협을 느껴 왔다. 많은 사람은 이 시대를 어둡다 말하며 진리를 모르는 세대라 평하지만, 나는 상대주의에 깔린 어떤 요소가 사실은 희망을 준다고 생각한다. 서양 교회가 포스트모더니즘에 위협을 느끼는 이유 중 하나는, 사실 교회가 모더니즘의 산물이기 때문이다. 우리는 진리를 직선적이고 논리적으로 이해하려 했다. 그것은 모더니즘에 가까운 방식이었다. 성도들을 가르치고 교육하는 일을 무엇보다 중요하게 여기며, 잘 가르칠수록 세상이 더 좋아질 것이라고 믿었다. 그것 역시 모더니즘 식의 발상이었다. 서양 교회는 전형적인 모더니즘 방식으로 사역과 프로그램을 개발했으며, 교회를 신앙생활의 제조 공장처럼 여겼다. '3단계 방식' 같은 문제 해결책을 제시해서 논리적이고 합리적인 해결 방안을 이끌어 내려 했던 것이다.

지금부터 내가 소개하는 가치관의 변화 몇 가지를 읽으면, 과거 교회들이 얼마나 뼛속까지 모더니즘에 젖어 있었는지를 깨닫게 될 것이다. 우리가 포스트모더니즘 가치관에 동의하지 않더라도 교회를 위해 매우 유용한 사상을 짚어 볼 필요가 있다. 하지만 그보다 더 중요한 것은 지금까지 교회에 만연해 있었던 모더니즘 가치관을 정직하게 되돌아보는 일이다. 나는 그것이 포스트모더니즘만큼이나 중요한 우리 믿음의 진정성 문제라고 본다.

그렇다고 해서 명백한 진리를 제쳐 두고 뒤죽박죽 사상을 도입하라는 이야기가 아니다. 그러나 논리적이고 합리적인 방식으로만 하나님의 진리를 대하는 자세도 찬성할 수 없다. 내가 원하는 것은 명제 진리만이 아니라 상처받은 세상을 위해 울어 주고 실질적인 도움을 주는 '성육신된 진리'다.

명제 진리란, 사명 선언문이나 교리나 명제처럼 언어로 진술된 진리를 말한다. 물론 진리를 그런 식으로 제시할 수도 있지만, 포스트모더니즘에서는 그것을 생명이 없고 추상적인 것으로 인식한다. 반면 성육신한 진리란 삶에서 몸소 체험하는 진리를 말한다. 진리가 명제로만 남아 있고 성육신하지 못한다면, 그것은 사실에 대한 진술일 뿐이지 믿음이라고 말할 수 없다. 예수님은 "내가 길과 진리와 생명을 알고 있다"라고 말씀하지 않으셨다. "내가 곧 길이요 진리요 생명이다"라고 말씀하셨다. 진리는 단순한 진술이 아니라 사람이다. '무엇'이 아닌 '누구'인 것이다. 진리에 말하는 입만이 아니라 보는 눈과 듣는 귀와 만지는 손이 있다면, 우리는 더 쉽게 진리에 공감할 수 있을 것이다. 이처럼 진리는 개인적이고 실제적이다.

내가 동료와 함께 개척한 어웨이커닝 교회를 사람들은 '포스트모던 교회'라 부르는데, 나는 항상 그 이름이 불만스럽다. 우리 교회가 포스트모더니즘 문화에 뿌리를 내리고 있기는 하지만, 그렇다고 포스트모던 교회는 아니기 때문이다. 포스트모더니즘에 빠진 세상 사람들을 전도하느라 그들의 문화 형태 일부를 도입한 것이지, 교회 자체가 포스트모던인 것은 아니다.

하나님 나라는 모던도 아니고 포스트모던도 아니다. 그러나 두 가지 모두 임할 수는 있다. 지구 위 모든 인간과 문화에는 대립하는 얼굴 두 가지가 있다. 하나는 하나님의 형상이고, 또 하나는 죄의 추악한 모습이다. 문화는 같은 가치관의 범주 안에서 살아가는 사람의 집단이 일치함을 뜻한다. 하나님 나라는 언제나 반문화적이며 모든 인간의 잘못된 가치관에 정면으로 대립하지만, 그와 동시에 모든 인간과 문화에 담긴 하나님의 형상을 구속한다.

복음의 핵심은 인간의 문화와 일치하지 않는다. 문화를 초월하는 동시에 문화를 내면에서부터 바꾼다. 우리가 할 일은 하나님 나라와 복음의 핵심을 인간 문화에 맞게 구부리는 것이 아니라, 설득력과 반발력을 동시에 갖추게 하는 것이다. 잠재된 하나님의 형상이 회복될 사람들은 복음에 매료될 것이고, 어두운 죄악에 잠겨 있는 사람들은 복음이 전혀 달갑지 않을 것이다. 복음을 시대에 맞게 바꿀 필요는 없다. 복음은 그 자체로 시대를 초월한 진리다. 문제는 시대에 맞느냐가 아니라 영향력을 발휘하느냐이다. 사역의 목적은 사람들의 내면에 있는 하나님의 형상을 이끌어 내고, 죄의 노예 생활을 끝낼 수 있도록 대안을 제시해 주는 것이다.

사람들을 전도할 때는 그들의 어두운 면만 조명하는 것보다 긍정적인 면을 인정해 주는 것이 훨씬 더 효과적이다. 하나님의 형상을 인정한다고 해서 문화의 추악한 면까지 전부 눈감아 주라는 게 아니다. 복음을 듣고 궁극적으로 믿어야 하는 사람들에게 우리가 '복된 소식'으로 다가가자는 것이다. 개중에는 복음을 받아들여 진정으로 각성하는 사람도 있을 것이고, 복음을 거부한 채 어둠에 남아 있기로 선택한 사람도 있을 것이다. 문화의 토양 위에서 자라는 교회는 그 문화에 내재된 하나님의 형상을 드러내는 동시에, 악한 가치관에는 정면으로 맞서야 한다. 그렇기에 복음은 매력적이기도 하고, 매력적이지 않은 것이기도 하다.

## 새 시대 가치관의 변화

포스트모더니즘은 감정적 반작용이기 때문에 '가치'의 측면에서 이해하는 것이 가장 효율적인 방법이라고 할 수 있다. 가치란 사람들이 느끼는 방식과 정말로 중요하게 여기는 게 무엇인지를 말해 주는 것이다. 자신이 진정으로 원하는 것의 표현이 가치이므로, 그 이면에는 자신이 원하지 않는 것의 그림자가 드리워져 있다. 즉 다른 것을 희생해서 자신이 가치 있게 생각하는 것을 선택한다는 뜻이다.

선택의 여지없이 가치만을 독립적으로 나열해 놓은 것은 큰 의미가 없다. 비교하고 대조할 것이 없는데 다른 가치가 무슨 소용이 있겠는가? 정말로 가치 있다고 느끼는 것이 있으면 다른 것 대신 그것을 선택하게 되어 있다. 사람에게는 누구나 가치 있게 여기는 것이 있다. 그렇지 않다면 가치 있다고 말할 수도 없을 것이다. 사람들이 선호하는 것의 바탕에는 가치에 대한 인식이 깔려 있지만 그것만이 전부는 아니다.

가치란 더 깊은 차원의 가치관을 반영한다. 그래서 그 가치에 의해 일관적으로 무언가를 선택하고 행동하고 말하게 하는 것이다. 가치관은 곧 사람의 인격이라고도 할 수 있다. 선호도는 환경에 따라 바뀔 수도 있고, 또 다른 선택의 여지가 없을 때는 다른 것을 선택하기도 한다. 선호도를 바꾸는 일은 쉽지만, 가치관을 바꾸려면 혁명 같은 변화가 일어나야 한다.

가치를 이해하는 데 매우 유용한 방법은 '비교'이다. 포스트모더니즘도 모더니즘과 비교하여 연구하므로, 가치관 또한 두 가지를 비교하는 것이 도움이 될 것이다. 모더니즘 세계관에서 포스트모더니즘 세계관으로의 변화를 살펴보면, 우리가 복음으로 다가가야 할 이 세상 사람들에게 어떤 일이 일어나는지를 좀 더 정확하게 이해할 수 있다. 두 가지 사상을 깊이 연구할 필요까지는 없지만, 과거보다 더 효과적으로 세상을 복음화하기 위해 하나님이 어떤 변화를 일으키고 계신가를 짚어 보자.

## 포스트모더니즘 문화는 무엇을 가치 있게 여기는가?

### 일보다는 관계 중심

모더니즘 사상의 중심에는 무엇보다도 당면한 과업을 중요하게 여기는 가치관이 자리 잡고 있다. 각 기업체는 자랑스럽게 사명 선언문을 만들어 출납계 원석 위 액자에 끼워 놓는다. 그들은 고객의 '돈'이 아니라 '고객'을 위해 존재한다는(물론, 그러시겠지요) 것을 알려 주고 싶어 한다. 지도자들도 앞다퉈 자신의 사명 선언문을 작성하기 바쁘다. 사람들은 자신이 얼마나 과업에 유용한 인물인가를 잣대로 삼아 자신의 가치를 평가한다. 자신의 야망을 숨기지 않은 채, 인생의 모든 것을 지금 하고 있는 일의 관점에서 바라본다. 누군가 자신의 일에 도움을 주면 친구가 되고, 도움을 주지 못하면 매정하게 잊어버린다. 그 어떤 것보다 과업의 성취가 인생의 최우선 과제다. 그러나 포스트모더니즘 문화에서는 일보다 사람과의 관계를 더 중시한다. 일을 성취하는 데 아무런 도움을 주지 못해도 그 사람과 친하게 지내고 함께 시간을 보내는 데 의의를 둔다.

인간관계를 중시하는 것이 포스트모더니즘의 가장 핵심적 가치관이기에, 당연히 다른 가치관에도 영향을 미칠 수밖에 없다. 예를 들어 포스트모더니즘에서 진리를 상대적으로 생각하는 이유는, 모든 사람과의 관계를 중시하기 때문이다. 누구도 제외하길 원하지 않기 때문에 다른 사람의 생각을 존중하려는 것이다. 또한 관계를 극도로 중요시하는 까닭에 자기 자신에 대해 거짓말하는 것을 가장 큰 죄로 여긴다. 그것은 거짓 위에 세운 허위 관계이기 때문이다. 그러므로 가장 큰 미덕은 '진실'이다. 포스트모던 사람들은 올바로 알고 올바로 알리기를 원한다.

이들에게는 일과 사업도 중요하지만 그보다 인간관계가 우선한다. 포스트모던 사람들에게 일과 사업이란, 기업에 충성하고 매출을 올리기 위한 것이 아니라 좋은 일로 사람을 이롭게 하기 위한 것이다.

하나님 나라의 복음은 언제나 인간관계를 통해 가장 효과적으로 전파된다. 그것은 처음부터 하나님의 계획이었다. 나는 인간관계를 통한 전도 방식을 강의할 때마다 비공식적으로 질문하는 버릇이 있다. 강의를 듣는 사람 중에 전혀 알지 못하는 낯선 사람의 전도를 받고 예수님을 믿게 된 사람이 있으면 손을 들라고 한다. 이를테면 텔레비전 채널을 돌리다가 우연히 어떤 목사의 설교를 듣고 혼자 예수님을 영접했다거나, 사람들이 북적거리는 동네 체육관에 재미있는 운동 경기가 열리는 줄 알고 들어갔다가 빌리 그레이엄(Billy Graham) 목사의 전도 집회에 참석하게 되어 예수님을 영접했다거나 하는 경우를 말한다. 보통 이런 식으로 주님을 영접했다고 손을 드는 경우는 극소수에 불과하다.

다음으로는 가까운 친구나 가족, 친척, 직장 동료 가운데 믿는 사람이 있어서 그들의 삶에 감명을 받았거나, 그들의 전도로 믿게 된 사람이 있으면 손을 들라고 한다. 이 경우에는 참석자의 95% 이상이 손을 든다. 이때, 나는 참석자들에게 한 가지 중요한 질문을 던진다. "그렇다면 우리는 왜 하나님이 이미 허락하신 가까운 관계를 이용하지 않고, 항상 전도 집회 같은 행사로만 전도하려는 것일까요?"

에드 스테처(Ed Stetzer)와 리치 스탠리(Richie Stanley), 제이슨 헤이즈(Jason Hayes)는 방대한 설문 조사를 실시했다. 그들은 지금까지 우리가 깨닫지 못한 전도의 허점과 이점을 찾아내는 데 성공했다. 그것은 상당히 의외의 결과를 도출했다. 그들이 공저한 《잃은 자와 찾은 자》(*Lost and Found*)라는 책을 보면 이런 대목이 나온다. "(젊고 교회를 다녀 보지 못한 사람일수록) 교회에서 주는 신앙적 도움을 받기보다는 신앙 서적을 더 읽으려 한다. 주목할 만한 사실은 6명 중 1명만이 교회에 가서 신앙적 도움을 받으려 한다는 점이다."[1] 이 책은 가까운 친구 중에 최소한 1명이라도 그리스도인 친구를 둔 청년의 수가 10명 중 9명이라고 했다.[2] 나는 명석한 연구가는 아니지만, 그 두 가지 사실이 우리에게 무언가를 말해 주고 있으며 그 말을 주의 깊게 듣는 것이 좋다고 확신한다.

비록 교회에 가서 신앙생활을 하려는 마음은 없어도, 포스트모던 사람 중 91%는 그리스도인과 가까운 관계를 맺고 있다. 그렇다면 이렇게 자문할 수 있다. 우리가 교회 프로그램을 멋지게 만드는 데만 신경 쓰지 말고, 그리스도인을 훈련해서 가까운 사람들을 전도하도록 만드는 것이 더 유용한 전략이 아닐까? 교회에 와서 신앙적 도움을 받으려는 17% 대신[3] 그리스도인과 관계 맺고 있는 91%를 챙기는 게 마땅한 일 아니겠는가?

게다가 세 사람의 설문 조사 결과를 보면, 교회에 다니지 않는 10명의 청년 가운데 9명이 다른 그리스도인의 신앙 간증을 들어 보겠다고 말했다. 또한 5명 중에 3명은 만일 친구가 성경공부를 같이 하자고 제안하면 기꺼이 응할 용의가 있다고 답했다.[4] 설문에 참여한 청년 중 거의 절반은 성경과 예수님에 대해 배울 수 있다면 소규모 그리스도인 모임에 참석하겠다고 대답했다.[5] 우리는 무엇을 더 기다리고 망설이는가? 이것은 아예 그들이 우리를 공개적으로 초청하는 셈이 아닌가?

우리는 교회를 하나의 기관으로 생각하는 사고방식을 바꾸어 친밀한 공동체로 인식해야 한다. 안타깝게도 우리는 아직 그러한 사고 전환을 하지 않고 있다. 설문에 응한 청년 10명 중 9명은 "요즘 기독교인은 하나님을 사랑하고 사람을 사랑하는 게 아니라 조직적인 종교 집단에 더 가깝다"라고 이야기했다.[6] 이제 더는 교회가 하나님 나라의 대문 역할을 유지하기가 어렵게 되었다. 사실 교회는 대문 역할만 해서도 안 된다. 사람과의 관계가 곧 주님을 영접하는 길이 되어야 한다. 오늘날 청년 10명 중 9명은 교회에 가지 않고도 얼마든지 하나님을 믿을 수 있다고 생각한다. 오직 10명 중에 1명만이 교회에서 신앙생활을 해야 한다고 믿는 것이다.[7]

현재 교회의 심각한 문제는 교인들이 세상과 분리되어 그들만의 문화를 형성하고 있다는 점이다. 따라서 기독교인은 불신자와 친해지기가 더욱 어렵게 되었다. 그리스도인은 기독교 학교에 다니고, 기독교 단체에서 일하며, 기독교 상점에서만 물건을 산다. 불신자들이 어떻게 사는지를 알려면 〈제리 스프링거 쇼〉(The Jerry Springer Show, 미국에서 '쓰레기 토크쇼'라 불릴 만큼 가정 안의 불화와 변태적인 문제를 폭로하는 토크쇼 – 역주)라도 시청해야 할 판이다. 그러니 복음을 전한다면서 고작 성탄절 기간에 백화점에 나가, 이미 스피커에서 시끄럽게 울려 퍼지는 성탄 찬송이나 되풀이하는 것 아니겠는가?

이제는 포스트모던 시대에 태어난 젊은이가 교회 지도자로 떠오르면서 많은 것이 변하고 있다. 그들은 관계를 중시하는 가치관을 지녔기에 하나님 나라 확장에 큰 도움이 될 것이다. 지하철역에서 전도지를 나눠 준다든지, 느닷없이 현관문을 두드려 번개 전도를 하는 것과는 전혀 다른 차원의 전도를 할 것이라고 믿는다.

### 탁월성보다는 진실성

얼마 전까지만 해도 논픽션 부문 베스트셀러는 거의 다 '탁월함'(excellence)이라는 표어를 달고 있었다. 사람은 누구나 자신이 최고임을 인정받고 싶어 한다. 아마존에 접속해서 'excellence'라는 단어만 입력해 보아도 책 153,744권(2010년 기준)이 검색된다.

그러나 지금은 다르다. 탁월함보다는 진정성을 더 가치 있게 여긴다. 탁월함이 진정이 아닐 수도 있음을 사람들이 알게 된 것이다. 탁월해 보였던 많은 사람이 실제로는 천박하고 알맹이가 없었다. 그래서 진정성이 더 중요한 가치로 주목받게 된 것이다. 포스트모던 사람들은 진정성이 없는 것을 재빨리 알아차린다.

경비행기를 타고 인디애나 주 블루밍턴에서 시카고로 가야 할 일이 있었다. 탑승객은 나와 여학생 1명이 전부였다. 승객이 너무 적었기 때문에 승무원들은 우리에게 뒷좌석에 나란히 앉아서 무게의 균형을 맞추어 달라고 부탁했다(나와 그 여학생의 몸무게가 똑같다고 생각했나 보다). 우리는 비행하는 한 시간 내내 여러 가지 이야기를 주고받았다. 대학을 갓 졸업했다는 그 여학생은 시카고에 본부를 둔 대기업에 중요한 입사 면접을 보러 가는 중이었다.

나는 그 학생의 꿈과 포부가 무엇인지 물어보고 싶었다. 물론 언젠가 자기 사업을 하고 싶다거나 법률 사무소에서 동료를 만나고 싶다거나 책을 쓰고 싶다거나 교사가 되고 싶다거나 결혼하고 싶다는 등의 대답을 예상했다. 이윽고 나는 미소를 지으며 여학생에게 참았던 질문을 던졌다. "그래, 이제 사회에 첫발을 내딛게 된 거군요. 앞으로 뭐가 되고 싶은가요?" 나의 농담 섞인 질문에도 그 학생은 자못 진지한 표정을 지었다. 이윽고 학생은 이렇게 대답했다. "저는 존경받는 사람이 되고 싶어요."

그것은 포스트모던 사람들의 가치관을 적나라하게 보여 주는 대답이었다. 그 여학생은 자신이 하는 일에는 별 관심이 없었다. 다만 주변 사람들에게 존경받으며 진실한 사람이 되는 일에 더 큰 관심이 있었다.

진정성에 대한 욕구는 '별로 진실하지 않은' 광고업계에까지 영향을 미쳤다. 한 유명 탄산음료 업체가 '진실하라'는 문구의 광고판을 대문짝만 하게 달아 놓았다. 바로 그 옆에는 '이것이 진짜다'라는 다른 제품의 광고 문구가 버젓이 걸려 있었다.

그래픽 이미지는 예전만큼 윤곽이 또렷하거나 단정한 형상을 사용하지 않는다. 과거의 완벽한 이미지보다 깨진 글씨체, 삐뚤삐뚤한 선, 초점이 흔들린 사진을 더 선호한다. 불완전한 이미지들이 그것을 만든 사람의 결점과 실체를 반영하고 있기 때문이다. 요즘에는 수동 타자기로 새긴 것 같은 글씨체가 인기를 끌기도 한다. 그러나 이런 이미지도 진정성보다 인기에 편승하게 되면 곧 명성을 잃고 쇠퇴한다.

텔레비전 프로그램도 리얼리티 쇼에 점령당한 지 오래다. 그 효시가 된 것은 MTV 채널에서 방영했던 〈리얼 월드〉(Real World)라는 쇼였다. 정해진 각본 없이 일반인의 실생활과 같은 환경에서 진행되는 쇼다. 이 쇼에서는 언제든 돌발 상황이 벌어질 수 있다는 점이 시청자의 시선을 끌어당겼다. 리얼리티 쇼는 교훈을 주는 프로그램도 아니고 숨겨진 메시지도 없지만, 예기치 못한 반전과 즉흥성이 흥미를 돋운다. 또한 시청자가 쇼에 나오는 출연자와 쉽게 공감대를 형성한다. 방송국 작가들이 쓴 정교한 대본을 앵무새처럼 연기하는 배우보다, 비록 현실은 아니어도 현실처럼 생동감 있게 전개되는 장면이 시청자의 공감을 자아내는 것이다.

물론 이 모든 것은 일종의 비틀린 현상이다. 아무리 대중 매체의 모조 진정성이 홍수처럼 범람해도, 진짜 진정성은 그 안에서 빛을 발한다. '진짜 세상'에서 진짜인 것은 아무것도 없다. 리얼리티 쇼의 인기는 진정성 있는 것을 원하는 사람들이 세상의 것에 만족하지 못하는 현실을 증명할 뿐이다.

포스트모던 사람들에게 가장 큰 칭찬은 '진실한 사람'이라는 말이다. 반면에 가장 큰 모욕은 '가식적'이라는 말이다. 위선은 용서할 수 없는 대죄다. 사실 그보다 더 큰 죄를 찾아보기 힘들 정도다. 모던 사람들에게 가장 큰 죄가 '이단'이었다면, 포스트모던 사람들에게는 '위선'이 가장 악질 죄다. 즉 포스트모던 세계에서는 위선이 새로운 이단이라고 할 수 있다.

탁월함보다 진정성을 중요하게 여기는 것은 사실이지만, 그렇다고 오해하지 마라. 포스트모던 사람들도 탁월함을 높게 평가한다. 다만 탁월함 이전에 진정성이 우선해야 하고, 탁월함이 진정성을 희생해서는 안 된다는 점이 중요하다.

지금은 날조된 진정성의 어둠 속에서 하나님 나라가 밝은 빛을 발할 수 있는 기회다. 우리는 표면적 진정성에 속고 있는 사람들에게 올바른 진정성과 진리가 무엇인지를 보여 주어야 한다. 내가 사람들에게 진정성을 중요시하라고 권하는 이유는 그것이 하나님의 마음에 가깝기 때문이다. 사탄은 거짓의 아비이고, 예수님은 성육신하신 진리다. 그분은 진실하다. 예수님이 얼마나 진실한 분인가를 세상에 알리기 위해 굳이 포스트모던 광고 매체를 이용할 필요도 없다. 사람들이 직접 예수님을 경험해 보면 알게 될 테니 말이다.

### 논리보다는 체험

모더니즘은 이성적 사고에 기초한다. 따라서 모든 문제를 올바른 방정식에 대입하고 올바른 명제를 제시해서 논리적으로 풀어 나가야 해결된다고 생각한다. 사람들이 제기하는 주장은 이성적 사고의 검증을 거쳐 평가를 받는다. 그렇기에 정확히 알고 정확히 말하면 높은 평가를 받게 된다.

요즘 사람들은 중요한 것일수록 듣기만 하는 게 아니라 직접 체험해 보고 싶어 한다. 그래서 오늘날 문화는 점점 더 체험을 중시한다. 주술과 사교가 유행하는 이유는 그러한 신비 종교들이 영적 체험을 맛보게 하기 때문이다. 이제 사람들은 더는 교인석에 머물러 앉아 하나님과 관련된 이야기를 들으려고만 하지 않는다. 모더니즘 교회들이 믿음, 도덕적 생활, 친교순으로 우선순위를 삼았다면, 이제는 친교가 먼저 오고 그다음이 도덕적 삶이며 마지막이 믿음이다.

사람들은 더는 일련의 명제에 정신적으로 동의하는 것을 집단에 기대하지 않는다. 함께 어울리고, 삶을 나누며, 교회 생활을 체험하는 것이 명제에 대한 정신적 동의보다 중요하다. 인간은 단순히 머리로 인식하는 것보다 훨씬 더 온전하고 통합적으로 인지할 수 있는 능력이 있다. 한 집단의 공통 체험은 집단 구성원들을 하나로 묶어 주는 강력한 접착제다. 모든 사람이 함께 체험하고 나서 그 집단의 신념을 표현하는 것은 매우 쉬운 일이다. 명제를 실제로 맛보고 시험할 수 있는 환경이 건전한 신념 체계 안에서 강한 확신을 불러일으키기 때문이다. 아울러 체험에서 우러나온 신념은 더 현실적이고 실제적으로 느껴진다. 반면 실생활에서 경험이 동반되지 않은 신념이나 믿음에는 설득력이 없다.

포스트모던 사람들은 이렇게 말한다. "내가 볼 수 없고, 맛볼 수 없고, 만질 수 없고, 느낄 수 없고, 냄새 맡을 수도 없는 거라면 그건 실체가 아니다." 현대 최고 전문가들이 그 해악과 부작용을 입이 아프도록 강조했음에도 마약 복용은 여전히 줄어들지 않고 있다. 그것은 사람들이 건강을 지키기보다, 다른 무언가를 체험하고 싶어 하기 때문이다. 성적 쾌락을 추구하거나 사교, 비술, 동양 종교 등에 눈을 돌려 진정한 영적 체험을 맛보고 싶어 하는 이유도 마찬가지다.

과격한 운동이 인기를 얻는 것 또한 실제로 쾌감을 느낄 수 있기 때문이다. 심장이 빠르게 박동하고 온몸에 아드레날린이 솟구치며 손에 땀이 흥건히 고일 때, 사람들은 충만한 생동감을 느낀다.

한때는 교회에서 영적 체험을 추구하는 교인을 비난한 적이 있었다. 모더니즘에 깊이 뿌리내린 기독교는 개인의 감정을 경계하며 이성적 믿음을 강조했다. 체험을 추구하는 것은 감정을 내세우며 견고한 진리를 저버리는 행위로 간주했다. 그 때문에 예수님이 죽음을 불사하면서까지 부어 주기 원하셨던 영적인 삶이 교회 안에서 사그라지고 말았다. 물론 경험에만 의존하여 믿으면 안 되지만, 하나님은 경험이 없는 믿음도 불완전하다고 말씀하셨다(약 1:21-27 참고).

이제는 도서관 서재에 꽂힌 신앙을 거리에 들고 나가서, 성령의 능력으로 하나님의 은혜를 드러내며 사람들에게 진정한 영적 삶을 맛보게 해주어야 할 때다. 예수님이 돌아가신 이유는 우리가 신학 연구에만 골몰하여 목사의 서재나 주일예배 강대상에 머물러 있기를 원해서가 아니다. 우리의 신앙은 세상의 뜨거운 도가니에서 실제적으로 끓어올라야 한다. 우리 신앙이 현실적이고 실제적인 것이 아니라면 그것을 믿을 가치가 없다. 그러나 현실적이고 실제적인 신앙이라면, 어두운 세상에서도 찬란한 빛을 발할 것이다.

나와 동료들이 롱비치에서 교회를 개척할 때 있었던 일이다. 우리는 그 지역 사람들이 '사이비 종교'라는 굴레에 단단히 묶여 있음을 알게 되었다. 사탄의 손아귀가 그들을 점점 더 깊고 깊은 악의 수렁으로 몰고 가는 것 같았다. 처음에는 마녀와 주술사들이 동네 커피숍에서만 사람들을 만났다. 그러나 시간이 지나자 마녀, 뱀파이어, 사탄을 숭배하는 자들이 밖에까지 나와서 커피를 마시며 사람들과 어울리더니, 마지막 주 금요일마다 열리는 그들의 집회에 공개적으로 사람들을 초대하기 시작했다. 지역 주민들은 특이한 차림(검은 가죽옷에 쇠사슬을 걸치고 고스인 같은 화장을 했다)을 하고서 그들의 집회에 참석했다. 참석자들이 술에 취해서 한참 동안 춤을 추고 나면, 마녀들이 앞에 나와서 다음 집회에 다시 모여 달라고 당부했다.

우리가 발견한 사이비 종교의 마지막 지하 집단은 이른바 '뱀피리커스'(Vampiricus)라고 불리는 집단이었다. 나의 동료 두 사람이 그들의 집회에 찾아가서 불법으로 행하는 부분을 지적했다. 사실 그곳에서 벌어지는 일은 대부분 불법이었다. 한 동료는 그곳을 나오자마자 악한 기운을 떨쳐 버리려고 한 시간 동안이나 목욕을 했다.

동료들 중에는 전도의 귀재인 로버트 목사가 있었다. 그는 커피숍에서 잭이라는 사람과 친해졌다. 잭은 주술사이자 사이비 종교 사제 중 한 사람으로 신도를 모으는 역할을 담당하고 있었다. 어느 날 저녁, 잭은 "'위카'라는 마술은 시시해서 별로 효능이 없어"라며 푸념을 늘어놓았다. 그는 더 강력한 흑마술의 세계로 들어가야 할지를 심각하게 고려하고 있었다. 자신의 삶을 바꿔 놓을 만큼 강한 영적 체험에 목말랐던 잭은 '나무나 껴안는(tree-hugging) 백마술'로는 성이 차지 않았던 것이다. 신도를 모으는 주술사로서만이 아니라, 잭 자신도 사이비 종교에 깊숙이 빠져 있었다. 우리는 그 지역의 실태와 정황을 파악한 뒤, 이 문제에 정면으로 부딪쳐 보기로 결심했다. 배후에서 조종하는 주모자가 없을 것이라고 말하는 사람도 있었지만, 사람이든 귀신이든 그 뒤에 주모자가 있는 것은 확실했다. 따라서 계속해서 그런 일이 벌어지도록 뒷짐만 지고 있을 수는 없는 노릇이었다.

우리는 가장 강력한 무기를 동원하기로 했다. 그것은 바로 '기도'였다. 로버트와 조시와 나는 마지막 주 금요일에 열리는 그들의 집회에 참석했다. 나머지 동료들은 집에서 기도하거나, 우리가 참석했던 집회장 밖에 모여 기도했다. 우리가 그 안에 들어가서 할 일은 한 가지, 즉 하나님께 기도하는 것이었다.

우리는 집회장의 각 모퉁이로 흩어져서 그 안에 모여 있는 사람들을 지켜보며 그들을 위해 기도했다. 잠시 기도하고 나서 집회장을 나오는데, 마침 안으로 들어오던 잭과 정면으로 마주쳤다. 우리를 본 잭의 눈이 휘둥그레졌다. "여기는 어떻게 오셨죠?"라는 그의 물음에, 로버트는 간단히 "기도하러 왔을 뿐이에요"라고 대답했다. 잭은 우리의 팔을 잡더니 우리를 집회장 밖으로 데리고 나갔다. 밖으로 나온 잭이 굳은 표정을 한 채 우리를 정면으로 쏘아보면서 물었다. "무엇을 위해 기도했다는 말입니까?" 이번에는 내가 대답했다. "사람들이 이런 일을 하지 않게 해 달라고 기도했소."

서로 마주 보는 눈빛에 팽팽한 긴장감이 감돌았다. 내 생전 누구와 그렇게 대립하며 강렬한 긴장감을 맛보기는 처음이었다. 나는 본능적으로 잭의 눈에 드리워진 두려움을 느꼈다. 내가 대답하는 순간, 잭의 얼굴에는 낭패와 불안감이 역력히 스치고 지나갔다. 잭은 치를 떨면서 몇 마디 욕설을 하더니 그대로 몸을 돌려 집회장 안으로 들어갔고 우리는 집으로 돌아왔다. 아마도 사탄은 우리가 하는 기도의 능력을 우리보다 더 믿고 있었던 것 같다. 우리는 잭을 위해 기도했다. 나는 그의 이름을 메모지에 적어 성경책 사이에 끼워 놓고서 날마다 그를 위해 기도했다.

잭 역시 다른 사람들과 마찬가지로 진정한 영적 체험을 하고 싶어 했지만, 기독교에는 그런 것을 전혀 기대하지 않았다. 바깥세상에 나오지 않고 창문 안에 숨어 있는 종교가 진정한 영적 체험을 줄 것 같았기 때문이다. 잭과 같은 사람들이 사이비 종교를 맛보게 되면 그 맛에 푹 빠지거나, 불만에 차서 갈등하는 중에도 교회가 자신의 욕구를 충족해 줄 것이라고는 기대하지 않는다. 그렇기에 그리스도인들이 다가와 하나님의 능력을 보여주면 충격에 휩싸일 수밖에 없다.

어느 날 저녁, 나는 커피숍에 들렀다가 존이라는 청년 주변에 사람들이 웅성거리며 모여 있는 모습을 보게 되었다. 존은 의자에 앉은 채 사람들에게 뭔가를 열심히 이야기하고 있었다. 호기심이 발동한 나는 가까이 다가가 벽에 등을 기대고 그가 무슨 이야기를 하는지 귀를 기울였다. 그는 사이비 종교를 광고하고 있었다. 자기가 원하는 일이 일어나게 하려면 어떻게 주문을 걸어야 하는지를 신 나게 설명하고 있었다. 그런 식으로 사람들을 부추기는 그의 모습을 보면서 나는 속으로 기도했다. '저에게 기회를 주십시오. 최소한 그가 하는 말에 반박이라도 할 수 있게 해주세요'라고 하나님께 간청했다. 그런 기도를 무척이나 좋아하시는 하나님은 즉각 내 기도에 응답하셨다. 이야기에 열중하던 존이 갑자기 나를 돌아보더니 "당신은 무엇을 믿습니까?"라고 물었다.

나는 침착하면서도 단호한 음성으로 대답했다. "저는 예수 그리스도보다 더 능력 있는 분은 없다고 믿습니다. 그리고…" 존은 내 말이 채 끝나기도 전에 이기죽거리며 나를 비웃었다. "흥! 당신네 기독교인은 진짜 한심하군요. 기독교는 죽은 종교인 거 몰라요? 활력도 없고, 능력도 없고, 시대에 뒤떨어지고…. 수 세기 동안을 그렇게 죽어 있었으면서도 여전히 정신을 못 차리시네. 차라리 살아 있고 능력 있는 뭐 좀 다른 걸 믿어 보는 게 어때요?"

그 말에 나는 기분이 팍 상했다. 나 때문이 아니라 하나님 때문이었다. 그렇게 중요한 순간에 뒤로 물러설 수는 없었다. "정말로 그렇게 생각하시나요?"라고 내가 묻자 그는 "물론이죠!"라며 자신 있게 맞섰다. 나 역시 당당하게 받아쳤다. "그럼 한번 시험해 봅시다." 내 말에 그가 눈을 둥그렇게 떴다. "무슨 말씀이시죠?" 그의 눈가에 일말의 두려움이 스치고 지나갔다. "자, 여기 있는 모든 사람 앞에서 나와 당신이 각각 어떤 것을 즉각적으로 바꾸기로 해보죠. 당신에게 먼저 우선권을 드리겠습니다. 당신이 원하는 대로 시간을 드릴 테니 주문을 걸어서 한번 바꿔 보십시오. 우리는 옆에서 지켜보겠습니다. 당신이 충분히 능력을 과시하고 난 뒤에 제가 기도하겠습니다. 저는 단 한 번만 기도할 겁니다. 그런 뒤에 과연 어떤 신이 더 능력 있는지를 보기로 하죠. 어때요? 시작할까요?"

나는 설마 그가 그토록 당황해서 꽁무니를 빼리라곤 상상도 못 했다. 그곳에 모였던 모든 사람이 그 장면을 목격했다. 존은 나의 소심한 도전에도 감히 맞설 생각을 못 하고 "미안하지만 급히 가야 할 곳이 있어서…"라고 얼버무리며 부리나케 그 자리를 빠져나갔다. 잠시 후, 모여 있던 사람이 하나둘 자리를 떠났고, 마침내 나도 그곳을 나왔다. 바알 선지자들 위에 하늘의 불이 떨어지게 하지 못한 것을 아쉬워하면서….

우리가 다음으로 공격할 대상은 뱀피리커스였다. 이번에도 남은 동료들이 집에서 중보하는 가운데 그들의 집회 장소를 찾아갔다. 그러나 이번에는 안으로 들어가는 것보다 밖에 있는 것이 좋겠다는 생각이 들었다. 이번에도 잭이 그곳에 있었다. 우리는 집회장 밖에 서서 기도하며, 그곳에 모인 사람들의 마음에 더 건전한 욕구를 심어 주시고 그들이 악에서 눈을 돌리게 해 달라고 하나님께 간절히 간구했다. 기도를 마친 뒤 우리는 곧장 집으로 돌아왔다.

이듬해에도 우리는 그 커피숍에서 영적 전쟁을 계속했고, 많은 사람이 예수님을 영접했다. 우리 동료가 된 조시도 바로 그곳에서 회개한 뒤 주님을 영접했다. 극적인 구원, 감동적인 세례식, 유기적 교회들이 세워지는 일이 그 비옥한 영적 토양 위에서 일어났다. 비교적 짧은 기간에 그곳의 영적 분위기가 완전히 달라졌다.

그리고 6개월쯤 뒤, 잭이 커피숍에 앉아 있는 로버트에게 다가와 말을 걸었다. "대체 당신들이 무슨 짓을 했기에 우리 금요 집회에 사람들이 안 나오는 거죠?" 로버트는 차분한 음성으로 반문했다. "아니, 우리가 무엇을 했는지는 자네도 잘 알고 있지 않은가?" 그러자 잭이 풀 죽은 목소리로 말했다. "예, 압니다. 하지만 도저히 믿을 수가 없어요."

얼마 뒤 나는 커피숍에 앉아 한 부부와 이야기를 나누었다. 그 부부는 사역 훈련을 마치고 포틀랜드에 가서 유기적 교회를 개척하려고 준비하는 중이었다. 우리 옆에는 티제이라는 청년이 동석해 있었는데, 그는 사이비 종교의 고위층 사제 가운데 한 사람이었다. 한참 이야기를 하던 중, 그가 자기도 모르게 후회할 말을 입에 올리고 말았다. "그런데 말이죠, 우리는 이 커피숍이 이제는 중립 영역이 되었다고 결정했습니다. 이제 이곳에서 더는 주문을 걸지 않기로 했답니다." 그러고 나서 그는 흘리지 말아야 할 정보를 발설한 것에 당황해하며 얼른 대화의 주제를 바꾸려 했다. 하지만 나는 그가 한 말에 웃음을 참을 수가 없었다. 그는 내게 왜 웃느냐고 물었고, 동석한 부부 역시 내가 웃는 이유를 궁금해했다.

"여기가 중립 영역이라는 걸 자네들이 결정한 게 아니라, 이곳에서는 자네들 저주가 더는 먹혀들지 않으니까 그런 식으로 합리화를 한 거겠지." 티제이는 당황한 빛을 감추지 못하며 내 말에 즉각 반박했다. "아니, 사실이에요. 우리가 그렇게 결정한 겁니다!" 나는 재차 그에게 강조했다. "여보게, 일 년 전부터 자네들이 이곳에서 내리는 저주의 효험이 사라졌어. 여기는 중립 영역이 아니야. 이제는 하나님의 영역이라네. 그래서 자네들의 주문과 저주가 아무런 힘도 발휘하지 못하는 걸세."

그가 여전히 아니라며 둘러대고 있을 때, 하나님은 아주 기발한 방법으로 그의 입을 막으셨다. 얼마 전에 예수님을 영접하고 제자 훈련을 받은 스코트라는 청년이 때마침 우리를 발견하고 다가왔는데, 그의 곁에는 또 다른 청년이 서 있었다. 스코트는 그를 우리에게 소개했다. "이 청년은 세르지오라고 합니다. 방금 전 세르지오가 저에게 지금 당장 예수님을 영접하고 싶다고 했어요." 나는 스코트를 쳐다보며 말했다. "그렇다면 자네, 어떻게 기도해야 하는지 잘 알지 않나? 세르지오에게 예수님 영접 기도를 어떻게 하는 것인지 알려 주게." 사이비 종교의 사제가 앉아 있는 바로 그 자리에서 초신자 스코트는 한 청년을 예수님께로 인도했다. 하나님은 우리에게 누구도 부인할 수 없는 말씀을 하고 계셨다. “이곳은 나의 나라가 임한 곳이며 내가 다스리는 영역이다!”

현재 그 커피숍은 우리가 처음 들어섰을 때와 완전히 다른 영적 분위기를 풍기고 있다. 우리와 함께 교회를 개척했던 동료 한 사람은 아예 그곳을 사역지로 삼아 가게를 운영하며 전도 사역에 매진하고 있다.

그로부터 일 년 정도 지나 하와이 모임에 참석하고 있을 때 로버트에게서 전화가 걸려왔다. 솔트레이크 시로 가서 교회를 개척할 예정이었던 그는 바쁜 와중에 잠시 짬을 내어 나에게 전화를 건 것이었다. “이봐, 닐! 방금 전에 누가 예수님을 영접했는지 아는가? 아마 알아맞히기 힘들 걸세.” 로버트는 워낙 전도에 뛰어난 사람이었다. 이번에는 또 누가 예수님을 영접했을지 상상이 가지 않았다. 나는 곧장 백기를 들며 로버트에게 물었다. “누군데 그러나?” 껄껄 웃는 로버트의 목소리가 수화기 너머로 들려왔다. “바로 잭이야!”

나는 영적인 것을 체험하고 싶어 하는 사람들의 욕구를 알게 되었다. 그러나 교회에 가서 설교를 듣고 찬송가를 부르는 것만으로는 그런 욕구를 채울 수 없었다. 모든 그리스도인은 자신에게 영적 능력이 있다는 사실을 알고 있다. 그러나 그 능력을 과감하게 세상에 보여 주고, 불신자들이 직접 체험할 수 있게 해주는 사람은 별로 없다. 이 세상에는 잭처럼 영적 능력을 체험해 보고 싶어 하는 사람이 셀 수 없이 많다. 우리의 원수들은 세상을 돌아다니며 거짓 능력으로 사람들을 현혹하고 있다. 우리가 그에 맞서 하나님의 능력을 보여 주지 않는다면, 그들은 그리스도인에게 어떤 능력과 권위가 있는지 절대 알 수 없을 것이다.

존에게 자신이 믿는 신이 어떤 능력을 가졌는지 시험해 보자고 도전한 뒤로 일 년이 지나, 존은 바로 그 커피숍에서 성금요일에 자신의 삶을 주님께 헌신했다. 예수님은 영적 진리를 갈구하는 자는 진리를 찾게 될 것이라고 약속하셨다. 우리는 그 진리를 전달하는 도구가 될 수 있다. 교회 담장을 넘어 불신자들이 사는 세상 속으로 들어가기만 한다면….

### 해답보다는 신비

모더니즘은 해답을 좋아한다. 그것도 모든 문제와 의문에 대한 정확한 해답을 좋아한다. 모더니즘은 문제와 의문을 작은 조각으로 낱낱이 해부하고 파헤쳐서 무엇이 잘못되었는지를 발견하려 한다. 물론 그런 방법으로 많은 것을 발견한 것도 사실이다. 그러나 매번 시원한 해결책에 도달했던 것은 아니다. 때로는 해결책이라고 생각한 것들이 더 많은 문제를 낳기도 했다. 안전이 증명된 약에서 2년 뒤에 부작용이 발견되어, 그 약이 약국 선반에서 사라지는 일이 비일비재하게 일어난다. 우리 사회에서 가장 신뢰를 받았던 의료인이 대중의 신뢰를 잃는 일도 쉽게 일어난다.

이제 우리는 이성적이고 과학적인 방법만으로는 해결책을 찾을 수 없게 되었다. 단체나 전문가 역시 그런 방법을 예전만큼 신뢰하지 않는다. 과학과 기술을 개발하는 기관들이 이기적 목적에 영합하면 부패의 온상이 될 수도 있다. 정치와 종교계뿐만이 아니다. 경제, 교육, 법률, 의학, 어느 분야든지 부패와 타락의 가능성에서 제외할 수 없다.

지금까지는 인간이 살아가는 삶을 직선의 시간대로 인식했다. 그러나 이제는 삶을 직선과 공식으로만 인식하지 않는다. 뛰어난 모더니즘 기관들이 계속 되풀이하는 말에도 아랑곳하지 않는다. 이제 사람들은 삶을 모자이크처럼 인식하려 한다.

포스트모더니즘은 해답에 목을 매지 않는다. 오히려 똑 부러지는 해답보다 풀리지 않는 수수께끼를 더 매력적으로 여긴다. 목적지까지 가는 여정이 막상 목적지에 도착한 것보다 더 즐거운 것처럼 말이다. 사람들은 모더니즘 교실이 양산하는 과학 세계의 딱딱함보다, 포스트모더니즘의 시적인 부드러움이 우리 인생에 더 가깝다고 생각한다. 인생이란 실험실에서 질서정연하게 이루어지는 실험이 아니다. 오히려 복잡하고 혼란스러우며 돌발적이다. 그런 면에서 포스트모더니즘이 더 인생에 어울린다고 할 수 있다.

미래 교회 개척자들은 신앙의 선조에게서 물려받은 공식대로 움직이지 않을 것이다. 교회를 개척하는 사람 가운데는 미술가와 음악가도 있을 것이며, 그들은 새로운 일을 시도하고 실패를 두려워하지 않을 것이다. 목표한 결과를 달성하여 기념비적인 행사를 연 것에 도취해 그것을 '성공'이라고 부르고 싶은 유혹에도 넘어가지 않을 것이다. 그들은 자아를 발견하는 길만큼이나 목적을 달성하는 데 목숨을 걸지 않을 것이다.

앞으로는 '모든 인생 문제의 4단계 해결책'과 같은 세계 복음화의 공식화된 방식을 따르는 대신 새로운 형태의 교회가 세워질 것이다. 그 교회는 인생의 높고 낮은 파도를 헤치며 예수 그리스도를 따라가는 '모험의 신앙'을 제시할 것이다. 이제 교회는 설득력 없는 단순한 해결책에 더는 매달리지 말고, 세상 불의와 고통을 몸소 겪으며 우리 인생길에 동행하시는 주님과의 친밀한 교제를 사람들에게 알려 주어야 한다. '인생 역전의 열 가지

비결'을 외치던 시대는 지나갔다. 지금은 신비와 역설과 시(詩)를 담은 하나님의 나라를 이야기해야 한다. 사람들은 그런 이야기 안에서 관계와 체험의 의미를 깨달을 것이다. 복음은 언제나 그러한 특징이 있다. 다만 모더니즘 사고에 젖어 있었던 교회들이 그 특징을 미처 발견하지 못했을 뿐이다. 또는 발견했더라도 그 가치를 제대로 인식하지 못했다.

교회를 이야기할 때 사도 바울이 즐겨 사용하던 단어 가운데 하나가 바로 '신비'였다. 모더니즘 사상에 오래 심취해 있던 교회는 모든 신비를 설명하려 들었다. 그러는 가운데 믿음의 신비를 잃어버리고 말았다. 나는 우리 집 대문을 두드리며 모든 해답을 알고 있다는 듯 자신 있게 종교를 전파하는 사람을 신뢰하지 않는다. 인간이 신에 대해 모든 걸 설명할 수 있다면, 그 신은 분명 보잘것없는 존재일 것이다.

나는 삼위일체 하나님을 좋아한다. 삼위일체설이야말로 내 이해의 한계를 넘어서기 때문이다. 나는 그것을 굳이 따지려 들지 않는다. 그저 그 사실을 감사하며 누릴 뿐이다. 시시콜콜 해답을 제시하려는 신학자들에게 나는 솔직히 지루함을 느낀다. 의문이 생기고, 그 의문 때문에 탐구욕이 솟아오를 때, 바로 그때가 더 신 나고 흥미롭지 않은가!

### 획일성보다는 다양성

교회에서 제복을 입던 시대는 지나갔다. 딱히 구세군을 지목해서 하는 말은 아니다. 교회에 가면 모두 같은 색깔, 같은 모양의 옷을 입고 예배를 인도하던 시절이 있었다. 그러나 지금은 복장만 달라진 게 아니라 사람들도 달라졌다.

포스트모더니즘은 다문화 도시에서 시작되었다. 기술 문명과 무역과 이민의 영향으로 세계는 점점 더 좁아지며 다양화되고 있다. 모더니즘 시대에도 다양성을 인정하기는 했지만, 다문화 속에서 살아가는 포스트모더니즘 시대는 그것만으로 충분하지 못하다.

포스트모던 사람들에게 백인 교회, 흑인 교회는 이제 더는 구미를 당기지 못한다. 그들은 자기와 다른 사람을 인정하는 정도가 아니라 적극 수용한다. 뿐만 아니라 다름의 아름다움을 가치 있게 여길 줄 안다. 하나님 나라는 하나님이 창조하신 만물의 다양성이 가장 돋보이는 나라일 것이다. 안타깝게도 우리 교회들은 그런 면에서 몹시도 부족하다.

마르틴 루터(Martin Luther)는 일요일 오전 11시가 미국에서 '인종 분리'를 가장 확실히 드러내는 시간이라고 말했다. 그러나 하나님 나라는 분명히 다를 것이다. 각 나라와 족속과 백성과 방언에서 구원받은 사람들이 하나님 나라를 이루고 있다는 요한계시록 말씀을 읽으며 울컥할 때가 있다(계 7:9-10).

내가 목회하는 작은 교회를 방문해 보라. 멕시코인, 루마니아인, 흑인 미국인, 백인 미국인, 사모아인, 칠레인, 팔레스타인인, 이집트인, 미국 원주민, 캄보디아인을 만날 수 있다. 우리 교회에는 가난한 실업자, 대학생(종종 실업자와 대학생은 같은 사람들을 지칭하는 경우가 많다), 부유한 사업가, 노숙자, 월급으로 근근이 살아가는 성실한 중산층이 고루 섞여 있다. 60대 후반을 비롯해 교인들에게 사탕이라도 얻어먹으려고 바닥을 기어 다니는 유아에 이르기까지 연령층도 다양하다.

우리 교회는 저녁예배 때마다 휠체어 두 대를 준비한다. 또한 우리같이 작은 교회가 국외에 선교사들을 파송하고, 프랑스, 스페인, 북아프리카, 사이프러스, 일본에 교회를 개척했다. 도심에 있는 대형 교회는 별 관심이 없을지 모르겠지만, 우리 교회는 가정의 응접실에서 12-15명씩 앉아 예배를 드린다!

사람들과 친밀한 교제를 나누며 체험의 신앙을 얻고 싶은 사람들, 문화의 다양성이 풍부하게 표출되는 교회를 원하는 사람들에게 우리 같은 교회는 상당히 매력적이다. 나는 미래 교회들이 바로 이런 모습이 되어야 한다고 확신한다.

**목적지보다는 여정**

모더니즘 사상에서는 제품을 완성하는 것이 사업을 하는 목표였다. 그러나 이제는 다르다. 제품과 목표 달성만큼이나 창의적인 과정도 중요하게 여기는 것이다.

전통적으로 하나님 나라는 한 번 받으면 그것으로 끝나는 일회성 패키지 선물로 여겼다. 그러나 성경은 구원이 '과정'이라고 이야기한다. 우리는 모두 영광에서 영광으로 향하는 변화의 여정에 오른 사람이다. 우리의 구원은 과거, 현재, 미래를 모두 아우른다. 이 세상에서 그리스도인이 변해 가는 성숙의 과정에는 천장이 없고 상한선이 없다. 침상 옆 심전도 모니터가 평행선 그래프를 그을 때까지 우리의 성숙은 언제나 진행형이다.

사실 우리의 전도 방식도 목적지 중심보다는 과정 중심으로 바뀌어야 한다. 예수님의 복음은 미래를 위한 보험이나 무료 지옥 탈출권이 아니다. 우리가 세상에 전해야 하는 복음은 단순히 천국에 가는 것만이 아니라, 이 세상에서 하나님 나라의 삶을 맛보는 것도 포함되어 있어야 한다.

문제는 결과 중심의 사람들이 과정 중심의 사람들과 다른 기대치를 갖고 있다는 점이다. 여행의 목적지는 여행 그 자체보다 더 중요하지 않다. 그러므로 불신자가 예수를 영접하는 데만 힘쓰지 말고, 예수님을 '닮아 가는' 과정에도 관심을 쏟는다면 교회가 훨씬 더 건강해질 것이다. 물론 불신자가 주님을 영접하는 것은 신 나는 일이다.

우리 교회에서는 세례식을 거행할 때마다 잔치를 연다. 그러나 나는 주님을 영접한 형제자매들이 주님의 제자로서 한층 더 성숙해지는 과정을 지켜볼 때 더 큰 보람과 기쁨을 느낀다. 지도자를 세울 때도 성숙한 그리스도인을 찾는 것보다, 성숙해지는 과정에 있는 사람을 선택하는 것이 훨씬 더 유익하다. 일반적으로 지도자의 자질을 평가할 때 성장의 과정에 있는 사람은 별로 선호하지 않는 경향이 있지만, 나는 성숙의 정체기에 머무는 사람보다 계속해서 성장해 나가는 사람에게 후한 점수를 주는 편이다.

## 결론

역사상 가장 성공한 영화를 꼽으라면 〈타이타닉〉(Titanic)을 들 수 있다. 최신 기술을 동원해서 침몰하지 않는 배를 만들었다는 자부심은 철저히 무너졌다. 짧지만 진정한 사랑과 정을 나눈 사람들의 이야기는 당시 막 피어나던 포스트모더니즘 문화의 눈물샘을 자극했다.

나는 서양 교회를 타이타닉에 비유하고 싶다. 모더니즘 가치관을 받아들여 직선적이고 방법론적인 길로 열심히 달려오던 교회가 이제 빙산에 부닻히고 말았다. 그 빙산은 냉혹한 진실을 상징한다. 세상은 변했으나 우리는 그 변화를 받아들일 준비가 되지 않았다는 진실 말이다. 나는 그 변화가 무엇인지 구체적으로 설명하려고 노력했다.

현재 우리에게 닥친 상황은 인류 역사에서 유례가 없던 것이다. 그러나 앞으로 닥칠 일을 예상하여 그에 상응하는 준비를 한다면, 하나님 나라 확장과 각 나라들의 치유가 우리 시대에 이루어질 것이라고 믿는다. 물론 우리에게는 변함없이 하나님 나라와 예수 그리스도의 복음이 필요하다. 다만 필요한 변화가 있다면 과거에 있었던 변화와는 다르다. 그중 몇 가지만 개선된다면 우리는 지금 이 시대의 빛과 소금이 될 수 있을 것이다.

이 책의 남은 부분에서는 유기적 교회의 특성에 대해 사람들이 자주 제기하는 질문을 다룰 것이다. 나는 남은 부분을 두 개로 나누었다. 2부에서는 변화하는 세상에서 더 크고 깊은 영향을 미치기 위해 교회가 도입할 수 있는 구조적 업그레이드를 설명할 것이고, 3부에서는 교회를 유기적 형태로 운영할 때 고려해야 할 관리, 주일학교, 이단, 재정 등의 실제적 문제를 다룰 것이다.

PART

2

# 유기적 교회의 구조적 문제

이성적인 사람은 자신을 세상에 맞추려 하고,
비이성적인 사람은 세상을 자기에게 맞추려 한다.
그러므로 모든 발전은 비이성적인 사람에게 달려 있다.

**조지 버나드 쇼(George Bernard Shaw)**

3장

# 교회의 목표는 무엇인가?

## 모으는 교회에서 보내는 교회로

연못과 강은 상당히 다르다. 강은 계속해서 변하고 적응하며 움직인다. 거친 땅에 강이 생기면 세월이 흐르면서 땅이 평평하고 매끄러워진다. 강물이 거대한 협곡을 만들기도 하고, 하류에 물건을 흘려보내는 역할도 맡는다. 이처럼 강은 에너지를 만들어 내는 힘의 원천이다. 반면 연못은 정체되어 거의 변함이 없다. 연못에 들어갔다가 나와도 그 자리에는 아무런 변화가 생기지 않는다. 그러나 강물에 한번 걸어 들어가면 절대 같은 물줄기에서 나올 수가 없다. 강물은 끊임없이 다른 장소로 움직여서 더 깊은 바다로 흘러간다.

연못은 안전하다. 우리 마음대로 걸어 들어가거나, 우리가 원하는 만큼만 헤엄쳐 갈 수 있다. 반면에 강은 위험하다. 한순간에 우리를 휘감아 원치 않는 곳으로 데려갈 수 있다. 강은 나름의 의지를 지니고 있는 생명체나 다름없다. 우리는 강물과 함께 흘러갈 수는 있지만 우리 마음대로 강물을 조종할 수는 없다. 그저 강의 의지에 몸을 맡긴 채 그 뜻대로 흘러가는 수밖에 없다.

하나님 나라는 강에 더 가깝다. 그 나라는 동적이며, 길들일 수 없는 동력으로 환경을 바꾸고, 사람들의 삶을 흘러가게 한다.[1] 하나님 나라는 정체된 곳이 아니라 움직이는 곳이다. 그곳에는 흐름이 있다. 하나님 나라의 힘은 일정하게 흘러가는 방향이 있다. 동시에 두 방향으로 흐르지 않는다. 하나의 물결은 다른 물결을 따르고, 하얀 파도가 일어나는 곳에서 두 개의 물결이 하나의 흐름을 이룬다.

우리가 모두 따라가야 하는 흐름이 있다. 바로 그것이 우리가 이 땅에서 감당해야 할 '사명'이다. 사명의 흐름과 하나님 나라의 생명력은 밖을 향해 지대를 적시고, 하나님 나라의 생수를 목마른 영혼들에게 전해 준다. 복음화의 사명은 교회가 해도 되고 안 해도 되는 선택 사항이 아니다. 사명은 교회의 존재 이유이며, 그 사실을 모든 그리스도인이 명심해야 한다. 복음화 사명에 전념하는 교회는 존재 이유에 충실한 것이므로 그 본분을 다하고 있다고 말할 수 있다.

교인들이 강한 유대감으로 치유의 공동체를 형성하며 복음화 사명을 열심히 수행한다면 그보다 바람직한 일이 없다. 그러나 교인들이 자신들에게만 초점을 맞추어 가르침과 치유와 교제가 교회 안에서만 이루어진다면, 복음화의 사명은 길을 잃고 말 것이다. 하나님의 사명이 흘러갈 때 생명력도 흘러간다. 사명은 다른 곳이 아닌 교회 밖으로 우리를 나아가게 한다.

나는 교회와 교회의 사명을 강조하는 의미로 3장의 제목을 "교회를 통해 강이 흐른다"라고 짓고 싶었다. 그러나 실제로는 교회가 강 안에 있다고 봐야 한다. 하나님 나라의 사명이 교회보다 크기 때문이다. 우리는 그 사명에 참여할 허락을 받은 것이지, 단순히 여가 활동으로 사명을 수행하는 게 절대 아니다.

이 장에서는 교회가 어떤 곳인지를 설명하고 '보내는 교회'에 대해 명확한 정의를 내리려 한다. 아울러 사람들을 불러 모으는 교회와 사람들에게 다가가는 교회의 차이를 비교한 뒤, 복음화의 성공을 어떻게 가늠할 것인지도 이야기하겠다. 이 장에서 제시하는 자료 중 일부는 내가 쓴 책《오가닉 처치》와 중복되는 내용도 있다. 오가닉 처치가 어떤 교회인지 먼저 이해해야 앞으로 전개될 이야기를 쉽게 이해할 수 있으므로, 책에 나온 내용을 다시 한 번 언급하려 한다. 비록《오가닉 처치》를 읽었더라도 3장에 또 다른 새로운 정보와 유익한 내용이 많으니 안심하기 바란다.

## 보내는 교회란 무엇인가?

교회는 하나님이 주신 사명을 수행하는 곳이 아니다. 사명을 수행하는 분은 하나님이시고, 교회는 하나님과 함께 그 사명에 '동참'하도록 허락을 받았다. 사명은 교회의 것이 아니라 하나님의 것이다. 다시 말해 우리는 '하나님의 사명'(Missio Dei)에 참여할 뿐이다. 앤드루 존스(Andrew Jones)의 'TallSkinnyKiwi'라는 블로그를 보면 이러한 대목이 나온다. "'Missio Dei'(하나님의 선교)는 삼위일체 하나님에게서 비롯한다. 성부가 성자를 보내시고, 성부와 성자는 성령을 보내시고, 성부와 성자와 성령은 교회를 세상에 보내신다."[2]

선교 전략가 앨런 허시는 '보내는 교회'가 아닌 예를 몇 가지로 정리했다.[3] 첫째로 보내는 교회는 신흥 교회와 동의어가 아니다. 신흥 교회는 포스트모던 시대를 위한 기독교 상황화의 새로운 움직임이다. 또한 보내는 교회는 전도 중심이나 새신자 중심의 교회도 아니다. 그런 교회는 보통 사람들을 불러 모은다. 보내는 교회는 교회 성장에서 나온 신조어도 아니다. 오히려 교회 성장보다 더 큰 목표가 있다. 마지막으로, 보내는 교회는 사회정의만을 생각하지 않는다. 물론 세상의 문제를 해결하는 것도 사명의 일부이지만 그것이 전부는 아니다.

앨런 허시는 계속해서 다음과 같이 덧붙였다. "보내는 교회의 신학은 전도 사명이 교회 기본 사역이 되는 것으로만 만족하지 않는다. 다만 모든 성도가 그런 삶을 살아가길 바란다. 예수님의 제자는 누구나 하나님 나라의 대사이기에 모든 제자가 삶의 전 영역에서 그분의 사명을 수행해야 한다. 우리는 모두 비기독교 세상에 파송된 선교사다."[4]

## 불러 모으기 vs 나가서 찾기

부르는 교회와 나가는 교회 사이에는 엄청난 차이가 있다. 그 차이는 교회 자체에 있는 것이 아니라, 하나님 나라가 어디로 흘러가느냐에 있다. 부르는 교회의 형태에서 흐름의 방향은 언제나 교회 안으로 향한다. 즉, 그만큼 지리적 위치를 중요시하고, 그것에 얽매인다는 뜻이다. 어떤 면에서 부르는 교회는 연못과 같다. 다른 지류에서 물이 흘러들어 오기만을 기다리는 것이다. 반면에 나가는(보내는) 교회는 강물과 같아서 언제나 밖으로 흘러간다. 전자는 원심력을 갖고, 후자는 구심력을 갖고 있다고 할 수 있다.

부르는 교회는 기지를 구축하여 그곳에 머물며 사람들이 찾아오기를 기다린다. 그러나 나가는 교회는 계속 움직이고 문화를 탐색하며, 도움이 필요한 사람과 복음을 듣고 싶어 하는 사람을 끊임없이 찾아 나선다.

교회는 가만히 안주하지만 말고 '보내야' 한다. "하나이고 거룩하고 보편되며 사도로부터 이어 오는(보내는) 교회를 믿나이다."[5]

**찾아가는 예배**

성경을 보면 하나님은 언제나 '찾는 분'이셨다(요 4:23). 잃어버린 영혼이 어디에 있든지 그들을 찾아 나서셨다. 에덴동산에 숨어 있는 아담을 찾고, 사막에 거하던 모세를 찾으셨다. 바다 밑바닥에서 요나를 끌어올리며, 바다 위에서 베드로를 부르셨다. 예수님은 사무를 보고 있던 마태를 발견하고, 길을 가던 바울을 만나 주셨다.

하나님은 자신이 직접 인간이 되어, 여느 인간처럼 여인의 좁은 자궁에 있다가 이 세상에 태어나셨다. 우리가 하나님께로 올라갈 것을 기대하지 않고, 그분이 직접 우리 곁으로 내려오셨다. 예수님은 가는 곳마다 "하나님의 나라가 가까이 왔다"라고 선포하셨다. 주님은 잃어버린 자를 찾아 구원하려고 이 땅에 오셨다(눅 19:10).

이제 그분은 우리도 그 일에 동참하라고 초대하신다. 지금까지 그랬던 것처럼 잃어버린 영혼이 다가오기만을 기다리지 말고, 그들에게 먼저 다가가라고 하시는 것이다. 앞서 이야기했듯이 세상을 복음화하려면 흡연실에도 들어갈 준비를 하고 있어야 한다. 잃어버린 영혼을 발견할 수 있는 곳이 바로 그런 곳이기 때문이다.

그리스도인은 묻는다. "불신자의 관심을 끄는 매력적인 교회가 되려면 어떻게 해야 합니까?" 우리가 무의식적으로 들어선 잘못된 길을 벗어나 참된 길로 들어서면 된다. 즉 매력적인 교회가 아니라 매력적인 예수님을 보여 주면 되는 것이다! 기독교 신앙은 예수님이 주인공이다. 그분이야말로 잃어버린 모든 사람을 찾는 진정한 주님이다. 우리는 결코 주인공이 아니다. 우리 힘으로 사람들의 관심을 끌어 보려고 노력하는 것은, 사실 예수님께 관심을 기울이지 못하게 하는 원인이 될 수 있다.

현재 교회 형태로 교회를 성장하게 하려면, 교인들이 더 열심히 일해야 한다는 결론밖에 나오지 않는다. 현대 사회의 보편적인 사고방식에 젖어 있는 우리는 교회에 유능하고 매력적인 교인이 많아야 더 많은 사역을 할 수 있고 하나님이 교회를 더 많이 사용하실 거라고 생각한다. 착각도 이런 착각이 없다.

성경은 오히려 정반대로 이야기한다. 하나님은 강한 자보다는 약한 자를 통해 드러내기를 즐기신다. 하나님의 영광은 찬란한 레이저 광선과 연무기에서 뿜어져 나오는 안개 속에서가 아니라, 대부분 아주 평범한 그릇을 통해 드러난다. 아이의 호기심 어린 질문, 할머니의 따듯한 포옹, 친한 친구와의 악수, 아버지의 뿌듯한 미소, 기대어 울 수 있는 다정한 이의 어깨…. 그런 것들이 어떤 설교와 찬양보다 하나님의 성품을 더 분명하게 드러낸다.

서로 사랑하는 것은 세계를 바꿀 수 있는 강력한 무기다. 사랑이 어떤 것인지 맛보지 않은 채, 그저 예배당에 앉아 사랑 설교만 듣는 것은 아무런 힘도 발휘하지 못한다. 주일예배를 드리며 잠시 '옆 사람과 인사하는 것' 만으로는 충분하지 않다.

내가 말하는 유기적 교회는 불신자에게 호감을 주는 교회(오가닉, 새신자 중심, 목적이 이끄는 교회 등)를 뜻하는 게 아니다. 불신자들이 호감을 갖는 이유는 오직 '예수님' 때문이어야 한다. 그것만이 유일한 이유가 돼야 한다. 우리가 교회에만 신경을 쓰며 어떤 교회를 만들까, 교회에서 무엇을 할까, 어떤 식의 사역을 할까, 누가 설교하고 찬양할까만 생각한다면, 진짜 중요한 것을 놓치고 있는 것이다. 교회가 클럽보다 더 나은 이유가 우리 안에 계신 예수님 때문임을 알지 못하는가? 세상 사람들은 어떻게 교회에 갈까, 어떤 교회를 갈까를 고민하지 않는다. 그들이 교회의 필요를 인정하는 이유는 딱 두 가지 때문이다. 하나는 결혼식, 또 하나는 장례식을 위해서다. 그 외에는 대부분 교회를 피하려 한다.

세상 사람들은 예수님을 알고 싶어 한다. 최근 베스트셀러 중에 《목적이 이끄는 삶》(디모데 역간), 《오두막》(세계사 역간), 《다빈치 코드》(문학수첩 역간), 이 세 권이 '예수님'에 대한 책인 것은 절대 우연이 아니다. 예수님은 사람들이 호기심을 느끼는 대상이다. 사람들은 의미 있는 삶을 살고 싶어 하고, 서로 사랑하는 공동체의 일원이 되고 싶어 한다. 나는 유기적이고 관계 중심적이며 전도하는 교회가 사람들의 그런 욕구를 깊이 채워 줄 수 있다고 확신한다. 주일 아침에 구경꾼이 되어 가만히 앉아 있는 것은 주님을 알지 못하는 사람에게는 물론이고, 이미 주님을 아는 사람에게도 절대 바람직하지 않다.

한 불신자가 어느 집 거실에 들어갔다고 하자. 그곳에서 신앙의 가족들이 친밀하게 서로 챙기고, 기도해 주고, 찬양을 부르고, 속마음을 이야기하는 모습을 본다면 얼마나 놀라겠는가? 그들에게 하나님의 성령이 역사하시는 것을 보면, 아마 불신자들은 마음을 열지 않고는 못 견딜 것이다.

나는 난폭하기 이를 데 없던 불량 청소년이 그리스도인들 속에서 예수님의 임재를 느끼고 눈물을 흘리며 회개하는 모습을 본 적이 있다. 하나님께 기도하는 신앙의 가족을 만난 팔레스타인 회교도가 예수님께 자기 삶을 헌신하는 모습도 보았다. 우리 교인들의 기도로 악명 높은 갱단의 살해범이 주님을 영접하는 모습도 보았다. 얼마 전에는 어느 대학의 학생회관 집회에서 학생 네 명이 일어나 다른 학생들이 지켜보는 가운데 예수님을 자신의 주님으로 영접했다.

우리 안에 계신 예수님은 강하고 위대하시다. 그분이야말로 영광의 소망이시다. 예배당 안에서 익명의 교인으로 가만히 앉아 있으면, 아무리 찬양이 훌륭하고 아무리 설교가 은혜로워도 마음을 크게 움직이지 못한다.

## 막대한 비용

관계 중심적이고 전도에 힘쓰는 교회는 재정을 사용하는 일에도 대단히 효율적이다. 화려한 건물이나 장비나 광고보다는 진실한 교우 관계와 따뜻한 돌봄이 훨씬 더 값진 자원이다. 전임 사역자의 보수를 인상하고, 건축비를 부담하고, 장비와 시설을 유지하는 데 막대한 비용을 들이지 않아도, 세상 사람들을 만나고 도와주는 일에 교회 재정을 유용하게 활용할 수 있다.

나는 가끔 이런 질문을 해본다. 세상 사람들은 그리스도인이 돈 쓰는 모습을 보면서 과연 예수님을 어떻게 생각할까? 우리가 하나님의 돈을 어떻게 사용하는가가 하나님께 가장 중요한 것이 무엇인지를 드러내 준다면, 세상은 기독교의 하나님에 대해 어떤 결론을 내릴까? 아마도 기독교의 하나님은 다른 어떤 것보다 주일예배 의식을 가장 중요하게 여기는 분이라고 생각할 것이다. 또한 그리스도인이 성경을 얼마나 아느냐를 중요하게 여겨서, 성경 지식이 많은 성도일수록 더 많은 영적 능력을 받는다고 생각할지도 모른다. 한 시간 반 동안의 예배에서 성경을 가르치는 설교가 핵심이기 때문이다. 그러한 주일예배에 교인들이 모든 시간과 수고와 재정을 아낌없이 쏟아붓는데 불신자들이 다른 생각할 여지가 있겠는가?

우리는 다양한 방법으로 예수님의 사랑을 세상에 전할 수 있다. 그러나 여전히 천문학적인 재정을 매주 한 시간 반짜리 예배에 투자한다. 세상 사람들이 감동하여 '알아서' 교회에 나오기를 바라는 것이다. 교인들이 증가하면 다음 주 예배를 위해 더 많은 헌금을 걷을 수 있기 때문인가? 교회 재정을 사용하는 우리의 습관은 다른 무엇보다 우리 자신을 위해 가장 많은 돈을 쓴다는 사실을 세상에 명백히 보여 주는 것이다.

전형적인 불러 모으기 교회는 효과적으로 배가하는 데 지나치게 많은 재정이 들어간다. 건물, 예산, 유능한 교역자 초빙 등이 교회 개척에 걸림돌이 된다. 게다가 사역자 사례비, 건축비, 장비, 광고비 등이 예산 목록을 가득 채운다. 요즘 같은 불경기에는 많은 교회가 재정의 압박을 받고 있다. 내가 지난주에 참석했던 목회자 모임에서도 많은 목사가 목회를 계속할 수 있을지 걱정하고 있었다. 교회를 살리기 위해 시설 일부를 매각한 목사도 있었다. 앞으로 그런 일이 더 많이 일어날 게 불을 보듯 뻔하다.

교회를 살리는 게 큰일이라면 도시에 복음을 전하는 일은 그보다 더 큰 일이다. 미국 전역에 복음을 전하는 데 재정이 얼마나 필요한지를 계산한 보고서가 있다. 미국의 전통적인 교회를 예로 들어, 그런 교회를 미국의 주요 도시에 개척한다면 어느 정도 재정이 들어가는지를 추정한 것이었다. 결과는 충격적이었다. 단 한 개 도시를 복음화하는 데도 천문학적인 재정이 필요했다. 애틀랜타 시에는 630억 달러,[6] 뉴욕 시에는 4,180억 달러가 필요했다.[7] 우리가 대체 어디에서 그런 거액을 조달할 수 있겠는가? 장담컨대 미국 정부는 절대로 교회 개척을 지원하지 않을 것이다.

'기빙 유에스에이'(Giving USA)라는 미국의 자선 단체가 2009년에 발표한 통계 자료를 보면, 2008년에 미국의 예배 시설과 교단 운영에 들어간 재정이 1,068억 9천만 달러였다고 한다.[8] 그 재정을 전부 투입해도 겨우 워싱턴 D. C. 한 지역을 복음화할 뿐이며, 그 밖의 미국 지역은 여전히 전도의 불모지로 남게 된다. 실제로 그런 일이 벌어진다면 오늘날의 교회와 사역은 재정이 바닥나서 문을 닫게 될 것이다. 세계 선교는 더 말할 나위도 없다.

전통적인 교회 형태와 유기적인 교회 형태를 비교할 때, 재정 문제 하나만 봐도 어느 쪽이 더 효율적인가를 금세 알아차릴 수 있다. 전통적인 교회는 세계 복음화는 고사하고, 도시 복음화에도 절대 바람직한 형태가 아니다. 우리에게는 더 나은 길과 방법이 존재한다. 교회의 형태가 단순해져야 적은 재정으로 도시 복음화를 이룰 수 있다.

### 비효율적이다

전통적인 교회를 많이 세우려면 지나치게 많은 재정이 들어가기에, 결국은 "이것이 정말 효과적인 방법인가?"라고 묻게 될 것이다. 30년 전 미국에는 대형 교회가 손에 꼽힐 정도로 적었다. 오늘날에는 도시마다 대형 교회가 세워져 있고, 어떤 도시에는 두 손으로 꼽아도 모자랄 정도로 많은 대형 교회가 있다. 하트퍼드 종교 연구소는 주일예배 참석 교인 수가 2,000명이 넘는 대형 교회가 미국 전역에 200개가 넘는다고 발표했다.[9] 실로 어마어마한 숫자다. 이 글을 읽는 독자들은 좋은 일이라고 반가워할지 모르지만 실상은 그렇지 않다. 대형 교회는 증가했지만 미국의 기독교인 숫자는 오히려 감소했다.[10] 1990년에는 개신교인이 미국 기독교인 중에서 86%를 차지했는데, 2008년에는 그 비율이 76%로 떨어졌다.[11] 그보다 더 심각한 문제는 미국인의 삶에서 개선된 점이 없다는 사실이다. 지난 10년 동안 미국인의 문화와 가치관은 향상된 것이 아니라 오히려 더 악화됐다.

그리스도인은 이런 질문을 던질 것이다. "우리가 그렇게 많은 돈을 투자해서 전도하고 선교하는데도 걷어 들이는 열매는 왜 그리 적죠? 그리고 세계에 미치는 영향력은 왜 더 줄어드는 건가요?" 우리가 지금 하고 있는 일은 모든 자료가 질병 발생의 '원인'으로 지목하고 있는 약을 마치 질병 치료제로 여기며 엄청난 돈을 지출하는 것과 같다. 얼마나 어리석고 한심한 노릇인가? 수많은 사람이 예배에 나오고, 그 덕분에 예배를 지속할 충분한 헌금이 걷힌다고 해서 교회가 부흥하고 있다고 착각해서는 안 된다. 다른 교회들은 그런 교회를 부흥한 교회의 표본으로 삼아 그 사역을 똑같이 따라 한다. 그리하여 얼마 뒤 전 지역 곳곳에 수많은 대형 교회가 성공한 교회를 표방하며 우후죽순처럼 생겨난다. 하지만 실제로 교회들은 실패하고 있는 것이다.

훌륭한 프로그램과 멋진 음악으로 교인 수가 증가한 대형 교회는 대부분 다른 교회의 교인들을 끌어들인 것이다. 말하자면 '월마트 효과'인 셈이다. 대규모 시설과 장비를 갖춘 대형 교회가 출현하면, 가족 같은 소형 교회들이 문을 닫을 수밖에 없다. 작은 교회는 큰 교회의 훌륭한 프로그램과 시설을 따라갈 재간이 없기 때문이다. 나는 절대 그런 대형 교회를 부흥한 교회로 보지 않는다.

물론 모든 대형 교회가 다른 교회 교인만 끌어모으는 것은 아니다. 어떤 일이든 항상 예외가 있는 법이다. 그러나 대부분은 훌륭한 찬양과 좋은 설교에 매료되어 대형 교회로 몰려들었다고 생각한다. 그 사람들은 바로 오늘날 우리 사회의 소수에 해당하는 '그리스도인'이다. 예수님을 믿지 않는 사람들은 그런 것에도 전혀 매력을 못 느낀다. 미안하지만 그게 사실이다. 우리도 그 점을 솔직히 인정해야 한다. 보내는 교회가 오로지 전도만 하는 교회는 아니지만, 그래도 보내는 교회의 핵심은 '전도'라고 할 수 있다.

우리는 헌신적인 제자와 지도자, 건전한 교회와 사역을 배가하고자 노력해야 한다. 단순하고 기본적인 실체를 배가하지 않고, 복잡하고 값비싼 시스템부터 배가할 수는 없다. 제자를 양성하기 위해 교회를 세우는 게 아니다. 먼저 제자를 양성한 다음에 교회를 세워야 한다. 제자를 양성하는 데 많은 돈을 투자할 필요는 없다. 오직 우리 삶만 투자하면 된다.

### 시시한 봉사, 가치 있는 봉사

내가 생각하는 유기적 교회의 가장 큰 이점은, 사역 전문가가 평신도를 대신해 일해 주길 기다리지 않고 평신도가 직접 능력을 받아 하나님 나라를 위해 앞장서서 일한다는 점이다. 나의 꿈과 소망은 성령의 능력을 받은 평신도 군대가 일어나 잠자는 세상으로 전진해 나가는 광경을 보는 것이다. 유기적 교회는 그런 일을 할 수 있다. 모든 교인이 성직자이며, 모든 것이 성결하다. 거룩한 자에게는 모든 것이 거룩한 법이다. 우리는 모두 주님의 사명을 받았다. 애플사에서 일하는 것도 사역을 위한 거룩한 사명이다. 평신도에게 직장 생활은 빛을 갈망하는 곳에 하나님 나라를 확장할 수 있는 거룩한 소명이다.

유기적 교회의 관점에서 볼 때, 기독교 지도자는 목회나 사역을 하는 사람이 아니다. 그들은 평신도를 훈련하고 준비시켜서 사역을 하도록 이끄는 사람이다. 전도자는 전도만 할 게 아니라 성도들이 전도할 수 있게 훈련해야 하고, 교사들은 가르치기만 할 게 아니라 성도들이 가르칠 수 있게 훈련해서 "내가 너희에게 분부한 모든 것을 가르쳐 지키게 하라"(마 28:20)고 하신 주님의 명령을 이루어야 한다. 교회를 뒤집어 놓을 혁명이 일어난다면, 소극적이었던 그리스도인이 소금 병에서 떨어지는 소금처럼 세상에 마구 쏟아져 내릴 것이다. 과연 그런데도 세상이 변하지 않고 배기겠는가!

그리스도인은 위대한 과업에 강한 매력을 느낀다. 그들은 세상을 바꾸고 싶어 한다. 가만히 머물러서 불신자들이 찾아오기만을 기다리는 교회는 이제 흥미를 주지 못한다.

교회들은 늘 자원봉사에 헌신할 교인을 구하느라 바쁘다. 영적 은사 평가서를 작성해서 교인들이 어느 사역에 소질이 있는지 확인하지만, 실제로 그런 기회를 제공하는 교회는 드물다. 주보를 나눠 주고, 형광 조끼를 입은 채 주차 봉사를 하고, 청년 수양회를 도와주고, 유아실에서 아이를 돌봐 주는 것도 분명 교회 사역에 도움이 되긴 하지만, 그 어느 것도 목숨을 내놓을 만큼 중대하지는 않다. 그런 일을 하면서 갈등하는 사람은 속으로 '이런 일을 하라고 예수님이 나를 구원하셨나?'라는 의문이 머리에 스칠 것이다.

교회는 일주일에 한 번 모여 예배드리는 장소가 아니다. 교인들이 함께 하나님의 사명을 계속해서 수행하는 '가족 공동체'가 되어야 한다. 그렇게 되어야만 교회는 삶을 바칠 만큼 가치 있는 곳이 된다. 솔직히 말하면, 교인들에게는 은혜로운 설교보다 교인 간의 사랑이 더 중요하다. 교인들은 비전 선언문이나 특별 헌금 모금 시간에 생각지도 못한 일을 예수님과 형제자매들을 위해서는 기꺼이 하려 할 것이다.

어떤 청년들이 가족도 친구도 없는 낯선 도시에 가서 일주일 동안 무료 봉사를 하겠다고 자원했다. 그곳에는 편안한 숙소가 없었지만 추호의 망설임도 없이 주님을 증거하기 원했다. 그들은 하나님이 필요한 것을 공급해 주시리라 확신했다. 어떤 날은 하나님의 인도하심에 따라 공원 벤치에서 잠을 자고, 어떤 날은 최고급 호텔에 투숙했다. 그러면서 그 청년들은 헌신적인 믿음의 용사로 거듭났다. 장담컨대 그들이 자신의 교회에 돌아가면 주보를 돌리거나 아기 돌봐 주는 일을 꺼릴 것이다. 그들은 왜 그토록 힘들고 어려운 일을 하겠다고 했을까? 그 이유는 자신들의 삶이 가치 있는 삶이 되기를 소망했기 때문이다. 자원봉사를 하겠다고 나서는 교인이 적은 이유는 교회가 그들에게 너무 시시한 일만 맡기기 때문이다.

## 추출의 부작용

사탄이 전통적인 교회를 은근히 더 좋아하는 이유는, 사람들을 세상에서 분리되게 하여 교회에 안주하게 만들기 때문인지도 모른다. 전통적 교회는 새신자가 세상과 어울리게 하지 않는다. 도리어 교회 안에 들어와 세상과 고립되게 하는 것이다.

그리스도인 중에는 대부분 시간을 교회 울타리 안에서 보내느라 자신의 지인 중에는 불신자가 한 명도 없다고 말하는 사람이 상당히 많다. 《새로운 교회가 온다》(IVP 역간)라는 책에서 앨런 허시와 마이클 프로스트(Michael Frost)는 그것을 '추출'(extraction)이라 불렀다.[12] 그렇다면 추출이 왜 나쁜 것일까? 다음 네 가지 이유를 살펴보자.

**첫째, 주님을 영접한 초신자는 성숙한 신앙인이 될 기회를 잃어버린다.** 초신자를 보호하고 양육한다는 명분으로 세상에서 멀어지게 하는 것이 도리어 해가 되는 경우가 많다. 교회에서는 초신자가 유혹받을 만한 환경에 있지 않게 하려고 애쓰지만, 사실은 초신자가 믿음을 발휘할 수 있는 곳이 바로 그런 환경이다. 자신이 믿은 진리를 견고하게 하고, 진정한 믿음을 발휘할 수 있는 곳은 그런 환경이라야 가능하다. 그럼에도 우리는 초신자가 곤경에 빠지는 걸 막으려는 심산으로 안전하고, 문제도 없고, 유혹거리도 없는 기독교 문화에서 허약한 신앙생활을 하게 만든다. 가정이나 신앙이나 부모의 '과잉보호'는 자녀에게 부정적인 영향을 미친다. 물론 초신자를 험한 세상에 홀로 내버려 두라는 이야기가 아니다. 가족과 친구들 앞에서 그들이 새로운 인생을 살기로 했음을 과감히 보여 주게 하라는 뜻이다.

**둘째, 초신자의 지인 중에 불신자가 복음을 접할 기회를 잃어버린다.** 불신자인 성인 남녀가 예수님을 영접하게 되면 아주 특별한 기회를 잡는다. 그들에게는 예수님을 모르는 지인이 많다. 지인들은 그가 어떤 계기로 기독교 신앙을 갖게 되었는지 궁금해한다. 비록 그들이 처음에는 적대적인 태도를 보인다 해도, 그것은 믿음에서 우러나는 행동을 보여 줄 절호의 기회다. 초신자가 기독교 문화에 흡수되어 그리스도인들과만 어울리면 안 믿는 사람들과의 관계가 소원해져서, 결국 그들과 완전히 단절될 수밖에 없다.

셋째, 교회는 시장에서 경쟁 능력을 잃어버린다. 사람들이 온갖 구실과 핑계를 대며 교회를 피하는 이유는, 교회가 우리 사회에서 긍정적인 영향력을 끼치지 못하기 때문이다. 워싱턴 D. C.에서 아무리 보수적인 정책 의안이 국회를 통과한다고 해도, 예수님의 값진 희생이 빚어내는 참된 변화와는 견줄 수 없다. 고작 그리스도인 음악가가 인기를 얻거나, 그래미 시상식에서 한 배우가 하나님께 감사 고백하는 것을 보려고 예수님이 십자가에 달려 돌아가셨다는 말인가! 유명 인사들이 대중 앞에서 예수님을 언급하면, 우리 사회에서 기독교의 영향력이 커질 것이라는 생각은 대단한 착각이다. 사실 우리는 개인적으로 아는 사람에게 더 큰 영향을 줄 수 있고, 그 영향력은 텔레비전에 잠깐 나오는 유명 인사의 발언보다 훨씬 더 깊고 지속적이라는 사실을 알아야 한다.

넷째, 하나님 나라가 우리 사회에 확장될 기회를 잃어버린다. 초신자가 기존 인맥을 끊고 오로지 그리스도인들과만 교제하도록 유도하면, 결과적으로 기독교는 세상에 더 영향을 끼칠 수 없게 된다. 하나님이 연결해 주신 기존 인맥을 차단하는 것은 교회가 아주 중요한 영향력을 끼칠 기회를 스스로 차단해 버리는 것이나 마찬가지다. 하나님 나라가 임할 때 나타나는 현상이 무엇인가? '삶의 변화' 아닌가? 세상 사람들은 교회 다니는 사람들이 매우 비판적이고 세상을 두려워해서 자신만의 문화와 세계 속에 갇혀 사는 집단이라고 생각한다. 지역 관청 관계자들이 교회가 지역 사회 일에 매우 무관심하다고 비난하는 기사를 보면 놀라운 생각이 든다. 그들은 왜 교회가 지역 사회에 관여하기를 바라는 것일까? 그리스도인이 지역 사회 발전을 위해 무엇을 해주길 기대하는 걸까? 사실 그동안 교회가 취한 행동은 사람들을 세상에서 빼내어 사회와 분리되게 하고, 교회 울타리 안에 거하게 하는 것이었다. 하나님께서는 마치 그것이 하나님 나라로 보이는 것을 원하지 않으실 것이다. 예수님은 이 땅에 계시는 동안 언제나 지역 사회에 이로운 일들을 하셨다. 굶주린 자를 먹이고, 병든 자를 고치고, 불의에 대항하셨다. 주님은 분리와 특권 의식이 아닌 정의와 긍휼을 실천하고자 노력하셨다. 또한 세금을 낼 의무가 전혀 없음에도 세금을 잘 내셨다.

## 교회란 무엇인가?

불행하게도 세상이, 특히 서구 사회가 교회를 바라보는 관점은 교인의 행동이나 교회 사역에만 맞추어져 있었다. 그들은 절대 좋은 인상을 받지 못했다. 그래서 우리는 더 치밀하게 전략을 짜고 계획을 세웠다. "지역 주민에게 호감을 얻는 교회가 되려면 무엇을 어떻게 해야 할까?" 다시 한 번 말하지만 이 질문은 올바르지 않다. 이는 마치 우리가 사람들에게 하나님의 지지율을 호소하는 것과 같다. 위험에 처한 것은 하나님의 이름이지 우리의 이름이 아니다. 우리에게는 하나님의 명성을 변호할 책임이 없다. 그것은 하나님이 하실 일이다.

올바른 질문은 "지금 주님이 우리 가운데서 어떤 일을 하고 계시는가?"이다. 복음의 능력으로 사람들의 삶이 변화하며 지역 사회가 달라지고 있는가? 가장이 책임감을 가지고 거룩하게 살고자 노력하는가? 모녀가 서로 용서하며 화해하는 일이 일어나고 있는가? 마약 중독자들이 마약을 끊고 성실하게 살아 보려고 애쓰는가? 부유한 기업가들이 과거의 부정과 비리를 회개하고 보상을 약속하는가? 이러한 질문은 예수님의 존재를 인식하게 하고, 왕 되신 그분이 사람들을 사랑하고 다스리심을 깨닫게 한다. 사람들이 예수님을 만나서 그분이 살아 계신 전능한 왕임을 인식할 때, 비로소 그들은 이 땅에 임한 하나님 나라를 맛볼 것이다.

내가 생각하는 교회의 정의는 이렇다. 교회란 '영적인 가족으로서 하나님의 사명을 이 땅에 수행하기 위해 그분의 백성으로 선택받은 사람들 가운데 예수님이 임재하시는 곳'이다.[13] 물론 상당히 광범위한 정의지만, 나는 교회의 광범위한 정의를 좋아한다. 성경에서 교회를 명확하게 정의하고 있지 않기 때문에, 나 역시 성경에 없는 말을 하지는 않을 것이다. 다만 그리스도의 몸을 언급한 성경 말씀은 놓치지 않겠다. 예수님은 복음서 두 곳에서 교회에 대해 말씀하셨다. 그중 하나가 "두세 사람이 내 이름으로 모인 곳에는 나도 그들 중에 있느니라"(마 18:20)는 말씀이다. 따라서 교회의 중요한 요소는 바로 예수님이 함께하시는 것이다.

예수님은 진정한 사랑을 잃어버린 교회를 준엄하게 질책하셨다. "일곱 금 촛대 사이를 거니시는 이가 이르시되… 그러므로 어디서 떨어졌는지를 생각하고 회개하여 처음 행위를 가지라 만일 그리하지 아니하고 회개하지 아니하면 내가 네게 가서 네 촛대를 그 자리에서 옮기리라"(계 2:1, 5). 불순종하고 병든 교회는 예수님 임재의 촛대(교회를 상징함)를 옮겨 버리겠다고 경고하셨다. 교회가 교회다우려면 반드시 예수님이 함께하셔야 한다. 예수님의 임재가 곧 교회의 생명이며, 그분의 부재는 교회의 죽음이다. 예수님은 우리가 누구이고 어떤 사람인가를 보여 주는 핵심이시다. 예수님은 우리에게 가장 중요한 분이 되셔야 한다. 아울러 세상이 우리에게서 가장 두

드러지게 보는 것도 그분이어야 한다.

일반적으로 신학서에 나오는 교회의 정의에는 장로의 자질, 교인의 정기 집회, 성찬식, 근간이 되는 교리 등과 같은 요소가 포함되어 있다. 특이한 점은 예수님의 임재가 그 요소 가운데 빠졌다는 사실이다. 교회에 예수님이 안 계시면, 교인들 안에도 예수님이 안 계실 확률이 높다. 교회의 가장 큰 문제가 바로 여기에 있다. 예수님이 우리와 함께하시고 우리 안에서 역사하시는 곳이 교회가 아니라, 우리 자신과 우리가 하는 일이 교회라고 생각하는 것이다.

서양의 많은 교회가 예수님에 '의해' 일하는 게 아니라 예수님을 '위해' 일한다. 둘의 차이는 엄청나다. 교인 수나 건물 크기가 아니라, 교인들 가운데 예수님의 임재가 얼마나 드러나는지, 세상에 얼마만큼 영향력을 미치고 있는지에 따라 교회를 평가한다면, 우리의 전도는 훨씬 더 강력하고 역동적으로 이루어질 것이다. 불행하게도 예수님의 임재와 역사가 전혀 드러나지 못하는 중에도 교회는 얼마든지 유지될 수 있다. 만일 개념 자체를 완전히 바꿔서 임재하신 예수님이 우리를 통해 역사하시는 곳이 교회라고 정의한다면, 우리는 훨씬 더 파격적인 변화를 기대할 수 있다. 그 변화는 우리 자신에게서 시작하여 이웃과 나라들로 확장돼 나갈 것이다.

앨런 허시는 예수님과 교회에 대한 개념이 일반적으로 어떤 순서로 이루어져 있는가를 밝히고, 우리가 선교론을 교회론의 하부 개념으로 본다고 지적했다. 그런 관점에서 본다면 전도와 선교는 교회 사역의 일부분에 지나지 않는다. 나는 앨런 허시가 개념을 제대로 정립했다고 생각한다.[14]

**그리스도론** …… 파생 ……▶ **선교론** …… 파생 ……▶ **교회론**

언제나 그리스도가 우선해야 한다. 그러면 그리스도는 우리에게 그분의 일을 명령하신다. 우리가 사명을 수행하면 그분의 교회가 세워져 하나님 나라가 이 땅에 확장되는 결과가 나타난다. 나는 교회 개척을 귀하게 여기는 사람이지만, 우리 스스로 교회를 세우는 일은 그만 중단돼야 함을 깨달았다. 다만 우리는 예수님을 전하고, 예수님이 직접 그분의 교회를 세우시게 해야 한다.

그동안 우리가 이 순서를 혼동했기에 전 세계에서 신통치 못한 열매를 거두고 있었던 것이다. 우리는 예수 그리스도의 권능 있는 임재를 심지 않고, 종교 기관 같은 교회를 심고 있었다. 더욱이 그런 교회는 심긴 곳의 토착 문화를 무시하고, 서양식 건물에서 서양식 가치관을 가르쳤다. 그래서 개척 교회의 우선권이 뒤바뀌고 말았다. 그저 예수님만 그곳에 심어, 그 땅에서 그분의 토착 교회가 자라나게 했다면 얼마나 좋았을까? 서양에 의존하지 않고 자생력을 갖춘 교회들은 현지의 토착 문화와 조화를 이루어 성장할 수 있다. 교회는 토착 문화와 분리되거나 멀어져서는 안 된다. 오히려 그 문화에 들어가 변화를 일으키려고 노력해야 한다.

성경에는 교회를 개척하라는 명령이 단 한 번도 나오지 않는다. 어느 날 문득 그 사실이 내 머릿속에 떠올랐다. 예수님이 제자들을 마을로 파송하실 때, 제자들은 사람들이 사는 지역으로 가서 하나님 나라의 복음을 전파하라는 사명을 받았다. 바울과 바나바가 선교사 파송을 받았을 때도, 그들은 교회를 세우려 했던 게 아니라 이방인을 예수님의 제자로 삼고자 했다.

우리가 받은 사명은 불신자를 주 예수께 연결해 주고, 주님의 통치를 이 땅에 확장하는 것이다. 바로 이 사역으로 생겨난 부산물이 '교회'다. 우리는 종종 이것을 거꾸로 생각한다. 우리가 교회를 세우면 그곳에 하나님 나라가 임하고 예수님이 영화롭게 될 것이라고 믿는다. 사실은 그 반대다. 새로운 지역에 하나님의 통치가 이루어지면 예수님이 영화롭게 되고 바로 그곳에 교회가 세워진다. 그러면 교인은 그곳에 가만히 있는 게 아니라 예수님의 복음을 들고 또다시 새로운 지역에 가서 하나님 나라를 확장한다.

교회는 변화의 주체가 아니다. 예수님만이 변화의 주체시다. 성경은 "하나님이 세상을 이처럼 사랑하사 교회를 주셨으니"라고 말하지 않는다. 교회는 복음의 결과일 뿐 원인이 아니다. 어떤 면에서 우리는 열매와 씨앗을 혼동하고 있다. 먼저 복음의 씨앗을 심어야 교회라는 믿음의 공동체로 변화된 삶의 열매를 거둘 수 있다. 앨런 허시는 이렇게 말했다. "우리는 '교회에 사명이 있다'라는 말을 자주 하지만, 더 정확하게는 '사명이 교회를 가졌다'라고 해야 한다."[15]

아시아에서 유기적 교회 훈련을 하는 동안, 복음이 아닌 교회를 심었을 때 나타나는 부작용을 목격했다. 당시 나와 동료들은 미국의 중산층 교회가 연상되는 한 교회에서 예배를 드리고 있었다. 나는 설교를 하기 위해 널찍한 강대상 위에 올라갔다. 뒤에는 거대한 나무 벽면이 세워져 있었고, 앞에는 긴 의자에 교인들이 일렬로 앉아 있었다. 강대상 뒤에는 나무를 깎아 만든 묵직한 의자 네 개가 놓여 있고, 벽면에는 커다란 십자가가 걸려 있었다. 내 왼편에는 파이프 오르간이 보였다. 심지어 교인들은 내가 어렸을 때 보았던 것과 똑같은 모양의 붉은색 찬송가를 들고 찬송을 불렀다. 하나같이 내 눈에 익은 것들이었다. 그것은 지난 200년 동안 우리 미국 교회에서 항상 봐 오던 모습이 아니던가! 유일하게 그곳 문화를 반영한 것이 있다면 강단 위에 놓인 의자 네 개와 그곳의 전통 문양이 새겨진 강대상뿐이었다. 복음의 열정으로 충만했던 선교사들은 중국 연해 섬까지 와서, 그들이 알고 있던 가장 좋은 교회를 그곳에 세웠다. 50년이 지난 지금에도 그것은 여전히 '교회'같이 보이지만, 인근 주민의 삶은 바뀐 것이 하나도 없다.

스리랑카인 전도자 D. T. 나일스(D. T. Niles) 박사는 교회를 심지 말고 복음의 씨를 심으라고 이야기했다.

> 복음은 씨앗과 같아서 땅에 심어야 한다. 복음의 씨앗을 팔레스타인에 심었더니 그곳에서 팔레스타인 기독교가 자라나고, 로마에 심었더니 로마 기독교가 자라나고, 영국에 심었더니 영국 기독교가 자라났다. 그 뒤로 미국 땅에 심은 복음의 씨앗에서는 미국 기독교가 자라났다. 그런데 선교사들이 우리 땅에 들어올 때는 복음의 씨앗만이 아니라, 자신들의 기독교 식물에 화분까지 곁들여 가져왔다. 따라서 우리가 해야 할 일은 화분을 깨뜨리고 복음의 씨앗을 캐내어 우리 문화 토양에 다시 심어 우리 기독교가 자라나게 하는 일이다.[16]

이에 내가 사람들에게 강조하는 말이 있다. 교회를 심지 마라! 예수님을 심으라! 하나님 나라의 복음을 심으라! 그러면 교회는 자연스럽게 자라나 스스로 번식할 것이다.

교회에서 가장 중요한 것은 성도들을 어떻게 조직하고 훈련하고 돌보느냐가 아니다. 중요한 것은 성도들이 예수님을 따르고 사랑하며 그분께 순종하는 것이다. 나머지는 결과일 뿐 원인이 아니다. 모든 것은 예수님과의 관계에서 시작된다. 예수님이 잃어버린 영혼을 찾고 구원하시므로, 우리도 그 일을 하게 되는 것이다. 예수님은 살아 계셔서 영적인 가정을 이루시며, 우리와 함께 과업을 수행하신다. 이것이 교회 3.0의 실체다.

교회는 진실로 부활하신 예수님의 몸이 되어야 한다. 성경이 교회를 그리스도의 몸이라고 부르는 것도 바로 그 이유에서다. 우리의 진정한 사명이 무언지를 모르면, 우리가 과연 성공을 거두고 있는지 실패하고 있는지 판단할 수 없다. 사명이 성공과 실패를 결정짓는다.

### 교회의 성공을 무엇으로 판단해야 하는가?

열매는 언제나 '번식'과 관련이 있다. 제대로 된 사과나무 열매는 단순한 사과가 아니라 '사과나무들'이라고 볼 수 있다. 열매 안에 다음 세대의 씨앗이 들어 있기 때문이다. 우리는 하나님 나라의 열매들이다. 우리 안에 계신 그리스도가 다음 세대의 씨앗이다. 우리는 누구나 교회의 미래 세대를 위한 씨앗을 지니고 있다. 그러므로 그 씨앗을 품고 주님이 인도하시는 곳에 가서 심어야 한다. 그러면 그 토양에서 놀라운 일이 일어난다.

교회가 과거의 방법만을 답습하면 어떻게 될까? 아마 시대에 뒤떨어진 교회만 남아서, 그 교회가 하나님 백성을 다스리게 될 것이다. 그러나 예수님과 그분의 왕국을 최우선에 놓게 되면, 주님의 통치에 순종하는 사람들이 남아서, 그리스도의 몸은 자연히 머리 되신 주님께 순종할 것이다.

우리는 교인을 모으는 게 아니라, 그리스도를 따라갈 제자를 찾고 양육해야 한다. 이 둘의 결과는 엄청난 차이가 난다. 즉, 이웃과 국가에 가져오는 변화에서부터 확연한 차이가 난다. 단순히 사람들을 모아서 신앙 교리에 동의하도록 하는 것은 예수님의 뜻에 부합하지 않는다. 그뿐만 아니라 그분이 우리를 위해 감내하신 희생에도 어울리지 않는다.

이제는 교회 성공 여부를 숫자와 규모에 두지 말고 '영향력'에 두어야 한다. 더는 교인 수를 묻지 마라. 대신 교인들이 어떤 영향력을 끼치는지 물어야 한다. 사람들은 교회의 성공을 측정하는 기준이 무엇이냐고 묻는다. 마치 그 기준만으로 교회를 측정할 수 있다고 생각하는 듯하다. 하지만 절대 그렇지 않다. 교회는 건물이나 조직이나 프로그램이나 행사가 아니다. 그런 것의 개별적 성공 여부는 측정할 수 있어도, 교회 자체의 성공이나 실패는 측정할 수 없다. 교회는 완전히 다른 개체이기 때문이다.

교회는 사물이 아닌 '사람'이다. 교회는 함께 예수님을 따르고, 함께 그분의 사명을 수행하며, 세상에 영향을 미치는 예수님의 제자다. 그 간단한 사실을 혼동하면 방정식 전체가 달라진다. 한 사람이 다른 사람들에게 미치는 영향력을 어떻게 측정할 수 있겠는가? 교회의 성공 여부를 판단할 수 있는 훨씬 더 정확한 잣대는 '영향력'이다. 《오가닉 처치》에서 나는 다음과 같이 강조했다.

> 교인 출석률은 기독교 신앙의 잣대가 될 수 없다. 복음의 궁극적인 산물은 '변화'다. 그저 예배당을 가득 채우는 것만으로는 부족하다. 세상을 바꿔야 한다. 교회가 진정으로 영향력을 발휘하게 되면 사회와 문화는 변하게 되어 있다. 교회는 하나님 나라의 복음으로 사람들을 전도해서, 그들의 삶이 변화되는 것을 목격하고 있는가? 그런 일이 일어난다면 그리스도인의 수는 당연히 늘어날 것

이다. 일주일에 한 번 예배당 좌석을 채우는 것이 하나님 나라가 아니다. 교인 출석률과 봉사만으로 교회를 평가하는 슬픈 현실이야말로 예수님의 고귀한 삶과 희생을 무가치하게 만드는 일이다. 교회의 영향력은 그 사회에서 찾아야 한다. 교회 좌석이 아닌 길거리에서 찾아야 한다는 뜻이다.[17]

## 성공의 잣대는 무엇인가?

나는 사도행전에 나오는 변천사를 좋아한다. 사도행전 앞부분을 보면 지역 교회에 교인 수가 얼마나 증가했는지, 그 정확한 수치를 성공의 잣대로 삼았다(행 2:41, 5:41). 그러나 뒤에 가면 "주의 말씀이 그 지방에 두루 퍼지니라"(행 13:49)는 말씀처럼 복음이 얼마나 전파되었는지를 중시한다. 교회가 유기적으로 분산된 뒤에는 얼마나 많은 교회가 믿음이 굳건해지고, 날마다 성도의 수가 늘어나는지를 성공의 잣대로 여겼다(행 16:5). 그리고 마침내 "이와 같이 주의 말씀이 힘이 있어 흥왕하여 세력을 얻으니라"(행 19:20)는 사실이 성공의 잣대가 되었다. 자, 무슨 말인지 알겠는가? 이는 아시아에서 가는 곳마다 성경책을 발견할 수 있었다는 이야기가 아니다. 기드온 협회가 호텔 방마다 무료 성경책을 놓아두었다는 말도 아니다(물론 그것도 대단한 일이지만). 사도행전은 아시아에 있는 모든 사람, 즉 유대인이나 헬라인이나 모든 사람이 예수님의 복음을 들었다고 말한다! 그것이 바로 '종족 복음화'가 아니겠는가?

별로 중요하지도 않은 걸 중요한 듯이 법석을 떨면서, 정작 중요한 것은 무시한다면 어떻게 되겠는가? 내가 이 질문을 페이스북에 올렸을 때 여러 친구들이 흥미로운 댓글을 올렸다. 그중에서 나를 서글프게 했던 것은 "교회가 하나 세워지겠죠"라는 한마디 댓글이었다. 윽, 맙소사!

사람은 자신에게 중요한 것일수록 깊은 관심을 기울인다. 우리가 내면에만 눈을 돌리고 이기적 거품 속에 숨게 되면 진짜 중요한 것을 놓쳐 버린다. 점차 이기적 소비주의에 물들고, 버릇없는 아이의 투정밖에 안 되는 쓸모없는 의견에 귀가 솔깃해지며, 진정한 사명을 잊어버리고, 성공이라고 착각하는 일에만 몰두하게 된다. 더 깊은 기만의 수렁으로 점점 빠져드는 것이다. 하나님의 촛대는 이미 옮겨졌건만, 교인과 교회 부흥을 위한 프로그램의 미로에서 헤매면서 자신들은 잘하고 있다고 자부한다.

10년 전쯤 나와 동료들은 롱비치 지역을 전도하려는 목적으로 그 지역의 커피숍을 들락거렸다. 앞에서도 말했듯이 그 커피숍은 사이비 종교와 악의 온상이었다. 단 며칠도 지나지 않아 우리는 그곳에서 주술사, 점쟁이, 사탄 숭배자, 뱀파이어, 마약 밀매꾼, 조직 폭력배를 만났다.

사역 초기에 주님을 영접했던 사람 가운데 조시라는 청년이 있었다. 거리의 부랑아로 자라난 그는 조직 폭력배의 일원으로 살았다. 그는 마약중독자였고 성생활도 문란했으며, 삶의 고통을 완화해 주는 것이라면 무엇이든 탐닉하던 사람이었다. 우리는 바다에 가서 조시와 새신자 3명에게 세례를 베풀었다. 그들은 차례로 간증을 하고 난 뒤, 한 사람씩 바다로 들어가 주님을 영접하고 그 자리에서 곧장 세례를 받았다. 그리고 몇 분 뒤에 조시의 두 친구가 주님을 영접하고 세례를 받았다. 사실 그것은 다가올 '하나님 나라 효과'의 사전 예고였으나, 즉각 이루어지지는 않았다. 조시의 영적 성장은 불규칙했다. 두 걸음 전진했다가 세 걸음 후퇴하는 식으로 별다른 진전이 없었다.

조시는 몇 년 동안 금주 모임과 재활 센터를 다니며, 교인들의 전폭적인 도움을 받았음에도 술을 끊는 데 실패했다. 그는 한 직장에서 오래 일하지 못했으며, 머리는 좋았지만 대학에서 한 학기를 채 마치지 못했다. 그런데 불현듯 예기치 않은 사건이 일어났다. 어느 날 저녁 그의 아버지와 형이 집 마당에서 주먹을 휘두르며 싸움을 벌였는데, 갑자기 아버지가 심장마비로 땅에 쓰러져 곧바로 세상을 떠나고 만 것이다. 그의 형은 자기 머리를 세차게 박아서 몇 주 동안 의식을 잃은 채 지냈으며, 깨어난 뒤에도 뇌에 영구적인 손상을 입어 완전히 회복되지 못했다.

그 사건을 계기로 조시는 올바른 삶을 살겠다고 다짐했다. 그는 나를 찾아와서 그동안 숨겨 왔던 나쁜 행실을 솔직하게 털어놓았다. 과거를 청산하고 난 뒤부터 조시의 신앙은 점차 무럭무럭 자라나기 시작했다. 먼저 술과 마약을 끊었고, 그다음에는 커피숍에 취직해서 지금까지 열심히 일하고 있다. 또한 대학에 복학해서 호흡 장애 치료사 과정을 마치고 졸업을 앞두고 있다. 최근에는 담배까지 끊었다. 그것만으로도 감탄할 만한 변화가 아닌가! 그러나 그 정도에서 그치지 않았다.

조시는 이제 변화의 대리인으로 거듭났다. 그는 내가 개척한 교회에서 1년 넘게 일하고 있다. 나는 곁에서 조용히 지켜볼 뿐, 실질적으로 모든 예배를 그가 인도한다. 그는 사람들을 전도해서 주님의 제자로 삼으며, 그들 역시 변화의 대리인으로 거듭나게 만들었다. 그중 한 사람이 바로 후안이다. 후안은 칼 스테이트 롱비치에서 여러 개 교회를 개척했다. 조시 역시 지난해에 세 개 교회를 개척했다. 후안과 조시 모두 우리가 운영하는 트루스퀘스트(TruthQuest) 신학 훈련 과정을 수료했다. 현재 조시는 그린하우스 훈련 사역자로 일하고 있으며, 시카고와 인도의 뉴델리에서 우리와 함께 훈련을 이끌고 있다.

조시의 사례는 교회의 역할이 무엇인지를 잘 보여 준다. 교회는 어둠에 갇힌 사람들을 찾아내서 빛 가운데로 인도하여 자유를 되찾게 해주어야 한다. 교회 주변 사람이 변하고 주변 세상이 변하는 것이 교회 부흥과 성공의 척도다. 복음은 마땅히 그런 힘을 발휘해야 한다.

### 세상이 우리를 보고 있다

오랜 기간 우리는 세상을 두려워하며, 그 영향을 받을까 염려해 왔다. 전도의 사명을 자각하는 이라면 세상에 적극적으로 영향을 끼쳐야 한다. 우리가 세상의 영향을 받는 것이 아니다. 우리의 성공을 보여 주는 실제적인 것은, 간증이나 연말 보고서나 기도 편지 같은 것이 아니라 불신자들의 입에서 나오는 이야기다. 누가는 세상 세계관에 젖어 있는 이들의 눈에 사도 바울과 새신자들이 어떻게 비쳤는지를 다음과 같이 기록하고 있다.

> 상관들 앞에 데리고 가서 말하되 이 사람들이 유대인인데 우리 성을 심히 요란하게 하여(행 16:20).

> 야손과 몇 형제들을 끌고 읍장들 앞에 가서 소리 질러 이르되 천하를 어지럽게 하던 이 사람들이 여기도 이르매 야손이 그들을 맞아들였도다 이 사람들이 다 가이사의 명을 거역하여 말하되 다른 임금 곧 예수라 하는 이가 있다 하더이다 하니(행 17:6-7).

이 바울이 에베소뿐 아니라 거의 전 아시아를 통하여 수많은 사람을 권유하여 말하되 사람의 손으로 만든 것들은 신이 아니라 하니 이는 그대들도 보고 들은 것이라(행 19:26).

신학대학원에서 박사 과정을 밟던 한 목사가 수업 시간에 레지 맥닐(Reggie McNeal) 교수의 강의를 들으며 "아하, 그렇군요!" 하고 무릎을 탁 쳤다. "그동안 저는 어떻게 하면 교회를 바꿀까만 생각하고 있었습니다. 그런데 교수님 말씀대로 세상을 바꿔야겠네요!" 맥닐 교수는 "바로 그거지요!"라며 맞장구를 쳐 주었다.[18]

주일예배 출석 교인이 수천 명에 이르는 교회보다 더 크고 높은 차원에 눈을 돌리기 바란다. 독자들의 추측과는 반대로 이 책의 주제는 교회를 바꾸는 것이 아니다. 그 정도는 완수할 가치도 없는 시시한 목표에 불과하다. 교회를 2.0에서 3.0으로 업그레이드해야 하는 이유는 오직 세상을 바꾸기 위해서다. 그에 미치지 못하는 목표는 예수님 희생의 가치를 떨어뜨린다.

## 사탄이 가장 무서워하는 일

교회가 최고를 지향하면서 생겨난 폐단 중 하나는 평신도가 '구경꾼'으로 전락한 점이다. 평신도는 자기 수입의 일부를 바쳐서 교회가 유지되게 도와주고 난 뒤 구경만 한다. 모든 면에서 교회 목회의 문턱이 지나치게 높아, 평신도가 교회를 이끈다는 건 감히 생각도 할 수 없게 되었다. 이런 현실의 이면에는 그리스도인의 역할이 지나치게 축소되었다는 비극이 자리

잡고 있다. 이제 그리스도인은 일주일에 한 번씩 착실히 대예배에 출석하여 헌금만 내면 그만인 존재가 돼 버렸다.

내 인생의 목표는 바로 이런 현실을 완전히 뒤집어 버리는 것이다.《오가닉 처치》에서도 언급했듯이, 내 목표는 교회 목회의 문턱을 낮추는 것이다. 그리하여 누구든 교회를 세워 이끌 수 있게 하고, 그리스도인의 역할을 높임으로 교회 목회를 할 수 있는 사람이 되도록 성장시키는 것이다.

몇 해 전에 한 목사와 함께 유기적 교회와 전통적 교회의 차이점에 대해 장시간 토론을 벌인 적이 있다. 그는 다수의 자교회를 비롯해 인터넷과 비디오를 통해서도 예배드리는 전통적인 대형 교회의 유명 목사였다. 나와 그는 다음 날 '교회 배가'라는 같은 주제를 놓고 설교할 예정이었다. 우리는 함께 저녁을 먹으면서 모든 문제에 대해 허심탄회한 이야기를 나누었다. 참으로 유쾌하고 유익한 시간이었다. 아마 다음 날 우리의 설교도 그만큼 흥미로웠을 거라고 믿는다(아울러 그날 저녁 메뉴도 대단히 근사했다).

나와 헤어지기 전에 그 목사는 두 교회 간 차이점을 예리하게 지적했다. 나는 모든 성도가 세상에 영향을 줄 수 있다고 믿는 입장이었지만, 그는 그렇게 생각하지 않는다고 말했다. 성도 중에는 교회에서 영향력 있는 역할을 맡기에 부족한 사람이 있기 마련이므로 누군가의 양육을 받아야 한다는 것이었다. 뼈가 있는 지적이었다. 교회 목회의 방법론 문제는 결국 성도들을 어떻게 바라보는가에 달려 있다. 결국 우리는 교회 목회에 대한 견해 차를 좁히지는 못했지만, 상대를 새롭게 이해하고 존경할 수 있게 되었다.

내가 지금도 잊을 수 없는 교회가 하나 있다. 그 교회는 고등학생들로 이루어진 유기적 교회였다. 예배에 참석해서 그들과 함께 주님을 찬양하고 있을 때, 주님이 진정으로 우리를 기뻐하신다는 느낌이 들었다. 나는 그 학생들에게 "혹시 지금까지 다녔던 교회 중에 가장 큰 교회가 어디였지요?" 하고 물었다. 사우스캘리포니아에는 대형 교회가 많았기 때문에 그중 몇 교회의 이름이 거론되었다. 언급된 교회들의 교인 수는 최소 2,000명에서 최대 20,000명 범위였다.

"내 생각에 사탄은 그런 거인 같은 교회보다 학생 15명으로 이루어진 이 작은 교회를 더 무서워할 것 같은데요." 내 말에 학생들은 킥킥대며 웃었다. 서로 바라보는 표정을 보아하니, 마치 '이 나이든 아저씨가 드디어 치매에 걸렸나 보다'라고 생각하는 것 같았다.

나는 내가 왜 그렇게 생각하는지를 구체적으로 설명했다. "여러분 중에 그런 대형 교회를 세울 수 있다고 생각하는 사람이 있으면 손을 들어 보세요." 그러나 손을 드는 학생은 아무도 없었고, 나는 계속해서 다음 질문을 이어 갔다. "그럼 여기에 있는 이런 교회를 세울 수 있다고 생각하는 사람은 손을 들어 보세요." 그러자 모든 학생이 손을 번쩍 들었다. 킥킥대던 웃음소리는 어느새 멎어 있었다. 평생 잊지 못할 거룩하고도 엄숙한 순간이었다. 나는 손을 들고 있는 그들에게 서로 상대의 모습을 둘러보라고 말하며 이렇게 덧붙였다. "내가 장담컨대 사탄은 지금 이 모습을 보고 공포에 질려 있을 겁니다. 암, 당연히 그래야죠!"

음식을 먹을 때마다 우리는 하나님이 동식물에게 주신
놀라운 번식력이 잠재된 열매를 먹고 있는 것이다.
풀, 나무, 새, 벌, 꽃, 아기가 모두 이렇게 소리 지른다.
이것이 하나님의 방식이라고! 옥수숫대를 잡아당긴다고 해서
옥수수가 자라는 것은 아니듯, 우리의 방식으로는
결코 교회를 성장하거나 증식하게 할 수 없다.

**조지 패터슨(George Patterson)**

4장

# 교회 성장은 어떻게 이루어지는가?

## 더하기에서 곱하기로

나는 성인이 된 뒤로 지금까지 교회 배가 운동의 비결을 찾고자 고심했다. 그것을 평생 소명이라고 여길 정도로 강한 호기심에 사로잡혀 있었다. 그러나 좀처럼 호기심이 충족되지 않아 실망했던 나는 중도에 포기하고 말았다. 내게 실망을 안겨 준 여러 가지 일 가운데 하나는 교회 배가 운동의 유전자[DNA, 이때 DNA란 하나님의 진리(Divine truth), 관계 강화(Nurturing relationships), 전도 사명(Apostolic mission)의 첫 글자를 딴 것이다]를 책이나 신학교, 유명 학자, 특별한 재능이 있는 사람들에게서 발견할 수 없다는 점이었다.

배가 운동을 일으키기 위해 꼭 필요한 요소는 중국이나 인도 같은 개발도상국에만 있는 게 아니었다. 진정으로 하나님 나라의 강력한 배가 운동을 일으키기 위한 요소는 가장 당연하면서도 가장 예상치 못한 곳에 있었다. 바로 우리 코앞에! 말 그대로 그 비결은 언제나 우리 코앞에 있었다! 하나님 나라를 확장하기 위한 필수 요소는 그리스도를 따르는 사람의 '마음속'에 있다. 바로 당신과 나의 마음속에 있는 것이다. 예수 그리스도를 따르는 우리의 마음 안에는 언제나 그 필수 요소가 성령으로 내재해 있었다.

"이 비밀은 너희 안에 계신 그리스도시니 곧 영광의 소망이니라"(골 1:27). 우리 안에 있는 씨앗을 보지 못했기에, 그 씨앗이 퍼지는 걸 막고 있으면서도 그 사실조차 깨닫지 못했다. 가만히 생각해 보라. 이처럼 어이없고 기막힌 일이 어디 있는가!

나의 동료 앨런 허시는 그 사실을 한 예화로 설명했다. 만약 이 세상의 모든 그리스도인이 한꺼번에 죽거나 외계인에게 납치되어 어린 그리스도인 소녀 한 사람만 살아남았다고 하자. 그러면 하나님은 그 소녀를 사용해 기독교를 다시 세우는 데 필요한 모든 일을 하셔야만 한다.[1] 하나님 나라의 능력은 우리 속에 거하시는 그리스도 안에 있다. 참으로 단순하지만 매우 심오한 사실이다. 우리는 그 사실을 혼동해서 모든 걸 복잡하게 만들어 버린다. 물론 교회 배가 운동을 시작하는 데 남보다 유용하고 재능 있는 사람이 있다는 사실을 부인하는 것은 아니다(다음에 낼 책은 바로 이 주제를 다룰 예정이다). 그러나 어떤 경우든 교회를 세우는 분은 예수님이시다. 그분이 우리 마음 안에 계신다면, 하나님 나라 확장의 씨앗은 우리 모두의 마음 안에 내재한다고 할 수 있다. 그렇게 할 수 있는 은사와 재능을 교인들에게 허락하시는 이도 예수님이시다(엡 4:9-11). 우리는 절대 그 사실을 잊어버리면 안 된다.

교회 배가의 추진력은 하나님 나라 자체에 존재한다. 무엇을 보태거나 조정할 필요도 없이 그저 자연스럽게 이루어지도록 놔두면 된다. 기교나 전략보다는 하나님 나라 자체를 신뢰하며 확신을 가져야 한다. 예수님이 실망스럽게 한숨을 쉬며, "전략이 모자라는 자들아!"라고 꾸중하신 적이 있는가? 전략의 부족함이 아니라, 만왕의 왕과 그분의 통치를 믿지 못하는

데 실망하지 않으셨던가? 우리에게는 그런 믿음이 필요하다.

그렇다면 잘못을 바로잡기 위해 한 가지 단순한 사실을 기억할 필요가 있다. 하나님 나라의 확장이 진실로 우리 각자 안에 이미 내재되어 있다면, 하나님 나라를 확장할 방법을 고민할 게 아니라 그 일을 못 하게 막는 장애 요소를 치워 버려야 한다. 다시 말해, 본보기나 재정이나 전략이나 지도력이나 이론이 부족한 게 아니라는 뜻이다. 우리는 하나님 나라 확장을 가로막는 일에 지나치게 많은 투자를 하면서, 주님이 이미 우리 안에 주신 것들은 활용하지 않고 있었다. 하나님 나라 확장을 그토록 원하면서 동시에 그것을 가로막고 있었다는 게 말이 되는가? 나는 그것이 사실임을 확신했다. 또한 바로 그것이 우리를 서서히 죽이고 있었다. 이상한 이야기로 들릴지 모르지만, 교회 배가로 하나님 나라가 확장되는 걸 가로막는 일이 하나님 나라를 확장하는 일보다 훨씬 더 어렵고 힘들다. 우리의 수고와 노력이 결과적으로는 하나님 나라 확장을 가로막았지만, 제대로만 이루어졌다면 이렇게 많은 비용이 들어가지 않아도 되었다. 우리가 사명 완수의 관점을 전환하기만 한다면, 비용과 노력을 대폭 줄이고도 훨씬 더 큰 효과를 얻을 수 있다.

이런 상상을 해보라. 어떤 남자가 무거운 승용차를 언덕 꼭대기로 끙끙대며 밀어 올리고 있었다. 그는 자기 차가 얼마나 빨리, 그리고 멀리 구를 수 있는지 보려고 온 힘을 다해 차를 언덕 꼭대기로 밀어 올리는 중이다. 무게와 중력 때문에 차를 밀어 올리기가 몹시 힘들었지만, 그는 기어이 해내고 말겠다며 이를 악물었다. 사실 그가 할 일은 밀어 올리기를 그만두고 그냥 옆으로 비켜서서 가만히 지켜보는 것이다. 그러면 차는 알아서 저절로 굴러 내려갈 것이다. 결국 자신이 원하는 일을 가로막는 사람은 자기 자신이었던 셈이다. 그가 안간힘을 쓰면 쓸수록 그 힘 자체가 그의 목적 달성을 방해하는 장애물이 되었다. 그는 자신의 목적을 달성하기 위해 그렇게까지 수고할 필요가 없었다. 오히려 수고하지 말았어야 했다. 아이러니하게도 그가 힘들게 일할수록 그는 자신의 목적에서 점점 더 멀어졌다. 하나님 나라 확장을 가로막는 교회들이 바로 이와 같은 일을 하고 있다. 차를 언덕 위로 밀어 올리던 그 남자처럼 우리가 이미 언덕 위에 있다는 사실을 망각하고 있는 것이다. 하나님이 이미 우리를 언덕 위에 올려놓고 모든 준비를 마치셨음에도, 우리는 마치 언덕 아래 있는 사람처럼 온 힘을 동원하여 헛수고를 하고 있다. 우리가 할 일은 그저 옆으로 비켜서서 하나님의 뜻이 자연스럽게 이루어지게 하는 것이다.

극심한 박해가 있을 때 오히려 복음이 왕성하게 전파된 것도, 교회가 하나님 나라 확장을 가로막고 있었기 때문이 아닐까? 즉, 유명 사역자를 고용하거나 건물을 사서 유지하거나 프로그램을 개발하거나 훈련 교재를 작성하는 데 힘을 쏟지 않았기 때문에 활발하고 자발적인 복음 전파가 이루어질 수 있었다고 본다. 박해받는 교회들은 몸과 정성을 바쳤던 대상을 빼앗긴 뒤에 주님을 더 실제적으로 느꼈다. 남은 것이 복음뿐이니 하나님 나라가 확장되지 않을 수가 없었을 것이다. 복음화를 방해하고 가로막던 장애물이 없어지면, 교회는 아무런 제약도 받지 않고 커다란 힘을 발휘하게 된다. 박해나 핍박이 없는 서양 교회에서도 그런 일이 일어날 수 있을까? 물론 일어날 수는 있다.

러시아에서 일어난 공산혁명과 중국에서 일어난 공산혁명의 결과를 비교해 보면 많은 것을 배울 수 있다. 양쪽 모두 피로 얼룩진 혁명이었다. 공산당은 반대파를 무자비하게 탄압하고, 교회를 폐쇄하고, 선교사들을 죽이고, 교회 지도자들을 투옥했다. 혁명이 일어나기 전 러시아에는 사제들이 이끄는 성당이 있었다. 하지만 그것은 국민의 실생활에서 동떨어진 종교 기관에 불과했다. 소련 공산당이 성당에 침입해서 모든 자산을 장악해 버리자, 국민들은 더는 신앙생활을 할 곳이 없어졌다. 이로써 기독교도 함께 죽어 버리고 말았다.

반면 중국에서는 워치만 니(Watchman Nee) 같은 기독교 지도자들이 평신도를 훈련해서 복음 전도자로 양육하고, 가정과 사업장에서 토착 교회가 일으켜 세웠다. 그 결과, 공산 혁명이 일어났을 때 비록 교회 건물이 파괴되고 지도자들이 잡혀갔어도 진정한 의미의 교회는 손상되지 않고 고스란히 살아남았다. 마오쩌둥은 문화 혁명으로 중국의 모든 종교를 제거하려 했지만, 오히려 교회는 큰 부흥을 이루어 1949년에 2백만 명이던 그리스도인이 6천만 명으로 크게 늘어났다.[2] 현재 중국에는 8천만 명이 넘는 그리스도인이 있을 것으로 추정된다.[3]

중국 교회는 부흥을 이룬 반면, 러시아 교회는 왜 몰락하고 말았을까? 그 비결은 중국인 평신도를 훈련하고 양육한 데에 있다. '양 떼 모임'과 같은 소규모 집회가 이미 존재하고 있었기에, 박해의 폭풍이 몰아쳐도 교회는 오히려 폭발적인 성장을 했던 것이다. 그러나 러시아에서는 공산혁명 이전에 그와 같은 평신도 훈련이 없었다.

하나님 나라 확장에 필요한 모든 핵심 요소는 이미 우리 안에 있다. 이 장에서는 하나님 나라 확장을 가로막지 않기 위한 10가지 사항을 살펴볼 것이다. 이 10가지 사항의 유무가 곧 운동으로 발전하느냐, 아니면 퇴물로 전락하느냐를 결정한다. 내가 여기에서 그 점을 강조하는 이유는, 우리가 옆으로 비켜나 주님의 성육신 된 왕국이 굴러가는 걸 지켜보는 일의 중요성을 상기하기 위해서다. 하지만 그 전에 먼저 알아야 할 것이 있다. '교회 개척 운동'이란 무엇이며, 어떤 것인가 하는 점이다.

## 교회 개척 운동

데이비드 개리슨(David Garrison)은 그의 책《하나님의 교회개척 배가운동》(요단출판사 역간)에서 개척 운동을 매우 훌륭하게 설명했다. 그는 교회 개척 운동을 "한 민족이나 주민 가운데서 토착 교회 배가 운동이 활발하게 일어나는 것"이라고 정의했다.[4] 교회 개척 운동은 다음과 같은 10가지 기본 요소를 갖추어야 한다고 한다.[5]

1. **헌신적인 기도**: 어디든지 교회가 성장하기 위해서는 지속적이고 헌신적인 기도가 바탕이 되어야 한다. 기도자들이 헤른후트에서 일주일에 7일, 하루에 24시간을 교대로 드렸던 중보기도는 100년 이상 지속되었고, 이는 모라비안 선교 운동의 기폭제가 되었다.
2. **활발한 전도 활동**: 성경은 이렇게 말한다. "적게 심는 자는 적게 거두고 많이 심는 자는 많이 거둔다"(고후 9:6).
3. **배가할 수 있는 교회 개척**: 교회 개척 운동이 일어나는 곳에서는 교인들이 누구의 권고가 없어도 적극적으로 운동을 시작한다.

4. **하나님 말씀의 권위**: 누가는 사도행전에서 "하나님의 말씀이 널리 퍼졌다" 라는 말을 계속 강조한다.
5. **현지인 지도자**: 교회가 또 다른 교회를 개척하려면 외부인 지도자에게만 의존해서는 안 된다. 반드시 현지인 지도자들을 양성해야 한다.
6. **평신도 지도자**: 교회 개척 운동이 일어나면 목회자들을 교육하고 훈련하며 임용할 만한 시간이나 자원이 부족하게 된다. 신학 교육을 받은 지도자만 세우려 하면 교회 배가에 제동이 걸린다.
7. **가정교회**: 전 세계 어디든 교회 배가 운동이 일어나는 곳을 보면, 교회는 값비싼 건물을 세우기보다 교인들의 가정에서 예배드린다. 사람들이 사는 곳에 교회가 세워지는 것이다.
8. **교회가 교회를 개척함**: 자연 상태에서 '번식'이란, 자신과 똑같은 존재를 생산하는 것을 말한다. 교회는 교회를 세울 수 있는 교회를 세워야 한다. 우리는 생육하고 번식해서 이 세상에 충만해야 할 사명을 받았다. 선교 단체나 교단에서만 교회를 개척할 의무가 있는 게 아니며, 그래서도 안 된다.
9. **빠른 배가**: 이 운동이 일어나는 곳마다 교회 배가 기간이 단축되고, 배가율이 커진다.
10. **건강한 교회**: 살아 있는 생물은 무엇이든지 건강해야 번식을 잘한다. 질병에 걸리면 번식하지 못한다.

'운동'(movement)이란, 어떤 형태로든 사회 변화를 일으키는 것을 지칭하는 전문 용어다.[6] 개신교 종교 혁명도 하나의 운동이었고, 일각에서는 이 운동이 지금도 지속되고 있다고 말한다. 미국 인권 운동, 폴란드 연대 노조 운동, 인도 독립 운동 등과 같이 운동이라는 용어는 지금도 널리 사용되고 있다. 아무리 단순하게 생각한다 해도 최소한 '운동'이라 불리려면, 변화 혹은 갱생의 취지가 널리 전파되어야 한다. 물론 운동이라는 말이 마구잡이로 사용되어 온 것도 사실이다. 교인과 교회 수가 점차 감소하는 교단에서 전도 활동을 '운동'이라 부른다면, 최소한 용어 사용이 잘못되었다는 것만은 분명히 알 수 있다. 영향력이 줄어드는 활동을 운동이라 부르는 것은 어불성설이다. 용어를 함부로 사용하면 정확한 의미를 상실한다.

우리의 교회 배가 운동은 넓은 의미에서 분명히 '운동'이라고 부를 만하다. 9년이라는 짧은 기간 동안 2,000명 정도밖에 안 되던 사역자가 36개국 40개가 넘는 주에서 무려 수천, 수만이 되었기 때문이다. 그 바탕에는 확실한 '운동 에너지'가 있었다. 또한 이 에너지는 긍정적 방향으로 흘러갔다.

교회 배가 운동의 개념을 머리에 떠올리기는 쉽지 않을 것이다. 어떤 면에서 이 운동은 다양한 형태와 문화에서 같은 생각을 하는 '네트워크들의 네트워크'라고 할 수 있다. 우리는 지역이나 국가, 교파에 제한되지 않는다. 권한은 각 지부에 분산되어 있으므로 단체의 본부에 충성과 의무를 다할 필요가 없다. 솔직히 '단체'라는 말조차 그다지 어울리지 않는다. 우리는 그렇게 조직적인 단체가 아니기 때문이다.

아마도 우리를 가장 잘 묘사하는 말은 단순히 '운동'이라는 용어가 아닐까 생각한다. 우리가 주력하는 부분은 새신자와 지도자와 교회를 배가할 수 있는 촉매를 개발해서, 궁극적으로 하나님 나라 확장 운동이 일어나게 하는 것이다. 우리는 평신도들이 하나님 나라 바이러스를 다른 사람들에게 전파할 단순한 방법을 고안한다. 그 방법으로 모든 사람이 세상으로 나가고, 스스로 자랄 수 있게 하는 것이다. 우리 사역의 구조 자체가 위에서 아래로 내려오는 계층 구조가 아니라 좌우로 대등하게 펼쳐진 구조이기에, 우리가 누구이며 어떤 존재인가를 이해하기 쉽지 않다. 외부 사람들이 우리를 어떻게 보고 어떻게 정의하든, 우리는 하나의 운동이라 믿는다.

교회 배가 운동에서 시행하는 훈련을 '그린하우스'라고 부른다. 일주일간 집중 훈련으로 사람의 마음 밭을 일궈서 씨를 뿌리고 물을 주어 수확하도록 돕는 것이 훈련의 목적이다. 2008년에는 일주일 과정 그린하우스 훈련을 52회 실시했다. 초기에는 훈련 참가자 중 20%가 교회 개척을 했다.

만일 계속해서 같은 비율로 교회가 개척되고 있다면(현재 정확한 조사가 이루어지고 있음) 현재의 훈련 참가자가 초기보다 증가했으므로, 그린하우스 훈련으로 하루에 하나 꼴로 교회가 세워지고 있다고 할 수 있다. 여기에 자교회, 손자 교회, 증손자 교회까지 감안하면, 그 숫자는 기하급수적으로 늘어난다. 올 한 해에도 최소한 2개에서 4개 교회가 날마다 세워지고 있다.

우리가 최초로 그린하우스 훈련을 실시한 것은 2000년의 일이다. 그 뒤에 그린하우스 훈련으로 21,000명이 넘는 참가자가 유기적 교회에 대한 훈련을 받았다. 2007년에는 리더십 네트워크(Leadership Network)의 후원과 에드 스테처의 주도로 "가정교회 보고서"를 작성했다. 매년 컨퍼런스에 참석했던 우리 사역 지도자들을 대상으로 조사했던 내용을 책으로 엮은 것이다.[7] 컨퍼런스에 참석했던 지도자의 4분의 1이 설문에 응했다. 그들은 53개의 유기적 교회에서 온 97명의 지도자였다.

설문 결과를 종합해 보면, 지도자 82%가 다른 사람에게 개인적인 지도와 양육을 받고 있었다. 말하자면 개인적 양육이 그들의 기본 훈련 방법이었는데, 배가 운동에서는 그런 훈련이 무엇보다 중요하다. 설문에 응한 지도자 중, 무려 79%가 자신의 유기적 교회에서 제자 훈련을 실시하고 있다고 응답했다. 전통적인 교회 지도자 입장에서 보면 상당히 높은 비율이라고 할 수 있지만, 나는 여전히 부족하다고 생각한다.

설문에 응한 53개 유기적 교회는 2006년 한 해에만 새로운 교회 52개를 개척했다. 거의 100%에 이르는 증가율이다. 지난 5년 동안 30%의 자교회가 손자 교회를 개척했다. 서양이라는 상황을 고려한다면 전도 열매의 비율이 꽤 높다고 할 만하다. 미국의 교회 배가 운동은 새신자 등록에 있어 상당히 높은 증가율을 기록하는데, 처음 주님을 영접한 사람의 비율이 25%를 조금 넘어섰다. 이를테면 교인 중 4분의 1이 어둠에서 빛으로 돌아섰다. 우리는 가까운 장래에 그 수가 더 늘어나길 소망하며 기도하고 있다.

중국이나 인도의 새신자 증가율은 우리보다 더 높다. 따라서 우리의 교회 개척을 '운동'이 아니라고 반박할지도 모른다. 그러나 미국이 아닌 다른 나라의 교회 배가 운동에서는 그보다 높은 개종률을 보이고 있다. 게다가 국외에 있는 지도자들을 포함해서 광범위하게 조사하면, 개종률이 거의 100%까지 올라간다. 그러나 이러한 비교가 공정하지는 않다고 생각한다. 현재 우리는 기독교를 주요 종교로 섬기는 나라에서 살고 있다. 다른 교회 그리스도인이 이 운동에 참여하고 싶다고 했을 때, 그들을 돌려보내는 것 또한 무책임한 일이다. 물론 그러면 우리의 전체 개종률은 감소할 것이다.

그러나 우리의 목표는 교회 개척 운동이 아니다. 우리는 교회를 개척하고 싶은 마음이 없다. 다만 복음을 심고 싶다. 복음을 심다 보면 주님을 믿는 사람들이 어느새 무리를 이루어 함께 사명을 수행하게 될 것이다. 그게 바로 교회다. 내가 진정으로 하고 싶은 일을 한마디로 표현한다면 바로 '교회 배가 운동'(Church Multiplication Movement)이라 할 수 있다. 배가 운동은 수단보다는 결과를 의미한다. 어쩌면 지나치게 명칭에 집착한다고 할지도 모르겠다. 용어의 의미 차이는 둘째 치더라도 일단 배가 운동이 개척 운동과 다른 점은 '다양한 세대의 증식'이라고 본다. 단순히 교회 숫자만 늘리는 것이 아니라, 교회의 모든 면에서 다양한 세대가 배가되는 것이다.

### 수학의 기본 연산

나는 수학자가 아니다. 내가 수학에 대해 아는 척을 한다면, 나의 고등학교 수학 선생님이 웃으실 것이다. 단순히 수학 계산에 능한 사람들이 어쩌면 우리가 보지 못하는 이치를 분명히 깨닫도록 도와줄 수 있지 않을까?

수학의 기본은 더하기, 빼기, 곱하기, 나누기의 사칙 연산이다. 더하기와 곱하기에 양수를 넣으면 숫자가 늘어나고, 그 반대로 빼기와 나누기를 하면 숫자가 줄어든다. 하나님 나라는 늘어나는 것을 바라지 줄어들기를 바라지 않는다. 따라서 우리는 더하기와 곱하기를 선호한다.

곱하기, 즉 '배가'(multiplication)라는 말은 오늘날 선교와 교회 성장에서 인기 있는 주제다. 하지만 불행하게도 사람들이 배가라고 말하는 내용을 자세히 들여다보면, 배가라기보다 그냥 더하기 개념인 경우가 많다. 주일 아침에 예배 하나를 더하고 나서 그것을 교회 배가라고 하는데, 그건 그냥 더하기일 뿐이다. 예배드릴 장소 하나를 추가했다고 해서, 혹은 자교회를 하나 세웠다고 해서 교회를 배가한 것이 아니다. 그것은 단순히 더한 것에 불과하다. 물론 더한 것이 잘못되었다는 말이 아니라, 더하기를 곱하기로 부르지는 말자는 것이다. 사칙 연산은 절댓값의 세계다. 모든 연산의 정답은 단 하나이며, 정답을 제외한 무수한 오답이 존재한다. 또한 연산하는 순서가 틀리면 엉뚱한 답이 나올 수밖에 없다. 오늘날 그리스도인도 연산 능력이 너무 서툴러 결국 오답을 내고 만다.

자, 그럼 실제 상황에서 두 가지 연산을 혼동할 때 어떤 일이 일어날지를 상상해 보라. 가령 미국항공우주국의 엔지니어가 곱하기를 해야 할 때 더하기를 해 버린다면 어떻게 될까? 월가 금융 시장에서 더하기를 해야 할 때 곱하기를 해 버리면 어떤 사태가 일어날까? 아마도 아주 골치 아픈 문제가 생길 것이며, 최악으로 심각한 재난이 발생할 수도 있다. 그런데 왜 우리는 세계 복음화 같은 중대한 문제에서 두 가지를 늘 혼동하는 걸까?

당신의 교단에 또 하나의 교회가 더해졌다면 그건 배가가 아니다. 적어도 아직은 아니다. 2 더하기 2는 4이고, 2 곱하기 2도 4다. 배가의 초기 단계에서는 더하기가 중요한 역할을 한다. 그러나 다음 단계로 넘어감에 따라 그 차이가 벌어지기 시작한다. 단순히 4개에 2개를 더했다면 그 합계는 6이 될 것이다. 그러나 4개에 2개를 곱했으면 8이 될 것이고, 그다음에는 16, 그다음에는 당신이 아는 곱셈의 답이 나올 것이다.

### 곱하기의 운동력

더하기도 좋지만 곱하기는 더 좋다. 더하기는 일정하게 늘어나는 반면, 곱하기는 기하급수적으로 늘어난다. 디모데에게 보낸 두 번째 편지에서 사도 바울은 배가의 핵심을 짚고 있다.

네가 많은 증인 앞에서 내게 들은 바를 충성된 사람들에게 부탁하라 그들이 또 다른 사람들을 가르칠 수 있으리라(딤후 2:2).

이 말씀은 제자를 배가한다는 것이 무엇인지 보여 주는 대표적인 구절이다. 여기에서는 4세대가 등장한다. 그 순서를 차례로 열거해 보면 사도 바울, 디모데, 충성스러운 사람들, 다른 사람들이다. 최근에 나는 4세대를 거치지 않는 한 배가라는 말을 사용하지 말라고 충고한 적이 있다. '다른 사람들'까지 이르지 못했다면, 그것은 아직 배가에 성공하지 못한 것이다.

유능한 지도자는 다른 지도자들을 양육할 수 있다. 그들 모두 지도자이기 때문에 그 밑에는 따르는 사람들이 있을 것이다. 그러한 경우는 3세대가 영향을 받았을 뿐, 진정으로 배가된 것은 아니다. 4세대 제자, 지도자, 교회가 생겨나려면 모든 사람이 다음 세대를 위해 모든 것을 투자해야 한다. 그럴 때 배가가 이루어진다. 내가 말하는 '운동'이란 바로 그런 것이다.

배가(곱하기)는 더하기보다 더 느리게 진행된다. 데이비드 개리슨이 교회 배가 운동을 가리켜 '급속한 배가 운동'이라고 정의한 것이 오류가 아닌지 의심스럽겠지만 사실은 그렇지 않다. 사실 빠르지 않은 배가 운동은 불가능하다. 물론 배가 운동이 시작부터 빠르다는 의미는 아니다. 실제로 배가 운동의 시작은 느리게 진행된다. 그러나 기하급수로 늘어나면서 속력이 빨라진다. 즉 다음 세대로 넘어갈수록 증가 폭이 커진다는 말이다. 가파른 언덕 꼭대기에서 굴러 내려오는 자동차가 아래로 내려갈수록 가속도가 붙는 것과 마찬가지다. 마찬가지로 배가 운동 또한 다음 세대로 넘어갈수록 점점 더 속도와 힘이 붙어서 속력을 늦추거나 멈추기가 어려워진다.

이러한 역동성을 설명하기 위해 크리스티안 슈바르츠(Christian Schwarz)와 크리스토프 샤크(Christoph Schalk)는 《자연적 교회성장 실행지침서》(NCD 역간)라는 그들의 책에서 다음과 같이 이야기했다.

> 4천 평 연못 위에 한 송이 수련이 피었다 치자. 수련의 크기는 10cm 정도밖에 안 된다. 첫해에는 연못에 수련이 딱 한 송이가 피었다. 일주일이 지나자 두 송이가 더 피었고, 또 일주일 뒤에는 네 송이가 더 피었다. 16주가 지난 뒤에는 연못 절반이 수련으로 뒤덮여 있었다.[8]

이 책의 두 저자는 다음과 같이 묻는다. "연못의 남은 절반마저 수련으로 뒤덮이는 데는 얼마나 더 시간이 걸릴까? 이번에도 16주가 걸릴까? 아니다. 단 일주일만 있으면 연못 전체가 수련으로 뒤덮인다."[9]

## 더하기의 유혹

첫 단계에서는 배가가 더하기보다도 더 느려 보일 수 있다. 그러나 장기적으로 보면 이 세대에 지상 대명령을 완수할 만한 유일한 길은 배가뿐이다. 세계 인구는 빠르게 배가하고 있다. 우리가 새신자와 교회를 더하고만 있으면 명령받은 사명을 조금도 이루지 못한다. 현재 우리가 하는 더하기 전략에 단순히 배가 전략을 추가하는 것 역시 그리 큰 효과가 없다. 각각의 전략마다 요구되는 것이 완전히 다르기 때문이다. 배가하기 위해서는 더하기를 멈추어야 한다. 혹시 우리가 배가할 수 없는 전략에만 매달려 있는 바람에 서양의 복음화 운동이 정체에 들어간 것은 아닐까?

처음에는 더하기 전략이 빠르고 배가 전략은 시간이 걸리기 때문에 자칫 하면 더하기를 통한 성장에 안주하기가 쉽다. 더하기가 주는 즉각적인 성공과 만족에 현혹되어, 배가의 운동력이 축적될 때까지 기다리지 못하는 것이다. 내가《구하고 구하라》(*Search & Rescue*)라는 책에서 언급한 것처럼 "더하기로 만족하지 마라! 더하기의 애처로운 성공에 더는 박수를 보내지 말고, 이제는 곱하기의 위력적인 힘을 갈구하라."[10]

그러나 현재 상황에서 더하기로 이루어지는 성공을 외면하기란 상당히 어렵다. 성장하지 않는 교회도 허다한 마당에 그나마 더하기 성장이라도 할 수 있는 게 어디인가! '부흥하는 교회'라는 세간의 칭찬을 과감히 물리치기도 어렵다. 군중에 등을 돌리고 소수에 투자하는 것은 교회 지도자에게는 어려운 일이다. 그러나 우리 주님은 그렇게 하셨다. 곱하기의 위력을 알고 계셨던 예수님은 기다리는 일을 마다하지 않으셨다. 군중의 인기에 영합하지 않고, 앞으로 배가될 소수 사람들과 삶을 함께하셨다. 이처럼 교회에는 주님처럼 배가를 위해 헌신할 지도자들이 필요하다.

## 배가 사역의 진위 시험

《구하고 구하라》[11]라는 책에서 나는 지난 20년 동안 내 고민거리가 되었던 문제들을 언급했다. 그런 고민이 결국은 나를 단순한 신앙생활과 목회 철학으로 이끌어 주었다. 이제부터 그 이야기를 하려는 이유는 더하기 전략과 배가 전략의 차이를 분명히 보여 주기 위해서다.

먼저 질문을 하나 하겠다. 만약 100명의 사람이 내일 당신 교회에 와서 예수님을 영접하고 새신자가 된다면 당신의 교회는 어떤 반응을 보일 것 같은가? 분명히 기뻐하면서 예배당에 새로운 좌석을 마련할 것이다. 그렇다면 이번 주에 1천 명이 주님을 영접해서 새신자가 된다면 어떨 것 같은가? 당신의 교회는 아마도 예배를 몇 부 더 추가하고, 새로운 교역자도 임용할 것이다. 그러면 이번 달에 새신자가 1만 명이 오면 어떻게 하겠는가? 상상하는 데 약간의 한계가 왔을지 모르겠다. 일단은 그 많은 신자를 수용하기 위한 새로운 장소를 물색하게 될 것이다. 그럼 올해 10만 명이 증가하면 어떻게 하겠는가? 틀림없이 교회에 대한 개념 자체가 혼란스러워질 것이다. 진짜 문제는 '만약에'가 아니라 '어떻게'다. 교회들은 그런 폭발적 증가에 어떻게 대비할 것인가? 계산서의 합계에서 거슬러 가 보면, 원하는 결과를 얻기 위해 우리에게 어떤 변화가 필요한지를 깨달을 수 있다.

이번에는 좀 더 개인적인 차원에서 이 문제를 생각해 보자. 현재 당신의 목회나 사역에서 정해 놓은 목표치에 100만을 곱해 보라. 예를 들어 올해 당신의 교회에서 100명을 전도하는 게 목표라면 100만을 곱했을 때 1억이라는 합계가 나온다. 그러면 한 해에 1억 명이 주님을 영접하고 새신자가 된다는 이야기다. 이 말이 너무 황당무계하게 들리는가? 물론 그럴 것이다. 실제 상황과는 상당히 동떨어진 이야기임이 틀림없다. 그래도 나는 밀어붙이겠다. 만약 정말로 그런 일이 일어난다면 어떻게 하겠는가? 현재 당신 교회에서 적용되는 목회 방법이 그런 폭발적 증가를 감당할 수 있는가? 십중팔구 '아니오'라고 대답할 것이다. 교회 건물은 그렇게 많은 인원을 수용할 수 없을 테고, 교역자는 그 많은 교인을 제대로 돌볼 수 없을 것이며, 더 많은 교역자를 계속해서 임용하기도 어려울 것이다. 주일예배를 아무리 늘리고 심지어 주중에까지 예배드린다 해도, 그 많은 교인이 모두 참석하기는 어렵다. 그러면 결국 당신은 교회에서 하는 모든 방식을 신속하게 바꾸어야 한다는 결론에 도달하게 된다.

만일 평생 그렇게 어마어마한 수의 사람을 전도하기 위한 목회 구조나 체제를 갖추어 놓지 않았다면, 당신은 배가의 체계를 전혀 갖추지 못한 것이나 마찬가지다. 그 정도 성장을 감당할 수 없다면 당신의 목회 전략은 더하기 수준에 불과한 것이다. 실제로 배가 전략은 더하기 전략의 개념으로는 상상할 수도 없는 기하급수적 증가가 일어난다. 당신이 사용하는 수학 개념이 맞는지는 해답을 얻어 내는 역량에 달려 있다. 산술급수적 성장과 기하급수적 성장의 차이는 하늘과 땅 차이만큼이나 크다. 우리가 온종일 배가에 대한 이야기를 나눈다 해도, 우리의 계산기에 더하기 표시밖에 없다면 배가는 절대 이루어지지 않는다.

더하기 전략을 사용해서 배가의 결과를 낳기란 현실적으로 불가능하다. 더하기로 시작했는데 어떻게 곱하기의 결과가 나오겠는가? 더하기의 성장 방식이 기하급수적 영향을 끼칠 거라는 생각은 착각에 불과하다. 착각이 아니라고 부인한다면 스스로 기만하는 것이다. 기하급수적 성장을 원한다면 더는 계산기에서 더하기 표시를 누르지 마라. 이제는 곱하기 표시를 누르라. 더하기 표시를 더 열심히 더 세게 눌러 봤자 곱하기 결과는 나오지 않는다. 그저 더하기의 결과만 나올 뿐이다.

그럼에도 배가 운동과 더하기의 차이가 중요하지 않다고 생각한다면, 아마도 성경을 제대로 읽지 않아서일 것이다. 하나님이 아담과 하와에게 하신 첫 번째 말씀은 선악과에 대한 것이 아니라 배가에 대한 것이었다. "생육하고 번성하여 땅에(에덴동산이 아니라) 충만하라." 곰곰이 생각해 보라. 이 땅에서 가장 큰 죄를 지은 사람도 하나님의 첫 번째 명령을 충실히 지켰는데, 서양의 교회들만 그 명령을 제대로 지키지 못하고 있지 않은가. 이 얼마나 어처구니없는 일인가! 예수님이 제자들에게 하신 마지막 말씀 또한 배가에 대한 것이었다. 마태복음 28장의 지상 대명령은 배가하라는 명령을 담고 있다. 주님의 말씀을 가르치고 지키게 해서 제자 삼으라는 것이 지상 대명령이다. 그리스도인은 모두 다른 사람을 가르쳐서, 그가 또 다른 사람을 가르치게 해야 한다. 이것이 배가 운동의 시작이다. 아주 단순 명료한 원리다. 배가 운동으로 수천, 수만, 수억의 사람이 복음을 들을 수 있다.

배가 운동은 언덕을 굴러 내려가는 자동차와 같아서, 초기일수록 멈추게 하기가 쉽다. 따라서 경사가 완만하거나 아직 가속도가 붙지 않았을 때는 금방 멈출 수 있다. 그러나 경사가 심해지고 점점 더 빠르게 굴러 내려갈 때는 멈추기가 쉽지 않다. 만약 어떤 사람이 중간쯤 굴러간 차를 길 중간에 뛰어들어 세우려 한다면, 차를 세우기는커녕 그 밑에 깔려 죽고 말 것이다. 이와 마찬가지로 어떻게 시작했느냐에 따라 성공 여부를 판단할 수 있다. 더하기로 시작했다면, 그 안에 내재된 배가 운동력이 발휘되지 않을 것이다. 교회들은 조직이나 더하기 중심의 목표, 통제 체계, 강하고 독선적인 지도자 등 많은 면에서 배가 운동이 활성화되는 것을 애초에 차단하고 있다.

### 교회 배가 운동이 아닌 것

교회 배가 운동이 어떤 것인지 이해하려면 배가 운동이 아닌 것부터 설명하는 게 좋을 듯하다. 이것은 기존의 더하기 전략에 다른 전략들을 추가하여, 그것이 배가인 듯 착각하는 사태를 폭로하려는 방법이기도 하다. 배가란 기존의 전략과 전혀 다른 획기적인 운동이다. 앞으로 교회 배가 운동에 절대적으로 필요한 두 가지 특성을 소개하고자 한다. 그 특성들을 살펴보면 그 사실을 명확히 알게 될 것이다.

첫째로, 여러 세대에 전해지지 않는 교회 개척은 절대 교회 배가 운동이라 할 수 없다. 내 말은 다양한 연령층의 모든 세대가 유기적 교회에 나와야 한다는 의미가 아니다. 물론 그렇게 되면 더할 나위 없이 좋겠지만 내 말의 의미는 그와 다르다. 모교회는 자교회를 개척하고, 자교회는 손자 교회를, 손자 교회는 증손자 교회를 개척하라는 것이다. 단순히 자교회만 많이 세우는 것이 배가 운동이 아니다. 세대마다 새로운 세대를 낳을 능력이 없다면 그것은 배가가 아니라 더하기일 뿐이다(〈도표 4.1〉 참고).

오늘날 수많은 대형 교회가 자교회를 개척하면서 그것을 배가라고 부른다. 유행처럼 번지는 멀티사이트 교회(multi-site church, 두 곳 이상의 장소에 예배 공간을 가진 교회 - 역주) 현상을 조사한 최근의 보고서를 보면 그것은 배가가 아니라 더하기 전략임이 확연히 드러난다. 《멀티사이트 교회 방문기》(*A Multi-site Church Road Trip*)를 쓴 제프 슈랫(Geoff Surratt)과 그레그 리건(Greg Ligon)과 워런 버드(Warren Bird)는 미국 전역을 다니며 이 새로운 동향을 조사했다. 그들이 저술한 책 내용을 보면, 2009년 미국과 캐나다에서 평소 주일에 5백만 정도의 교인이 멀티사이트 교회에서 예배를 드렸다고 한다.[12] 그것은 개신교 신자의 10%에 이르는 숫자다. 라이프웨이 리서치(LifeWay Research)가 실시한 최근 조사에서는 45,000개 교회 목회

자들이 멀티사이트 방식을 신중하게 고려하고 있다고 한다.[13]

슈랫, 리건, 버드는 여섯 개 정도의 '손자' 예배처가 전국에서 생겨났다고 그들의 책에서 밝혔다.[14] 그러나 내가 배가 운동의 진정한 증거로 전제하는 4세대 교회나 예배처에 대한 언급은 없었다. 그 저자들은 2개 이상 예배처가 있는 3,000개 멀티사이트 교회를 인용했다. 그렇다면 수천 예배처에서 수천, 수만 번 예배를 드린다는 것이다. 그 많은 숫자 가운데 손자 교회로 확인되는 것은 미국 전역에 10개가 넘지 않으며, 4세대 즉 증손 세대라 할 수 있는 교회는 어디에도 발견되지 않았다. 더하기가 빼기나 나누기보다는 낫지만, 더하기는 분명 곱하기가 아니다.

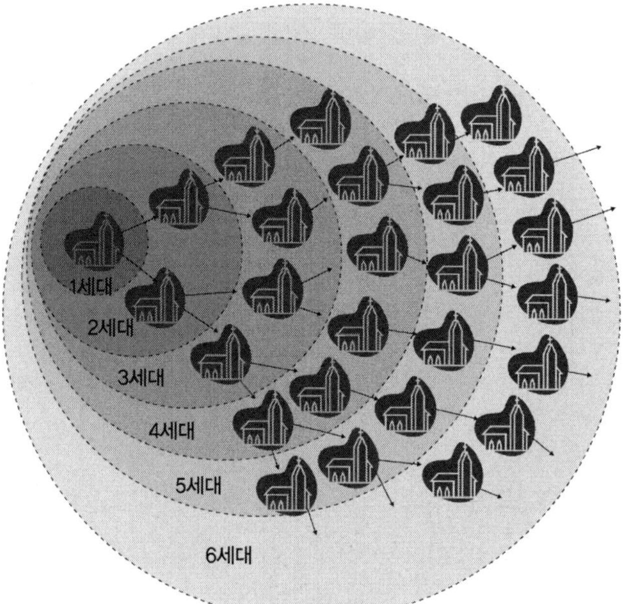


〈도표 4.1〉 다세대 성장

둘째로, 다른 교회의 교인을 모아서 새로운 교회를 세우는 것은 교회 배가 운동이 아니다. 아무리 수많은 교회를 세웠다 해도 그것을 결코 배가라고 말할 수 없다. 그런 식으로 교회를 개척하는 어리석은 행동은 당장 그만두어야 한다. '양 훔쳐 오기'는 배가 운동도 아니고 더하기 전략도 아니다. 새로운 교회를 만들기 위해 기존 교회를 축소시키는 빼기 전략일 뿐이다. 단순한 교인 이동은 하나님 나라 확장에 아무 보탬이 안 된다. 개중에는 다른 교회를 희생해서 자신의 교회를 키우는 것을 '부흥'이라고 주장하는 교회도 있는데, 그것은 성공이 아니라 완전한 실패다.

셋째로, 대규모 부흥회와 전도 대회는 교회 배가 운동이 아니다. 전도 대회가 많은 사람에게 복음을 전하는 행사인 건 틀림없으나, 그것으로 교회를 세우고 배가 운동을 벌일 수는 없기 때문이다. 배가는 자신과 같은 존재를 계속해서 낳는 것을 의미한다. 개가 개를 낳고 고양이가 고양이를 낳듯이 교회는 교회들을 낳아야 한다. 만일 전도 대회가 그 일을 하도록 맡겨 둘 수 있다면 즉시 전도 전략을 짜겠지만, 그 전략은 배가 운동을 일으키는 게 아니라 사실상 배가 운동을 저지하는 것이다. 왜냐하면 그들은 다른 것에 의존해 교회 배가 운동을 하기 때문이다.

넷째로, 교회 개척 사역자를 파송하는 중앙 교회나 기독교 단체가 교회 배가 운동을 할 수는 없다. 지도력이 중앙에 집권되어 있는 조직은 신학교든 교회 개척 훈련 단체든 교회 배가 운동을 할 수가 없다. 〈도표 4.2〉에서 보듯이 교회 개척자를 많이 파송하는 교회는 오직 더하기 성장만 가능할 뿐이다.

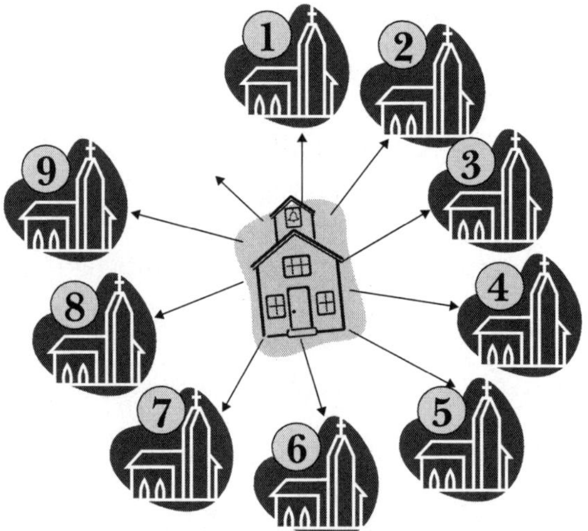


〈도표 4.2〉 산술급수적 성장

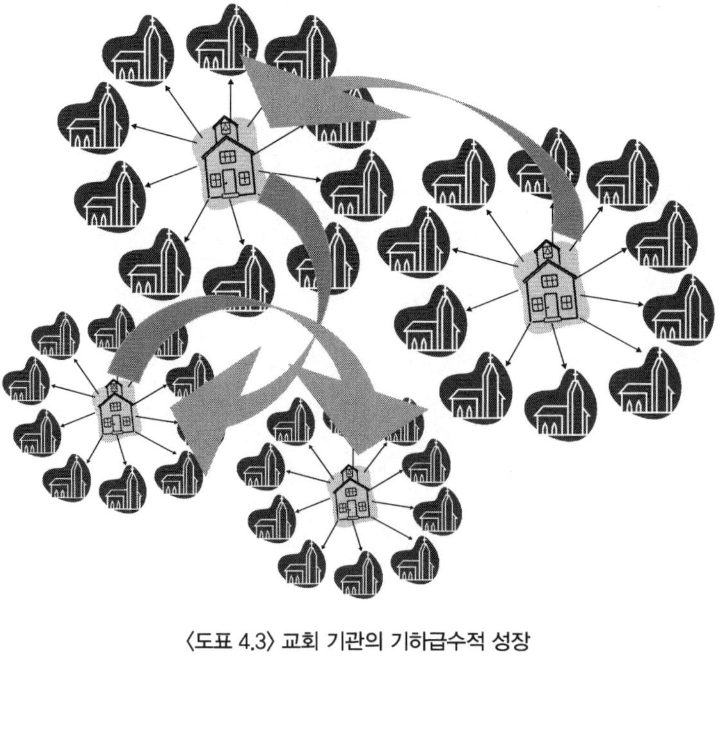

〈도표 4.3〉 교회 기관의 기하급수적 성장

조직 자체가 증식하지 않는 한 그것은 더하기 전략에 불과하다. 그러나 〈도표 4.3〉에서 보는 바와 같이, 조직 자체가 증식한다 해도 여전히 교회 배가 운동보다는 지도력 훈련 기관 운동이라고 하는 게 더 적합하다. 비록 배가 운동은 아니지만, 그런 일이 일어난다는 그 자체로 기뻐하고 반길 일이다.

지금까지 나는 그런 운동이 일어났다는 사례를 단 한 번 들은 적이 있다. 인도네시아에서 크리스 마랑티카(Chris Marantika)가 세운 복음주의 신학대학원에서는 교회 하나를 개척해야만 졸업할 수 있다는 방침을 세웠다. 그들이 정한 '1:1:1' 전략이란, 이 세대에(2015년까지) 인도네시아의 모든 마을마다 교회를 하나씩 세운다는 것이었다. 교회 개척에 성공한 학생에게는 그들이 배운 교육 과정을 동일하게 적용해서 신학대학원까지 설립하도록 권면했다. 첫 번째로 신학대학원이 세워진 1978년 이래 인도네시아에는 30개 분교가 세워졌으며, 총 3,200개 교회가 개척되었다.

상당히 고무적이고 감동적인 사례이지만, 이것 역시 교회 배가 운동은 아니다. 그들의 교회는 스스로 증식할 힘을 갖추지 못했기에 배가라고 할 수 없다. 교회 내에서 지도자들이 양육되어 교회가 배가되었다면, 조직이 따로 필요하지는 않았을 것이다. 배가 운동이 일어나기 위해서는 모든 구성원이 스스로 번식해야 한다. 교회 배가 운동(CMM)이라고 인정하기 위해서는 반드시 다음 두 가지 요소를 갖추어야 한다.

### 교회 배가 운동이란 무엇인가?

배가 운동(CMM)을 하는 교회가 되기 위해 꼭 필요한 요소는 이것이다.

1. **자체 영속성**(Self-perpetuating): 외부의 도움이나 지원 없이 자립해서 운영해 나갈 수 있는 건강한 교회여야 한다.
2. **자체 번식력**(Self-propagating): 자체 번식력이 있어 교회를 자연스럽게 개척하고, 그 교회 또한 다른 교회를 개척하는 일이 반복되어야 한다.

교회를 설립할 때 처음부터 외부의 도움과 지원에 의지하면, 그 교회가 자체 번식력을 갖거나 같은 교회를 개척할 가능성이 매우 희박해진다. 그럴 때는 교회가 자립할 방법부터 모색해야 한다. 그렇지 않으면 절대 번식력 있는 교회를 양산할 수 없다. 물론 전혀 불가능하다는 이야기는 아니다. 아주 느린 속도로 교회 증식이 일어난다 해도, 그런 방법으로는 배가 운동이라 할 수 있는 기하급수적 증가가 이루어질 수 없다. 우리가 단순한 형태의 교회를 강조하는 이유도 그 때문이다. 단순하면 신속히 시작할 수 있다. 더디게 진행되는 교회 개척 사역도 일단 또 하나의 교회가 생겨난다는 측면에서는 환영할 일이지만, 진정한 배가 운동으로 만들어 가려면 좀 더 빠르고 자연적인 개척 사역 방법을 모색하라고 권하고 싶다.

## 진정한 교회 배가 운동을 위한 10가지 핵심 사항

폴 카크와 나는 오랜 세월 동안의 실패와 실수, 과거 경험에서 교훈을 얻었다. 우리는 국외 배가 운동을 연구하여, 마침내 교회 배가 운동을 위한 필수 요소 목록을 만들었다. 이 목록은 그린하우스 훈련 교재로도 사용하고 있다. 진정한 교회 배가 운동이 일어나려면, 이런 요소가 충족되어야 한다.

- 권력이 분산되어야 한다. 모든 결정을 중앙 본부에서 통제하는 형태가 되어서는 안 된다. 모든 사람에게 권한을 주어서 다른 이들의 승인이나 지원을 받지 않고서도 교회 개척이 가능해야 한다.
- 모든 면에서 스스로 배가할 수 있는 능력을 지녀야 한다. 다른 사람의 설득이나 종용이나 외부 훈련이 없어도 모든 교인, 지도자, 교회, 심지어 배가 운동 자체까지도 스스로 배가할 수 있어야 한다.
- 교회의 필요에 따라 될 수 있는 대로 최소한의 조직 체계를 구성하고 조직 체계를 먼저 구성하는 일은 없어야 한다. 우리는 이렇게 이야기한다. "조직의 필요성이 있을 때까지 조직을 만들지 마라. 필요성이 생겨도 천천히 하라."
- 외부 지원에 의존하면 안 된다. 추수를 위한 모든 자원은 추수 안에서 발견된다. 교회 배가 운동에서 역점을 두는 것 중 하나는 원수들이 하나님께 훔친 것들을 회복하는 일이다. 추수에 필요한 모든 것은 추수 안에 다 들어 있다.
- 하나님에 의해 변화를 받고 복음 전파의 사명감에 불타는 평신도들이 주체가 되어야 한다. 이것은 배가 운동이 탄력을 받기 위한 가장 중요한 요소다.
- 조직이나 기관이 아닌 사람 간의 관계를 중심으로 움직여야 한다. 교회들을 연결하는 것은 승인된 이력서나 의무감이 아니라 관계다. 완전히 의존적이거나 완전히 독립적인 관계가 아니라 상호 의존적인 관계가 되어야 한다.
- 모든 차원에서 자발적인 증가가 이루어져야 한다. 처음에는 작은 범위 내에서 증가가 이루어지다가 점차 확대되어, 궁극적으로는 세계 차원의 운동으로 발전해야 한다.
- 전략 이전에 신앙의 강화에서 출발해야 한다. 개인이 변화하고 나서 지역 사회가 변해야 한다.

• 개인 회심에서 집단 회심으로 옮겨 가야 한다. 한 개인이 주님을 영접하기보다는 가족, 사회 집단, 부족에 속한 구성원 전체가 주님을 영접해야 한다.
• 교인들의 영성과 신앙생활이 개인 차원에 머무르지 않고, 사회와 문화 전체에 영향을 미치는 차원이 되어야 한다. 배가 운동을 하는 그리스도인들은 사회 전반에 하나님 나라를 보여 주는 대사가 된다.

### 작은 것에서 큰 것으로 유기적인 발전을 하라

교회를 어떻게 시작하는가가 중요한 이유는 하나님 나라가 '변화된 삶'에 기반을 두기 때문이다. 우리는 너무 복잡하고 이상적인 교회 생활을 추구하느라 변화된 삶의 영향력을 간과할 때가 많다. 하나님 나라의 확장은 정교한 계획이나 유능한 지도자들에 의해 이루어지는 게 아니다. 예수님을 만나서 그분과 사랑에 빠진, 그래서 그분을 위해 살고 그분을 위해 죽을 각오까지 되어 있는 평범한 그리스도인의 땀과 수고로 이루어지는 것이다. 모든 번식은 세포 차원에서 이루어지는 것이지, 다른 차원에서 이루어지는 게 아니라는 점을 우리는 분명히 인식해야 한다. 그래서 복잡하고 고차원적인 형태를 배가하기 전에, 단순한 형태를 먼저 배가해야 한다.

먼저 건강한 제자를 배가하지 못하면 결코 건강한 지도자를 배가할 수 없다. 건강한 지도자를 배가하지 못하면 건강하고 번식력 있는 교회를 양산하는 것도 불가능하다. 그런 교회를 양산하지 못하면 교회 배가 운동은 막을 내린 것이다. 크고 복잡한 조직에만 힘과 자원을 쏟아붓고 단순하고 작은 조직은 무시한다면, 장차 일어날 배가 운동의 싹을 잘라 내는 꼴이 된다. 예수님은 우리에게 교회를 세우거나 배가하라고 명령하신 적이 없다.

다만 제자로 삼고 제자를 배가하라고 명령하셨을 뿐이다. 〈도표 4.4〉는 하나님의 유기적 나라에서 자연스럽게 생명이 번식되는 과정을 보여 준다.

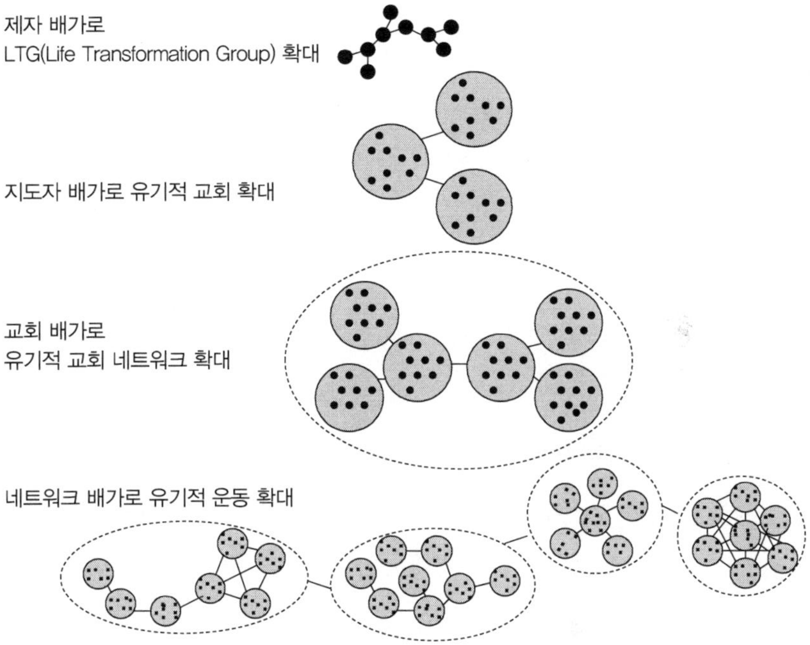


**〈도표 4.4〉 모든 차원에서 생명체가 가진 번식력**

## 배가의 장애물

오늘날 서양 교회 문화에는 교회 배가와 증식을 방해하는 세 가지 일관된 장애물이 있다. 그것은 건물, 예산, 유명 목사다.

건물은 좋은 것도 나쁜 것도 아니다. 다만 건물은 생명체가 아니므로 번식할 수 없다. 건물은 보통 거액의 돈을 내야 살 수 있고, 또 유지비도 많이 든다. 건물의 최대 단점은 사람들이 외적인 것에 마음을 빼앗겨 궁극적으로 건물에 헌신하게 된다는 것이다. 한 장소에만 안주해 있는 것도 전도의 블랙홀이 된다. 그런 정체 현상이 너무 오래가다 보면 점차 그리스도인이 교회와 교회 건물을 같은 것으로 생각하게 되고, 심지어 세상 사람마저 같은 생각을 하게 된다. 교회를 시작하는 데 그렇게 많은 돈이 들어야 한다면 오히려 작은 교회를 세우는 게 더 합리적이라고 할 수 있다. 개척 교회일수록 예산이 적으니 모교회의 형태를 반복할 만한 재정을 뒷받침하기 어렵지 않겠는가?

교회 핵심 지도자들이 모든 일을 지휘해야 한다고 생각할수록 배가는 어려워진다. 사람 중심, 즉 유명하거나 걸출한 목회자를 의존하는 형태는 두 가지 불행을 낳는다. 첫째, 평신도를 무력하게 한다. 둘째, 교회 요직에 있는 소수 지도자만 칭송을 받는다. 두 가지 결과 모두 배가의 싹을 애초부터 잘라 낸다. 물론 유능한 지도자가 배가 운동에 필요 없다는 말은 아니다. 다만 교회 개척이나 배가는 한 사람에 의해 이루어질 수 없다는 이야기다. 그렇게 해서는 절대로 배가가 되지 않는다. 그저 더하기만 가능할 뿐이다.

배가 운동에서 지도자는 실행자를 독려하는 역할을 할 뿐, 그 자신이 교회의 '얼굴'이 되어서는 안 된다. 예를 들어, 한 사람이 교회를 개척하겠다는 목표를 세우고, 다른 사람이 그 목표를 달성했다면 진정한 배가를 가로막는 '의존성'이 생긴다. 배가 운동에서 지도자는 자신의 목표와 비전을 사람들에게 제시하는 게 아니라, 다른 사람들이 스스로 목표와 비전을 발견하며 그것을 이룰 수 있도록 돕는 역할만 해야 한다.

## 기관화의 덫에 주의하라

가만히 생각해 보면, 교단 형성 자체가 어떤 면에서는 교회 개척 운동이 아니냐고 반문하고 싶을 것이다. 교단이 전 세계에 널리 퍼져서 이미 수많은 교회를 세웠는데 또다시 무슨 교회 개척 운동이 필요하냐고 생각할지 모른다. 그러나 대부분 교회 배가 운동이 제도와 기관으로 변질되었다. 많은 교인과 재정과 시간을 소모하여, 더는 배가하지 못하는 상황에 처했다. 이것은 거의 확실한 사실이다. 그런 필연적 결과가 될 수 있는 대로 늦게 나타나기만 바랄 뿐이다.

이 장의 첫머리에서도 말했듯이 배가 운동의 능력은 우리 모두 안에 내재해 있기에, 그 능력이 발휘되기만 하면 폭발적인 힘이 터져 나올 것이다. 그러나 시작이야 어떻든 거의 예외 없이 '제도화'라는 덫에 걸려, 하나님 나라의 지속적인 확장에 제동이 걸리고 말았다. 설령 하나님 나라가 확장된다 해도 얼마 못 가서 경직된 규정이 생겨나고, 또다시 종교 기관으로 전락해 버린다. 다음 10가지 기본 원칙만 지키면 절대 그런 일을 반복할 일이 없다.

### 1. 성경에서 우선하는 것에 초점을 맞추라

방법이나 관습을 성경 말씀만큼이나 중요하게 여긴다면, 그것이 곧 종교 기관이나 마찬가지다. 간혹 성경 말씀을 적용하지 않아도 될 영역까지 말씀을 적용해서 그런 덫에 빠지는 경우가 있다. 예수님이 만났던 유대교 지도자들은 안식일, 음식 규정, 할례 등의 문제에서 그런 잘못을 범하고 있었다. 성경 말씀 자체가 문제가 아니라, 우리의 신앙생활에서 그 말씀이 갖는 우선권이 문제가 되는 것이다.

예수님의 은혜보다 우리의 신앙적 노력을 더 가치 있게 생각할 때, 우리는 즉시 신앙을 기관화하는 나락으로 떨어져 버린다. 방법이 나쁘거나 성경에 맞지 않는다는 말이 아니다. 우선권을 엉뚱한 곳에 둔 게 문제다. 오늘날 가장 흔한 예를 꼽자면, 주일 아침 예배에 우선권을 두는 경향을 들 수 있다. 그것이 잘못된 것은 아니지만, 우리가 흔히 생각하는 것처럼 성경에서는 주일 예배를 그토록 강조하지는 않는다.

2. 관리하려 하지 말고 이끌라

사람들이 지도자에게 관리를 기대하고 지도자가 그 기대를 충족하면 조직은 곧 하나의 기관이 되어 버린다. 교회에서 어떤 사역이나 프로그램이 교인들에게 중요하고 신성한 것으로 여겨지게 되면, 지도자들은 그 일을 수행하고 교인들의 필요를 따라 교회를 유지하는 데만 신경을 쓰게 된다. 관리라는 것은 어떤 것을 같은 상태로 유지하는 것이다. 하지만 지도자의 역할은 변화와 향상을 꾀하는 것이다.

3. 고용인이 아닌 자원봉사자가 하게 하라

유급 교역자와 사역자가 늘어날수록 교회 예산을 일정 수준으로 유지해야 한다는 압박이 생기고, 그것은 곧 자연 발생적 배가 운동이 아닌 사업체 운영과 같은 변질로 이어진다. 기관이 되어 버린 교회가 자원자를 모집하는 것은 대단히 어려운 일이다. 교회를 유지하는 일에 배가 운동의 원동력을 빼앗긴 마당에 대체 누가 자신의 삶을 바쳐 헌신하려 하겠는가? 기관이 되어 버린 교회는 결국 사역자를 고용하게 될 뿐만 아니라, 그들을 감독하기까지 해야 한다. 그것은 사업이지 배가 운동이 아니다.

4. 보호하지만 말고 행동하라

교회라는 기관과 그 지도자들을 보호하기 위해 만든 프로그램과 규정은 외부가 아닌 내부로만 시선을 돌리게 한다. 그리하여 세상과 문화를 변혁하려는 시도를 그만두게 한다. 세상은 교회에 위협적 존재가 되고, 교회는 빛이 되어야 할 세상에서 오히려 숨어 버리고 만다. 그런 상황에서는 무엇을 하든 오로지 교회를 보호하려고만 한다. 교인들은 교회의 본분인 복음화에 힘쓰려는 마음가짐으로 위험을 무릅쓰거나 행동에 돌입하지 않는다. 방어는 절대 최상의 공격이 아니지만, 때때로 공격은 최상의 방어가 될 수 있다.

5. 돈이 아닌 사명에 전념하라

재산이 불어날수록 대담무쌍한 행동은 줄어든다. 교회 관리자는 선교에 투자하기보다 재산을 지키려는 방향으로 정책을 결정한다. 소위 '훌륭한 청지기 정신'이라는 깃발 아래, 부의 제단 위에서 선교가 그저 희생 제물이 되는 것이다.

6. 지도자도 종이라는 사실을 잊지 마라

기관이 되어 버린 교회에서는 지도자가 자신의 위치를 지키려고 안간힘을 쓴다. 진짜 종이 되는 게 아니라 '종'이라는 허울만 쓰고 다니는 것이다. 사람들은 종이라고 불리는 것은 신경 쓰지 않는다. 실제로 종처럼 취급당하기를 원치 않을 뿐이다. 지도자는 어느새 감투와 권력에 연연하기 시작한다. 결국 특별한 모자와 의상으로 자신의 직위를 돋보이게 하고, 사람들이 자신을 '하나님의 종'이라고 부르면서 고개 숙여 경의를 표해 주기 바란다. 성직자라는 이름이 암시하듯, 그들은 하나님의 특별한 소명을 부여받음으로(성직자 임명), 성직(목회)을 수행하는 거룩하고 영적인 사람들로 여겨진다. 그러나 진짜 종은 온종일 자신에게 주어진 임무만을 수행할 뿐이다. 종은 그 이상도 이하도 아니다. 직위나 감투도 있을 수 없다. 우리는 모두 하나님의 어린 양을 섬기는 동등한 종이다. 그러므로 주님이 목숨을 내주신 것처럼 우리도 그분을 따라야 한다.

7. 프로그램도 전략도 업적도 아닌 그리스도의 임재만이 중요하다

"우리는 언제나 이런 식으로 진행해 왔습니다"라는 말은 교회에서 늘 듣는 핑계다. 기관화된 교회는 무엇을 하든 정해진 정책과 진행 방침을 따른다. 또한 기관화된 교회는 성령의 임재와 관계없이 사역을 시작한다. 이러한 교회의 사역은 그저 하나의 프로그램으로 전락하고 마는 것이다. 나의 지인 울프강 심슨(Wolfgang Simson)은 교회가 성령에 의존하지 않을 때 진행하는 것이 바로 '프로그램'이라고 한탄했다. 안타깝게도 그 말이 사실인 경우가 많다.

8. 주류가 아닌 비주류에 머물라

어느 운동이 세간의 주목과 인정을 받게 되면, 어느덧 사람들의 평판을 신경쓰게 된다. 그리고 비주류에서 주류로 부상한다. 막상 그런 일이 일어나면 그것을 당연한 결과처럼 생각한다. 그러나 그리스도인은 세상의 미움을 받으며, 주류가 아닌 비주류의 삶에서 열매를 거두어야 한다. 지금까지 기독교는 언제나 스포트라이트가 아닌 그늘 속에 있을 때 더 많은 열매를 맺었다.

9. 더하기가 아닌 곱하기인 것을 명심하라

기독교 운동을 조직화하고 기관화함에 따라 평신도의 배가 운동 덕분에 이룬 성장이 프로그램, 건물, 교역자의 더하기 성장으로 바뀐다. 클수록 좋다

는 인식이 널리 퍼진다. 이미 비대할 대로 비대해진 교회에 더 많은 교인과 재정을 더하는 것이 성공적인 목회라고 스스로 기만하기에 이른다. 이처럼 더하기 전략에 현혹된 그리스도인은 진정한 배가 운동을 보지 못하게 되었다. 오로지 더 큰 기관을 세우는 게 유일한 소망이자 성공의 그림이 되고 말았다.

### 10. 구조를 수평화하고, 상호 의존하라

교회가 커질수록 교회라는 기관을 유지하고 운영하고 관리하기 위한 여러 상하 조직이 생겨난다. 그러면 아래 계층에 있는 사람이 더 높은 계층을 동경하는 그릇된 현상이 나타난다. 특정 사역에 자원을 투입한 새 부서가 생길 때마다 자체적으로 더 많은 재정과 관리가 필요하게 된다. 그것이 곧 기관의 몸집을 불리는 결과를 낳는다.

새로 사역자를 고용하면 그들을 감독하는 사람이 필요하게 되어, 또다시 더 많은 사람을 고용하게 된다. 피라미드 구조의 꼭대기에 있는 지도자는 아랫사람들이 편하게 일할 환경을 조성해야 한다는 압박감에 교회를 더 크게 키워야 한다고 생각한다. 그런 성장은 더 많은 프로그램과 사역자를 원하게 되며 지속적으로 같은 일을 반복하는 결과를 가져온다.

교회는 교인들을 '돌보고 양육한다'는 미로에 갇혀 복음화 운동보다 자기 보존에만 힘을 쓴다. 자기 보존의 길로 달려갈수록, 원래의 사명과 목적에서는 점점 더 멀어질 수밖에 없다. 〈도표 4.5〉와 〈도표 4.6〉은 인간을 위한 하나님의 역사와 하나님을 위한 인간의 노력을 비교해서 보여 준다.

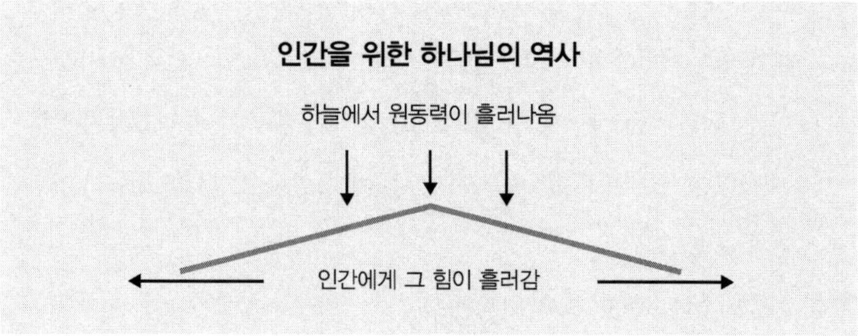


〈도표 4.5〉 수평 구조의 배가 운동: 인간을 위한 하나님의 역사

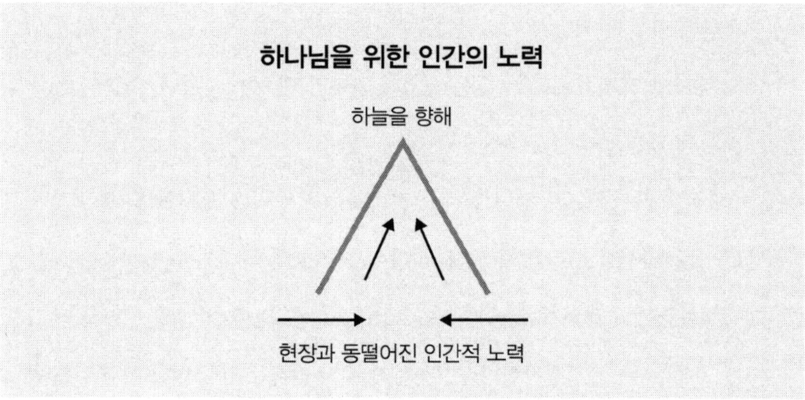


〈도표 4.6〉 비대해지고 기관화된 교회: 하나님을 위한 인간의 노력

굳이 기존 것을 없애지 않고도 유기적이고 생산적인 원칙과 과정으로 유기적인 교회를 얼마든지 세울 수 있다. 새신자를 헌신적인 제자로 교육하고, 그들이 신앙 초기부터 친구, 가족, 동료에게 주님의 사랑을 전할 수 있도록 도와줘야 한다. 우리는 더하기 전략에 더는 안주하면 안 된다. 교회 개척 초기 단계부터 배가가 아닌 더하기 방법론이 자리 잡지 않도록 특별

한 주의를 기울일 필요가 있다. 더 작은 것에 초점을 맞추는 요란한 행사가 아니라 '관계'를 통해 하나님 나라가 확장되게 해야 한다. 각 부분에서 모든 것을 단순화해야 한다. 무엇보다 우리 자신의 계획과 전략보다 하나님 나라를 신뢰해야 한다. 우리가 걸어가야 할 길은 '좁은 길'이다.

배가하는 교회는 (성패의 여부를) 담장 밖에서 측정한다.

**밥 로버츠(Bob Roberts)**

5장

# 교회 형태는 어떻게 되어 있는가?(1)

**전통적 형태에서 네트워크로**

나를 가장 맥 빠지게 하는 질문 중 하나는 교회를 어떻게 '목회'해야 하느냐는 것이다. 그렇다고 오해하지는 마라. 나는 배우려는 사람을 좋아하며, 언제나 온 힘을 다해 질문에 답변하려고 노력한다. 그러나 이 질문 뒤에는 우리 단체가 어떤 식으로 교회를 운영하는지를 자세히 파악해서, 자신의 교회에도 똑같이 적용해 보겠다는 속셈이 들어 있다. 조셉 마이어스(Joseph Myers)는 자신의 책《유기적 공동체》(SFC 출판부 역간)[1]에서 그것이 바로 목회를 숫자로 평가하려는 태도이며, 그 결과로 주님의 걸작이 아닌 죽은 복제품이 탄생한다고 비난했다.

그 질문이 나를 좌절하게 하는 까닭은 교회의 구조나 사역만 바꾸면 모든 게 달라질 거라고 생각하는 그릇된 가치관 때문이다. 사실은 그렇지 않다. 그래서 질문한 사람들은 내 대답을 듣고 나서 몹시 실망한다. 내가 그들에게 건네는 대답은 언제나 한결같다. "활발한 교회 배가 운동에서 중요한 것은 이래라저래라 지시하지 않는 것입니다. 우리가 지시하면 각 교회의 창의성과 자발성은 질식하고 맙니다. 우리가 그동안의 경험을 바탕으로 다각적인 해결책을 제시할 수는 있습니다. 또한 당신이 문제를 해결하는 새로운 방법을 발견했다면, 그것을 우리에게 가르쳐 줄 수 있습니다. 그러면 우리의 해결책 목록에 그것을 추가할 것입니다. 무엇보다 중요한 것은 당신의 목회 상황에서 주님의 음성을 듣고, 그 음성을 따르는 것입니다. 그렇게 한다면 절대 실망하지 않을 겁니다."

새로운 형태의 교회는 우리에게 생기는 모든 교회 문제에 대한 해결책이 아니다. 어떤 형태를 논의하든지 교회 형태는 근본 처방이 아니다. 그 사실을 염두에 두라. 이제부터는 교회 네트워크가 어떤 것이며, 유기적인 교회가 되려면 어떤 전환 과정을 거쳐야 하는지 설명하겠다. 그다음 신약에 나오는 다양한 교회 형태를 자세히 살펴보려 한다. 이로써 교회 형태가 한 가지가 아니라는 사실을 분명히 볼 수 있을 것이다.

교회가 2.0에서 3.0으로 획기적인 변화를 맞이하면, 당연히 교회 형태와 운영도 획기적으로 변한다. 지금까지 교회와 교인은 거의 동의어로 인식됐다. 그런 인식이 매우 깊이 뿌리박혀, 회중 교회만이 유일하게 성경에 합당한 교회라고 생각하게 되었다. 신약에서도 교회를 '교인들', 혹은 '회중'으로 언급하는 대목이 나온다. 그러나 그렇게 언급했던 대목은 단 두 군데밖에 없다. 즉 예루살렘 교회와 안디옥 교회를 이야기할 때가 전부였다(행 4:32, 6:2, 5, 15:30). 신약에는 오로지 회중 교회만 등장하는가? 그것만이 교회가 될 수 있는가?

## 네트워크

오늘날 서양 교회의 최신 동향은 단일 교파나 회중에서 네트워크 체제로 옮겨 가는 것이다. 하나의 교파가 아니라 초교파 성격을 띤 교회 관련 네트워크가 지난 10년 사이에 우후죽순처럼 생겨났다. CMA, 액츠 29(Acts 29), ARC(the Association of Related Churches), 뉴싱 네트워크(the New Thing Network), 스타디아(Stadia), 글로컬네트(GlocalNet), 비전 360(Vision 360), 모자익 글로벌 네트워크(Mosaix Global Network), 오차드 그룹(Orchard Group) 등 헤아릴 수 없이 많다.

몇 년 전부터 네트워크 연구를 포함한 복잡성 이론(complexity theory) 연구가 학계에서 활발하게 일어났다. 《Small World》(세종연구원 역간)의 저자 던컨 와츠(Duncan Watts) 교수는 네트워크에 대해 다음과 같이 말한 바가 있다. "어떤 면에서 네트워크보다 단순한 것은 없다. 모든 걸 벗겨 내고 뼈대를 들여다보면, 네트워크는 그저 일정한 형태로 서로 연결된 것의 집합체에 불과하다."[2] 물론 그렇게 광범위한 정의는 다른 어떤 것에도 적용할 수 있다. 가령 교회처럼 친분 있는 사람들의 네트워크에서부터 인터넷을 연결하는 라우터, 혹은 인간 뇌 속의 신경망까지 다양하게 적용할 수 있다.

급속한 기술의 진보로 그 분야가 성장해야 할 필요성이 생겼다. 수학을 모태로 해서 파생된 네트워크 이론은 학계 전반을 아우르며 화학, 생물학, 물리학, 사회학, 마케팅, 심지어 교회학까지 그 영역을 넓혀 왔다. 《넥서스: 여섯 개의 고리로 읽는 세상》(세종연구원 역간)이라는 책을 지은 마크 뷰캐넌(Mark Buchanan)은 이런 말을 했다. "사상 처음으로 과학자들은 모든 종류의 네트워크 건설에 대해 의미 있게 말하는 법과 전에는 보지 못했던 것의 중요한 형태와 규칙을 보는 법을 배우고 있다."[3]

네트워크들의 네트워크라 할 수 있는 엑스포넨셜 네트워크(Exponential Network)의 최근 모임에는 단순한 형태의 유기적 교회에서 대형 멀티사이트 교회에 이르기까지 다양한 형태의 교회들이 참여했다. 나는 교회 지도자들에게 그들 교회를 하나의 네트워크로 묶는 접착제가 무엇이냐는 질문을 했다. 여러 가지 답변이 나왔는데, 그 안에 공통으로 들어 있는 말이 바로 '관계'였다. 어떤 교회는 모든 교인이 같은 훈련에 참가했고, 어떤 교회는 교인이 되기 위해 다른 사람이 신청서를 제출하게 했다. 또한 하나의 이상론에 모두 동의하는 것을 바탕으로 설립된 교회도 있었고, 어떤 교회는 중앙 본부 사무실에 회비를 내는가 하면, 내지 않는 교회도 있었다. 나와 이야기를 한 지도자들의 교단이나 교파나 교회는 모두 달랐지만, 네트워크에 속한 교회들의 한 가지 공통점은 개척한 지 10년이 채 안 되었다는 것이다.

## 유기적 교회 네트워크의 형성

앞서《오가닉 처치》라는 책에서 유기적 교회의 형성과 교회들을 하나로 묶는 유전자에 관해 이야기했지만, 유기적 교회 네트워크의 형성에 관해서는 자세히 설명하지 않았다. 네트워크에는 다양한 형태가 있는데, 중앙집권적 형태가 있고 그렇지 않은 형태가 있다.

윌리엄 에번(William M. Evan)은 1972년에 출판한 보고서에서 네트워크 상호 작용의 네 가지 형태[4]를 소개했다.[5] 그 뒤 30년이 지났지만, 어떤 학자도 그의 이론에 새로운 학설을 보태지 못했다. 존 아킬라(John Arquilla)

와 데이비드 론펠트(David Ronfeldt)는 다양한 테러리스트 조직망과 지엽적 전쟁에서 사용한 '벌 떼 전략'을 자세히 연구한 논문에서 네트워크의 세 가지 기본 형태를 도출해 냈다(dyad는 제외됨).[6] 그 세 가지란 체인 네트워크(the chain network), 허브 네트워크(the hub network, 스타 네트워크라고 부르기도 함), 올채널 네트워크[the all-channel network, 앨런 허시가 쓴 《잊힌 길》(*The Forgotten Ways*)에도 인용되어 있음]를 말한다.[7] 아퀼라와 론펠트는 네트워크가 상하 체계가 아니어도 무방하다는 점을 설명하며, 설령 집단이 상하 체계로 이루어져 있다 해도 전체적으로 상하 계층을 형성하지 않고 분산된 네트워크 환경을 구축하는 게 여전히 가능하다고 말했다(〈도표 5.1〉 참고).

체인 네트워크는 가장 분산된 형태다. 이는 새로 연결되는 것마다 시작점에서 더 멀어지며, 각 단위는 오로지 앞뒤에 있는 것과만 연결된다. 허브 네트워크는 좀 더 중앙으로 모인 형태로, 반드시 상하 체계일 필요는 없다. 왜냐하면 모든 단위를 중앙의 단위에 연결하는 것이 있기 때문이다. 아퀼라와 론펠트는 모든 단위가 서로 연결된 올채널 네트워크가 형성하기도 어렵고 유지하기도 어렵다고 했다. 그럼에도 올채널 네트워크가 점점 더 늘어나는 이유는 기술 혁신 덕분에 분산된 네트워크에서조차 연결이 더욱 쉬워졌기 때문이라고 설명했다.

올채널 네트워크에서는 모든 그룹을 전체적으로 네트워크에 연결하고, 서로 연결되는 무언가(일종의 동기, 공통된 신념이나 생각, 열정 등)가 반드시 있어야 한다. 올채널 네트워크는 형성하기가 가장 어렵다. 그러나 일단 형성되기만 하면 웬만한 외부 공격에는 무너지지 않는 견고함을 지닌다. 올채널 네트워크가 커질수록 소위 '버키볼' 모양과 비슷하게 된다. 버키볼이란 탄소 원자가 오각형이나 육각형 모양으로 교차하여 배열된 분자를 통칭하는 말이다. 다른 말로는 '풀러렌'이라고 부르기도 한다. 이는 축구공같이 생겼으나 계속 팽창할 수 있다. R. 버크민스터 풀러(R. Buckminster Fuller)의 이름을 따서 버키볼이라고 불리게 된 이와 같은 형태의 분자는 그가 디자인한 결가지선 돔과도 비슷하다.

올채널 네트워크에서 허브와 체인 네트워크 형태도 자연스럽게 형성될 수 있다. 올채널 네트워크는 "공통의 원칙, 관심사, 목표, 혹은 지배적 신조나 이념 위에 존재하며, 그것은 모든 연결점을 망라하고, 그것에 모든 구성원이 깊이 동의한다."[8] 사실 교회와 네트워크가 배가되면, 결국은 분자와 같은 버키볼 형태와 비슷해진다.

나는 교회 배가 운동을 통해 올채널 네트워크, 즉 모든 그룹이 연결되어 소통하면서 자원과 생각을 공유하는 네트워크가 형성되는 것을 아직까지 보지 못했다. 다만 교회 배가 운동의 전체 성격을 보면 올채널 네트워크에 가깝다고 할 수 있다. 서로 연결돼 있고, 그들이 세계적 운동으로 연결할 수 있는 접착제를 가지고 있다는 점에서 그렇다.

어쩌면 교회 배가 운동을 최초의 국제적 버키볼 유기적 교회 네트워크라고 부를 수도 있을 것이다. 그러나 수많은 연결점이 순식간에 생겨났다가 순식간에 사라지는 특성 때문에, 이 운동은 의사소통을 서로 원활하게 조율하기가 어렵다. 그러므로 올채널 네트워크 안에서 체인과 허브, 그리고 그 두 가지가 섞인 형태가 모두 다채롭게 섞여 있다고 할 수 있다.

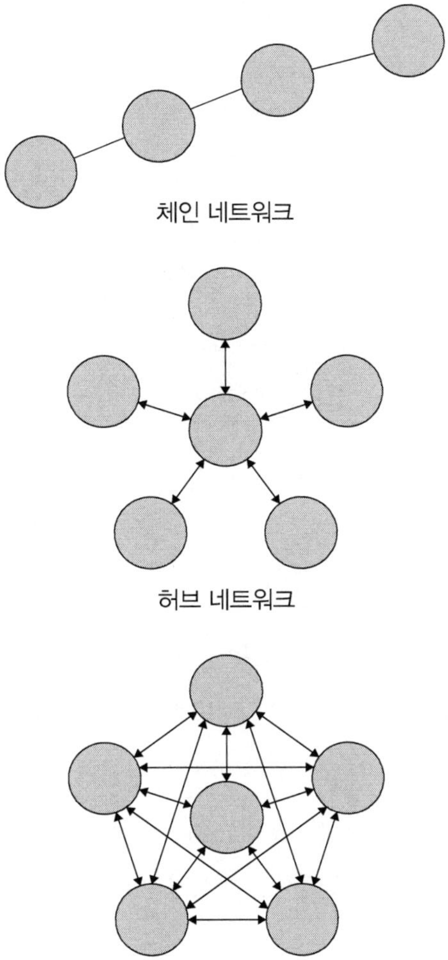


〈도표 5.1〉 체인, 허브, 올채널 네트워크

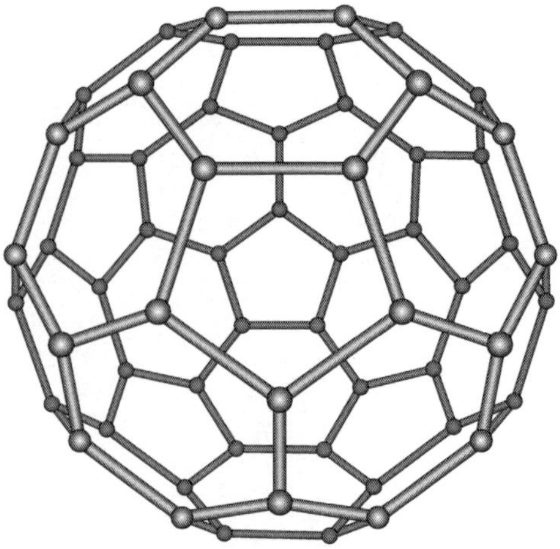

〈도표 5.2〉 버키볼

나는 예수님이 궁극적으로 올채널 네트워크 같은 형태를 형성해서, 그분의 몸인 교회를 이 땅에 제시하실 것이라고 믿는다. 따라서 교회 배가 운동은 올채널 네트워크가 형성돼 가는 과정에 있다고 할 수 있다. 인간의 노력으로 이루어진 연결이 아니라, 우리 안에 거하시는 예수님의 신비로운 임재로 인한 영적 연결인 셈이다. 우리는 네트워크 안에 있는 모든 집단이나 사람들과 소통할 수 없지만 예수님은 하실 것이며, 그것도 아주 친밀하고 은혜롭게 하실 것이다.

올채널 네트워크를 형성할 수 있는 유일한 길은 공통 유전자가 있는 교회들을 배가하는 것이다. 우리가 하는 배가 운동에서는 그 유전자를 모두 알고 있으며 인정하고 있다. 그것은 다음과 같은 우리 네트워크의 이념이기도 하다.

### 하나님의 진리

진리는 하나님에게서 나온다. 진리는 하나님이 인간에게 계시하시는 것이다. 성육신하신 예수님과 성경에 그 진리가 가장 분명하게 계시돼 있다. 예수님과 성경에 신과 인간의 신비로운 연결이 존재한다. 예수님은 신이면서 또한 인간이셨다. 성경의 저자는 하나님이시지만, 그와 동시에 40명이 넘는 인간 저자도 존재한다. 그럼에도 예수님과 성경 모두 오류와 결함이 없다. 하나님의 성경이 내주하시는 것 또한 '하나님의 진리'다. 성령은 인간에게 하나님을 계시하며, 우리 자신의 연약함을 알게 하신다.

### 관계 형성

인간은 절대 혼자 살도록 창조되지 않았다. 우리는 사회적 존재이다. 따라서 다른 사람들과 어울리며 살고 싶어 하는 자연스러운 욕구가 있다. 이와 같은 인간의 '관계 중심적 성향'은 우리 안에 있는 하나님의 형상을 반영하는 것이다. 바로 하나님 자신이 성부, 성자, 성령의 공동체로 존재하시기 때문이다. 하나님은 관계를 맺는 분이기 때문에 그분을 '사랑'이라고 할 수 있다.

### 사도로서 본분

사도라는 말은 '복음의 대변자'로 파송을 받았다는 뜻이다. 우리는 목적 있는 인생을 살고 있다. 우리가 받은 최우선적인 사명은 모든 열방을 제자로 삼는 것이다. 그 사명은 하나님이 계시기에 가능하다. 예수님은 대사도이며 사도직의 초석이 되신다. 세상을 떠나기 전 예수님께서는 제자들에게 이렇게 말씀하셨다. "아버지께서 나를 보내신 것같이 나도 너희를 보내노라"(요 20:21).[9]

각 제자와 교회, 네트워크, 세계적 운동의 핵심에 있는 유전자는 우리를 모두 하나로 묶어서 머리 되신 예수님께 직접 연결하고, 서로 가족으로 맺어 주며, 우리가 복음화해야 할 세상과의 사이에 다리를 놓아 주는 중요한 접착제다. 교회 배가 운동을 태동하게 한 지도자들은 세계 운동을 염두에 두고, 앞으로 어떤 경우에도 중앙집권적 형태를 갖추거나 우리 단체를 위한 인위적 접착제를 만들지 말자는 결의를 했다.

예수님과 복음의 진리, 하나님 가족으로서의 유대, 하나님이 우리 각자에게 주신 사도의 본분으로 말미암아 우리가 모두 하나 되지 못한다면 우리 단체는 존재할 수 없다고 믿는다. 따라서 우리가 보았던 단체 존립의 인위적이고 부자연스러운 접착제, 가령 누구의 이름이나 명성, 단체의 임무나 서약, 강제적인 방법에 의지하지 않기로 한 것이다.

예수님이 우리의 머리 되신다. 우리가 한 가족으로 똘똘 뭉쳐 복음화 사명을 열심히 수행하고, 열매를 맺는다면 그것으로 충분하다. 그보다 못할 때는 배가 운동을 죽이는 결과를 낳을 것이다. 이러한 결의 아래 우리는 중앙집권화하여 어떤 형태의 통제나 감시를 하지 않기로 결정했다.

우리는 사람들에게 교회 배가 운동에서 개척한 교회 숫자를 전부 헤아리기가 어렵다는 이야기를 종종 한다. 그건 사실이다. 우리는 앞으로도 이런 체계를 고수할 것이다. 이 배가 운동을 통해 정말 예수님 한 분으로 충분한지가 증명될 것이다. 그것은 우리에게 아주 중요한 일이다. 우리는 여전히 위대한 실험을 하고 있으며, 지금까지는 예수님 안에서 실망스러운 결과를 본 적이 없다.

그리스도의 몸을 하나로 연결하는 실제적이면서도 아주 신비로운 접착제가 있다.

몸이 하나요 성령도 한 분이시니 이와 같이 너희가 부르심의 한 소망 안에서 부르심을 받았느니라 주도 한 분이시오 믿음도 하나요 세례도 하나요 하나님도 한 분이시니 곧 만유의 아버지시라 만유 위에 계시고 만유를 통일하시고 만유 가운데 계시도다(엡 4:4-6).

우리는 모두 다 연결되어 있다. 교회가 안고 있는 문제 가운데 하나는 보이고 만지고 조종할 수 있는 조직보다 이와 같은 신비로운 사실을 덜 믿는다는 점이다.

교회 배가 운동의 지도자들은 우리 안에 거하시는 예수님의 임재만이 우리를 하나로 단결하게 하여 배가 운동에 힘쓰게 하는 유일한 접착제가 되게 하자고 다짐했다. 물론 제자, 지도자, 교회, 배가 운동의 형성을 촉진할 만한 간단한 시스템을 운영하고 있기는 하지만, 그 시스템의 중심에는 동일한 유전자가 있어 각각의 제자, 교회, 네트워크로부터 다른 어떤 것도 요구하지 않는다.

우리가 운영하는 어떤 시스템에도 강제력은 없다. 임무를 수행하는 하나의 방법이자 효과적이고 간단한 방법으로 그런 시스템을 제안하는 것이며, 이를 받아들일지 여부는 각자의 선택에 달려 있다. 특정 방법을 강요하는 것은 분권화된 평신도 배가 운동에 적합하지 않다는 게 우리의 판단이다. 현장에 있는 사람들에게는 일정 수준의 자율성이 보장되어야 하나님의 뜻을 발견해서 그들의 상황에 맞게 무엇을 해야 할지 결정할 수 있다.

# 신약에 등장하는 교회 형태

많은 사람이 가장 은혜롭고 이상적인 교회로 '초대교회'를 꼽는다. 실제로 초대교회 시절로 돌아가서 그들이 했던 것을 그대로 따라 하면 똑같은 결과가 나오리라고 생각하는 듯하다. 초대교회를 닮기 원하는 사람들은 주로 사도행전의 처음 몇 장과 예루살렘 교회를 언급한다. 그들이 경험한 것을 자신도 경험하고 싶기 때문이다. 그러나 사도행전에는 여러 가지 형태의 교회가 등장한다. 따라서 초대교회를 한 가지 형태로만 분류하는 건 잘못된 것이다.

예루살렘 교회가 교회의 한 형태였다면, 안디옥 교회는 또 다른 형태의 교회였다. 데살로니가 교회나 에베소 교회도 마찬가지다. 각 교회는 교회 1.0의 변형이었고, 모두 저마다 특징이 있었다. 이제부터 신약에 등장하는 다양한 교회의 형태를 하나하나 살펴보려 한다. 이로써 현대의 교회들이 생각보다 초대교회에서 그렇게 멀리 와 있는 것이 아니라는 사실을 발견하게 될 것이다.

**예루살렘 교회: 단일 문화권의 대형 지역 교회**

첫 번째 소개할 교회는 예루살렘 교회다. 교회 1.0이었던 예루살렘 교회는 처음에는 정말로 대단했다. 대범하고, 성령의 능력이 강하게 나타났으며, 교인 모두 한마음으로 뭉쳐서 서로 아낌없이 베풀었다(행 2:45, 4:32-37). 예루살렘 교회는 더하기로 급성장해서 120명(행 1:15)이던 성도가 3,000명(행 2:41)으로, 그리고 얼마 뒤에는 8,000명(행 4:4)으로 늘어났다. 모두 1년이라는 짧은 기간 안에 일어난 일이었다. 이런 형태의 교회에서는 '교인 수'에 중요한 의미가 있다는, 아니 적어도 더 합리적이라는 점을 독자들은 눈치챘을 것이다. 누가는 뒤에 나오는 교회의 교인 수를 더는 언급하지 않았다. 예루살렘 교회는 불신자들을 불러 모으는 형태의 교회였다. 교인들이 헌신적인 신앙생활을 했고, 놀라운 기적을 일으켰으며, 지도자의 대담한 전도 활동이 모든 불신자의 마음을 끌어당겼다.

예루살렘 교회에도 타민족 사람들이 있었지만, 핵심 지도자와 교인 대부분은 유대인이었다. 타민족은 유대인의 문화를 받아들여야만 교인이 될 수 있었다. 실제로 예루살렘 교회 초기에는 타민족 사람들이 유대교로 개종했음에도, 그들을 돌보는 별도의 지도자를 임명했다. 이는 타민족과의 교류가 얼마나 부족했는지를 여실히 보여 주는 사례다(행 6:1-6). 그들을 분리와 구별로 이끌었던 결정적 요인은 자기 민족밖에 모르는 민족주의의 영향이 컸을지도 모른다. 그들은 내부에만 시선을 두고, 다른 세계에는 사랑과 긍휼을 품지 못했다.

예루살렘 교회는 교인 중심으로(행 4:32, 6:2, 5) 시작하여, 주중에는 교인의 가정에서 예배를 드렸다(행 2:46). 박해가 시작된 뒤에는 그 많은 교인이 교회에 가서 사도들의 가르침을 받으며 예배드리는 일을 오래 하지 못했을 것이다. 사도들이 가르치지 않았다는 이야기가 아니다. 그들은 분명 계속 가르쳤겠지만, 모든 교인이 한자리에 모이기는 아마 불가능했을 것이다. 전임 사도 12명은[10] 사람들이 한꺼번에 모일 넓은 장소가 없어도, 도시 전역의 사람을 가르칠 길을 찾아야만 했을 것이다. 사도행전 8장까지 읽어 보면, 예루살렘 교인들이 전역으로 뿔뿔이 흩어졌음을 알 수 있다.

개인적으로는 사도행전에 나오는 모든 교회 가운데 예루살렘 교회가 가장 바람직하지 못하다고 생각한다. 이는 우리가 따르지 말아야 할 본보기에 해당한다. 물론 배울 점이 없다거나, 그 교회가 보여 준 능력과 사랑을 폄하하는 것은 아니다. 예루살렘 교회의 부흥은 가히 전설적이었다. 나도 그 점에 있어서는 전적으로 동의한다. 다만 지나치게 지엽적이고 단기간에 끝났다는 점이 아쉬움으로 남는다. 교회는 단 몇 년 만에 정체되었다가 이내 쇠퇴했다. 그 뒤에는 편견, 비방, 험담, 율법주의의 시궁창이 되고 말았다(행 21:20).

왜 그렇게 된 것일까? 너무 일찍 중앙집권화가 이루어져서, 상하 구조의 지도자 계층이 생긴 게 그 원인이라고 말할 수 있다(행 6:1-6). 또한 예루살렘 교회는 제사장들이 복음을 믿어 새신자가 되는 것을 환영했는데(행 6:7), 그 자체가 잘못된 것은 아니지만(사도 바울도 그중 한 사람이었으므로) 한 가지 부작용을 낳았다. 유대교의 율법주의가 잠식해서 교회를 병들게 한 것이다(행 21:20).

타민족, 심지어 유대교로 개종한 사람까지 포용하지 못했던 그들의 편협성이 결국 교회를 쇠락의 길로 인도했다. 사도행전의 뒷장으로 넘어가면, 사도 베드로와 야고보가 편협성과 율법주의에 맞서 절절한 호소와 설득으로 이방인 사이에 시작된 복음화의 불꽃을 꺼뜨리지 않고자 노심초사하는 모습을 볼 수 있다(행 15:1-35). 사도행전 마지막 장으로 갈수록 교회가 얼마나 심한 율법주의에 물들어 버렸는지를 알 수 있다. 많은 교인이 신약의 거의 절반을 쓴 사도 바울을 감옥에 가두고 죽이려 했다. 그들은 사도 바울이 확신하고 전파했던 모든 것을 부인하라고 다그치면서 그를 폭

행했고 체포했다. 심지어 감옥에 갇힌 바울마저 살해하려고 기회를 노렸다(행 23:12-22).

물론 교회에 모든 책임이 있다고 할 수 없다. 누가는 그 일을 저지른 자들이 '유대인'이라고 했지만, 그 당시 예루살렘 교회는 주류로 부상한 상황이었기에 실제로는 또 하나의 보수적인 유대교 분파였을지 모른다고 추정하고 있다. 그렇다고 예루살렘 교인 가운데 진정한 성도가 없었다는 의미는 아니다. 진정한 성도를 대표하는 사람이 바로 야고보다. 그러나 장로들은 유대인이라고 여기는 사람 가운데 그런 행동을 하는 자들이 있음을 바울에게 경고했다(행 21:20).

무엇보다 놀라운 사실은 사도 바울이 다른 지역의 이방인 교회에서 헌금을 받아 그들에게 전달하는 역할을 맡았다는 점이다(롬 15:25-27). 예루살렘 교회는 그 헌금을 기쁘게 받았지만, 그것을 전한 사람은 환영하지 않았다. 그런 교회는 건강한 교회가 아니며, 훌륭한 본보기도 될 수 없다. 불과 40년 만에(서기 70년까지) 예루살렘 교회는 문을 닫았고, 역사의 뒤안길로 영원히 사라지고 말았다.

나는 예루살렘 교회가 쇠락한 이유가 구조 문제나 상하 계층 때문만은 아니라고 생각한다. 더 근본적인 이유는 교회의 '유전자' 문제라고 본다. 교회는 머리 되신 예수님께 순종하지 않았다. 처음부터 예수님은 강하고 분명하게 교회에 대한 계획이 무엇인지를 말씀하셨다. 즉 내부에 잠재된 폭발력을 이끌어 내어 '땅끝까지' 퍼져 나가라는 것이었다.

오직 성령이 너희에게 임하시면 너희가 권능을 받고 예루살렘과 온 유대와 사마리아와 땅끝까지 이르러 내 증인이 되리라 하시니라(행 1:8).

예루살렘 교회, 특히 사도들은 예수님에게서 아주 분명한 지침을 받았다. 그와 더불어 예수님은 그들에게 성령의 능력을 주며, 그 목적을 달성할 수 있도록 도우셨다. 그럼에도 제자들은 예루살렘을 떠나지 않았다. 사도행전 8장 1절을 보면 다음과 같은 대목이 나온다. "그날에 예루살렘에 있는 교회에 큰 박해가 있어 사도 외에는 다 유대와 사마리아 모든 땅으로 흩어지니라."

예루살렘에 놀라운 대부흥이 일어난 뒤에도 그 지역을 떠나 사명을 수행하려 하지 않자, 하나님은 그들을 강제로 내보낼 수밖에 없으셨다. 성경에서 가장 아이러니한 대목은 모든 사람이 유대와 사마리아로 흩어졌는데, 그들을 보낸 사람들(사도들)은 정작 그 가운데에서 제외되었다는 말씀이다. 영어성경은 '아포스톨로스'(apostolos)를 번역하지 않고 단순히 음역만 해서 '사도'(apostle)라 했고, 우리도 사도라는 단어를 공식적인 직함으로 알고 있다. 따라서 그 말씀의 저변에 깔린 명백한 유머, 아니 냉소적인 조롱이라고 해도 무방할 그 의미를 그만 놓치고 말았다. 하지만 그것이 사실이다. 원문을 읽어 본 1세기 사람이라면 누구나 그것을 충분히 눈치챘을 것이다.

예수님의 명령은 예루살렘과 유대와 사마리아와 세상 끝까지 가라는 것이었다. 그러나 박해가 시작되어서야 사람들은 겨우 유대로 건너갔다. 유대는 더 넓은 지역이었지만 문화나 민족성에서 큰 차이가 없었다. 그러나 사마리아는 달랐다. 1세기 유대인에게 사마리아는 엄청난 문화적 장벽을 뛰어넘어야 하는 곳이었다. 예수님은 아주 명료하게 명령을 내리셨건만 사도들은 그것을 재빨리, 심지어 속 편하게 잊어버리고 말았다.

마침내 사마리아에 복음이 전해졌을 때에야, 그들은 그 새로운 모험을 인가해 주려고 그곳에 불려 갔다(행 8:4-24). 파송된 사도들이 가기 전에 복음이 전해졌다는 것은 아이러니한 일이다. 그러나 주님은 사도들이 깨닫기를 기다리셨던 듯하다. 베드로와 요한이 새신자를 찾아가 기도하고 나서야 성령을 받았으니 말이다. 주님은 사도들이 명령받은 일을 제대로 할 때까지 천천히 그들을 이끌어 가셨다.

결국 하나님이 베드로의 식사를 간섭하셔서 세 가지 희한한 환상을 보고 나서야, 이방인에게 복음을 증거해야 한다는 사실을 인식할 수 있었다. 그러나 베드로는 삶을 다하는 날까지 이방인 전도에 소극적이었고, 유대인의 사도가 되기를 선호했다(갈 2:7). 한번은 베드로가 양심을 팔아 타협하는 모습을 보고 바울이 심하게 꾸짖은 적도 있다(갈 2:11-21). 거듭 말하지만 하나님은 모호하지 않은 아주 명백한 방법으로 파송된 사도들을 인도하셨으나, 그들은 계속 주저했다.

마침내 하나님은 사도들에게 선구자가 될 기회를 주시며, 언젠가는 전 세계로 퍼져 나갈 왕성한 배가 운동의 선봉에 설 수 있게 하셨다. 심지어 1,000년 동안 어느 나라도 넘볼 수 없었던 위대한 로마 제국의 아성마저 무너지게 하셨다. 그러나 사도들이 불순종하자 하나님은 무명의 평신도를 통해 교회 개척을 이루셨다. 적의에 불타던 바리새인 사울을 완전히 바꾸어 이방인 선교사로 파송하신 것이다.

우리는 사도 12명이 나중에는 세상으로 나갔다는 것을 알고 있다. 그러나 파송된 자들이 실제로 세상에 나가기까지는 너무도 오랜 시간이 걸렸다. 그래서 다른 사람들이 앞장서야 했다. 내가 볼 때 그것은 원래 계획이 아니었던 것 같다.

오늘날 똑같은 전철을 밟는 교회를 찾고자 멀리 갈 필요가 없다. 지금까지 서양 기독교에서 가장 손쉽게 찾을 수 있는 것이 바로 그런 사례들이다. 미국에는 현재 1,200개가 넘는 대형 교회(매주 예배 참석자 수가 2,000명이 넘는 교회)가 있고, 그 밖에 대형 교회가 되기를 꿈꾸는 수천, 수만의 중소형 교회가 있다.

그 교회들을 모두 같은 부류에 집어넣을 수는 없겠지만, 대부분 단일 문화권의 전통적 형태의 교회다. 즉 땅끝까지 타문화권에 선교사를 파송하고 교회 배가 운동을 하는 교회가 아니라는 말이다. 물론 대부분 선교 사역에 후원금을 보내고 있지만, 선교 현장에서 선교사를 키워, 다시 선교 현장으로 파송하는 교회는 극히 드물다. 하지만 드물어도 그런 교회가 있는 것은 분명한 사실이며, 뒤에서 교회 형태를 설명할 때 다시 한 번 그 부분을 언급할 것이다.

현대 교회 가운데 예루살렘 교회와 비슷한 가장 유명한 교회를 들라면 아무래도 새들백 교회와 윌로우크릭 교회를 들 수 있을 것이다. 윌로우크릭 교회는 교회 개척을 자신들의 목표로 삼은 적이 한 번도 없다. 예루살렘 교회처럼 그들도 예루살렘을 복음화하는 데만 힘을 쏟을 뿐, 땅끝까지 복음화하는 사명에는 무관심하다. 새들백 교회는 많은 선교사를 '후원'하고 있으나, 역시 자체적으로 선교사를 양성해서 파송하지는 않는다. 두 교회 모두 같은 철학과 형태를 추구하는 교회와 결연을 하고 있긴 하다. 하지만

1세기 예루살렘 교회가 사마리아 교회(행 8장), 안디옥 교회(행 11장)와 맺었던 관계와 매우 유사하다고 볼 수 있다.

나는 릭 워렌(Rick Warren) 목사와 빌 하이벨스(Bill Hybels) 목사에게서 많은 것을 배웠으며 두 분 모두 진심으로 존경한다. 그들의 교회는 예루살렘 교회처럼 도시의 밝은 빛이며, 사도행전의 후반부에 나타난 예루살렘 교회처럼 추한 모습을 보이지 않는다. 두 교회 모두 미국과 전 세계에 큰 영향을 끼치고 있다. 내 아내의 가족과 친한 친구도 새들백 교회에 다니고 있다. 그들에게 그 교회에 나가라고 추천한 사람도 바로 나다. 그러나 이제는 사도로서 좀 더 사명에 충실하고, 세계 복음화를 위해 배가의 능력이 강한 교회 형태로 전환할 필요가 있다고 생각한다.

과연 사람들이 예루살렘 교회를 이상적인 교회로 꼽는 이유는 무엇일까? 물론 예루살렘 교회가 탄생하게 된 배경에는 우리에게 감동을 줄 만한 이야기가 있다. 누가의 기록을 살펴보자.

> 그들이 사도의 가르침을 받아 서로 교제하고 떡을 떼며 오로지 기도하기를 힘쓰니라 사람마다 두려워하는데 사도들로 말미암아 기사와 표적이 많이 나타나니 믿는 사람이 다 함께 있어 모든 물건을 서로 통용하고 또 재산과 소유를 팔아 각 사람의 필요를 따라 나눠 주며 날마다 마음을 같이하여 성전에 모이기를 힘쓰고 집에서 떡을 떼며 기쁨과 순전한 마음으로 음식을 먹고 하나님을 찬미하며 또 온 백성에게 칭송을 받으니 주께서 구원받는 사람을 날마다 더하게 하시니라(행 2:42-47).

우리는 이런 교회의 모습에서 많은 것을 배울 수 있고, 또 당연히 배워야 한다. 그러나 이 교회가 저지른 잘못과 실패에서도 역시 교훈을 얻어야 한다. 오늘날 많은 목회자가 예루살렘 교회를 최고의 본보기로 삼는 이유는 그들이 추구하는 목회 형태에 가장 가깝기 때문이다. 사도행전에 나오는 교회 가운데 대규모 회중 앞에서 정기적으로 설교했던 교회는 예루살렘 교회밖에 없었다(행 2:42). 나는 이런 형태의 설교와 가르침이 그리 오래가지 않는다고 확신한다. 얼마 뒤에 시작된 박해로 그들의 예배는 솔로몬 성전에서 밀려나고, 예루살렘 전역의 개인 가정으로 흩어졌다.

비록 순전히 '우발적'으로 교회 개척이 이루어졌지만, 모든 교회의 어미가 되었다는 면에서 예루살렘 교회는 찬사와 인정을 받아 마땅하다(롬 15:25-27). 그럼 이제부터는 사도행전에 등장하는 다른 형태의 교회를 살펴보기로 하자.

### 안디옥 교회: 선교하는 다문화 회중 교회

이번에 살펴볼 교회는 교회 1.2 버전에 해당하는 안디옥 교회다. 구조와 형성만 놓고 본다면 모교회인 예루살렘 교회와 상당히 비슷하다. 회중 교회였고(행 15:30), 교인의 수가 많았다(행 11:21). 교인들은 한마음으로 연합하였으며, 유능한 지도자들이 정기적으로 교인들을 가르쳤다(행 11:26). 그들도 예루살렘 교회처럼 자신의 소유를 아낌없이 나누고, 가난한 사람들에게 자선을 베풀었다(행 11:29-30). 교인들이 처음으로 '그리스도인'이라 불린 곳도 바로 이 안디옥 교회였다(행 11:26). 그러나 예루살렘 교회와 다르게 선교하는 교회였다는 점이 의미심장하다.

안디옥 교회는 교회 밖 세상에 눈을 돌렸다. 예루살렘 교인들은 자신의 소유를 팔아 교인만 도왔지만, 안디옥 교회는 멀리 떨어진 지역 사람에게도 도움의 손길을 뻗쳤다(행 11:28-30). 당시 전 세계가 기근에 시달렸다는 점이 공교롭다. 다른 지역 이방인 교회들은 예루살렘 교회에 구제 헌금을 보내 주었다(롬 15:25-28; 고전 16:1-3). 모든 교회가 모교회의 중요성을 인식하고, 모교회를 유지하고자 힘을 모았던 것 같다. 당시 예루살렘도 유례가 없을 정도로 심한 기근에 시달렸으므로, 다른 교회 교인들이 선한 동기로 자선을 베푼 것을 비난할 생각은 조금도 없다. 다만 이 한 가지는 알아야 한다. 2세대, 3세대, 4세대에 해당하는 이방인 교회는 외부로 시선을 돌릴 줄 알았기에, 모교회인 예루살렘 교회보다 훨씬 더 강건한 교회가 될 수 있었다.

안디옥 교회는 교회 개척과 세계 복음화에 힘썼던 최초의 '다문화 교회'였다. 교회 지도자가 누구였는지는 성경에 기록되어 있지만, 정작 누가 안디옥 교회를 시작했는지는 알려져 있지 않다(행 13:1). 지도자들의 이름 중 몇은 유대인이고 몇은 그리스인이라는 점을 고려할 때, 안디옥 교회는 타민족에게 복음을 전하는 선교 교회였을 뿐만 아니라 지도층조차도 다문화 사람이었음을 알 수 있다. "구브로 사람들과 구레네 사람들"이 과감히 이방인에게 복음을 전하여 선교하는 대형 회중 교회가 탄생했다.

안디옥에는 성도들을 훈련하는 선지자와 교사가 있었다(행 13:1). 그들은 다른 교회들의 어려운 처지를 동정해서 구제 헌금과 물품을 보내기도 했다(행 11:28-30). 비록 그들이 집에서 예배드렸다는 이야기는 성경에 기록되어 있지 않지만, 그러지 않았다고 쉽게 단언하기도 어렵다. 신약에 등장하는 모든 교회가 교인 집에서 모임을 하고 예배드렸을 가능성이 충분히 있다(행 2:42; 롬 16:5-15; 고전 16:19; 골 4:15; 빌 1:2). 물론 그들이 가정예배를 드렸다고 단정적으로 못 박을 수는 없지만, 분명히 그랬을 것이라고 생각한다.

이후에 안디옥 교회는 미래를 위해 교회 형태를 바꾸었으며, 열방을 복음화하고자 선교사들을 파송함으로써 세상을 뒤집어 놓았다. 안디옥 교인들은 주님께로 나아가 그분의 음성을 들었다(행 13:1). 예루살렘 교회와 달리 안디옥 교회는 예수님의 명령을 따라 가장 유능한 지도자, 즉 바울과 바나바를 완전히 낯선 지역으로 파송하는 데 주저하지 않았다. 그들의 경우에는 파송된 자(사도)가 실제로 파송되어 나갔다. 물론 교회 구조는 모교회와 다를 바가 없다는 점을 따질 수 있으나, 처음부터 교회에 있던 유전자는 그 지역을 비롯해 세계 곳곳에 위대한 업적을 이루기에 충분했다.

오늘날에도 안디옥 교회와 비슷한 형태를 띠는 교회가 꽤 많이 있다. 대표적인 예는 텍사스 주 와코에 있는 안디옥 커뮤니티 교회다. 지미 사이버트(Jimmy Seibert) 목사와 교회 지도자들은 안디옥 커뮤니티 교회를 고도의 선교 중심 회중 교회로 성장시켜 타문화권 사람들에게 복음을 전하고 지도자를 양성하며 전 세계에 선교사를 파송하고 있다.

또 다른 교회를 꼽으라면 나와 절친한 밥 로버츠 목사가 개척하고 목회하는 텍사스 주 켈러의 노스우드 교회(Northwood Church)를 들 수 있다. 이 교회는 전 세계에 영향을 미치며 수많은 교회를 개척했다. 팀 켈러(Tim Keller) 목사가 뉴욕 시에 세운 리디머 장로교회(Redeemer Presbyterian Church) 역시 대표적인 교회로 꼽힌다. 캘리포니아 주 맨해튼 해변에 첫 교회를 세운 뒤 하와이 카네오헤로 이전한 호프 교회(Hope Church)는 랄프 무어(Ralph Moore) 목사가 개척한 교회로 수십 년 동안 안디옥 교회 같은 훌륭한 본보기가 되었다. 현재 전 세계적으로 수백 개의 호프 교회가 세워져 있다.

마크 드리스콜(Mark Driscoll) 목사가 시무하는 시애틀의 마스힐 교회(Mars Hill)도 같은 형태의 교회에 해당한다. 그들은 '액츠 29'(Acts 29)라는 사역을 만들어 많은 교회를 세웠다. 안디옥 교회와 마찬가지로 이런 형태의 교회들은 교회 개척에 역점을 둔 회중 교회다. 그중에는 다문화 교인으로 이루어진 교회도 있다.

안디옥 교회는 건전한 교회 형태로 높은 점수를 받을 만하다. 특히 중앙집권적 전통 교회로서 선교에 힘쓰는 회중 교회가 되길 원한다면 안디옥 교회가 훌륭한 본보기가 될 것이다.

### 데살로니가 교회: 다문화와 선교 중심의 지역 네트워크

데살로니가 교회는 선교에 주력하는 교회의 또 다른 본보기다. 그들은 바울과 실라, 디모데로부터 복음을 전해 들었다(살전 1:5, 9-10). 그러나 베뢰아 사람만큼 열성적인 반응을 보이지는 않은 듯하다(행 17:11). 수없는 고난과 역경을 거친 끝에 마침내 소수 유대인과 다수의 이방인, 도시의 세도가 여성으로 이루어진 다문화 교회가 탄생했다(행 17:5-9). 문화 차이와 적대적인 외부 세력이 있었지만, 그럼에도 이 교회는 교인 간의 진실한 사랑으로 유명해졌다(살후 1:3-4). 그들은 자신의 삶을 뒤바꿔 놓은 복음을 널리 전파했으며, 특히 마케도니아와 아가야 지방에서 복음 전파에 힘썼다.

사도 바울은 다음과 같이 기록하고 있다.

> 또 너희는 많은 환난 가운데서 성령의 기쁨으로 말씀을 받아 우리와 주를 본받은 자가 되었으니 그러므로 너희가 마게도냐와 아가야에 있는 모든 믿는 자의 본이 되었느니라 주의 말씀이 너희에게로부터 마게도냐와 아가야에만 들릴 뿐 아니라 하나님을 향하는 너희 믿음의 소문이 각처에서 퍼졌으므로 우리는 아무 말도 할 것이 없노라(살전 1:6-8).

데살로니가 교회는 처음부터 혹독한 박해를 당했기 때문에 회중 교회 형태를 취할 수가 없었다. 박해를 피해서 지하로 숨을 수밖에 없는 상황이었던 것이다. 이에 교회는 분권 구조를 유지했다. 그 결과, 유기적 구조와 가정예배가 발달했고, 다른 교회보다 더 빨리 교회가 배가될 수 있었다.

앞서 소개한 교회 두 곳처럼 데살로니가 교회도 구제에 힘쓰고 힘에 부치도록 어려운 사람들을 도왔다(고후 8:1-5). 데살로니가 교회에 흠이 있다면, 서로 사랑이 지나쳐서 게으르고 방종한 사람까지 묵인해 주었다는 점이다(살후 3:7-15). 또한 종말론을 약간 오해했던 면도 있었다(살전 4:13-5:11; 살후 2:1-12).

현재 서양에는 박해 때문에 교회 형태에 변화를 주는 교회가 거의 없다. 그러나 중국과 인도에는 그런 사례가 많이 있다. 그곳에는 박해를 피해 만들어진 유기적인 교회들의 네트워크가 형성되어 있다.

흥미로운 사실이 있다. 사도행전에 나오는 교회 지도자들이 처음에는 전부 남자 유대인이었다는 점이다. 그다음에 세워진 안디옥 교회의 지도자들도 전부 남자이기는 했지만 국적은 다양했다. 데살로니가 교회는 거기에서 한발 더 나아갔다. 국적만 다양했던 게 아니라 여성 지도자도 있었다. 다음에 살펴볼 로마 교회 역시 다양한 국적과 여성 지도자로 지도층이 구성되었다(롬 16:3, 6-7). 예루살렘 교회를 쇠퇴하게 했던 편협성이 새로운 형태의 교회 안에서는 '관용'과 '연합'으로 바뀌는 모습을 보게 된다.

**로마 교회: 대도시에 세운 유기적 교회의 네트워크**

사도 바울은 로마에서 교회를 개척하지 않았다(롬 1:10-17). 그러나 로마 교회에 편지를 써서 보냈고, 많은 교인을 개인적으로 알고 있었으며(롬 16:1-16), 바울의 동역자와도 친분 있는 교인들이 꽤 있었던 것으로 보인다(롬 16:21-23). 하지만 편지를 쓸 당시에 바울은 로마에 있지 않았다. 물론 나중에는 로마로 가서 성공적인 사역을 이끌었으며, 온 세계에 커다란 영향을 끼쳤다. 또한 그가 삶을 마감한 곳도 로마였을 가능성이 크다(딤후 4:6-8).

그렇다면 과연 로마에서는 어떻게 교회가 시작되었던 것일까? 바울이 쓴 서신을 읽어 보면, 바울의 제자들, 즉 바울과 함께 최전방에서 싸웠던 사람들 몇 명과(롬 16:3) 바울의 선교로 주님을 영접한 다른 지역의 개종자들(5절)이 로마로 가서 바울의 방식을 따라 교회를 개척했던 것으로 보인다. 아울러 바울의 제자는 아니었지만 로마로 가서 교회를 개척했던 다른 그리스도인도 있었다(7절).

그들이 누군가의 파송을 받은 것인지, 아니면 다른 이유로 그곳에 가게 된 것인지는 분명하지 않다. 어느 경우든 하나님이 그들을 보내고 훈련하서서 유기적 교회의 네트워크가 탄생했다는 사실이 더 중요하다.

로마에는 유기적 교회의 네트워크가 형성되어 도시 전역의 여러 가정에서 예배를 드렸으며, 교회 지도자들은 모두 그 지역 사람들이었다. 바울은 분명 15개 교회와 모임을 했을 것이며, 교회마다 별도의 지도자가 있었을 것이다. 그곳에 중앙 사무실이나 본부가 있었다는 기록은 없다.

바울의 수고로 일군 교회들은 선교 사명을 자각하며 세계로 퍼져 나갔다(롬 1:8). 바울은 특히 2세대 교회인 데살로니가 교회를 매우 아꼈다. 바울은 자신을 영적 할아버지라 여겼기에, 그들을 무릎에 앉히고 마음껏 애정을 표현하고 싶었을 것이다(롬 1:9-17).

바울이 로마에 서신을 쓴 이유는 먼저 율법주의 맹공에 맞서 복음의 순수성을 지키고 싶었기 때문이다. 율법주의자들은 호시탐탐 기회를 엿보며, 행동에 근거한 신앙으로 교회를 몰아가려 했다. 바울은 위정자들에게 순종하라고 권고했는데, 공교롭게도 그것은 현대의 독립적인 가정교회에 있는 공통 문제이기도 하다. 가정교회들은 세상 정부를 비난하면서, 무엇이든 권력의 냄새가 나는 것은 강하게 저항하는 경향이 있다.

아마도 세 번째 선교 여행이 끝날 무렵, 바울이 로마에 편지를 보낸 것으로 짐작한다. 당시 그는 예루살렘으로 가는 길이었고, 그곳에서 극심한 고난을 겪으리라고 예상했다(롬 15:25-32). 과연 예루살렘에 간 바울은 감옥에 갇히고 말았다(행 21:27-40). 아이러니하게도 그는 예루살렘에서 로마로 가기를 희망했고(행 19:21), 처음으로 로마 땅을 밟게 해준 것도 예루살렘에서 감옥에 갇힌 덕분이었다(행 28:11-31). 바울이 로마에서 만나고 사랑했던 선교사 제자 중에는 아시아인도 포함되어 있었다. 아시아에서

3년 동안을 머물렀던 바울은 체류 말미에 편지를 썼는데, 그때 이미 머나먼 로마까지 교회들이 세워져 있었다. 그렇다면 에배네도 같은 사람은 주님을 믿은 지 겨우 2년 반에서 3년 정도 시간이 흐른 뒤, 그 지역만이 아니라 국외에 타민족이 사는 곳에도 가서 교회를 세웠다는 이야기가 된다. 우리는 아시아 교회들에 대해 배울 점이 많다. 일단 모교회가 되는 에베소 교회부터 시작해 보자.

**에베소 교회: 선교하는 유기적 교회의 분권화된 네트워크**

개인적 견해로는 에베소 교회가 신약에 등장하는 가장 훌륭한 형태의 교회라고 생각한다. 그 이유는 일단 바울이 에베소에서 3년을 머물며 계속해서 사역한 결과, 모든 아시아가 주님의 복음을 들었기 때문이다(행 19:10). 이 얼마나 놀랍고도 유례없는 성장인가?

바울은 세계 최상급 도시에 교회를 세웠다. 당시 에베소는 상업 중심지였고, 정치적으로나 문화적으로 영향력이 큰 도시였다. 그곳에서 몇 명이 예수님을 영접하자, 바울은 그들에게 세상에 나가서 똑같이 복음을 전하라고 가르쳤다. 그들은 아시아 전역으로 나가 곳곳에 복음을 전파했다. 앞서 언급한 것처럼 에베소 교회는 로마까지 선교사를 파송하고, 여러 개의 교회 네트워크를 재빨리 형성했다.

에베소 교회는 다른 곳에 비해 빠르게 교회를 배가할 수 있는 형태였다. 따라서 단기간에 한 지역을 복음화하고, 비슷한 사역을 다른 나라에서 시작하는 일이 가능했다. 중앙 지도자들을 의존하지 않고 평신도 중심으로 배가 운동이 이루어졌다. 심지어 새신자까지도 선교에 동참했다(롬 16:5).

교회 형태와 구조는 아주 단순해서 가정이나 사업장에서 예배를 드렸다(행 19:9, 20:20). 물론 단순한 형태일 수밖에 없었다. 그토록 빨리 교회가 증가한 데는 그것 외에 다른 근거를 대기가 어렵다.

실제로 에베소에서 파송되어 고향 골로새에 교회를 개척한 에바브라는 초신자였다(골 1:7). 그는 또한 인근 지역 두 곳(라오디게아와 히에라볼리)에도 교회를 세웠는데, 이러한 모든 일이 바울이 그곳에 머물렀던 3년 안에 이루어진 일이었다(골 4:11-13). 성경 내용만으로는 어떤 순서로 교회가 개척되었는지를 알기가 어렵다. 그러나 비교적 초신자였던 사람이 단기간에 4세대에 해당하는 교회를 개척했다는 점만은 확실하다.

이와 같은 급속한 성장에서 중요한 점은 모교회나 교회를 개척한 사람에게 의존하지 않고서 그 교회들이 탄생했다는 것이다. 그야말로 엄청난 향상이 아닐 수 없다! 바울은 에베소 교회 장로들에게 다음과 같이 말했다.

> 보라 내가 여러분 중에 왕래하며 하나님의 나라를 전파하였으나 이제는 여러분이 다 내 얼굴을 다시 보지 못할 줄 아노라(행 20:25).

그들은 바울을 지도자로 여기며 바울만을 의존하는 대신 다음과 같은 당부의 말을 받아들였다.

> 지금 내가 여러분을 주와 및 그 은혜의 말씀에 부탁하노니 그 말씀이 여러분을 능히 든든히 세우사 거룩하게 하심을 입은 모든 자 가운데 기업이 있게 하시리라(행 20:32).

바울은 나날이 확장하던 아시아 네트워크의 사도로서 골로새 교회에도 편지를 썼지만, 라오디게아 교회나 골로새 교회를 직접 본 것은 아니라고 말했다(골 2:1). 즉 바울이 나서서 그 교회들을 개척하고 운영하고 유지하지 않아도 되었던 것이다. 전도와 목회의 중심은 바울이 아니었다. 아시아의 교회들은 오로지 '그리스도 안'에서 탄생했고, 그들과 똑같은 형태의 교회들을 스스로 세워 나갈 능력을 갖추고 있었다.

바울은 자신이 없어도 교회가 개척되고 성장할 만한 방법을 알고 있었다. 한 예로 빌립보 교회에 쓴 서신에서 그는 이런 말을 했다.

> 그러므로 나의 사랑하는 자들아 너희가 나 있을 때뿐 아니라 더욱 지금 나 없을 때에도 항상 복종하여 두렵고 떨림으로 너희 구원을 이루라(빌 2:12).

심지어 그는 인간의 지도력에 의존하지 않는 것이 복음에 합당한 일이라는 이야기까지 했다. 빌립보 교인들은 하나님과 직접 연결되어 있으므로 바울이 그들을 지키든 그렇지 못하든 원수의 공격에 의연히 맞설 수 있을 것이라고 장담했다.

> 오직 너희는 그리스도의 복음에 합당하게 생활하라 이는 내가 너희에게 가 보나 떠나 있으나 너희가 한마음으로 서서 한뜻으로 복음의 신앙을 위하여 협력하는 것과 무슨 일에든지 대적하는 자들 때문에 두려워하지 아니하는 이 일을 듣고자 함이라 이것이 그들에게는 멸망의 증거요 너희에게는 구원의 증거니 이는 하나님께로부터 난 것이라(빌 1:27-28).

목회자가 화려한 이력을 소유한 유명인일수록 더 많은 사람이 교회로 몰리는 오늘의 현실에서, 우리는 아시아의 교회들로부터 교훈을 얻을 필요가 있다. 우리는 복음에 대해, 그리고 교회의 의미에 대해 진지하게 생각해 봐야 한다. 우리 중 누구도 자신이 바울보다 위대한 지도자라고 여기는 사람은 없을 것이다. 그럼에도 우리는 바울보다 우리 자신을 더 의존하는 경우가 많다. 왜 그런가? 교회에 가서 듣는 복음에 대한 기대보다 설교자가 교인들을 만족하게 하느냐가 더 중요하기 때문이 아닐까?

누가는 다른 교회와 달리 에베소 교회의 개척 경위를 기록했고(행 19장), 이야기에 또 다른 이야기를 첨가하는 방식으로 바울이 어떻게 교회를 시작하게 되었는가를 자세히 설명했다. 할리우드 영화의 과거 회상 장면처럼, 바울이 에베소 전역의 교회 장로들과 이야기를 나누며(행 20장), 그가 했던 일을 장로들에게 상기하는 장면으로 묘사했다. 노련한 문장가였던 누가는 이 시점에서 자연스럽게 독자들의 궁금증을 자아낸다. 바울이 한 번도 에베소를 떠난 적이 없었다면, 어떻게 아시아에 있는 모든 사람이 복음을 들었다는 말인가? 마치 성령께서 우리에게 '이 교회'를 유심히 주목하라고 말씀하시는 듯하다.

사실 신약에서 에베소 교회만큼 자세한 기록이 남아 있는 교회는 없다고 봐도 무방하다. 누가는 두 장이나 할애해서 에베소 교회가 시작된 사연을 공개했다. 몇 구절로 소개를 끝냈던 다른 교회들(바울이 개척한)과는 대조적이다. 바울은 에베소에 머무는 동안 두 번에 걸쳐 디모데에게로 편지를 보냈다. 사도 요한 또한 에베소 교회에 편지를 보낸 것으로 추정된다(요한2서). "택하심을 받은 부녀와 그의 자녀들"은 에베소 사람들을 가리키는 것이고(요한은 그들의 집에 오랜 기간을 머물렀고, 죽은 뒤에 그곳에 묻혔다고 전해짐) 소아시아 교회들이 맞다면 그럴 개연성이 높다. 요한3서 역시 에베소로 보낸 편지였다. 가이오가 실제로 그곳에 살았다는 역사적 증거가 남아 있다. 마지막으로, 그리고 지금까지 나누었던 내용 못지않게 중요한 사실은 예수님 자신이 에베소 교회와(계 2:1-7) 그 교회에서 세운 모든 자교회에 편지를 쓰셨다는 점이다(계 2:8-3:22). 에베소 교회 안팎에서 일어난 일이 그토록 소상하게 성경에 기록된 것은 절대 우연이 아니다.

에베소 교회에는 몇 가지 심각한 문제가 있었다. 디모데는 '거짓 교사들'을 주의하라는 경고를 받았다. 예수님은 오랜 세월이 흘러 여전히 교회가 활기에 넘치는데도 첫사랑을 잃어버렸다고 한탄하셨다. 어떤 교회 형태도 완벽하지 않다. 앞에서도 말했지만 중요한 것은 교회 형태가 아니라 그 안에 들어 있는 '유전자'다. 우리는 에베소 교회를 연구하며 많은 점을 배울 수 있다. 에베소 교회의 장단점이 우리 앞에 고스란히 노출되어 있기 때문이다.

그렇다면 기존 교회 형태를 다른 식으로 바꾸는 일이 가능한가? 가능하다면 어떤 형태로 전환이 이루어져야 하나? 교회의 역사가 길면 길수록 형태를 바꾸는 일은 그만큼 더 어려워진다. 기존 교회 형태를 전환하는 문제에서 교회 개척가들은 흔히 이런 이야기를 한다. "죽은 사람을 살리느니 아이를 낳는 게 훨씬 쉽다." 상당히 회의적인 말이긴 하지만 틀린 말은 아니다. 오래된 것을 바꾸기보다는 새로 시작하는 게 더 쉽다. 그러나 나는 교회들이 얼마든지 형태를 바꿀 수 있다고 확신한다. 이제부터는 교회 전환에 필요한 몇 가지 항목을 살펴보겠다.

## 교회 형태 전환의 본보기

미국에는 현재 많은 교회가 좀 더 유기적인 형태로 전환하려는 노력을 하고 있다. 나는 그런 교회들을 '과도기 교회'(transitional church)로 부르기보다는 '주입하는 교회'(transfusional church)로 부르는 게 더 적합하다고 생각한다. 그 이유는 과도기라는 단어 자체가 하나의 형태나 시스템을 수정한다는 개념에 불과하기 때문이다. 앞에서도 살펴보았듯, 교회에 건강한 유전자를 주입하지 않는다면 겉모습의 변화는 아무런 소용이 없다.

현재 서양 교회들이 직면한 문제는 구조나 전략이나 운영 문제가 아니다. 그런 것을 바꾼다 해도 아무것도 해결되지 않는다. 진짜 문제는 교회 안에 '생명력'이 없다는 점이다. 이 말을 좀 더 그럴듯하게 바꾸면 '건강한 유전자'가 부재한다는 것이다. 따라서 형태를 바꾸는 출발점은 구조 변화가 아니라, 유전자를 주입한 건강하고 헌신된 제자들을 세우는 일이다.

변화된 교인들이 강해져서 한층 활발하게 사명을 수행하면, 교회의 몸은 더욱 튼튼해질 것이다. 교회 지도자들은 단순히 교인들을 필요한 사역에 동원하는 데 그치지 말고, 새로운 모임을 결성할 수 있도록 도와주기를 바란다. 이를테면 교회에 속하지 않은 독립적 모임이라도 배가 차원에서 시도할 수 있도록 지원하라는 의미다.

그럼 잠시 유전자의 중요성을 생각해 보자. 강의할 때 나는 참석자들에게 자신의 유전자를 보여 줄 사람이 있느냐고 묻곤 한다. 물론 그 말에 대부분 사람이 웃고 말지만, 개중에는 자리에서 일어나 자신의 팔을 뻗치며 "여기 있습니다" 하고 보여 주는 사람도 있다. 알다시피 유전자는 우리 몸의 거의 모든 세포 안에 들어 있다.[11] 만일 당신의 세포가 돌연변이를 일으켜 유전자에 손상이 일어났다면 어떻게 고쳐야 하겠는가? 몸 안의 모든 세포를 수술할 수도 없고, 간단히 알약을 하나 먹어서 고칠 수 있는 문제도 아니다.

교회의 형태나 바깥 구조를 바꾸려는 시도는 알약을 먹어 유전자 문제를 고치려는 행동이나 다름없다. 유전자 문제를 바로잡으려면 한 번에 하나의 세포를 고쳐야 한다. 우선 번식력이 좋은 건강한 유전자 세포가 무엇인지 알아야 한다. 처음에는 변화의 정도가 미미하고 그 속도도 더디게 느껴지겠지만, 그다음 세대로 넘어갈수록 변화된 세포들이 급속히 확산되어 마침내 현격한 변화를 감지할 날이 올 것이다.

일단 효과적인 제자 훈련이 지속적으로 이루어지면, 제자, 지도자, 교회, 교회 배가 운동의 성장을 뒷받침할 지도자들이 양성될 것이다. 그러나 말이 쉽지 사실 쉬운 일은 아니다. 지금까지 목회자들은 특정한 사고방식을 배웠다. 교회 배가 운동에서는 심지어 지도자들의 의식 개혁을 '해독'(解毒)이라고까지 표현한다. 과거 교육의 영향 때문에 교회의 의존도가 매우 높아서, 어떤 교회도 자립과 증식을 제대로 할 수 없기 때문이다.

해독 과정은 곧 죽음을 의미한다. 그리스도인이 거듭나서 새로운 방식으로 사명을 완수할 수 있으려면 자기 자신과 과거와 미래의 야망에 대해 죽어야 한다. 때로는 교회에서 공식 장례 예배를 열어 지도자부터 먼저 죽는 시범을 보이라고 권면한다. 그러면 하나님이 과연 무엇을 새롭게 탄생하게 하실지 교인들이 기대하지 않겠는가. 아울러 그들도 기꺼이 변화를 따르려 할 것이다! 만약 그런 방법이 너무 가혹하다고 생각한다면, 예수님이 자신을 따르고 싶어 하는 사람들에게 동일한 전제 조건을 제시했음을 잊지 말기 바란다.

교회 배가 운동의 공동 설립자인 필 헬퍼(Phil Helfer) 목사는 우리 동료 중에 가장 앞서 가는 유기적 사상가다. 나는 그에게서 많은 것을 배웠다. 헬퍼 목사는 롱비치에서 로스앨터스 교회(Los Altos Grace Brethren Church)를 목회하는데, 50년 역사를 자랑하는 그 교회는 연령별로 나눈 주일학교와 유치원과 초등학교를 운영하고 있다. 매주 출석하는 교인은 300명에서 400명 정도다. 얼핏 생각하기에는 전혀 유기적인 교회처럼 보이지 않겠지만, 분명 그 교회는 변하고 있다. 헬퍼 목사가 교회 내 지도자들에게 유기적으로 사고하며 사역하는 법을 훈련하고 가르쳤기 때문이다.

그 교회 지도자들은 유기적 가치관을 갖고, 이를 실제 사역에서 활용하고 있다. 우리를 파송해서 어웨이커닝 교회를 개척하도록 후원한 것도 그 교회였다. 그들은 또한 세 개의 유기적 교회 네트워크를 형성했고, 몇 개의 단독 주택 교회도 개척하여 네트워크를 형성해 가고 있다. 헬퍼 목사의 교회 같은 경우 단기간에 똑같은 교회를 배가하기가 어려워 보이지만, 네트워크를 형성해서 단순한 형태의 교회들을 배가하는 것은 얼마든지 가능하다.

현재 단독 목회보다는 유기적 교회의 네트워크를 형성하는 데 깊은 관심을 기울이고 있는 교회가 많이 있다. 유능한 지도자들을 둔, 즉 이름만 대면 누구나 알 만한 유명 대형 교회들 중에도 어떻게 하면 변화하고 배가할 수 있는지를 묻는 교회들이 있다. 이 주제 하나만으로도 책 한 권을 쓸 수 있겠지만, 더는 자세히 이야기하지 않겠다. 교회 내에 변화를 일으켜 건강한 유전자를 교인들에게 심어 주려는 교회는 교회 운영이나 분권화 조직 등의 문제에서 구조적인 변화가 불가피하다.

다음 장에서는 중앙화와 분권화의 장단점을 이야기하겠다. 교회들은 대체로 각 장단점을 파악해서 그들의 상황에 맞는 혼합 형태를 취한다. 아마도 현재 자신의 교회가 어떤 형태인지부터 평가하는 일이 가장 좋은 방법일 것이다. 내가 본 것 중에는 브라프먼과 벡스트롬이 개발한 평가 도구(다음 장에 나오는 〈도표 6.5〉를 참고하라)가 매우 유용하다고 생각한다.

사도행전에 등장하는 교회들이 대규모의 회중 교회에서 유기적 분권화 교회와 교회 네트워크로 점차 그 형태가 바뀌었던 것처럼, 하나님은 지금 우리에게도 비슷한 변화를 요구하고 계신다. 그 차이는 하나의 도시를 복음화하는 것에서 전 나라를 복음화하고, 나아가 전 세계를 복음화하는 형태로 나타날 것이다. 다음 장에서는 교회의 분권화 조직에 대해 자세히 살펴보도록 하겠다.

"생육하고 번성하여 땅에 충만하라"는 하나님 명령은
하와 혼자서 아기를 60억 명 낳아 키우라는 의미가 아니었다.
하나님은 애초부터 그런 식으로 인류를 번성하게 할 계획을 세우지 않으셨다.

래리 디아미(Larry DeArmey)

6장

# 교회 형태는 어떻게 되어 있는가? (2)

## 중앙집권화에서 분권화로

내가 잘 아는 커티스 서전트(Curtis Sergeant) 목사는 교회 배가 운동이 왕성하게 일어나는 중국에서 국가 지도자급 목회자를 훈련하고 가르쳤던 장본인이다. 서양에서는 그와 같은 경력자가 드물기에, 나는 그가 무엇을 말하든 신중하게 귀를 기울여 듣는 편이다. 그는 유기적 가정교회와 소그룹으로 이루어진 셀 중심 교회의 차이점에 대해 하나의 비유를 들면서 설명했다. 평소 스쿠버다이빙을 즐기던 그는 두 교회를 문어와 불가사리로 비유하여 이야기했다.[1]

먼저 셀 교회는 문어라고 할 수 있다. 문어는 참으로 희한한 동물이라서 굉장히 예민하고 특히 주변 환경에 민감하다. 물이 오염된 상태라든지 수온이 지나치게 올라가거나 내려갔을 경우, 문어는 환경 변화에 반응해서 죽거나 다른 곳으로 떠난다. 다리가 여러 개 있기에 어느 방향으로든 나아갈 수 있다. 행여 다른 고기가 다리 한 개를 물어뜯어도 재생력이 있어 다시 자라난다. 단, 머리가 잘리면 죽고 만다.

반대로 불가사리는 환경에 잘 적응하는 생물이다. 심지어 로스앤젤레스 항구에서도 끄떡없이 살 수 있다. 팔이 사방으로 뻗어 있는 불가사리는 어느 방향으로도 나아갈 수 있다. 또한 팔 하나가 잘리면 문어처럼 다시 자라나며, 잘려 나간 팔은 다시 새로운 불가사리가 된다. 머리가 없으므로 머리를 잘라 내는 일은 불가능하고, 신경 조직은 몸 전체에 분산되어 있다.

한때 호주에서는 불가사리가 폭발적으로 증가해서 세계 최대의 산호초 지대인 '그레이트배리어리프'(Great Barrier Reef)가 훼손될지도 모르는 위험에 처했다. 다이버들은 모든 불가사리를 일제히 제거하기로 하고 칼로 불가사리들을 조각조각 잘라냈다. 아뿔싸! 그들은 불가사리에 분산된 신경 조직이 있다는 걸 미처 모르고 있었다. 결국 잘라 낸 불가사리들이 번식하는 바람에 문제는 더 심각해졌다.[2]

셀 교회는 문어처럼 환경에 민감하다. 그래서 기독교에 우호적인 환경에서만 성장할 수 있다. 핍박이 일어나면 셀 교회는 어려운 환경 속에서 살아남을 수 없다. 따라서 기독교에 적대적인 땅에서는 셀 교회를 보기가 어렵다. 반면 유기적 가정교회는 불가사리처럼 적대적인 환경에서 오히려 더 번성한다. 그런 환경에서 살아남을 수 있는 교회는 유기적 교회뿐이다.

셀 교회나 유기적 교회 모두 사역을 하는 데는 비슷해 보이지만, 한 가지 차이점이 있다. 셀 교회 교인들은 소그룹 즉 그들이 일하는 '교회 사역'으로 가지만, 유기적 교회 교인들은 '교회'에 간다. 다시 말해 셀 교회 교인들은 소그룹이 교회의 일부라고 생각하지만, 유기적 교회 교인들은 다른 무엇이 필요하다고 느끼지 않는다. 보통 셀 교회의 증가율은 유기적 가정교회 네트워크 증가율보다 대단히 속도가 느리다. 그 이유는 소그룹 자체가 독립해서 다음 세대를 낳을 만한 능력이 부족하기 때문이다. 셀 교회는 중앙집권적 지도자들이 있어야 하나의 교회가 될 수 있다. 어떤 면에서는 본부, 혹은 모교회와의 탯줄이 끊어지지 않고 유지되는 체계라고 할 수 있다. 따라서 셀 교회의 소그룹들은 2세대, 3세대, 4세대를 증식할 만한 성숙함과 번식력을 갖추지 못했다.

오리 브라프먼(Ori Brafman)과 로드 벡스트롬(Rod Beckstrom)은《불가사리와 거미》(리더스북 역간)라는 책에서 음악 산업, 아파치 인디언, 알콜중독 방지회, 위키피디아나 크레이그리스트(Craigslist) 같은 웹 사이트를 예로 들면서 지도자 없는 조직의 무한한 잠재력를 언급했다.[3] 이 책은 경제서적이기 때문에 분권화된 조직의 능력을 먼저 설명하고 난 뒤, 혼합형 조직 체계, 즉 분권화의 장점을 유지하면서도 수익성이 보장되고 조직의 통제가 가능한 형태를 제시했다. 비즈니스 세계에서는 그것이 가능할지 모르지만, 교회에 그런 형태를 적용한다면 한 가지 의문이 될 만한 점이 있다. "무한한 잠재력이 있는 분권화 형태를 버리고 굳이 혼합형을 추구해야 할 이유가 있는가?" 교회에는 머리이신 예수님이 계시다. 그분은 자신의 몸인 각 교회에 항상 내주하신다. 따라서 우리는 교회 배가를 위해 얼마든지 분권화 체제를 유지할 수 있으므로, 중앙집권화 체제를 만들 필요가 없다. 예수님이 우리의 최고 지도자시기 때문이다.

우리가 비즈니스 세계와 같은 이유로 혼합형 체제를 만들어야 하는가? 즉 돈을 벌고 통제력을 가지기 위해 혼합형을 추구해야 하는 걸까? 나는 중앙집권적 체제로 교회를 개척하는 이유가 설교할 회중이 필요하고 목회자에게 봉급을 주기 위해서라고 생각한다. 그 외에 다른 이유는 없는 것 같다. 물론 이해 못 하는 바는 아니다. 나 역시 많은 교인 앞에서 설교하는 것과 그 일을 대가로 봉급 받는 것을 좋아한다. 그러나 주님의 섭리로 그 모든 것을 포기하고 나서, 예수님이 이 세상을 위해 진정으로 원하시는 일이 무엇인지 보게 되었다. 그런데 내가 상상치도 못했던 일이 일어났다. 나는 더 많은 회중 앞에서 설교도 하고, 그로 인한 충분한 대가도 받게 되었다.

브라프먼과 벡스트롬은 조직의 분권화가 어느 정도 이루어졌는지를 평가할 수 있는 10가지 질문을 제시했다.[4] 이 10가지 항목은 조직이 현재 어느 위치에 있는지를 측정할 수 있는 간단한 평가 도구다. 기업체나 조직은 이 중에서 자신들에게 중요하다고 생각하는 항목들을 선택하여 현재의 형태와 혼합하면 된다. 10가지 질문은 다음과 같다.

1. 책임자가 있는가?
2. 중앙 본부가 있는가?
3. 우두머리가 잘리면 조직이 죽는가?
4. 역할 분담이 명확한가?
5. 하나의 구성 집단이 없어지면 조직 전체가 해를 입는가?
6. 지식과 권력이 분산되었는가, 집중되었는가?
7. 조직이 융통성 있고 유연한가, 융통성 없이 경직되어 있는가?
8. 고용자, 혹은 구성원의 수를 셀 수 있는가?
9. 실무 그룹은 조직에서 재정 지원을 받는가, 스스로 재정을 조달하는가?
10. 실무 그룹은 직접 의사를 전달하는가, 매개를 이용해서 하는가?

혼합형 체제의 장점이 단지 회중이나 목회자의 월급봉투에 국한되지는 않을 것이다. 이 장에서는 완전히 분권화된 형태에서 중앙집권화된 형태까지 다양한 유기적 교회 형태를 알아보려 한다. 아울러 두 가지 형태의 장단점을 살펴보겠다. 우선은 분권화된 유기적 교회가 어떤 교회인지 나의 경험을 바탕으로 간단히 설명하겠다.

## 어웨이커닝 교회의 발전 과정

오랜 기간에 걸쳐 교회 배가 운동으로 다양한 교회 개척 형태를 시도하는 동안, 우리가 개척한 교회들이 완전한 분권화와 중앙집권화의 스펙트럼 어딘가에 위치한다는 사실을 알아냈다. 중요한 것은 형태 자체가 아니라, 궁극적인 목표와 자신의 교회 형태가 지닌 단점을 얼마나 극복할 수 있는가이다. 배가 운동에는 모든 형태의 유기적 교회들이 존재한다. 우리는 교회를 개척하는 사람들에게 먼저 성령의 인도하심을 따르고 지역 문화를 공부하여, 자연스럽게 토착 문화를 반영하는 교회를 시작하라고 권면한다.

내가 처음 어웨이커닝 교회를 개척할 당시에는 지금의 교회 모습이 아닌 완전히 다른 교회를 상상하고 있었다. 물론 하나님의 계획이 내 계획보다 낫다는 점에는 의심할 여지가 없다.

### 첫째 교훈: 회중 교회가 아닌 유기적 교회로

첫째로 우리가 고려해야 할 문제는 전통적인 회중 교회와 유기적 교회 중에서 하나를 선택하는 일이었다. 우리는 커피숍을 열어서 지역 청년들의 방문을 유도하여, 따뜻한 '기독교' 분위기에서 그들에게 복음을 전하려는 계획을 세웠다. 그래서 적당한 가게를 구해 봉사할 사람들을 모집했다. 바야흐로 본격적으로 커피숍을 운영하려 할 때, 주님이 제동을 거셨다. 개척에 참여한 사역자 모임에서 주님은 우리에게 단도직입적으로 질문하셔서 우리가 구상했던 전략적 계획을 물거품으로 만드셨다.

주님의 질문은 간단했다. "이 지역 사람들이 잘 다니는 커피숍이 이미 있는데 왜 굳이 새로운 커피숍을 열려 하느냐?" 이 질문은 우리의 생각을 완전히 바꿔 놓았다. 순식간에 우리의 모든 계획은 백지가 되었고, 이로써 전혀 다른 형태의 교회를 추구하게 되었다. 불신자들이 오기를 기다리는 전통적인 회중 교회가 아니라, 유기적 교회를 개척하기로 마음먹은 것이다. 우리는 그 지역에서 복음의 영향을 받지 못한 커피숍을 몇 개 찾아냈다. 자세한 이야기는 내가 앞서 집필한《오가닉 처치》에 실려 있다.

**둘째 교훈: 중앙집권이 아닌 분권화된 교회로**

우리가 애초에 구상하던 교회 형태에서 두 번째로 큰 변화를 주었던 부분 역시 큰 의미가 있었다. 처음에 우리가 생각했던 어웨이커닝 교회는 상당히 중앙집권적인 형태였다. 먼저 일주일에 두세 번 정도 제자 훈련 모임을 했다. 그리고 2주에 한 번씩 교인의 가정에서 간단히 교회 예배를 드리며 두 달이나 석 달에 한 번 전체 모임과 예배를 드리려 했다. 그런 계획을 구상한 이유 중에는 이전 교회에서 내가 너무 바쁘게 목회했던 경험도 한몫했다. 처음에는 2주에 한 번씩 교회 모임을 한다는 데 안도감을 느꼈지만, 그것은 나의 대단한 착각이었다. 일단 사람들을 전도하기 시작하자, 주님을 영접하고 새신자가 된 교인들은 기쁘고 신이 난 나머지 2주씩이나 기다려 가며 형제자매를 만나려 하지 않았다. 그들은 매주 가정예배를 드리자고 졸랐다. 어떤 이들은 자신이 속한 가정예배의 교인 말고도 다른 곳의 교인들과 친하게 지내면서, 할 수만 있다면 매일같이 함께 어울리려 했다. 처음에 나는 그 정도까지 예상하지 못했지만, 어쨌든 참으로 흐뭇한 일이었다.

결국 우리는 작은 규모의 유기적 교회를 몇 개 더 개척해서 가정, 학교, 직장에서 예배드리게 되었다. 얼마 뒤에는 더 큰 예배 모임을 시작하고자 예배 인도자가 찬양 단원 몇 명을 모집했다. 우리는 장소를 하나 빌린 다음, 누구나 참여할 수 있는 대규모 예배 집회를 연다는 광고를 냈다. 그런데 전혀 예기치 못한 문제가 생겼다. 대규모 예배 집회에 정작 우리 교인들이 오지 않은 것이다. 모인 사람은 교회를 개척하기 전에 우리와 함께 일했던 그리스도인 몇 명이 전부였다. 정작 우리가 전도해서 그리스도인이 된 그 지역 새신자들은 그런 대규모 집회에 아무런 흥미를 느끼지 않았다.

우리는 세 번 정도 그런 식으로 집회를 열었지만, 번번이 똑같은 상황에 부딪혔다(가끔은 내가 사도 베드로처럼 세 번씩 같은 소리를 들어야 겨우 주님의 뜻을 이해하는 얼간이처럼 느껴진다). 결국 나는 주님의 뜻을 헤아렸다. 그래서 현지에 어울리는 교회, 교인들이 원하는 형태의 교회를 세우게 되었다. 내가 이런 이야기를 하는 이유는 무엇일까? 처음 교회 배가 운동을 시작할 때만 해도 우리의 사고가 다른 사람들과 하나도 다를 게 없었다는 사실을 알려 주기 위해서다. 만일 하나님이 더 현명한 생각으로 우리를 깨우치지 않으셨다면, 지금도 우리는 유기적 교회 운동에 대해 아무것도 깨닫지 못했을 것이다.

당시에는 깨닫지 못했지만, 주님은 우리를 중앙집권적 형태에서 분권적 형태로 인도하고 계셨다. 일단 분권화 형태의 장점을 파악하고 난 뒤에는 주님의 계획에 전폭적으로 동참했다. 그때부터 나는 가급적 분권화 형태를 취하고자 노력했다. 사실 우리는 모두 분권화에 그다지 익숙하지 않았다. 그러나 우리가 개척하는 교회들이 완전한 분권화 형태를 이룬다면, 우리를 뒤따를 사람에게 본보기가 될 것이라고 생각했다.

스펙트럼에 서 있는 모든 유기적 교회는 얼마든지 건강하고 훌륭한 교회가 될 수 있다. 유기적 교회는 하나의 형태가 아니다. 다만 교회를 이해하는 '방식'인 것이다. 유기적 교회는 하나님 나라의 원칙을 의미하는 것이므로, 어떤 형태에든 적용이 가능하다. 그린하우스 사역에서 우리가 가르치는 내용은 소형 교회는 물론이고, 대형 교회에도 얼마든지 적용 가능하다.

어떤 형태의 교회든지 내가 쓴 책들을 읽고 활용하기를 바란다. 다만 독자들도 이미 알고 있는 현실적인 부분을 감안하여 그 말을 약간 수정하고 싶다. 우리가 가르치는 시스템과 과정을 사용해서 교회를 개척하게 되면, 대형 교회보다는 단순하고 작은 교회의 네트워크가 형성될 가능성이 높다. 그러나 그 네트워크는 다른 사역자들이 같은 지역에서 동시에 형성한 네트워크와 상당히 다를 수 있다는 점을 명심해야 한다.

## 유기적 교회의 분권화와 중앙집권화 비교

교회 배가 운동에서 개척한 교회들은 그야말로 각양각색이다. 중앙집권화 형태에서는 재정 관리, 결정권, 올바른 행동 규범에 대한 책임이 중앙 사무실이나 본부를 거쳐 직접적으로 이루어진다. 반면 분권화 형태에서는 다양한 경로를 통해 이루어진다. 〈도표 6.1〉에는 몇 개의 유기적 교회 네트워크가 구조적인 측면에서 어떤 형태를 취하는지를 나타낸 것이다.

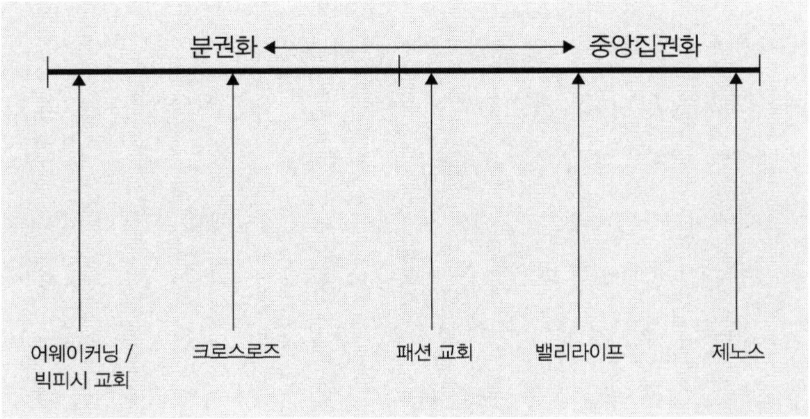


〈도표 6.1〉 중앙집권화 스펙트럼

이 도표는 여러 개의 유기적 교회 네트워크가 완전한 분권화에서 완전한 중앙집권화의 영역 중에 어느 지점에 해당하는가를 보여 준다.

### 완전히 분권화된 교회: 어웨이커닝 교회와 빅피시 교회

스펙트럼의 가장 왼쪽에 있는 가장 분권화된 교회로는 롱비치의 어웨이커닝 교회와 애리조나 메사에 있는 빅피시 교회(Big Fish Chapel)를 들 수 있다. 1999년에 나와 아내는 몇 명의 젊은 동료들과 함께 어웨이커닝 교회를 개척했다. 데지와 수지 베이커(Dezi and Susie Baker) 부부는 빅피시 교회를 개척하는 데 중요한 역할을 했다. 이를테면 두 개 네트워크가 거의 동시에 이루어진 셈이다. 데지와 나는 절친한 사이였기에 함께 교회를 개척하면서 서로 많은 것을 배울 수 있었다.

우리가 만든 교회 네트워크는 체인 네트워크였다. 즉 새로운 교회가 세워질 때마다 기존 네트워크에 하나씩 더해 가는 형태였다. 교회들은 함께 모이거나 재정을 공유하지 않았다. 각각의 교회가 독자적으로 운영되었다. 재정 관리를 담당하는 중앙 부서도 없었다. 모든 유기적 교회는 주님의 인도하심에 따라 교회 재정을 독자적으로 사용했다.

교회에서는 교인들을 파송해서 새로운 교회를 개척했다. 그러나 전에 알던 교인들과 친분을 유지하는 것 외에 교회를 하나로 묶는 공식적인 연결점은 없었다. 오로지 교인 간의 관계로만 네트워크 교회들이 동질감을 느꼈다. 그들은 '관계를 통한 전도'라는 보편적 전도 방식을 사용했다. 내가 쓴 책이나 훈련 모임 등으로 네트워크 교회들끼리 유대감을 갖기는 했지만, 교회가 점차 늘어날수록 새로운 교회에는 그런 유대감이 없었다. 교회들은 세계 전역에 개척되어 다양한 문화권과 언어권에 세워졌다.

만약 누군가 우리 네트워크 안에 얼마나 많은 교회가 있는지, 혹은 어디에 교회를 세웠는지를 묻는다면, 우리는 정확한 대답을 해줄 수가 없다. 초기에는 아는 사람들을 따져서 교회 숫자를 셀 수 있었지만, 거의 십 년이 흐른 지금은 모든 손발을 다 동원해도 전체 숫자를 헤아리기가 불가능하다. 초기에 세운 교회들과 그 뒤로 배가된 몇 개 교회는 생각해 낼 수 있어도 그 이상은 힘들다. 이 네트워크가 완전히 분리된 형태이기 때문이다. 따라서 누구든 새로 교회를 시작하고, 어느 교회든 중간에 사라질 수 있다.

《불가사리와 거미》에서 브라프먼과 벡스트롬은 이런 말을 했다. "불가사리 조직에서는 구성원의 수를 세는 일이 불가능하다. 일일이 구성원의 정보를 모으지도 않거니와, 개방적인 조직에서는 구성원의 가입과 탈퇴가 수시로 일어나기 때문이다."[5]

어웨이커닝 교회가 롱비치에 세워진 뒤로 2년 동안 15개 교회가 새로 생겨났다. 그로부터 5년이 지났을 때, 우리는 어웨이커닝 교회에서 생겨난 네트워크를 조사했다. 그 네트워크에는 교회만 있는 게 아니라 또 다른 네트워크도 있었다. 대략 다섯 세대로 내려가서 70여 개에 이르는 교회가 세워졌다. 교회 개척가들은 샌프란시스코, 포틀랜드, 솔트레이크 시티, 인디애나 주의 워소, 파리 등으로 가서 교회를 세웠다. 인디애나 주에 세워진 교회는 어웨이커닝 교회의 증손 교회이며, 그 교회 역시 교인들을 파송해서 시애틀, 피닉스, 라스베이거스, 치앙마이, 인도 등지에 교회를 세웠다. 이 교회들 외에는 어떤 지역으로 네트워크가 퍼져 나갔는지 알 길이 없다.

3세대 교회 혹은 4세대에 속하는 몇몇 교회만 겨우 어웨이커닝 교회를 알 뿐이었다. 다른 교회들은 우리 교회를 알지도 못했다. 어느 교회에도 보고서를 요구하지 않으며, 재정을 올려 보내거나 내려보내는 일도 없다. 각 교회는 독자적으로 시작해서 독자적으로 운영될 뿐이다. 모교회는 자신들이 파송한 교회 개척가의 소식을 대부분 전자우편이나 전화로만 확인한다. 따라서 새로 개척한 자교회의 교인이라든가, 그 교회에서 파송된 손자 교회, 증손 교회에 대해서는 알지 못했다. 전임이나 시간제로 그런 네트워크를 일괄 관리하는 사역자나 지도자는 없다. 왜냐하면 목회자나 교회 개척가들 모두 돈을 받지 않는 자원봉사자이기 때문이다. 선교사들은 자신이 선교하고 교회를 개척하는 곳에서 직장을 다니며 스스로 생활비를 번다.

나 역시 새로 생겨난 교회에서 재정 후원을 받은 적이 없다. 그렇다고 후원을 받는 전임 사역 제도에 반대하는 것은 아니다. 고린도전서 9장을 보면 사도들이 재정 후원을 받는 게 옳을 뿐만 아니라, 그들의 당연한 권리라고까지 이야기한다. 그러나 같은 장에서 사도 바울이 언급한 것처럼 나는 내가 복음을 전하는 사람들에게 그 대가를 바라지 않을 생각이며, 만일 내가 다른 곳에 가서 또다시 새로운 교회를 세울 때 후원자들이 나의 개척 사역을 후원하겠다면 그것은 기꺼이 응낙할 것이다.

### 대부분 분권화된 교회: 크로스로즈 교회

어웨이커닝 교회가 개척한 초기 교회 중 하나인 크로스로즈(CrossRoads) 교회 역시 롱비치에서 시작했다. 이 교회는 브래드와 캐리 필드하우스(Brad and Cari Fieldhouse) 부부가 2000년에 개척을 시작했다. 크로스로즈 교회는 어느 정도 중앙집권화한 부분이 있기는 하지만, 그래도 대부분은 분권화되었다. 이곳에서는 서로 활발한 의사 교류가 이루어지고, 가끔 교회 지도자들을 위한 훈련 행사가 진행된다. 크로스로즈가 개척한 교회들은 헌금을 거두어 자체적으로 사용처를 정하지만, 그중 일정 비율의 금액은 중앙 재정부에 보내어 지도자와 행정을 지원한다. 사우스캘리포니아 일부 지역에도 교회를 개척했지만, 주로 롱비치와 오렌지카운티 지역에서 개척 사역을 하는 데 집중하고 있다. 교회에서 시간제 사역자를 후원하는 경우도 있었지만 그렇지 않을 때도 있었다.

### 중앙집권화와 분권화가 공존하는 교회: 패션 교회

제이슨 마(Jaeson Ma)와 나는 몇몇 학생과 함께 UCLA대학에서 유기적 교회 네트워크를 형성했다. 이 네트워크는 앞서 소개한 교회보다는 좀 더 중앙집권화된 형태다. 교회는 대부분 대학 안에 있었으며, 전체 교회를 감독하고 관리하는 최고 지도자들이 따로 있었다. 학생들은 자신이 속한 유기적 교회에서 매주 모임을 열었다. 한 달에 한 번은 모든 네트워크 교회가 한자리에 모여 훈련을 받았고, 일 년에 두세 번은 모든 교회가 모여 '연합수양회'를 열었다. 각 교회가 자체적으로 헌금을 거두었지만, 모든 헌금은 한 예금 계좌로 입금해서 관리했다.

패션 교회(Passion church)는 중앙집권화 형태에 가까웠지만, 지도자들은 언제나 분권화를 추구했다. 그렇게 네트워크 교회가 늘어날수록 점차 다른 영역까지 분권화 쪽으로 기울어졌다. UCLA 대학을 졸업한 학생들은 대학 밖에서 교회를 개척하여 좀 더 분권화된 교회를 세웠다. 현재는 다른 대학에 가서 패션 교회를 개척하는 학생들도 있다. 이 네트워크는 어마어마한 잠재력을 지녔기에 자못 기대가 크다. 졸업한 학생들이 로스앤젤레스 지역뿐만 아니라 전 세계로 나가서 그 영향력을 발휘하리라고 믿는다.

### 대부분 중앙집권화된 교회: 밸리라이프 교회

밸리라이프(ValleyLife) 교회는 에드와 데비 웨이큰(Ed and Debbie Waken) 부부가 1994년에 피닉스 지역에서 개척한 유기적 교회 네트워크다. 우리가 유기적 교회 형태에 대한 지식이 없던 시기에, 이 교회는 셀 교회 형태를 융합하여 '혼합형'으로 시작했다. 말하자면 크로스로즈나 패션 교회보다는 좀 더 중앙집권화된 형태를 띠고 있는 교회였다. 피닉스 북부 지역의 교회들은 교인들의 가정에서 예배를 드리지만, 모든 교회가 하나로 연결되어 있다. 어느 교회도 독자적으로 운영하지 않고, 네트워크에 속하여 함께 운영한다. 한 가지 특이한 점은 밸리라이프 네트워크에 속한 교인들이 매주 드리는 연합예배보다 가정예배에 더 많이 참석한다는 사실이다.

이들은 허브 네트워크다.[6] 모든 교회의 교인은 일주일에 한 번 연합예배를 드린다. 전통적 예배에 가까웠던 과거의 예배 형식과 달리, 현재는 새롭고 참신한 프로그램도 시도한다. 예를 들면, 어떤 주에는 땅밟기 기도를 하고, 어떤 주에는 야유회 예배를 드리는 식이다. 할머니 교인의 집에서 예배드린 뒤, 그 집 잔디를 깎거나 집수리를 하거나 울타리에 페인트칠을 해주는 경우도 있다. 어떤 주에는 그냥 예배만 드리고 헤어지기도 한다.

밸리라이프 교회의 교인들은 유대감이 강하다. 교인들과 지도자 사이의 의사소통은 분권화된 네트워크보다 훨씬 더 원활하게 이루어진다. 밸리라이프는 전임 사역자인 웨이큰 부부를 전적으로 후원한다. 이들은 웨이큰 부부를 피닉스 지역을 비롯해 전 세계에 유기적 교회를 개척하는 선교사로 파송했다. 밸리라이프는 애리조나 주 전역에 교회들을 개척했는데, 대부분 모교회보다 더 분권화된 형태를 띠고 있다. 애리조나 주에서 파송된(콜로라도 주로 파송됨) 교회 개척가는 현재까지 한 사람밖에 없다. 15년이 지난 최근에 와서야 인도에 선교사를 파송해서 유기적 교회를 개척하고 있다.

**완전히 중앙집권화된 교회: 제노스 교회**

내가 아는 한 가장 완전하게 중앙집권화가 이루어진 교회는 오하이오 주 콜럼버스에 있는 제노스 교회(Xenos Christian Fellowship)다. 이 교회는 지금껏 내가 본 교회 가운데 가장 독특한 형태라고 말할 수 있다. 독자들도 이 교회를 좀 더 자세히 알게 되면, 나처럼 신선한 충격을 받으리라 생각한다. 나는 제노스 교회의 열광적인 팬이다.

'예수 운동'(Jesus Movement)이 한창이던 시기에 오하이오 주립대학에 다니던 대학생 3명이 제노스 교회를 시작했다. 교회는 점차 유기적으로 성장해서, 전임 사역자 세 사람이 자교회를 섬기게 되었다. 그러다 시간이 지나면서 가정교회 네트워크가 형성되었다. 오늘날 제노스 교회는 몇 개의 드넓은 부지와 최첨단 건축물을 소유하고 있다. 또한 수천 명에 이르는 교인이 매주 모여서 예배를 드린다.

한 가지 이 교회의 특이한 점은 주일 연합예배를 드릴 때, 찬송이나 찬양을 부르지 않는다는 것이다. 물론 찬양을 싫어해서가 아니다. 찬양예배는 오로지 가정예배에서만 드린다. 주일예배에서는 설교만 하는데, 이는 예루살렘 교회에서 사도들이 성도들을 가르친 것과 같은 형식이라고 말한다(행 2:42). 그들은 가정예배가 곧 교회 예배고, 교회 건물은 그저 건물일 뿐이라고 생각한다. 데니스 매컬럼(Dennis McCallum) 목사와 게리 들라시메트(Gary DeLashmet) 목사는 현재도 공동 목회자로서 함께 제노스 교회를 이끌어 가고 있다. 드넓은 부지와 아름다운 건물이 있지만, 두 사람은 지금도 하나의 사무실을 같이 쓴다.

제노스 교회는 여러모로 대형 교회와 비슷하다. 이곳에는 수준 높은 지도자 양성 과정도 있는데, 이 과정을 수료하면 신학대학원에서 학점을 받을 수도 있다. 교사로 이루어진 사역자 팀과 가정교회를 이끄는 지도자 팀이 있다. 모든 재정은 모교회에서 관리하며, 사역자 사례와 건물 운용에 재정을 사용한다. 그러나 이들은 어떤 경우에도 유기적 제자 훈련을 빼놓지 않으며(데니스 매컬럼 목사와 그의 딸 제시카 로어리는 그에 관한 책도 공저했다[7]), 반드시 가정예배를 드린다.

나도 몇 개의 교회를 개척하기는 했지만, 이 교회만큼 독특한 교회를 배가하지는 못했다. 이 교회에는 자교회 몇 개가 존재하는데, 형태에 있어 차이는 나지만 그 자체로 훌륭한 교회다. 매컬럼 목사와 들라시메트 목사는 나에게 중앙집권화된 교육을 하라고 권했는데, 그 이유는 나에게 가르침의 은사가 있으며, 사람들이 내 가르침을 좋아하기 때문이라고 했다. 물론 그들의 칭찬이 고맙기는 하지만, 나는 계속해서 분권화된 교회를 지향할 예정이다. 그 이유는 뒤에서 자세히 밝히겠다.

중앙집권화, 분권화, 혼합형 교회, 모두 장단점이 있다. 교회 배가 운동에서는 이 모든 형태의 교회를 시도해 보았으므로, 자기 교회 상황에 맞는 가장 적절한 형태를 선택하기를 권한다. 우리는 배가 운동 사역을 통해 다양한 형태의 교회 네트워크가 세워지고 성장하는 것을 보았기 때문에, 각 형태마다 장점과 약점이 공존한다는 사실을 인정하지 않을 수 없다.

## 중앙집권화의 장단점

중앙집권화한 유기적 교회 네트워크에는 몇 가지 장점이 있다. 우선 각 교회 간의 유대감이 강하며, 12명에서 15명의 교인으로 이루어진 유기적 교회보다 규모가 크다. 또한 교회의 정체성이 뚜렷하여 교회 존재를 지역 사회에 각인하기 쉽다. 실제로 그런 면이 지역 복음화에 긍정적 효과를 낳기도 한다. 반면 분권화된 교회는 지역 사회에 잘 알려져 있지 않기에, 오랜 시간이 지난 뒤에야 본격적으로 지역 복음화를 이룰 수 있다.

중앙집권화된 교회들에는 동전의 양면과 같은 특징이 있는데, 그중 한 가지는 재정 모금이 쉽다는 것이며, 관리와 유지에 더 많은 재정을 쏟게 된다는 점이다. 따라서 재정을 모금하기 쉽다는 장점이 희석되는 경우가 많다. 중앙집권화된 네트워크의 교회들은 분권화된 네트워크에 비해 수명이 긴 편이다. 그러나 교회의 배가 속도는 분권화된 네트워크가 훨씬 빠르다. 비록 분권화된 교회들이 오래가지는 못한다고 해도, 흡수율이 강하기 때문에 그 영향력은 오래간다고 할 수 있다(더 자세한 내용은 8장을 참고).

중앙집권화된 교회가 전부 전통적인 형태의 교회는 아니지만, 궁극적으로는 그렇게 될 가능성이 크다. 대형 교회는 재정이나 전략, 심지어 성도들의 헌신을 끌어당기는 자석 같다. 중앙집권화된 교회가 선교 중심 형태로 지역 사회를 복음화하는 경우도 있지만, 실제로는 매우 드문 일이다. 〈도표 6.2〉에는 중앙집권화 교회들의 장단점이 일목요연하게 정리되어 있다.

## 분권화의 장단점

분권화된 교회 네트워크에는 뚜렷한 장점과 단점이라고 볼 수 있는 면이 몇 가지 있다. 첫째, 분권화된 네트워크에서 '교회 배가'가 신속하게 이루어진다는 점이 뚜렷한 장점이다. 아울러 전 세계에 선교사를 파송하고 선교 열매를 수확하는 일도 빠르게 진행된다. 무엇보다 비용이 적게 들기 때문에 배가의 질이 높아진다는 것이 큰 장점이다.

분권화된 교회는 누구라도 언제든지 개척이 가능하다. 또 한 가지 분권화된 네트워크의 뚜렷한 장점은 핍박과 원수의 공격에 맞서는 강력한 힘이다. 역사에서 여러 번 증명된 것처럼, 분권화된 네트워크는 핍박을 견딜 뿐만 아니라 핍박 속에서 더 왕성하게 부흥한다. 어웨이커닝 교회를 시작하고 분권화의 장점을 새삼 깨달았을 때 나는 이런 말을 한 적이 있다. 내가 원하는 교회는 핍박이 오고 폭풍이 몰아쳐 사망의 위험에 놓였을 때, 오히려 다섯 개의 교회로 불어나는 교회라고 말이다.

**중앙집권화된 교회**

| 장점 | 단점 |
|---|---|
| 원활한 의사소통 | 배가 속도가 느림 |
| 신속한 지역 복음화 | 유지비와 관리비가 많이 들어감 |
| 재정과 자원을 비축할 수 있음 | 인력이 많이 필요함 |
| 지역 사회에 존재감이 큼 | 핍박에 취약함 |
| 교회 수명이 김 | 이단에 취약함 |
| 유대감과 정체성이 강함 | 세계 복음화 기여도 저조함 |

〈도표 6.2〉 중앙집권화된 교회

분권화된 네트워크에서 종종 간과되는 장점이 있다. 그것은 어떤 업적을 달성했든지 하나님께 영광을 돌린다는 점이다. 중앙집권화된 교회에서는 인간의 노력과 지도력이 훨씬 더 중요하기에, 그런 면이 더 돋보이는 경우가 많다. 아마도 이 말이 마음에 걸리는 사람들도 있겠지만, 성경에는 약한 자들을 통해 하나님이 영광을 받으신다는 말씀이 여러 번 언급된다. 하나님 능력의 관점에서는 강한 자가 오히려 더 약하고 보잘것없다는 뜻이다.

일반적 고정관념과 달리, 분권화된 네트워크는 이단에도 더 강하게 맞선다. 나중에 더 자세히 설명하겠지만, 이 말을 못 믿는 사람이 많다. 그 이유 가운데 하나는 올바른 신앙을 유지하기 위해 어느 정도 간섭과 통제가 필요하다는 생각이 지배적이기 때문이다. 우리는 질서와 통제를 혼동하고 있다. 질서는 결국 유전자의 문제로 귀결된다. 아무리 사려 깊고 세심하게 통제한다고 해도 제자, 지도자, 교회, 배가 운동의 유전자를 바꾸지는 못한다. 단순히 병에 걸린 세포를 죽인다고 해서 건강한 세포가 그 자리에 저절로 생기는 게 아니다. 〈도표 6.3〉은 분권화된 네트워크의 장단점을 요약해 놓은 표다.

브라프먼과 벡스트롬의 열 가지 질문을 이용해서 조직의 분권화 정도를 파악한 뒤에 작성한 〈도표 6.4〉의 몇 가지 사례를 살펴보면, 구체적인 평가를 할 수 있을 것이다. 〈도표 6.5〉는 당신 교회나 네트워크의 분권화 정도를 측정하기 위한 것으로 역시 두 사람의 책에서 빌려온 것이다.

**분권화된 교회**

| 장점 | 단점 |
|---|---|
| 배가가 빠름 | 원활하지 못한 의사소통 |
| 관리비와 유지비가 적게 듦 | 재정과 자원이 분산됨 |
| 세계 복음화에 빠르게 기여함 | 지역 사회 복음화가 느림 |
| 하나님이 더 큰 영광을 받으심 | 교회 수명이 짧음 |
| 핍박에 강하게 맞섬 | 지역 사회에 존재감이 미미함 |
| 이단에 강하게 맞섬 | 전체 네트워크 간 유대감이 약함 |

〈도표 6.3〉 분권화된 교회

| 중앙집권적 교회(C) | 어웨이커닝 교회 | | 패션 교회 | | 로스앨터스 교회 | | 분권화된 교회(D) |
|---|---|---|---|---|---|---|---|
| | C | D | C | D | C | D | |
| 책임자가 있다 | | O | O | | O | | 책임자가 없다 |
| 중앙 본부가 있다 | | O | | O | O | | 중앙 본부가 없다 |
| 우두머리가 잘리면 조직이 죽는다 | | O | | O | O | | 우두머리가 잘려도 조직이 산다 |
| 역할 분담이 명확하다 | | O | O | | O | | 역할 분담이 명확하지 않다 |
| 하나의 구성 집단이 없어지면 조직 전체가 해를 입는다 | | O | | O | O | | 하나의 구성 집단이 없어져도 조직이 해를 입지 않는다 |
| 지식과 권력이 집중되어 있다 | | O | | O | | O | 지식과 권력이 분산되어 있다 |
| 조직이 융통성이 없고 경직되었다 | | O | | O | O | | 조직이 융통성이 있고 유연하다 |
| 구성 집단은 조직으로부터 재정 지원을 받는다 | | O | O | | O | | 구성 집단은 스스로 재정을 조달한다 |
| 구성원을 셀 수 있다 | | O | O | | O | | 구성원을 셀 수 없다 |
| 구성 집단은 매개를 이용해서 의사소통한다 | O | | | O | | O | 구성 집단은 직접 의사소통한다 |
| | 1 | 9 | 4 | 6 | 8 | 2 | |

〈도표 6.4〉 세 교회의 분권화 정도를 평가한 표

## 분권화된 네트워크의 책임 의식

분권화된 교회 형태를 반대하는 사람들은 통제력 부족으로 일어나는 지도력과 가르침의 상실과 규범의 약화를 우려한다. 그래서 책임 의식을 분명히 심어 주는 '신앙의 보호막'이 필요하다고 주장하기도 한다. 그러나 분권화된 교회가 중앙집권화된 교회보다 이단에 더 강하다는 사실을 알고 나면 그들도 놀랄 것이다. 그 이유는 무엇일까? 수직적 구조가 아닌 수평적 구조에서는 누군가 극단으로 치우쳐도 그 영향력이 몇몇 사람에게만 한정된다. 그러나 하나의 지도자나 팀이 이끌어 가는 수직적 구조에서는 위에 있는 사람이 빗나가면, 그 밑에 있는 사람 모두 그 선례를 따르게 된다. 이단에 대한 문제는 11장에서 더 자세하게 다룰 것이다.

| 중앙집권적 교회(C) | 당신의 교회 | | 분권화된 교회(D) |
|---|---|---|---|
| 책임자가 있다 | | | 책임자가 없다 |
| 중앙 본부가 있다 | | | 중앙 본부가 없다 |
| 우두머리가 잘리면 조직이 죽는다 | | | 우두머리가 잘려도 조직이 산다 |
| 역할 분담이 명확하다 | | | 역할 분담이 명확하지 않다 |
| 하나의 구성 집단이 없어지면 조직 전체가 해를 입는다 | | | 하나의 구성 집단이 없어져도 조직이 해를 입지 않는다 |
| 지식과 권력이 집중되어 있다 | | | 지식과 권력이 분산되어 있다 |
| 조직이 융통성이 없고 경직되었다 | | | 조직이 융통성이 있고 유연하다 |
| 구성 집단은 조직으로부터 재정 지원을 받는다 | | | 구성 집단은 스스로 재정을 조달한다 |
| 구성원을 셀 수 있다 | | | 구성원을 셀 수 없다 |
| 구성 집단은 매개를 이용해서 의사소통한다 | | | 구성 집단은 직접 의사소통한다 |

〈도표 6.5〉 당신의 교회를 위한 평가표

출처: 오리 브라프먼과 로드 벡스트롬의 저서 《불가사리와 거미》

'보호막'은 신약성경에 나오지 않는 말이다. 예수님이 우리의 보호막이

시며 우리는 그분 한 분만으로 충분하다. 예수님의 권위를 위임받아 그분의 일을 대신해 줄 인간 우두머리가 없다 해도, 우리는 머리이신 예수님만을 신뢰할 수 있을까? 만일 인간 우두머리가 주님을 대신해 일해야 한다면, 우리와 늘 함께하시는 성령님의 존재 이유는 무엇이란 말인가? 우리는 얼마든지 머리 되시는 주님께 나아갈 수 있는데, 어째서 인간이 주도하는 해결책에 의지한단 말인가? 예수님이 십자가에서 돌아가시고 부활하신 이유는 하늘 벤치에 편하게 앉아서 인간들이 그분을 위해 일하는 걸 가만히 지켜보기 위해서가 아니다.

물론 책임 의식이 중요하긴 하다. 그러나 신약 말씀에서 강조하는 것처럼, 서로 짐을 나누어 질 때 한층 책임 의식이 강해진다. 분권화된 네트워크에서는 서로 보살피고 섬기는 교회만이 살아남는다. 행여 분권화를 우려하는 마음이 있다면, 교인 간의 관계가 끈끈하지 못할 때 가장 먼저 도태되는 것이 바로 그런 교회라는 사실을 기억하기 바란다. 대안을 마련해서 모든 교회를 감독하는 '최고 지도자'를 세우는 방법도 있다. 그러나 현재 중국에서 이단이 활개를 치는 이유가 바로 그것이다. 일부 지도자가 네트워크의 우두머리로 권위를 내세운 다음부터 배가 운동이 침체되고 이단이 침투하기 시작했다.

《불가사리와 거미》에서 브라프먼과 벡스트롬은 아파치 인디언을 예로 들어 분권화 네트워크의 강력한 힘을 설명했다. 코르테스가 몬테수마를 죽임으로써 단기간에 아스텍 문명을 파괴한 이야기도 곁들였다. 아스텍은 기원전 수 세기 경에 세워진 문명 제국이었다. 잉카 문명 역시 대단히 발달한 문명이었지만 스페인 군사의 무력을 당해 내지는 못했다. 아무리 발달한 문명이었을지라도, 지도자를 잃고 난 뒤에는 몇 년 만에 사라져 버리고 말았다.

단숨에 남미 대륙을 점령한 스페인은 어떤 면에서 보나 무적의 군단처럼 강인해 보였지만, 그다지 문명이 발달하지 못한 아파치 인디언들 앞에서는 이야기가 달랐다. 아파치 인디언들은 거대한 피라미드나 수도관을 만들지 않았다. 달력이나 재산이나 정교한 정치 제도도 없었다. 그들은 우두머리 없이 분권화된 조직을 세웠다. 물론 '난타안'이라고 하는 추장이 주민들의 의견을 듣고 존경을 받았지만, 중앙집권적인 권위 체계는 존재하지 않았다. 그중 제로미노라는 추장이 있었는데, 그가 적군의 공격으로 쓰러지자 다른 사람이 그의 자리를 물려받았다. 아파치 인디언들은 스페인의 공격에 물러서지 않았을 뿐만 아니라, 그들을 멕시코 북부까지 몰아냈다. 그 단순한 유목 부족이 거대한 스페인 제국을 맞아 장장 2세기 동안을 항거했던 것이다.

마침내 아파치 인디언도 점령당했다. 스페인이 아닌 자본 국가 미국에 의해서였다. 그들은 어쩌다 패배했을까? 미국은 그들에게 재산을 축적할 수 있게 해주었다. 그러다 보니 사유 재산을 지키기 위해 수직적 구조가 필요해졌다. 그렇게 중앙집권화가 이루어지자 자연스럽게 응집력이 약해져서 결국 패하고 말았다. 물론 극히 단순하게 설명했지만, 실제로 분권화된 나라를 정복하는 방법은 그들의 체제를 중앙집권화로 바꾸도록 유도하는 것이다.

그렇다면 어떤 책임 제도가 효과적일까? 각 사람이 몇 명씩 분담하여 책임지게 하는 게 좋을까? 아니면 모든 사람이 서로 책임지는 게 좋을까? 신약 시대 교회들은 목회자가 없어도 책임감을 저버리지 않았다. 나는 그런 방법을 적극 추천하고 싶다. 예를 들어, 구성원의 자발적 참여로 이루어지는 무료 인터넷 백과사전 '위키피디아'에 대해 브라프먼과 벡스트롬은 다음과 같이 말하고 있다.

"한편으로는 자신이 원하는 것을 할 수 있는 자유가 있지만, 다른 한편으로는 책임감이 필요하다. 왜냐하면 경찰관이 돌아다니며 법과 질서를 지키라고 감시하는 게 아니므로, 모두 일종의 '감시자' 역할을 해야 한다. 사람들은 자기 자신과 주변 사람들의 행복을 위해 자발적으로 책임을 지려 한다. 누구나 참여 가능한 체제에서는 '이웃'이라는 개념이 옆집에 사는 사람보다 더 큰 의미를 지닌다"[8]

자유, 개인적 공헌, 책임감, 이 모든 것이 성경의 가치와 잘 맞지 않은가? 나는 모든 교인이 서로 돌보며, 주님과 각 사람에게 충성하는 교회를 선호한다. 우리가 진행하는 '변화된 삶을 사는 사람들'(Life Transformation Groups) 사역에서는 매주 모임을 열 때마다 안부를 묻기 위해 구체적 질문을 마련했다. 우리는 그것을 '인격적 대화 질문'(Character Conversation Questions)이라고 부른다.[9] 그 질문을 소개하겠다.

1. 일주일 동안 말과 행동으로 예수님의 사랑과 위대함을 증거했는가?
2. 일주일 동안 성적인 자극을 줄 만한 음란물을 접하거나 음란한 생각을 품은 적은 없는가?
3. 금전 문제에서 조금이라도 정직하지 못했거나, 타인의 소유를 탐내지 않았는가?

4. 일주일 동안 당신에게 소중한 사람들과 예의 바르고, 이해심 많고, 너그러운 관계를 유지했는가?
5. 뒤에서, 혹은 면전에서 누군가에게 말로 상처를 주지는 않았는가?
6. 일주일 동안 무엇이든 중독된 행동을 한 적은 없는가? 설명해 보라.
7. 누군가에게 화난 마음을 아직까지 풀지 않고 있는가?
8. 마음속으로 몰래 누군가가 잘못되기를 바라지는 않았는가?
9. 당신이 해야 할 의무를 다했는가?
10. 이번 주에 읽어야 할 분량의 성경을 다 읽고, 주님의 음성을 들었는가? 주님 뜻에 어떤 방식으로 순종하려 하는가?
11. 당신은 전적으로 정직하게 대답했는가?[10]

철저하고 정직하게 각자의 삶을 나누는 것이 한 사람, 혹은 한 팀이 모든 사람을 감시하는 체제보다 더 효과적이다. 혹시 내가 제안하는 유기적 교회에 책임성이 결여되어 있다고 비난하는 사람이 있는가? 그렇다면 월요일 아침마다 내가 위와 같은 질문을 받아야 한다는 사실을 어떻게 생각하는지 묻고 싶다. 아마 그들 중에 나 같은 곤경(?)에 처하는 사람은 많지 않을 것이다.

예수님은 형제가 죄를 지으면 어떤 식으로 바로잡아 줘야 하는지를 말씀하시면서, 모든 그리스도인이 쉽게 적용할 수 있는 방법을 가르쳐 주셨다.

네 형제가 죄를 범하거든 가서 너와 그 사람과만 상대하여 권고하라 만일 들으면 네가 네 형제를 얻은 것이요 만일 듣지 않거든 한두 사람을 데리고 가서 두

세 증인의 입으로 말마다 확증하게 하라 만일 그들의 말도 듣지 않거든 교회에 말하고 교회의 말도 듣지 않거든 이방인과 세리와 같이 여기라(마 18:15-17).

성경 어디를 찾아보아도, 이런 일은 오직 안수받은 목사나 장로만 해야 한다는 규정이 기록된 곳이 없다. 모든 그리스도인이 이 방법을 실천할 수 없다면, 이 말씀은 실제로 실현할 수 있는 가능성이 없다고 봐야 한다. 교인들이 지도자에게 가서 잘못한 사람의 행위에 대해 고자질할 때, 예수님이 의도하신 비밀 보장의 의미는 무색해지고 만다. 예수님은 이 문제에서 지위의 높고 낮음을 따지지 말고, 믿는 형제자매들끼리 해결하라고 지시하셨다.

만일 모든 그리스도인이 예수님의 가르침을 그대로 실천한다면 교회가 얼마나 더 의롭고 깨끗해질지를 생각해 보라. 죄는 아예 그 근본 뿌리부터 잘려 나갈 것이다. 교회 장로들이 교인의 개인적 죄까지 일일이 알기란 현실적으로 불가능하다. 만약 모든 교인이 예수님의 가르침을 따라 각 사람의 죄를 단도직입적으로 지적해 주는 제도가 정착된다면 어떨까? 아마 교회 안에서 생기는 모든 죄가 더 즉각적이고 근본적으로 해결될 것이다. 그렇게 될 때 그리스도의 몸이 건강해질 것이다. 가까운 사람끼리 즉시 상대방의 죄를 지적하기 때문에 큰 문제로 불거지지 않는다. 그러면 그리스도의 몸은 전체적으로 더 순결하고, 더 건강하고, 병에 잘 걸리지 않는 몸이 될 것이다.

교회의 본질을 고려하여 교회와 주님 간의 관계를 생각해 보면, 분권화된 조직 체계에는 다른 어떤 체계보다 커다란 잠재력이 있다는 것을 알 수 있다. 자, 다음 사항을 고려하여 살펴보라.

1. 예수 그리스도는 교회의 머리다. 하늘과 땅과 땅 아래 그 어느 곳에도 주님보다 더 큰 권위자는 없다.
2. 머리이신 그리스도는 의사소통, 능력, 그리고 모든 일에서 절대적으로 완전하신 분이다.
3. 그리스도는 모든 성도, 모든 교회와 항상 함께하신다.
4. 교회는 주님을 믿는 성도들이 그분의 뜻을 수행하기 위해 모인 곳이지 조직이나 프로그램이 아니다. 예수님은 성도들 가운데 계신다.
5. 예수님은 우리를 사랑하고, 우리에게 필요한 모든 것을 공급하시며, 교회 성장을 위해 필요한 것이라면 무슨 일이든 할 수 있는 권능이 있으시다.
6. 모든 그리스도인이 머리 되신 예수님과 다른 그리스도인과 하나로 연결되어 교회를 형성하고 있다면, 교회 역시 예수님과 직접 연결된 셈이다.
7. 예수님은 우리에게 요구하신 사명을 완수할 수 있게 하신다. 그분은 얼마든지 우리와 의사소통하실 수 있으며, 우리를 진실하고 능력 있는 사람이 되도록 이끄실 수 있다.
8. 우리에게는 분권화된 네트워크를 형성해 빠르게 교회를 배가할 수 있는 만반의 준비가 돼 있다. 따라서 그 무엇도 전 세계에 복음을 전하려는 우리를 막을 수 없다. 모든 새신자와 개척 교회도 똑같이 그 일을 할 능력을 부여받았다.

그렇다면 우리는 왜 거대한 중앙집권적 조직을 만들어서 본부 지도자가

하는 지시를 받고 그들의 손을 거쳐 결정을 내려야 한단 말인가? 지난 수세기 동안(박해가 없는 곳에서) 우리의 의식에 뿌리내린 교회 개념은 그런 것이다. 그러나 이제는 의식의 전환이 필요하다.

창피한 이야기이긴 하지만, 이 지면에서 내가 가장 무서워하는 게 무엇인지 독자들에게 밝히겠다. 이것은 나의 아내와 세 아이만 아는 비밀이지만, 이제는 만천하에 공개하려고 한다. 나는 덩치 큰 개나 낯선 사람이나 높은 곳에 올라가는 건 전혀 무섭지 않다. 어둠이나 밀폐된 공간도 두려워하지 않는다. 내가 무서워하는 건 벌레다. 자, 이제 드디어 털어놓았다. 그렇다고 벌레 한 마리에 무서워서 벌벌 떨지는 않는다. 딸이 화장실에 거미가 들어왔다고 소리치면, 나는 주저하지 않고 들어가서 잡아 버린다. 그러나 벌레가 떼로 몰려 있는 모습을 보면 공포에 질린다. 어렸을 때부터 그랬다. 심지어 지금 이 글을 쓰는 동안 벌레 떼를 머릿속에서 상상하는 것만으로도 식은땀이 흐른다. 내 다리에 개미 떼가 기어 다닌다고 생각하면 정말로 끔찍하다!

사실은 떼 지어 있는 곤충을 보면, 누구나 약간은 흠칫한다. 그 수가 어마어마하면 아예 방어할 엄두를 내지 못한다. 연발총과 기관총으로 무장한다 해도, 벌 떼가 공격하면 막아 낼 도리가 없다. 총을 쏘면 몇 마리는 죽일 수 있겠지만, 벌 떼를 모두 죽일 수는 없다. 총격이 멈추면 벌 떼는 이전과 똑같이 극성스럽게 달려들 것이다. 분권화된 조직이 와해되지 않는 것도 바로 그런 이유 때문이다.

많은 사람이 우리에게 유기적 교회보다 더 큰 규모의 연합 모임을 연 적이 있느냐는 질문을 한다. 그에 대한 대답은 다음 장에서 구체적으로 할 것이다. 우리 네트워크 중에는 연합 모임을 하는 곳도 있고, 모임을 하지 않는 곳도 있다. 우리는 이제 유기적 교회를 어떻게 중앙집권화할 것인지를 생각하지 말고, 현재 조직을 어떻게 하면 분권화할 수 있는지를 생각해야 한다. 분권화된 조직은 그리스도의 영광을 충만하게 하고, 누구도 와해할 수 없는 강력한 힘이 있기 때문이다.

사려 깊고 책임감 있는 몇몇 시민이 세상을 바꿀 수 있음을 의심하지 마라.
실제로 그들은 세상을 바꿔 왔다.

마거릿 미드(Margaret Mead)

7장

# 대규모 집회도 여는가?

**자유로운 크기에서 맞춤형으로**

유기적 교회들이 한자리에 모여서 대규모 연합 예배나 집회를 여는지에 대해 묻는 사람이 많다. 이 질문은 전략에 대한 의문이라기보다, 과거 중앙 집권적 교회의 연합 집회를 떠올리며 묻는 것인 듯하다. 우리는 대규모 예배나 행사에 매우 익숙해져 있어, 그 이외의 모습은 상상하기 어려워한다.

나는 이 책 첫머리부터 대규모 예배나 행사에 반대를 표하지 않았다. 다만 교회의 필요에 따라 어느 정도의 숫자가 적절한지를 결정하고 혼동하지 말기를 바랄 뿐이다. 그동안 교회들은 교인이나 세계 복음화에 비효율적인 방식으로 투자해 왔다. 주일예배와 설교에만 지나치게 의존했던 것이다. 이 장에서는 다양한 기능을 수행하기 위한 집단의 종류를 알아볼 것이다. 예수님은 집단의 크기와 기능의 자연법칙을 이해하신 분이었다. 우리 또한 집단이 발달하기 위한 자연 질서가 존재한다는 것을 알아야 한다.

## 사회 집단화의 자연 질서

사회적 존재로 창조된 인간은 결코 혼자서 살아갈 수 없다. 하나님이 의도하신 대로, 우리는 다른 사람과 어울리기를 좋아한다. 또한 개인이든 단체든 자신의 필요를 채우고자, 다양한 규모의 집단을 이루길 좋아한다.

지금까지 경험한 것을 바탕으로 우리는 사회 집단화가 이루어지는 여섯 가지 규모를 발견했다. 이 집단은 하나님 나라 확장이라는 사명을 완수하기 위해 '동반 성장'과 '네트워크 형성'을 이루어야 한다. 또한 오늘날의 유기적 교회 배가 운동으로 거듭나야 할 것이다. 각 집단은 그리스도의 몸에 필요한 고유의 기능이 있다.

사람들은 집단의 크기에 따라 참여도에 차이를 보인다. 이는 출판업자이자 유능한 집회 주최자인 팀 오라일리(Tim O'Reilly)가 '참여의 건축술' 개발에 대해 했던 말이다. 팀 오라일리는 TED(Technology Entertainment Design)라는, 오직 초청받은 사람만 참석할 수 있는 컨퍼런스를 주최한 사람으로 유명하다.[1]

집단마다 적절한 제자 훈련과 사역이 이루어지면, 교회는 물론이고 사회 전체에도 큰 유익이 된다. 핵심 집단화가 모자랄 때는 교회 안에서 상호작용과 신앙 활동의 참여가 이루어지지 않고, 그것은 곧 교인들의 삶이 열매 맺지 못하게 되는 결과로 이어진다.

《끌리고 쏠리고 들끓다》(갤리온 역간)를 지은 클레이 서키(Clay Shirky)는 이렇게 말했다. "인간의 삶이 집단의 노력을 중심으로 이루어진다는 것은 곧 집단의 기능이 조금이라도 바뀔 때 경제, 정부, 대중 매체, 종교를 막론하고 무엇에든 심각한 영향이 미친다는 뜻으로 해석할 수 있다."[2] 이 장에서 내가 강조하고 싶은 것은, 그리스도인의 삶과 상호작용이 적절한 크기의 집단에서 이루어져야 한다는 점이다. 그래야 잘못된 기대감으로 형성된 부적절한 크기의 집단 체제에서 벗어나, 교회 전체가 건강하게 성장할 수 있다.

특히 신약에는 예수님이 공생애 기간에 다양한 목적에 맞게 적절한 크기의 집단을 형성하셨다는 사실이 기록돼 있다. 그러나 그 말씀만으로는 집단 크기의 역동성에 대한 이론을 설명하기가 어렵다. 다만 그 집단들과 관계된 상황을 살펴보면서, 그와 같은 크기가 왜 적절한지를 알아보도록 하자. 오늘날 이 분야를 다룬 책들을 읽으면서, 성경에서도 집단의 크기를 언급했다는 점이 절대 우연으로 여겨지지 않는다. 그 점을 고려하여 다시 한번 강조하고 싶은 것이 있다. 나는 지금 교회의 본보기를 제시하려는 게 아니다. 다만 '교회의 궁극적 사명과 연관된 특정한 일을 수행하기 위해 성도들을 최대한 성장하게 할 길은 무엇인가?'라는 질문에 몇 가지 해답을 마련해 보려는 것이다.

## 생명의 기본 단위: 2-3명

둘은 곧 셋이 된다. 이것이 바로 모든 가족의 시작이다. 사실상 모든 피조물은 암수 한 쌍으로 시작한다고 말할 수 있다. 그러나 생명은 그 이전부터 시작한다.

하나님은 성부, 성자, 성령의 삼위로 존재하신다. 과거에도, 현재에도, 미래에도 하나님은 언제나 '삼위'이시다. 여호와 하나님은 이렇게 말씀하셨다. "사람이 혼자 사는 것이 좋지 아니하니 내가 그를 위하여 돕는 배필을 지으리라"(창 2:18). 이 말씀을 하시기 전에 하나님은 그분이 만드신 모든 것, 즉 태양과 달과 지구와 동식물 같은 모든 것이 좋다고 말씀하셨다. 그런 하나님이 홀로 있는 인간을 보고 "이건 좋지 않다"라고 말씀하신 것이다. 이처럼 인간은 배필과 함께 살도록 지어졌다.

"우리의 형상을 따라 우리의 모양대로 우리가 사람을 만들고…사람을 창조하시되"(창 1:26-27). '삼위'(성부, 성자, 성령)라는 집단이 한 쌍의 '인간'(아담과 하와)이라는 집단을 창조하면서 인류가 시작됐다. 둘, 혹은 셋으로 이루어진 집단이야말로 생명의 근원이라 볼 수 있다.

구약과 신약 모두 '둘이나 셋'이라는 표현이 나온다. 사역에서 이상적인 인원으로 '둘이나 셋'을 최소한 열 번이나 거론했다는 점은 매우 흥미로운 일이 아닐 수 없다. 성경에서는 '둘이나 그 이상'이라거나 '셋이나 그 이하'라는 말을 사용하지 않았다. 다만 언제나 '둘이나 셋'이라고 기록한다. 솔로몬 역시 전도서에서 이렇게 말했다. "두 사람이 한 사람보다 나음은 그들이 수고함으로 좋은 상을 얻을 것임이라… 한 사람이면 패하겠거니와 두 사람이면 맞설 수 있나니 세 겹줄은 쉽게 끊어지지 아니하느니라"(전 4:9-12). 이 말씀을 보면 효과적인 사역을 위해 하나님이 우리에게 선택권을 주시는 것 같지만, 너무 많은 사람은 안 되고 두 사람 혹은 세 사람만 선택하라고 권고하시는 듯하다.

효과적인 친교와 사역을 하는 데 있어 2-3명 인원이 이상적인 이유가 신약에 몇 차례 더 언급되어 있다. 일단 2-3명일 경우에는 책임감이 강해지며 비밀이 보장된다. 교회 안에서 형제자매나(마 18:15-17) 장로(딤전 5:19)의 잘못을 지적할 때, 반드시 두 사람 또는 세 사람이 그 문제를 다루라고 가르친다.

2-3명일 경우에는 간단하고 균형 잡힌 의사소통이 가능해진다. 명확한 의사소통을 위해, 그리고 구성원이 모두 자기 의사를 표현하기 위해서는 2-3명이 최적이다. 모든 구성원이 여러모로 자신의 뜻을 밝히면, 그 집단은 더욱 균형 잡힌 대화를 할 수 있다. 그뿐만 아니라 쉽게 결론에 도달할 수도 있다. 사도 바울은 교회 모임에 대해 다음과 같이 말했다.

> 그런즉 형제들아 어찌할까 너희가 모일 때에 각각 찬송시도 있으며 가르치는 말씀도 있으며 계시도 있으며 방언도 있으며 통역함도 있나니 모든 것을 덕을 세우기 위하여 하라… 두 사람이나 많아야 세 사람이 차례를 따라 하고… 예언하는 자는 둘이나 셋이나 말하고 다른 이들은 분별할 것이요… 하나님은 무질서의 하나님이 아니시요 오직 화평의 하나님이시니라(고전 14:26-33).

두세 사람으로 구성된 집단은 융통성이 좋아서, 서로 시간을 맞추기도 쉽다. 게다가 예수님은 "두세 사람이 내 이름으로 모인 곳에는 나도 그들 중에 있느니라"(마 18:20)고 말씀하셨다. 두세 사람이 모인 곳이라면 시간과 장소에 상관없이 예수님이 그 모임에 함께하겠다고 약속하셨다.

신약에서 임무를 수행하는 경우에도 2-3명은 중요한 집단이었다. 그에 대한 몇 가지 사례가 등장한다. "(예수님이) 친히 가시려는 각 동네와 각 지역으로 '둘씩' 앞서 보내시며"(눅 10:1). 예수님은 큰 무리를 보내거나 한 사람만을 보내지 않으셨다. 두 사람씩 짝을 지어 보내셨다. 이런 방식은 복음화 전략에 무척 유용하다. 우리가 어디에 가서 복음을 전하든지, 동일한 뜻과 생각을 품은 한 사람만 찾아내서 함께 일하면 된다. 예수님이 파송한 팀들은 놀라운 결과를 수확했다. 누가는 그들이 이룬 업적이 얼마나 대단했던지 "예수께서 성령으로 기뻐하셨다"(눅 10:21)라고 기록했다. 사람들은 보통 "겨우 둘이서 하면 얼마나 하겠는가?"라고 의문을 제기한다. 그러나 예수님의 인도를 받게 되면, 두 사람도 얼마든지 큰일을 해낼 수 있다. 주님이 성령으로 기뻐하실 만큼 말이다.

사도행전에는 교회 지도자들이 가장 작은 선교 팀을 꾸리는 이야기가 나온다. "성령이 이르시되 내가 불러 시키는 일을 위하여 바나바와 사울을 따로 세우라 하시니 이에 금식하며 기도하고 두 사람에게 안수하여 보내니라"(행 13:2-3). 성령은 다섯 사람으로 구성된 집단에게 두 사람으로 구성된 팀을 파송하라고 지시하셨다. 바울과 바나바는 순회 선교사가 되어 장장 2,500km를 다니며 복음을 전했고(행 13:4-14:28), 그들의 노력은 상당히 큰 결실을 맺었다. 이후에는 바울과 실라가 한 팀이 되었고, 바나바는 마가와 팀을 이루었다.

이러한 사례에서 알 수 있듯이 하나님은 그분의 왕국을 확장하기 위해 일꾼을 두 명씩 짝지어 세상에 내보내신다. 예수님은 하나님 나라가 겨자씨 같다고 말씀하신다. 따라서 처음에는 작게 시작해도 나중에는 거대해진다고 하셨다(막 4:30-32).

작은 시내들이 모여 커다란 강을 이루듯 하나님 나라도 두세 사람에서 시작한다. 그 사실을 강조하듯 예수님은 하나님 나라가 처음에는 작게 시작해서 기하급수적으로 늘어나게 되어, 강력한 영향력을 발휘할 수 있다고 말씀하셨다. 이는 성경 전체에 드러나 있는 그분의 인격이나 사역과도 정확히 일치하는 말씀이다.

자, 그럼 여기에서 잠시 책 읽기를 멈추고, 이 책의 뒷면에 당신과 함께 사역할 만한 동역자 한 사람의 이름을 적어 보는 게 어떻겠는가?

두 사람으로 된 팀을 권장하는 데는 성경의 근거 외에도 '의사소통'이라는 실제적 이유가 있다. 의사소통은 한 집단 내에서 상호작용이 이루어지는 사람들의 숫자와 연관이 있다.[3] 집단의 구성원이 늘어날수록 상호작용이 이루어지는 사람들의 숫자도 증가한다. 단 두 사람일 때는 의사소통을 따로 관리할 필요가 없다. 상호작용이 이루어지는 통로가 하나밖에 없기 때문이다. 그러나 세 사람이 되었을 때는 상호작용의 통로가 네 개로 늘어난다(1:1과 1:2의 의사소통이 세 사람 사이에 번갈아 이루어지기 때문임).

만약 이 집단에 또 한 사람이 들어오면 이때 의사소통 통로는 자그마치 11개가 된다. 그렇기에 원만한 관계를 유지하기 위해서는 더 많은 노력과 힘이 들어갈 수밖에 없다. 한 집단에 네 사람, 혹은 그 이상의 구성원이 있을 경우에는 누구 한 사람이 소외당할 가능성이 높아진다. 그러나 세 사람일 때는 그 가능성이 현저히 줄어든다. 또한 구성원이 네 사람일 경우, 둘씩 편을 갈라 서로 배타적인 관계를 맺을 수도 있다. 그러나 세 사람일 때는 그럴 가능성이 거의 없다.

클레이 서키는《끌리고 쏠리고 들끓다》에서 그러한 현상을 설명하고자 친구들과 같이 영화를 보러 가는 예를 들었다. 단 두 사람일 때는 두 가지 의견만 고려하면 되므로 영화와 관람 시간을 정하기가 쉽다. 그러나 세 사람이나 네 사람이 되었을 때는 간단한 결정을 하는 것조차 어려워진다. 그 상황을 서키는 다음과 같이 묘사했다. "두 사람은 액션 영화를 좋아하고 두 사람은 그런 영화를 싫어한다. 한 사람은 이른 시간에 상영하는 영화를 보자고 하고, 다른 세 사람은 늦은 시간에 영화를 보자고 한다. 이렇듯 문제는 계속해서 늘어난다. 그러나 두 사람일 때는 한 번만 합의하면 된다. 그러나 네 사람일 때는 그런 합의를 여섯 번 이끌어 내야 한다. 그 밖의 다른 부분까지 고려한다다면 네 사람의 의견을 일치시키기 위해 두 사람일 때보다 여섯 배나 더 힘을 들여야 한다. 따라서 집단의 구성원 수가 약간만 많아져도, 그 때문에 생기는 문제는 대단히 복잡해질 수밖에 없다. 만일 열 사람이 영화를 보러 가려 한다면, 마흔다섯 번 합의를 이끌어 내다가 결국 영화는 보지도 못할 것이다."[4]

하나님의 일을 당회에서만 결정하게 한 것은 수 세기 동안 교회를 수렁에 빠뜨린 사탄의 교묘한 전략이자 우리의 어리석음이었다. 만일에 하나님이 당회가 우리를 이끌도록 놔두셨다면, 우리는 지금도 시내 광야에서 뺑뺑이를 돌고 있었을지 모른다. 내 친구 토니 데일(Tony Dale)의 말이 걸작이다. "예수님이 '내가 온 것은 너희로 모임을 갖게 하고 더 풍성한 시간을 갖게 하려는 것이다'라고 말씀하셨는가?"

두세 사람으로 이루어진 집단은 친밀하고 헌신적인 관계를 맺기에 이상적이다. 그렇게 하면 의사소통이 원활하게 이루어질 뿐만 아니라, 중요하지 않은 문제로 실랑이를 벌이는 일도 적다. 방해 요인도 줄어든다. 각자가 선호하는 것이 다르기에 집단이 장벽에 부딪히는 일도 발생하지 않는다. 서로 책임지고 돌보는 일이나, 제자 훈련같이 신앙생활에서 중요한 일에는 한 집단을 최소한의 인원으로 구성하는 것이 좋다. 그것이 전체의 유익을 위한 가장 효과적인 방법이다. 결국은 이것이 하나님의 의도이며, 믿음을 견고히 하는 훈련에서 성경이 '두세 사람'을 강조하는 이유다.

친밀한 교제와 효과적인 사역을 위한 이상적인 크기는 두세 사람으로 이루어진 집단이다. 그런 집단의 사역으로 교회는 물론 하나님 나라가 확장될 것이라고 이야기하는 성경 구절을 간략히 정리해 보았다.

- 두세 사람으로 이루어진 집단의 유대감이 더 강하다(전 4:9-12).
- 두세 사람으로 이루어진 집단의 책임감이 더 강하다(딤전 5:19).
- 두세 사람으로 이루어진 집단에서 비밀 보장이 더 잘된다(마 18:15-17).
- 두세 사람으로 이루어진 집단이 더 유연하고 융통성이 좋다(마 18:20).
- 두세 사람으로 이루어진 집단의 의사소통이 더 원활하다(고전 14:26-33).
- 두세 사람으로 이루어진 집단일 때 방향을 잡기가 쉬워진다(고후 13:1).
- 두세 사람으로 이루어진 집단이 효율적인 지도력을 발휘한다(고전 14:29).

하나님은 모든 피조물이 쌍을 이루어 번식하도록 창조하셨다. 두 사람으로도 제자를 만들지 못하는데, 더 많은 사람으로 제자 삼는 일을 할 수 있겠는가? 모든 생명의 시작은 두세 사람으로 된 집단이라 할 수 있다. 이러한 사실을 깨닫지 못하는 교회는 건강과 성장과 배가에 필요한 생명의 원천을 저버리는 것이다.

## 지도자 팀: 4-7명

4-7명으로 이루어진 집단은 다른 집단을 도와주는 '보조 기능'에 적합하다. 그러나 유기적 교회의 성장 과정에서는 이 과정을 거치지 않아도 무방

하다. 조사 자료에 의하면 특정 사안에 합의하는 데는 다섯 사람으로 이루어진 집단이 가장 적합한 크기라고 한다.[5]

수학적인 계산을 고려할 때, 결정권이 있는 소규모 집단의 이상적 크기는 '5'라는 결론이 나온다.[6] 다섯 사람으로 이루어진 집단에는 다양한 성격이 어우러질 뿐만 아니라, 인원수가 많지 않아 합의를 도출하기도 쉽다.[7] 그러나 일단 다섯 사람을 넘어서면 상호작용의 통로가 많아지기 때문에 관리가 필요하게 된다. 경우에 따라서는 집단 개선이나 결정 과정에 방해가 되는 사람도 생길 수 있다.

비즈니스 컨설턴트이자 블로그 운영자인 크리스토퍼 앨런(Christopher Allen)은 다음과 같은 점을 강조했다. "5인 이하의 집단은 효과적으로 기능을 수행할 수 있지만, 모든 사람이 만족할 만한 결과를 도출해 낼 인적 자원이 충분하지 못하거나, 집단 사고를 벗어난 불충분한 관점을 가질 수 있다.…일반적으로 이 정도 크기의 집단이 형성되면 비공식적인 지도자가 생겨나지만, 보통 이 단계에서 발휘되는 지도력은 강압적이지 않으며, 그에 맞서는 세력도 없다. 아마도 지도자가 여럿 생기기에는 집단의 크기가 너무 작아서 그럴 것이다."[8]

구성원의 지위가 같은 지도자 팀일 경우 '5'는 가장 이상적인 숫자다. 더 큰 규모의 지도자 팀에서 결정이 이루어지면 일종의 계층이 생겨나므로, 집단이 그 결정을 수행하기 위해 다른 영향이 들어오지 못하도록 막아 주어야 한다.

'Intuitor.com'[9]이라는 홈페이지 운영자들은 정확한 계산을 바탕으로 사람들이 일반적으로 믿는 오류를 밝혀낸다. 그들은 의사 결정을 위해 가장 적합한 집단 규모를 수학적 분석으로 알아냈다.

> 큰 집단에는 유능한 지도자와 정해진 구조가 있어야 제 기능을 발휘한다. 의회 제도와 같은 정해진 구조는 수많은 상호작용의 가능성을 고의적으로 없앤다. 애석하게도 이런 구조는 창의성마저 없애 버리기에, (비록 좋은 의견을 내진 않아도) 가장 정치력이 뛰어난 사람이 의사 결정을 하는 사태가 생긴다.[10]

혹시 성경에서 다섯 사람으로 이루어진 집단을 찾을 수 있을까? 베드로, 야고보, 요한은 수제자 삼총사였지만, 가끔은 네 번째 제자인 안드레가 그 집단에 합류하기도 했다(막 13:2-4). 그래서 두 형제와 멘토 한 사람으로 이루어진 5인 집단이 형성되었다. 네 제자와 예수님은 다른 부류의 집단, 즉 개성과 재능과 의견이 다양한 하나의 팀을 이루었다. 그리하여 더 많은 사람을 섬길 수 있었고, 구성원의 숫자가 많지 않았기에 합의를 이끌어 내는 것도 어렵지 않았다.

복음서를 훑어보면, 예수님이 이 팀을 매우 특별하게 대하셨음을 알 수 있다. 열두 제자와의 상호작용에서 그들은 항상 빠지지 않았다. 그뿐만 아니라 때로는 그들만 예수님께 나아가는 특권을 누리기도 했다. 예수님은 그들에게만큼은 더 솔직히 속내를 드러내셨고(마 17:1-2; 막 14:33) 다른 사람들은 경험도 못한 것을 맛보게 하셨다(막 5:37, 9:2; 눅 8:51). 붙잡혀서 돌아가시기 전날 큰 번민에 사로잡혀 있을 때도, 예수님은 그들에게 함께 기도해 달라고 요청하셨다(막 14:32-42). 다른 제자들과는 달리 그들은 위기 순간에 동역자나 다름없는 위치에서 더 간절한 도움을 요청받은 것이다.

신약에는 또 다른 다섯 사람으로 구성된 팀이 등장한다. 에베소서 4장 11절을 보면, 그리스도의 몸이 복음화 사명을 감당하도록 사람들을 양육하고 격려하며 훈련할 수 있는 다섯 가지 역할이 나온다. 그것은 권위나 지위 면에서 높고 낮음이 있는 것은 아니다. 복음을 세상에 더 확실히 전하기 위한 방편으로 그리스도의 몸 전체를 준비시키기 위해, 각 사람이 평등하게 은사를 사용해 섬기는 것뿐이다. 그들은 사도, 선지자, 전도자, 목사, 교사다. 보통 이들을 '5인 팀'이라 부른다.

예루살렘 교회에서는 헬라인 교인들을 돌보기 위해 지도자 일곱 사람을 별도로 임명했다(행 6:1-6). 예루살렘 교회 지도자들은 열두 사람이었던 반면, 안디옥 교회의 지도자는 다섯 사람이었다(행 13:1). 열 사람이 넘는 지도자들이 예루살렘에 주저앉아서 땅끝까지 나아가기를 주저했던 반면, 5명의 지도자는 빠른 결정을 내렸으며, 하나님이 주신 사명에 즉각 순종했다.

현재 서양의 핵가족이 보통 이 정도 인원이지만, 산업이 발달하기 전에는 사망률도 높고 농사를 거들어야 할 사람도 필요했다. 게다가 피임하는 법도 몰랐기에 4-7명 가족은 너무 적다고 생각했다. 그리스도의 몸으로 하나의 집단을 이룰 때 가족이라는 강한 유대감이 생기려면, 다음에 소개할 집단의 크기가 훨씬 좋다고 생각한다. 물론 신앙의 가족 수가 적을 때 건강한 경우가 많지만, 건강한 집단은 보통 12-15명으로 그 수가 늘어난다.

## 가족 단위: 12-15명

지도자 팀에게 12-15명으로 이루어진 집단은 적절한 크기가 아니지만,

서로 돌보고 섬기는 관계에서는 적절하다. 친밀한 관계를 유지함과 동시에, 하나의 집단으로서 효과적으로 일할 만큼 다양성을 지니기 위해서는 12-15명이 적당하다. 대가족도 보통 이 정도 인원으로 구성된다. 서로 즉시 친해질 수 있을 정도로 소수이면서도, 다양성과 역동성을 동시에 갖출 수 있는 규모이기도 하다. 전 세계 어디나 가정교회는 보통 12-15명 정도로 이루어져 있다. 기독교인이든 천주교인이든 이슬람교도든 신앙의 가족으로 함께 사명을 수행하기에 가장 적절한 인원이기 때문이다. 이 안에서는 강자가 약자를 돌보는 체계가 세워져서, 모든 사람이 필요한 돌봄을 받을 수 있다. 이는 전체 집단을 이롭게 할 다양한 강점이 있으면서도, 가족의 유대감을 해칠 만큼 인원이 많은 것도 아니다.

그러나 앞에서도 언급했듯 지도자 팀이나 의사 결정 집단으로는 적절한 크기가 아니다. 예수님의 본보기를 따라서 지도자 열두 사람과 멘토 한 사람으로 이루어진 '지트웰브'(G-12)라는 시스템이 생겨났다. 지트웰브 전략이 예수님과 제자들의 형태를 본받은 것은 좋았지만. 의사 결정을 위한 지도자 수로 '12'가 적합하다는 주장은 반론의 여지가 있다. 예수님은 결정을 내리거나 지도자 팀을 결성하고자 12명의 제자를 세우신 게 아니었다. 그런 일들은 4-7명으로 이루어진 집단, 즉 베드로, 야고보, 요한을 비롯해 가끔 안드레와 예수님이 포함되었던 집단에 더 어울렸다. 크리스토퍼 앨런은 12명으로 구성된 집단을 다음과 같이 설명했다.

> 누구도 충분한 시간을 배당받았다고 느끼지 않는다. 연구 자료에 나온 내용을 보면, 이 크기의 구성원들은 자신이 대화에 참여하는 시간을 실제보다 과소평

가하며, 대화에서 공평한 시간을 배당받음에도 부당한 대우를 받고 무시당한다고 느꼈다. 또한 사람들을 하나의 범주에 몰아넣고 신뢰하지 않으려는 경향도 보인다. '사공이 너무 많아서' 문제가 발생하지만, 막상 사공들이 이래라저래라 할 만한 대상은 충분하지 못하다. 게다가 지도자들은 수직적 상하 관계에 괴로워하면서, 이미 다루기 어려워진 집단에 더 큰 충돌을 일으키게 된다.[11]

12명으로 구성된 집단은 비효율적으로 운영될 가능성이 매우 크다. 따라서 이 집단의 마찰을 방지하고 효율성을 높이려면, 서로 친해질 기회를 많이 얻는 것이 좋다고 크리스토퍼 앨런은 강조한다.[12] 이 크기 집단에서 중요한 것은 가족처럼 서로 친밀한 관계를 맺는 것이다.

교회가 많은 문제에 부딪히는 이유는, 아마도 이 집단에 지나치게 큰 기대를 걸고 있어서일 것이다. 실제로 서양 교회 안에는 불화와 원망으로 얼룩진 집단이 상당히 많다. 이 집단에 적합하지 않은 과업을 기대했던 게 바로 그 원인이었을 것이다. 삶을 바꾸는 멘토 같은 역할을 원한다면, 2-3명으로 이루어진 집단이 더 효율적이다. 지도층도 4-7명으로 이루어진 집단이 더 효율적이다.

이 집단의 장점을 꼽아 본다면, 여러 가지 과제를 해결할 수 있는 다양성을 갖추었다는 점과 친밀한 관계를 유지할 수 있을 정도의 크기라는 점이다. 모든 구성원이 각자의 사정을 알고 돌보는 데 큰 어려움이 없다. 더 작은 집단으로 나눈다 해도 이들의 관계에는 악영향을 미치지 않는다. 그러나 업무 중심의 경직된 분위기가 형성되고 업적을 강요하는 압박감을 준다면 집단이 와해할 가능성이 크다. 12-15명으로 이루어진 집단만이 교회 안에서 하나님 일을 할 수 있는 유일한 크기라고 생각한다면 오산이다. 그것은 마치 소형 자동차에 사람을 가득 태우고 대형 트럭에 어울리는 짐까지 잔뜩 실은 채, 그 차가 스포츠카의 성능을 내주길 기대하는 것이나 마찬가지다. 그것은 불가능한 일이다. 2-3명으로 이루어진 집단에 양육과 책임감을 기대하고, 4-7명으로 이루어진 집단에 지도력과 전문성을 기대한다면, 12-15명으로 이루어진 집단에는 가족과 같은 유대감과 친화력을 기대해야 한다.

교회 안 집단이 오로지 12명으로 구성된 집단밖에 없다면, 우리 기대는 충족되지 못할 것이다. 일반적으로 교회는 12-15명으로 된 집단을 작은 크기라고 생각한다. 앞에서도 살펴본 것처럼, 이 크기의 집단을 만들기 전에 두 개의 더 작은 단위 집단이 필요하다. 교회 안에서 이 크기의 집단에만 모든 기대를 건다는 것은 참으로 안타까운 일이다.

## 훈련 집단: 25-75명

은사에 따라 지도자들을 동원하고 훈련하는 경우, 모든 이가 함께 일하지 않더라도 한 팀이라는 소속감을 느끼며 일하기 원한다면, 25-75명으로 된 집단이 가장 효율적이다. 이 크기의 집단에서는 질적인 수준을 유지하면서도 적절한 정보와 기술과 인맥을 활용할 수 있다. 특정 지역의 지도자 전체를 훈련할 때, 가령 매달 지도자 훈련 모임을 한다고 했을 때는 이 크기의 집단이 매우 효율적으로 그 일을 섬길 수 있다. 미국 교회의 평균 교인수는 75명 정도로, 이 크기 집단에 해당한다. 그러나 네트워크를 만들기에는 약간 모자란다.[13] 현재 대형 교회 현상이 과거보다 교인들의 숫자를 더욱 증가하게 하고 있다.

크리스토퍼 앨런은 이 크기의 집단에 대해 중요한 사실을 언급했다. 이 집단은 대체로 배타적이거나 독점적이지 않다고 했는데, 그 말의 의미는 전 구성원이 속하는 집단이 이 크기 집단 하나밖에 없을 때는 적절하지 않다는 것이다. 다만 전쟁터처럼 구성원들이 힘든 여건을 이기고 하나가 된 상황이라면 변화의 여지가 있다. 이 크기의 집단은 "친밀한 공동체를 유지하기 위해서는 더 많은 에너지가 필요하다. 공동체가 서로 깊은 헌신을 약속해서 다음 단계로 성장하든지, 아니면 와해되든지 그 점은 마찬가지다."[14] 이 집단을 비롯해 다른 집단들에도 협력과 지도력을 갖춘 유능한 지도자가 있어야 한다.

과거 로마에는 백부장이 100명의 군사를 통솔하는 제도가 있었다. 그러나 세월이 흐르면서 100명이라는 숫자는 70명에서 80명으로 줄어들었다.[15] 다른 부대원과도 친해야 하고 긴밀한 관계를 맺어야 하므로 70명 정도로 규모를 줄인 것이다. 로마인은 한 부대의 군사가 친분을 맺어야 하는 다른 부대의 군사가 너무 많을 경우, 부대원 간의 관계가 약화된다는 것을 오랜 세월의 전쟁 경험을 통해서 터득했다. 인간의 능력은 제한적이어서 오직 소수와만 친밀한 관계를 맺을 수 있기 때문이다.

크리스토퍼 앨런은 구성원들이 독창적이고 전문적으로 과업을 해낼 수 있는 최적의 크기가 25-80명이라고 밝혔다. "구성원 수가 그 이상이어서 집단의 친화력 강화를 위한 '인맥 관리'(사회적 교류와 상호작용에 대한 관리)에 많은 시간을 투자해야 한다. 그런 노력을 기울여야 하는 근본적인 이유에 신경을 쓰지 못하게 되면…구성원의 숫자가 그 이하일 때는 꼭 필요한 다양성이 모자라게 되어 중요한 다수를 잃어버릴 위험이 있다."

이 크기의 집단은 전문 훈련이나 인력 동원과 관련된 단기 과업을 수행하는 데 적절하다. 예수님이 제자들을 훈련한 뒤, 두 사람씩 짝을 지어 하나님 나라를 전파하라고 보낸 집단이 바로 70인 집단이었다(눅 10:1-20).

## 관계 네트워크: 100-150명

과거 역사를 보면 집단이 무언가를 하는 데 필요한 최대 단위가 150명이었음을 보여 주는 수많은 사례가 있다. 이 분야 연구에서 두각을 나타낸 사람은 뭐니 뭐니 해도 영국의 인류학자 로빈 던바(Robin Dunbar) 교수다. 던바의 연구 결과는 학계의 주목을 받았으며, 심지어 150이라는 숫자를 '던바 숫자'(Dunbar's Number)라고 부르기도 한다.

그는 인간의 뇌가 한 번에 수많은 인간관계를 다룰 능력이 있다고 가정했다. 심리학과, 신경학, 영장류 연구와 역사적 증거를 종합한 끝에 그는 다음과 같은 결론에 도달했다. "150이라는 숫자를 한 인간이 진정한 인간관계, 즉 상대가 누구이며 자신과 어떤 관계인지를 아는 정도보다 더 깊은 인간관계를 맺을 수 있는 최대한의 숫자라고 본다."[16] 던바가 말하는 인간관계란, 우연히 공공장소에서 마주쳤을 때 함께 앉아서 이야기를 나누고 싶을 정도의 친밀한 관계를 의미한다. 우리는 150명으로 이루어진 집단에서 이런 관계를 맺을 수 있다. 그보다 큰 집단에서는 그만큼 친밀한 관계를 맺기가 어렵다.

《티핑 포인트》(21세기 북스 역간)의 저자 말콤 글래드웰(Malcolm Gladwell)은 역사에 나타난 운동의 발전 과정에서 150이라는 숫자가 갖는 중요성을 매우 영적인 관점으로 설명하고 있다. 그는 150이라는 숫자를 "마법의 숫자 150"라 불렀고,[17] 마크 뷰캐넌의 《넥서스》[18]에도 비슷한 내용이 언급되어 있으며, 던컨 와츠가 쓴 《Small World》[19]와 《작은 세상》(*Small Worlds*)에도 동일한 내용이 담겨 있다.[20]

또한 범죄 조직에서도 150이라는 숫자가 일관적인 중요성을 띤다. 미연방수사국의 발표에 의하면 뉴욕 최대 범죄단 제노비스의 단원은 152명, 감비노 마피아단은 130명, 루케즈 조직은 총 113명의 폭력배들이 있었다고 한다.[21] 미국 교회의 평균 교인 수가 그와 비슷하다는 사실도 우연으로 넘길 수 없다. 요즘에는 대형 교회 덕분에 과거 수십 년보다 그 수가 약간 증가해서, 총 183명이 미국 교회의 평균 교인 수가 되었다.[22]

던바 교수는 150이라는 숫자가 전 세계적으로 의미심장한 숫자임을 보여 주는 사례를 이야기했다. 다코타 남부와 마니토바에서 농촌 공동체로 살아가는 보수 기독교 교파 후터파가 있다. 그들은 150명을 한 공동체의 최대 인원으로 한정하여, 공동체가 150명에 이르면 자매 공동체를 따로 세운다. 그 이유 중 하나는 인원 수가 150명을 넘어서면 친밀하고 책임감 있는 관계를 유지하기가 어렵기 때문이다. 숫자가 커지면 경찰력을 동원해야 공동체 질서가 유지되며, 구성원의 힘만으로는 역부족이 된다.[23]

군대에서도 150명을 한 부대의 기본 단위로 삼는다. 오늘날의 군대, 혹은 회사의 최소 독립 단위는 예외 없이 100-200명 수준이다. 던바 교수는 다음과 같이 말했다. "나는 이것이 단순히 후방에 있는 대장의 지휘나 통제를 쉽게 하기 위해서가 아니라고 본다. 의사소통의 기술이 획기적으로 발전했음에도, 일개 중대는 제1차 세계대전 이후부터 지금까지 일괄적으로 이 규모를 고집하고 있지 않은가? 분명 수 세기 동안 여러 가지 시도와 실패를 겪으면서, 이 크기를 넘으면 서로 친밀해지거나 임무를 수행하기가 어렵다는 점을 깨달았기 때문일 것이다." 물론 군대에는 그보다 더 많은 인원이 있는 부대도 있다. 하지만 군인들이 함께 임무를 수행하기 위해서는 규칙과 규율을 갖춘 상하 계층 구조가 필요하다. 던바가 주장한 바로는, "이 크기에서는 개인의 충성심을 바탕으로 일대일 직접 명령을 하달하고, 규율에서 벗어난 행동을 통제하는 일이 가능하다. 그러나 인원이 많아지면 그런 일이 불가능해진다."[24]

우리 사역에서도 가정교회(약 150명)가 15개를 넘어가면, 그때부터는 네트워크가 크게 성장하지 못한다는 사실을 발견했다. 따라서 150이란 숫자는 하나님이 정하신 자연스러운 범주라고 볼 수 있다. 그러나 하나님 나라는 이 범주에서 멈추면 안 된다. 앞 장에서도 언급한 것처럼 이 범주를 넘어서려면, 더 많은 가정교회를 세울 게 아니라 더 많은 네트워크를 배가해야 한다. 사도 바울의 문안 인사를 보면, 로마에 있었던 유기적 교회의 네트워크는 약 15개 정도였던 것으로 추정된다(롬 16:1-16). 네트워크를 배가하는 열쇠는 내부에서 지도자를 양성하여, 그들로 새로운 교회를 개척하게 하는 것이다. 그래서 완전히 다른 네트워크를 형성하는 것이다.

150명은 사실상 유지와 관리가 매우 어려운 숫자다. 던바는 이 집단에서 상당한 '인맥 관리'가 필요하다는 점을 밝혔다. 한 예로, 목회자가 돌볼 수 있는 역량이 최대한으로 발휘되어야만 유지되는 집단이 바로 이 크기 집단이다. 150명이 넘어서면 역량의 한계에 부딪히게 된다. 사실 이만큼의 교인을 제대로 돌볼 수 있는 목회자도 그리 많지 않다. 예수님이 승천하실 때 이 땅에 남아 있던 제자도 120명이 아니었던가!(행 1:15).

## 일시적 대중 집회: 200-500명

다음으로는 수백 명으로 이루어진 집단을 들 수 있겠지만, 대체로 500명을 넘어서지는 않는다. 150명으로 이루어진 네트워크 두세 개가 모이면 이 정도 집단이 될 것이다. 이 정도 혹은 그 이상의 크기에서는 엄격한 위계질서가 세워져야만 조직력을 유지하고 행동 규범을 통제할 수 있다. 집단의 구성원이 150명을 넘어서면, 작은 규모의 집단 활동이 따로 마련되지 않는 한 구성원들의 관계가 소원해진다. 사람이 많고 관계가 친밀하지 못하면, 소수의 적극적인 사람들이 앞에 나서서 다수의 소극적이고 수동적인 사람들을 지휘하게 된다. 그러나 앞에 나서서 이야기한다 해도 일방적으로만 의사 전달을 할 뿐, 사람들을 하나 되게 하는 일은 거의 불가능하다. 또한 이 집단이 자발적으로 어떤 일을 이루게 하는 것도 몹시 어려운 일이다.

수많은 교회가 무조건 대규모의 모임만 선호하는 것은 원수의 전략이며, 이는 절대 하나님의 계획이 아니다. 우리는 제자를 삼는 일도 그런 식으로 밀어붙이려는 경향이 있다. 신약에서는 분명히 친밀한 인간관계를 맺으며 제자를 양성하라고 말하는데, 우리는 단순히 정보를 전하고 프로그램을 운영하면 사람들이 알아서 제자로 성장하리라고 믿는다. 이는 대단한 착각이며 어수룩한 판단이다. 바로 이 때문에 기독교가 죽어 가는 것이다. 목자가 되어 양 떼를 인도하는 게 아니라, 양 떼를 감시하고 마구잡이로 몰고 가는 일꾼만 많아졌다.

150명이 넘는 집단은 유지와 관리에 큰 비용이 들어간다. 또한 이렇게 많은 인원을 오랜 기간 실제적인 일에 동원하는 일도 거의 불가능하다. 이 집단의 창의성을 끌어내고, 재능을 활용하며, 생산적인 활동을 지휘하려면 엄청난 자원이 들어가야 한다. 그래서 오랜 기간 유지되기는 어렵다. 크리스토퍼 앨런은 이렇게 말했다.

"큰 기업체는 건실한 경영을 하고자 큰 비용을 투자하며, 어떻게 하든 이 규모를 유지하려 한다. 매킨토시나 최초의 OS X 운영 체제, 아이폰을 개발할 때 애플사가 그런 식으로 회사를 운영했다. 그러나 대규모 팀에 들어가는 고비용 체제는 오랜 기간 유지하기가 어렵다."[25] 소규모 집단에서 친밀한 관계를 맺지 않고 이 규모의 모임만 정기적으로 유지하고 있다면, 구성원들은 자연스럽게 소극적이고 수동적으로 반응할 수밖에 없다. 심지어 소규모 집단 체제를 갖춘다 해도, 무려 500명 정도의 사람에게 무언가를 지시하고 따르는 것 이상의 일을 기대하기란 불가능하다.

클레이 서키는 다음과 같이 말했다.

> 조직의 구성원이 수백 명에서 수천 명으로 증가하면 관리자를 관리해야 하고, 마침내 관리자를 관리하는 사람을 관리해야 한다. 단순히 그 크기의 조직을 유지하기 위해 그 모든 관리에 비용이 투입되어야 하는 것이다. 조직에는 그 같은 비용을 충당할 길이 많다. 마이크로소프트사는 사업 소득을, 군대는 세금을, 교회는 헌금을 사용한다. 그러나 비용 발생은 어쩔 수 없다. 어떤 면에서는 이

런 조직이 일종의 모순 속에서 존재한다고 할 수 있다. 집단의 노력으로 이익을 추구하면서도 그 노력을 지원하기 위해 자원을 소모하는 것이다. 이것을 조직의 딜레마라고 부른다. 왜냐하면 조직은 자원을 관리하기 위해 자원을 사용하기 때문이다. 조직이 이론적으로 할 수 있는 것과 실제로 할 수 있는 것에는 간격이 생기며, 조직의 크기가 클수록 그 비용도 덩달아 커진다.[26]

대규모 집단이 필요할 때가 있다. 주로 자원봉사자로 이루어진 비영리 기관에서 이 크기의 집단을 상대하는데, 주로 사명을 알게 하거나 경각심을 일깨우거나 후원금을 모금할 때다. 이 크기 집단의 구성원은 수동적이다. 또한 정보를 받아들이긴 하지만, 직접 참여할 기회를 얻기는 어렵다. 이들이 참여하는 일이란, 그저 직장 모임에서 투표권을 행사하거나 후원금을 기부하거나 지도자들이 하는 일을 받아 주는 정도다. 큰 집단을 작은 집단으로 나누었을 경우에만, 자원봉사자에게 시간과 노력을 할애하고 후원금을 관리해 달라고 부탁할 수 있다.

신약에서 이 크기 집단이 등장하는 대목은 예수님이 부활하신 뒤에 '오백여 형제'에게 나타나셨다는 말씀이 유일하다(고전 15:6). 예수님은 강력한 말씀으로 사명을 심어 주고, 그 사명을 말세까지 계속 수행하라고 지시하셨다. 성경에는 예수님이 이 집단과 또 만나셨다는 이야기가 나오지 않는다. 이 집단과의 만남은 단 한 번이었으나 매우 의미가 깊다. 아마도 그곳에 모였던 제자들은 예수님의 말씀을 듣는 것 외에 다른 기대를 하지 않았을 것이다. 계시의 말씀을 들려줄 책임이 예수님께 있으니까 말이다.

150명이 넘는 사람으로 이루어진 집단에도, 이 집단에만 있는 몇 가지 장점이 있다. 사람들은 크고 거대한 무언가에 자신이 소속되어 있다는 자부심을 느낀다. 이는 프로 야구단 뉴욕 양키스의 열렬한 팬이, 자기처럼 양키스 야구 모자를 쓴 사람에게 동지애를 느끼는 것과 비슷하다. 그러나 그들은 개인적으로 친분이 있는 게 아니다. 어쩌면 야구 이외의 것에는 별다른 공통점이 없을지도 모른다. 식당에서 어떤 사람이 자기가 응원하는 야구팀의 모자를 쓰고 있다고 해서, 그 사람의 테이블에 동석할 사람은 별로 없다. 그저 싱긋 웃음을 교환하거나 동지애를 표현할 만한 동작을 하는 정도에 그칠 것이다.

앞서 언급했듯, 나는 대규모 모임이나 큰 집단의 활동을 반대하지 않는다. 다만 큰 집단에서 시작하지 말고, 대규모 모임을 주요 행사로 여기지 말아 달라는 것이다. 큰 규모 집단은 작은 집단의 부차적 집단으로 여기라. 이 크기에서 시작하면 관계를 통한 변화의 기회를 놓칠 뿐만 아니라, 작은 규모에서 이루어지는 공동체 형성이나 전도 사역도 설 자리를 잃게 된다. 대규모 회중으로 시작하는 교회는 교인 대다수의 참여와 헌신을 기대할 수 없다. 따라서 적극적인 참여와 실천으로 이루어지는 삶의 변화가 교회의 밑바탕이 되지 못한다. 간헐적으로 이루어지는 대규모 모임이나 집회는 매우 신 나고 도움이 되지만, 대규모 집단이 사회를 바꾼 전례는 없다. 진정한 사회 변혁은 서로 사랑하고 헌신하는 소규모 집단에서 이루어진다.

## 수많은 군중

집단 크기가 500명을 넘어서면 군중이 된다. 보통은 소규모 집단이 모여 연례 집회를 연다든지, 예배 모임이나 강의, 대규모 전도 집회나 사회봉사 등을 할 때 이 규모의 집단이 형성된다.

소셜 소프트웨어, 네트워킹, 비즈니스 분야의 전문가인 로스 메이필드(Ross Mayfield)는 자신의 블로그에 '네트워크의 생태계'를 논하는 글에서 세 가지 범주의 네트워크, 즉 정치, 사회, 창의적 범주의 네트워크를 블로그 영역과 연관 지어 이야기했다. 먼저 정치 네트워크는 규모 면에서 자유롭다. 이 네트워크는 크기의 제한이 없어 수천, 수만 명도 수용할 수 있기 때문이다. 정치인이 자신의 블로그를 하나의 매체로 이용해 유세를 펼치는 것이 바로 그 예라고 할 수 있다. 반대로 사회 네트워크는 이용자가 보통 150명 정도이며, 메이필드는 이런 형태를 전형적인 블로그라고 불렀다. 사실상 전형적인 블로그에서 그 이상의 크기로 상호작용이 일어나는 예는 거의 없다.

세 번째 범주인 창의적 네트워크는 '저녁 식탁에서 나누는 대화'(dinner conversation) 같은 블로그가 12개 정도 존재한다.[27] 대부분 사교 활동이 전자 매체로 이루어지는 현대 사회에서도 블로그 참여도나 활동은 언제나 비슷한 수준이다. 한 번에 수많은 사람을 상대하기에는 인간으로서 한계를 느낄 수밖에 없다. 사람들은 라디오, 텔레비전, 인터넷 같은 매체를 이용해 대중과 의사소통을 시도하지만, 그런 경우에는 친밀한 인간관계가 형성되지 않는다.

예수님은 군중을 치료해 주셨고(마 15:30, 19:2), 가르치셨으며(마 7:28, 13:1-3), 사람들의 믿음을 더하게 한 식사도 두 번 하셨다(마 14:13-21, 15:32-39). 그러나 이 모든 것은 대중을 위한 공적인 사역(예수님의 구원 사역 밖의)으로 제한되어 있었다. 예수님이 사랑이 부족해서 군중과 함께 계시지 않았던 것이 아니다. 예수님의 구원 사역에서 볼 수 있듯이, 그분은 세상 모든 사람을 사랑하셨다(요 3:16). 다만 얼굴과 이름을 모르는 수많은 군중에게 집중적으로 투자하는 것은 그분의 전략이 아니었다.

예수님은 대중에게 인기가 있었다. 그럼에도 많은 사람이 모일 때마다 그들에게서 물러나거나 그들을 돌려보내려고 애쓰셨다(마 14:23, 15:39). 오늘날 기독교 지도자들이 어떻게 하든 많은 사람을 모으려는 것과는 상반되는 모습이다. 그들은 많은 사람에게 설교할수록 더 큰 영향력을 끼칠 수 있다고 생각한다. 그러나 예수님은 그럴수록 오히려 영향력이 약해지고, 사람으로 세상을 바꿀 수 없다는 사실을 간파하셨다.

그분은 대중이 속물이라는 사실을 알았으며(요 6:26-27), 영적 진리를 그들에게 밝히 말하지 않았다(마 13:10-17). 심지어 일부러 비위 상하는 말을 해서 자신을 따르려는 사람들이 등을 돌리게 하셨다(요 6:59-66). 현대 교회의 부흥 철학과는 완전히 다른 길을 걸으신 것이다. 예수님은 다수가 아닌 '소수'에게 투자하셨다. 다수를 사랑하지 않아서가 아니다. 오히려 사랑해서 그렇게 하신 것이다. 세상을 위해 그분이 할 수 있는 최선의 일은 친밀한 관계에서 헌신된 제자의 배가 운동이 일어나게 하는 것이었다. 군중으로는 그런 배가 운동을 시작할 수는 없었다. 말콤 글래드웰이 말하듯 배가 운동은 '소수의 법칙'에서 출발해야 한다.[28]

성경만이 아니라 일반 사회에도 여기에 소개된 집단이 있다. 다음의 〈도표 7.1〉을 보라. 모든 집단을 한곳에 모아 놓고 작은 집단에서부터 차례로 살펴보면, 한 가지 재미있는 현상을 발견할 수 있다. 그것은 집단의 주된 특성이 '관계 중심'(2-3, 12-15, 100-150)에서 '과업 중심'(4-7, 25-75, 200-500)으로 점차 바뀐다는 점이다. 기독교 역사를 보면 관계 중심에서 과업 중심으로 변하는 일이 자연스럽고 지속적으로 되풀이되는 것을 알 수 있다.

| | 인간관계 | 군대 편제 | 예수님 사례 |
|---|---|---|---|
| 2–3 | 동반자 | 친구 | 둘씩 짝지어 파송 |
| 4–7 | 그룹 | 특수 임무 팀 | 예수님과 가장 가까운 제자들 |
| 12–15 | 가족 | 분대 | 12인의 제자 |
| 25–75 | 씨족 | 소대 | 70인의 제자 |
| 120–150 | 부족 | 중대나 대대 | 120문도 |
| 200–2,500 | 사회 | 연대 | 500인의 제자 |
| 군중 | 국가 | 여단, 사단, 군단, 군대 | 군중 |

〈도표 7.1〉 각 집단 비교

최소 집단에서 세계적인 네트워크까지 유기적 교회 배가 운동의 형성 과정을 살펴보면, 각 집단이 왜 중요한지 알 수 있다. 또한 그에 따라 어떤 계획을 세워야 하는지 반드시 알아내려는 노력을 기울이게 된다. 모든 집단에서 배가가 이루어지게 하려면, 내부 성장을 통해 같은 규모의 새로운 집단을 세우는 게 바람직하다. 비록 더 작은 집단을 낳는다 해도 인위적인 방법으로 외부에서 수혈을 받기보다, 내부 성장으로 배가를 이루는 게 좋다. 전자는 같은 종족이 번식하는 진정한 '유기적 배가'이며, 후자는 외부 자원에서 빌리거나 '복제'하는 것에 불과하다.

각 집단은 스스로 생존하고 번식할 수 있어야 한다. 예를 들어 소그룹을 훈련하는 경우에는, 모든 소그룹이 리더 한 사람과 부리더 한 사람으로 시작하도록 가르친다. 그러다 구성원이 늘어나 15명 정도가 되면, 부리더가 절반을 데리고 새로운 소그룹을 시작한다. 이제껏 우리는 이것을 배가라고 배웠다. 하지만 이는 사실상 나누기에 불과하다. 이런 피동적인 방법으로는 다음 세대를 성공적으로 낳을 수 없다. 사람들은 이런 식의 나누기를 한 번쯤은 허용하겠지만, 다음에는 반발할 것이다. 구성원들 입장에서 이것은 배가가 아닌 '분리'처럼 느껴지기 때문이다.

12-15명 소그룹을 배가하는 좋은 방법은 구성원 모두에게 온전한 유전자(전도의 사명을 포함해서)를 키워서, 스스로 전도하지 않고는 배길 수 없게 만드는 것이다. 성령의 인도로 자발적 전도가 이루어져서 새신자가 생겨나면, 소그룹에서는 소수 구성원을 파송해서 새로운 소그룹을 형성한다. 이런 방법이 훨씬 더 자연스럽고 자발적이며, 모두가 기뻐하고 축하할 만한 방법이다. 그러면 소그룹 분리로 상실감을 느끼는 대신, 모든 구성원의 유대감이 더 강해지며 훨씬 더 가족 같은 분위기를 느낄 수 있다. 따라서 구성원의 자발적인 참여를 유도하는 식으로 기존 집단보다 작은 규모의 새로운 집단을 만들고, 그 집단이 다시 성장하는 식의 배가를 이루어야 한다.

클레이 서키는 소셜 네트워크 간의 커뮤니케이션 도구를 설명하면서 다음과 같이 말했다. "공식적인 관리(감독자도 함께)의 필요성 없이 집단이 스스로 모이고 각 개인이 집단의 과업에 쉽게 공헌하게 함으로써, 이러한 도구들은 과거의 크기 제한이나 복잡함, 감독자 없이 하는 일(애초에 기관 형성의 딜레마를 만든 한계들)의 영역을 획기적으로 바꿔 놓았다."[29]

건강한 증식을 촉진하는 시스템을 개발할 때는, 각 집단이 존재하는 데 가장 효율적인 크기를 설정해 둔다. 그 이상으로 집단이 커지면 구성원들 스스로 효율성이 감소했음을 깨달아, 다시 적절한 크기의 집단으로 자연스럽게 되돌아갈 수 있는 체제를 고려해야 한다. 자가 관리와 자가 증식이 가능한 소규모 집단에서 교인들의 인격 형성, 영성 훈련, 친교와 양육 등이 이루어지게 한다면, 굳이 외부 전문 인력을 투입할 필요가 없다. 또한 현재처럼 큰 집단을 유지하기 위해 많은 비용을 들이지 않아도 된다. 그러면 현저한 비용 감소와 더불어, 각 교인들의 신앙생활이나 영성도 그에 비례하여 성숙할 것이다. 심지어 큰 규모의 집회를 열어도 비현실적인 결과를 기대하지 않고, 교인들에게 자긍심을 심어 주는 데 일차적 관심을 두게 될 것이다. 다수에게 영향을 미치기 위해서는 소수를 지향해야 하며, 자발적인 방법으로 삶을 바꿀 수 있는 집단을 만들어야 한다(〈도표 7.2〉 참고).

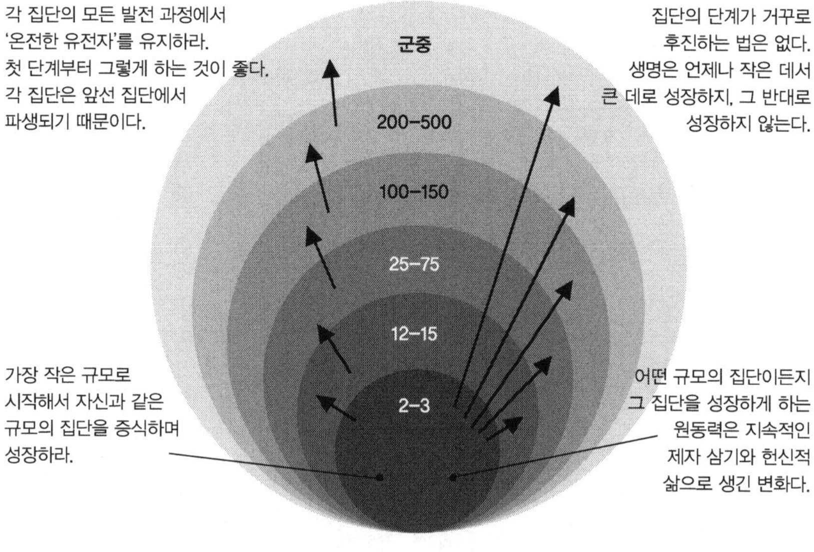


〈도표 7.2〉 효율적인 집단화 전략

우리가 실행하는 'LTG'(Life Transformation Group)는 서로 죄를 고백하며 돌보는 소그룹 사역으로 언제나 그 규모가 작다. 인원은 두세 사람이 전부다. 이보다 사람이 많아지면 친밀감이 약해지며, 구성원들은 자연스럽게 예전 숫자로 돌아가기를 원한다. 그룹 자체에 보이지 않는 근원적 유대감이 존재하기 때문에, 우리는 그룹의 숫자를 인위적으로 조정해야 할 필요를 느끼지 않는다. 영적 가족의 경우, 구성원의 숫자가 20명이 넘으면 가족이라는 친밀감과 참여 정신이 사라지게 된다.

중요한 것은 집단의 구성원들이 적절한 규모를 유지하려는 '갈망'과 제자 배가 운동으로 성장하고 싶은 '마음'(유전자)을 갖는 것이다. 이런 유전자가 없으면 어떤 규모의 집단이든지 배가와 자체 생존이 힘들어진다.

어떤 경우에나 들어맞는 만능 집단이란 존재하지 않는다. 집단의 목적에 따라 가장 효율적인 크기를 파악해서 모든 구성원이 그 인원을 유지하도록 힘써야 한다. 하나의 집단이 어느 목적에나 부합할 것이라고 생각하는 것은 비현실적인 발상일 뿐 아니라 구성원들을 실망하게 하는 지름길이다.

교회 배가 운동에서는 각 규모의 집단에서 촉매 역할을 하는 시스템을 개발해서 시행하고 있다(〈도표 7.3〉 참고). 즉 LTG 시스템을 사용해 자신처럼 헌신적인 제자를 배가할 수 있는 사람을 양육하는 것이 모든 일의 근간이 되는 것이다. 이러한 기반 위에 우리가 영적 가정이라고 부르는 유기적 교회를 개척한다. 훈련과 동원 시스템이라 할 수 있는 그린하우스 사역을 통해서는 유기적 교회의 씨를 뿌리고 성도를 훈련하는 일을 병행한다. 우리 경험을 되짚어 보면, 소규모에서 시작된 유기적 교회 네트워크는 최대한 120-150명 정도의 교인이 있는 15개 교회까지 성장 가능하다. 이것보다 규모가 커지면 새 네트워크를 개설해야 한다. 우리 단체의 연례 집회에는 500명 정도가 모여, 사명을 발견하고 생각을 나누고 실천 사항을 모색한다. 그 이상 많은 사람에게 이야기할 때는 간행물이나 홈페이지, 컨퍼런스 등을 이용한다.

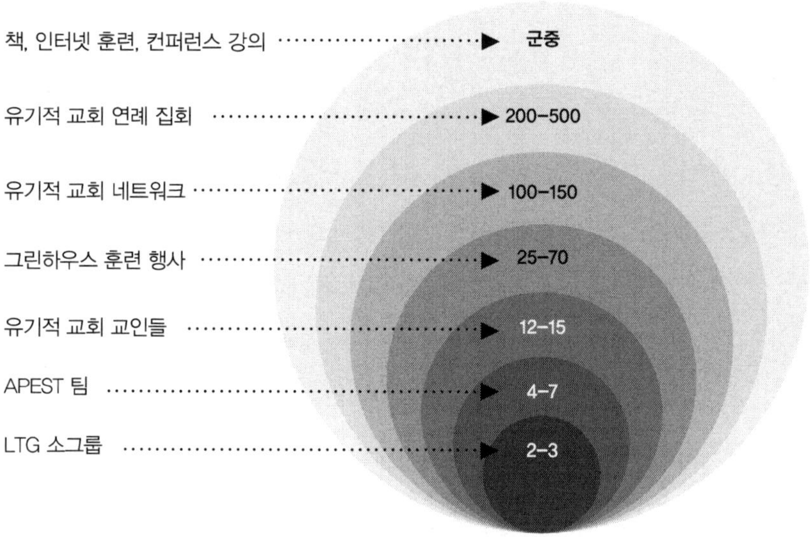


〈도표 7.3〉 CMA의 집단화 전략

## 예수님의 본을 따르라

예수님은 두 사람씩 짝을 지어 파송하셨다(마 10:1-2; 눅 10:1). 예수님이 가장 가까이하셨던 제자는 베드로, 야고보, 요한이었고, 때때로 안드레도 포함되었다. 이들과 예수님을 더하면 다섯 사람으로 구성된 집단이 된다. 예수님은 열두 제자와 영적 가족을 이루어 날마다 함께 생활하셨다. 그리고

70명의 제자를 개인적으로 훈련하여 파송하셨다. 부활하신 뒤 하늘로 승천하실 때는 제자 120명을 남겨 두셨고, 부활 이후에 한 번 이상 500명 앞에 나타나셨다. 공생애 기간에 예수님이 가장 신경 쓰고 우선했던 것은 바로 이러한 집단이었다. 아울러 3천 명에서 2만 명이 넘는 사람들을 한꺼번에 고치고 가르치며 먹이신 적도 있다.(〈도표 7.4〉 참고)

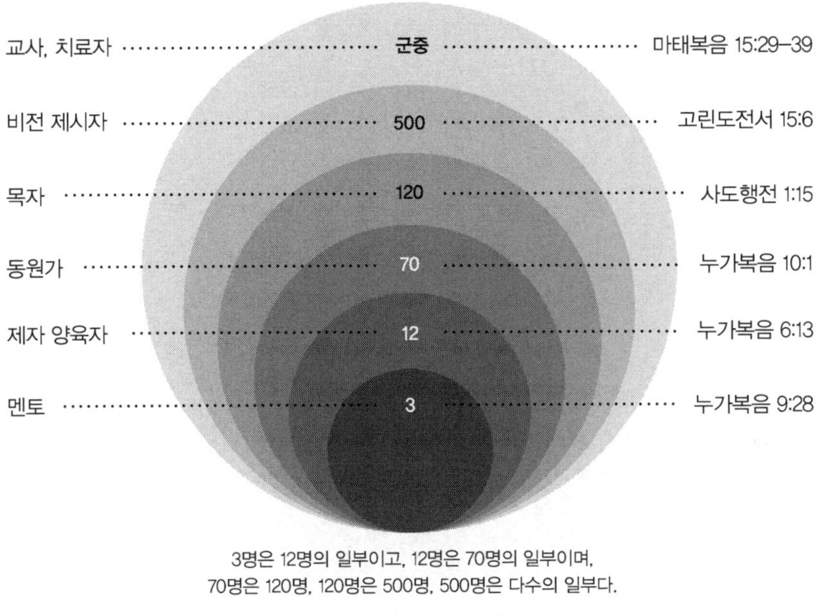


**〈도표 7.4〉 예수님의 사례에서 나타난 지도자가 각 집단에 미치는 영향력**

지도자와 지도자의 지도자는 예수님의 본보기를 따를 수 있으며, 또한 당연히 그래야 한다. 우리는 오로지 큰 규모 집단만 선호하는 경향이 있다. 그러나 큰 집단일수록 성공에 대한 압박감은 크고, 열매는 가장 적게 맺힌다.《오가닉 리더십》에서 인용한 〈도표 7.5〉는 교회 안에서 지도자 한 사람이 지닌 다양한 역할과 그 역할 안에서 사람들에게 끼치는 영향력을 보여준다. 이 도표에서 보는 것처럼 중앙의 핵심 집단에 최선을 다해 시간과 힘을 쏟는 것이 제일 중요하다.

교회란 다양한 목적이 있는 사람들의 결합이며, 그 목적에 따라 규모가 다양한 집단이 모여 있는 곳이다. 너무 오랫동안 우리는 교회에 오직 한 형태만 있는 줄로 생각하고, 그 형태가 성장하는 걸 목표로 삼아 왔다. 하지만 이제는 그 이상의 것이 있음을 알아야 한다(〈도표 7.6〉 참고).

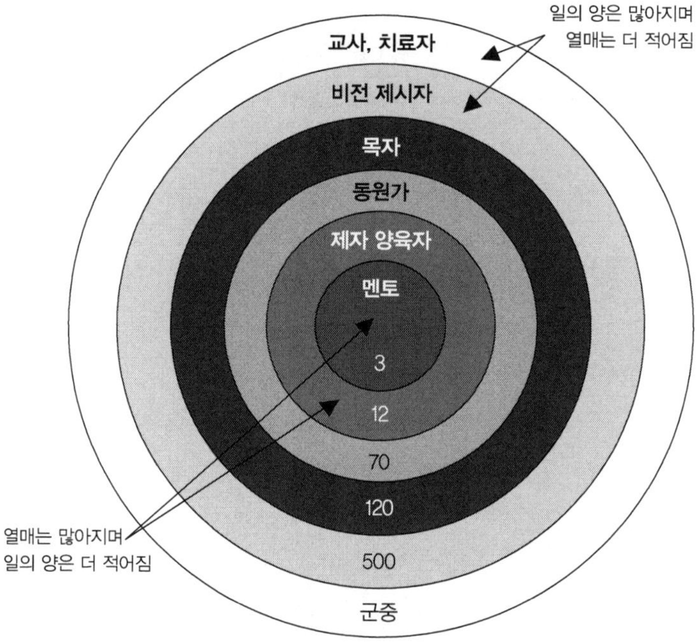


〈도표 7.5〉 지도자 역할과 영향 받는 사람의 숫자

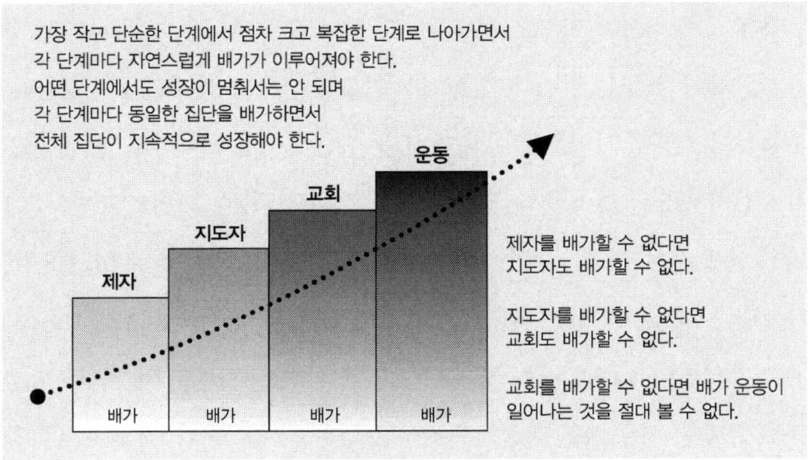


〈도표 7.6〉 유기적 교회 성장의 자연스러운 단계

## 자연 현상을 따르지 않을 때 발생하는 위험

우리가 다시 예전으로 되돌아간다면, 자연스러운 삶과 변화 대신에 껍데기뿐인 프로그램만 양산하고 말 것이다. 먼저 대규모 집단에서 시작하여 나중에 소규모 집단을 양산한 교회에서는 소규모 집단이 성장과 배가의 원천이 되지 못했다. 소규모 집단은 한낱 신앙 프로그램의 도구로 전락하고 말았다.

적절하지 못한 크기의 집단으로 뛰어난 성과를 이루려고 하면 자원과 인력만 낭비할 뿐, 그에 상응하는 열매를 거두지 못한다. 예를 들어, 어떤 교회가 2-3명으로 된 집단을 건너뛰고 25-70명으로 된 집단으로 제자 훈련을 시작하면, 그 훈련은 책임감과 친밀함이 상실된 일종의 그룹 활동이 되어 정보나 기술만 주입할 뿐 온전한 제자 양육을 할 수가 없다.

작은 집단이 큰 집단으로 성장했다고 해서 작은 집단을 없애 버리는 것은 미래를 희생하는 일이다. 작은 집단의 필요성은 결코 사라지지 않는다. 사람들이 소규모 집단을 졸업하고 더 큰 집단에 합류할 때, 소규모 집단을 유지하지 않으면 그 집단을 성장하게 한 힘과 역동성은 사라지고 만다. 내가 수년에 걸쳐 만났던 수많은 교회 개척가가 그런 문제에 빠져 있었다. 처음 가정교회를 시작했을 때 경험했던 영적 활력과 교인 간의 유대감은 큰 교회로 성장함에 따라 더는 찾아볼 수 없게 되었다. 그들은 뒤늦은 후회를 하고 있었다. 이에 대한 해결책은 성장을 멈추는 게 아니라, 가장 효율적인 집단의 규모를 유지하는 일이다.

변화된 사람들이 있어야 다른 집단도 의미를 찾는다. 최소 집단을 무시하면 그런 변화가 일어나지 않을 뿐만 아니라 배가를 통한 진정한 성장도 이루어지지 않는다. 하나님의 나라는 변화된 사람들의 땀과 수고로 확장되는 것이다. 깊이 있는 변화는 오로지 교회의 근간이 되는 최소 단위 집단에서만 일어날 수 있다. 계속해서 대규모 집단에만 초점을 맞추면 참된 변화로 인한 성장이 아니라 지식으로 인한 성장, 즉 개인의 삶이나 사회에 진정한 변화를 가져오지 못하는 비정상적 성장만을 가져온다.

중요한 것은 모든 집단을 건강하게 하고, 최소 집단에서 그다음 규모의 집단으로 계속해서 성장하는 것이다. 다시 말해 2-3명 집단이 성장해서 12-15명 집단이 되는 식이다. 이런 성장이 반드시 한 단계씩 이루어질 필요는 없다. 단, 출발은 '최소 집단'에서 시작해야 한다. 큰 집단에서 작은 집단으로 가는 것은 역행일 뿐만 아니라 중대한 문제를 일으킨다. 큰 집단은 친밀한 관계를 형성하는 것보다 많은 사람이 모이는 것에만 신경을 쓴다.

따라서 배가하는 일에도 어려움이 따른다.

물론 현대인은 누구나 바쁘다. 모든 규모의 집단에서 매주 모임을 하기란 매우 어려운 일이다. 어떤 집단은 매주, 심지어 매달 모일 필요가 없을 것이다. 25-75명 집단은 꼭 필요한 경우에만 모이는 것이 좋다. 집단화 전략을 구상할 때는 100명이나 그 이상 규모 집단보다 2-3명에서 12-15명 집단이 삶의 변화를 이끌어 내기가 쉽다는 사실을 반드시 명심하라. 나는 독자들이 큰 집단보다 작은 집단을 소중하게 여겼으면 좋겠다. 큰 집단은 매주 모이기도 힘들고 사람들의 모든 필요를 채우기에도 부족하다.

제자와 지도자와 교회와 배가 운동의 네트워크를 확장하기 위해서는 하나님이 부여하신 인간의 사회적 특성을 이해해야 한다. 서양 교회는 너무 오랫동안 그러한 중요한 사실을 잊고 있었다. 그래서 우리는 교인들이 변화되고, 이웃과 나라가 변화될 수 있는 기회를 놓치고 말았다.

PART 3

# 유기적 교회의 실제적 문제

이웃에게 그리스도가 되는 것이 모든 그리스도인의 의무다.

**마르틴 루터(Martin Luther)**

8장

# 전도는 어떻게 하는가?

## 불신자 끌기에서 촉매 운동으로

앨런 허시는《잊힌 길》이라는 책의 첫머리에서 독자들에게 아주 의미심장한 질문을 던졌다. "서기 100년에는 이 세상에 몇 명의 그리스도인이 있었는가?" 이어서 그는 "서기 310년 콘스탄티누스 황제 통치 이전에는 이 세상에 몇 명의 그리스도인이 있었는가?"라고 물었다. 그 대답은 우리에게 좋은 교훈이 된다.

- 서기 100년에는 그리스도인의 수가 25,000명 정도였다.
- 서기 310년에는 2천만 명 정도로 그리스도인의 수가 증가했다.[1]

200년이 조금 넘는 짧은 기간에 전 세계 인구의 0%에서 10%가 예수님을 믿는 기적을 이루었다. 앨런 허시가 그다음으로 던진 질문은 "그들은 어떻게 그렇게 할 수 있었는가?"이다. 그 질문에 대한 답을 앞으로 이 책에서 다루려 한다.

그처럼 강력했던 배가 운동은 단순한 개종의 차원이 아니었다. 개인의 삶을 완전히 바꾸어 그리스도의 헌신적인 제자가 되게 하고 복음의 사도로 거듭나게 했다. 지금까지 우리는 기독교가 성장하는 방법을 오해하고 있었다. 안 믿는 사람들을 일단 교회나 부흥 집회에 나오게 해서, 어떻게 하든 주님을 영접하게 하는 것을 중요하게 여겼다. 과거에는 오직 사람을 구원하는 것만이 최대 관심사였지만, 이제 그것만으로 만족해서는 안 된다. 우리는 그들을 복음의 사도로 파송하는 일에도 관심을 기울여야 한다. 단순히 복음을 믿게 만드는 것은 근시안적인 목표이며, 복음의 가치에도 미치지 못한다.

이제는 복음의 능력을 신뢰함으로써 사람의 내면을 영원히 바꿀 만한 충분한 힘이 복음 안에 있음을 깨달아야 한다. 복음 자체에 그런 변화의 위력이 담겨 있다. 사람들을 세상에서 나오게 한 다음 교회로 들어오게 할 게 아니라, 교회에서 나와 세상으로 나아가도록 해야 한다. 진정한 예수님의 제자라면 세상에서도 잘할 것이다. 예수님도 사람들을 세상에서 빠져나오게 하지 않으셨다(요 17:15). 심지어 바울은 그러한 노력이 어리석다고 말했다(고전 5:9-11). 전도하는 것만으로는 부족하다. 전도한 사람들을 세상에 내보내야 한다. '전도'라는 말은 복음과 전도자의 복합어다. 이렇게 사람들을 개종하도록 인도할 뿐만 아니라, 그들을 복음의 새로운 전도자로 불붙게 해야 한다.

## 전도의 천재적 재능

앨런 허시는 복음을 전하는 교회의 새로운 요소로 '전도의 천재적 재능'(apostolic genius)이라는 신조어를 만들어 냈다. 전도의 천재적 재능을

'하나님 백성의 천부적 생명력이자 안내 기제'[2]라고 정의한 그는 "과거의 경이로운 복음화 운동에는 이러한 독특한 힘과 원동력이 스며들어 있었다"라고 말했다.[3] 앨런 허시는 그의 책에서 그런 운동이 일어나기 위한 조건과 환경을 제시하는 데 탁월한 능력을 발휘했다. 따라서 나는 이 책에서 그의 천재성을 똑같이 복사하지는 않겠다.

중요한 점은 예수를 믿는 모든 그리스도인이 전도에 천재적이기에, 얼마든지 복음화 운동을 타오르게 할 수 있다는 사실이다. 전도의 천재성이라고 해서 단순히 아이큐가 높다는 뜻이 아니다. 천재적 자질 뒤에 있는 천재성은 우리 안에 계시는 '성령'으로 말미암는 것이다. 그렇다면 왜 복음화 운동의 물결이 거세게 일어나지 않는 걸까? 그 이유는 전도의 천재적 재능을 발휘하기 위해서는 먼저 올바른 환경이 조성되어야 하기 때문이다. 말하자면 그 천재성이 순조롭게 드러나도록 통로를 매끄럽게 해줄 윤활유가 필요하다는 뜻이다.

앨런 허시가 뒤이어 펴낸 《잊힌 길 핸드북》(*The Forgotten Ways Handbook*)에는 전도의 천재적 재능에 대해 더 자세한 설명을 담았다.[4] 만약 핸드북이라는 제목에서 추측하여 원래 책의 참고서로 예상한다면 오산이다. 이미 절찬리에 판매된 책의 속편을 내보내서 부가 수입을 올리려는 출판사의 전략 외에도 저자가 제시했던 핵심 내용을 이 속편에서 더욱 심도 있게 다루었다. 앨런 허시는 '사도가 지닌 습관' 다섯 가지와 각 습관에 따른 행동을 소개하면서, 그것을 '사도가 되기 위한 환경 조성'이라고 불렀다.[5] 나는 그가 말하는 모든 부분에 동의한다. 아울러 사도의 은사와 자질에 따르는 촉매제와 같은 성격이 복음화 운동의 기반이 된다는 점도 강조하고 싶다. 우리는 그 성격이 더 강하게 드러나도록 힘써야 한다.

앨런 허시는 사도를 '복음화 운동의 촉매'라고 표현했다. 이는 브라프먼과 벡스트롬이 쓴《불가사리와 거미》[6]에서 착안한 것이다. 물론 맞는 이야기이긴 하지만, 실제로 사도가 배가 운동을 직접 지휘하는 것이 촉매로서의 참모습을 보여 주는 것은 아니다. '촉매'는 자신의 고유 성질을 유지한 채 다른 물질과 반응하여 그 물질의 화학 작용을 촉진하는 물질을 말한다. 유능한 사도의 영향력은 촉매와 같은 역할을 하지만, 정작 사도 자신은 복음화 운동에 직접 뛰어들지 않는다. 그 한 예로 사도 바울은 사도로서 지녀야 할 자질과 경력이 쌓일수록 오히려 선교 여행을 자제하며 오랜 기간 한 곳에 머물렀다. 그렇게 함으로써 다른 사람이 자신의 선교 사역을 이어받아 더 먼 곳까지 복음을 전할 수 있게 했다. 이로써 그의 영향력은 이전에 그가 선교 여행을 다녔을 때보다 더 폭발적으로 증가했다.[7]

사도가 직접적으로 복음을 전하는 것보다 그의 '영향력'이 증가하는 일에 힘쓸 때 복음화 운동은 더 뜨겁게 타오른다. 그래서 그 지역과 종족이 주님의 발 앞에 나아오게 되는 것이다. 바울이 편지를 보낸 교회 중에는 대부분 교인을 한 번도 본 적이 없는, 즉 그의 영향을 받아 다른 사도가 세운 교회도 포함되어 있다(골 2:1). 바울이 직접 수고하지 않았어도 그의 영향력이 복음화의 기틀이 되었던 것이다. 그 점을 이해했던 앨런 허시는 "사도란 사명과 비전을 제시한 뒤에 뒤로 물러서는 사람"이라고 말했다.[8]

사도는 그리스도인이 주님의 사명을 다른 사람에게 전할 때 기뻐하며, 언제나 그 점을 염두에 두고 일한다. 신약성경에서는 사도가 '기초를 놓는 사람'이라고 정의했다(엡 2:20; 고전 3:9-13; 롬 15:20). 그 말은 곧 사도가 원칙을 제시함으로 선교 유전자가 교회 개척을 하도록 이끈다는 뜻이다. 특히 요즘 시대에는 이 말의 의미를 되새기는 것이 무척이나 중요하다. 지도자들은 사도의 권위를 내세우며 사람들이 자신을 따르고 자신의 지시대로 움직이기를 바란다.

건물의 기반에는 그늘이 생기지 않는다. 사람들의 눈에 보이지도 않는다. 누구도 건물의 기반은 생각하지 않으며, 그저 그 위를 밟고 지나다닐 뿐이다. 진정한 사도도 그와 같이 행동한다(고전 4:9-13). 자신이 주목받기를 원치 않으며, 다른 사람이 복음화 운동의 기수가 되기를 원한다. 따라서 전도의 천재적 재능이란 사도가 자기 손으로 얼마나 복음을 전하느냐에 달려 있지 않다. 다만 다른 사람으로 하여금 복음을 전하게 하는 능력이 얼마나 탁월한가에 달려 있다. 사도 개인이 아니라, 그가 지닌 '영향력'이 복음화 운동의 진정한 촉매다. 그러나 사실상 그 둘을 완전히 별개로 취급하기는 어렵다. 이 장에서는 앨런 허시가 상세하게 설명하지 않은 부분에 초점을 맞추도록 하겠다.[9]

일단 여기에서는 복음화 운동의 기반이 될 전도의 천재적 재능에 대해 몇 가지 구체적인 요소를 다루고자 한다. 먼저 복음화 운동의 촉매가 되기 위한 필수적 요소인 '사회학적 원칙'을 소개하고, 그다음으로는 우리 교회 배가 운동 단체에서 진행하고 있는 '복음화 운동'의 사례를 들어 그 원칙을 자세하게 설명하겠다. 교회 배가 운동 사역을 예로 든다고 해서 우리 사역을 그 본보기로 생각하면 안 된다. 나는 본보기를 제시하려는 게 아니라 이 장에서 소개한 원칙을 우리가 어떤 식으로 실천했는지를 보여 주려는 것뿐이다. 단순히 우리가 한 일을 그대로 따라하는 것은 바람직하지 않다.

우리가 그랬듯이 먼저 원칙을 이해하고 주님의 음성을 들은 뒤, 현재 당신의 상황과 은사와 사명에 가장 적합한 방법을 찾아내야 한다. 내가 이 장에서 제시하는 최고의 본보기는 바로 그것이다!

부디 내가 이 장에서 서술하는 내용을 매디슨 에비뉴(Madison Avenue, 미국의 광고업계를 이르는 말－역주)의 번지르르한 선전 문구처럼 생각하지 말기를 바란다. 실제로 내가 이야기하는 내용을 올바르게 받아들이려면, 예수님이 전도의 천재적 재능을 어떤 식으로 전해 주셨는지를 확인하며 봐야 한다. 다음 장에서는 유기적 교회에서 세례와 성찬을 어떻게 할 것인가를 알아볼 것이다. 아울러 예수님이 보여 주신 전도의 천재성을 몇 가지 사례를 통해 살펴볼 것이다. 세례와 성찬(물론 다른 요소들도 포함해서)이야말로 진정한 전도 자질의 증거이기 때문이다.

## 배가 운동의 촉매

나는 청소년 시절에 파도타기 보드를 내 손으로 직접 수리하거나 고쳐 만들기를 즐겨 했다. 송진을 섬유 유리에 묻히고 그 위에 촉매제를 바르면, 몇 분 뒤에 송진이 딱딱하게 굳는다. 촉매제를 더할 때는 반드시 다른 작업을 즉시 이어 갈 수 있도록 준비하고 있어야 한다. 일단 촉매제가 더해지면 송진이 순식간에 굳어 버려서 더는 손을 댈 수가 없기 때문이다. 사실 송진은 가만히 두면 저절로 굳지만, 촉매제는 그 과정을 한층 촉진한다. 원래 촉매라는 것이 자신의 고유 성질을 유지하면서 다른 물질의 화학 작용이 빨리 일어나도록 도와주는 물질이기 때문이다. 다시 말해 촉매는 자연

발생 과정을 촉진하지만, 그 과정에서 스스로 소멸하지는 않는다. 우리 단체에서 촉매와 같은 방법과 생각을 고안하는 일은 기본적으로 내가 담당한다. 나는 아이디어를 구상하는 건축가이자, 복음화 운동이 어디서든 촉진될 수 있도록 촉매제를 더하는 사람이다.

지금껏 수많은 실패와 다양한 경험을 맛보는 과정에서, 나는 복음화 운동을 촉진하는 촉매에 여섯 가지 특징이 있음을 깨달았다. 내가 말하는 촉매는 전염병처럼 빠르게 번져서 순식간에 복음화 운동을 일으키는 사상, 결과, 행동 등을 말한다. 즉 사람 사이에 계속해서 퍼져 나가는 성질을 지닌 것을 의미한다. 이런 자생적 현상이야말로 사도 자신이 촉매를 유도하는 역할은 물론이고 실제적 촉매도 될 수 없는 이유를 말해 준다.

인터넷 마케팅 분야 전문가인 세스 고딘(Seth Godin)은 이렇게 말했다. "사람들에게 무엇을 하라고 말하는 것과 운동을 일으키는 데는 차이가 있다. 사람들이 알아서 서로 이야기하고, 지역 공동체 안에 같은 생각이 퍼져 나갈 때 운동이 일어난다. 무엇보다 항상 옳다고 믿었던 일을 하는 데는 같은 부류 사람의 지원을 받을 때 강력한 운동이 일어난다." 이어서 그는 다음과 같이 덧붙였다. "위대한 지도자는 사람들에게 의사소통 권한을 주어 운동을 일으킨다. 사람들에게 자기 말을 따르라고 지시하는 게 아니라 사람들끼리 스스로 연결하고 알아들을 수 있는 기반을 마련해 준다."[10] 이처럼 사람들이 연결되어 중요한 사상을 전달하도록 하는 도구, 방법, 전략이 바로 내가 이야기하는 촉매다.[11]

교회 2.0에서는 얼마나 많은 교인이 출석하고 얼마나 많은 헌금이 걷히느냐가 교회 부흥의 평가 기준이었다. 그러나 교회 3.0은 일종의 '운동'이기에 얼마나 많은 사람이 교회에 나오느냐가 아니라, 얼마나 많은 사람이 교회의 파송을 받아 나갔느냐가 교회 성공의 잣대가 된다. 우리는 교회의 교인 유치 능력보다 교인 파송 능력을 측정하기 원한다. 자, 한번 이렇게 자문해 보라. "복음의 내용과 전도 방법과 사명감이 한 사람에게서 그다음 사람에게로, 그리고 또 다음 사람에게로 계속해서 퍼져 나가고 있는가?" 그런 일이 일어나기 위해서는 전도의 천재적 재능이 발휘되어야 한다. 즉 운동의 불길을 댕기는 훌륭한 촉매가 있어야 하는 것이다.

내가 그와 같은 사상과 도구를 '촉매'라고 부르는 이유는, 방법 자체가 복음이 퍼져 나가는 실제적 요인이 아니라 복음이 퍼져 나가도록 '촉진'하는 역할을 하기 때문이다. 오직 하나님의 성령과 말씀(사도 자질의 핵심)만이 진정한 영적 운동을 일으킬 수 있다. 우리는 모두 하나님의 성령과 말씀을 소유한 사람이므로 우리 모두에게 복음화 운동의 잠재력이 있다고 말할 수 있다(4장 참고). 이 개념을 이해하신 예수님께서는 '누룩' 비유로 설명하기도 하셨다. 밀가루 반죽에 들어간 누룩은 촉매 역할을 해서 반죽을 부풀게 한다(눅 13:20-21). 이는 누룩의 성질을 유지하면서 그 영향력만 배가하는 것이므로 소량으로도 큰 효과를 낼 수 있다.

이 장과 다음 장에서는 전도의 천재적 재능을 다른 사람들에게 전해 주는 촉매의 요소가 무엇인지를 살펴볼 것이다. 간추려서 말하면, 전도의 천재성은 진정한 복음화 운동의 원동력이고, 촉매는 그 원동력이 뻗어 나가도록 돕는 수단인 셈이다. 우리에게는 두 가지가 모두 필요하다. 전도의 천재성만 있어도 복음화 운동은 일어날 수 있지만, 촉매가 있으면 그 과정이 더욱 빨라질 수 있기 때문이다.

## 복음화 운동을 가속화하는 '좋은 촉매'의 여섯 가지 특징

나는 지난 20년 동안 많은 실패와 경험을 통해 '좋은 촉매'의 여섯 가지 특징을 깨달았다.

**좋은 촉매는 단순하다**

단순한 것은 전달하기 쉽다. 복잡한 것을 사람들에게 계속해서 전달하기는 어렵다. 개념이나 사상이 복잡할수록 사람들은 그것을 이해하는 데 어려움을 느낀다. 그래서 행여 잘못 전달할까 봐 다른 사람들에게 전해 주는 일을 꺼린다.

칩과 댄 히스 형제는 《스틱!》(웅진윙스 역간)의 첫머리에서 그러한 기본 특징을 언급했다. '단순성'은 전하는 일이 수월하다는 것 외에도 많은 장점이 있다. 단순하고도 강한 인상을 주는 것은 편집되는 과정에서 특별한 힘을 발휘한다. 단순하게 하고자 배제된 것들이 중요한 게 아니라, 그 단순함 속에 포함될 만큼 중요하게 여겨지는 '의미'가 이목을 끄는 것이다.

히스 형제는 이렇게 말했다. "어떤 사상의 핵심을 살리려면 '제외'하는 기술을 잘 사용해야 한다. 즉, 더 중요한 것을 계속 골라내야 한다는 말이다. 짧게 말하는 것만이 능사가 아니다. 조리 있는 간결문은 이상적인 형태가 아니다. 오히려 속담이나 격언이 이상적인 형태다. 우리는 단순하면서도 의미심장한 개념을 만들어 내야 한다."[12] 더 중요한 것을 계속 골라내는 과정이 사람들의 이목을 끌 수 있는 알짜를 탄생하게 한다. 세스 고딘 역시 "지도력은 자신이 타협할 수 없는 것이 무엇인지를 깨닫는 것이다"라고 말했다.[13] 《어린 왕자》로 잘 알려진 작가 생텍쥐페리(Saint-Exupéry)는 "더 더할 게 없을 때가 아니라 더 뺄 것이 없을 때 완벽해진다"라고 말했다.

온전한 사람은 무엇을 위해 싸워야 하는지를 알고, 미친 사람은 무엇이든 싸우려 하며, 비겁한 사람은 무엇이든 싸우지 않으려 한다. 이 세상에는 싸워야 할 만큼 가치 있는 것이 있고, 애초에 싸울 필요조차 없는 것이 있다. 개중에는 죽음도 불사할 만큼 귀한 것도 있다. 목숨을 내놓고 싸워야 할 것과 싸울 필요조차 없는 것을 가려낼 수 있을 때, 그 사람은 다른 사람을 이끌 자격이 있다. 그런 일을 구분할 만큼 인생을 산 사람이라면, 사람들은 그의 말에 귀를 기울이려 할 것이다. 무엇이 가장 중요하고, 그다음으로는 무엇이 중요한지를 알수록 그의 권위는 올라간다.

최근에 한 지도자와 함께 식사를 하며 이야기를 나눈 적이 있다. 그는 우리 단체에서 일하는 사람인데, 자신이 시작한 도시 복음화 사역의 비전을 다른 사역자들이 제대로 전달하지 못한다며 불만을 토로했다. 그는 사명을 고취하고 사람들을 동원하는 데 아무 문제가 없었다. 내 생각에 그는 그 방면에 뛰어난 재주가 있는 사람 같았다. 그러나 다른 사람들은 그 사명을 이해하고 자기 것으로 만들어서 남에게 전하는 일을 잘 해내지 못했다.

나는 그의 사명을 간략히 정리하고자 다음과 같은 질문을 던졌다. "자네는 어떤 반대도 이겨 낼 각오가 되어 있는가? 미움을 받아도 계속해서 밀고 나갈 만한 일이 무엇인가? 현재의 교회나 사역에 잘 융화되지 못하는 이유가 무엇인가?" 이런 질문을 하는 사이에 사람들은 필요 없는 부분을 모두 깎아 내고 견고한 바위 안에 있는 걸작을 보았다. 밑바닥까지 이르러야 정확하고 분명하게 볼 수 있는 것이다. 그때는 다른 사람들도 우리가 하는 말을 이해하고, 그 말을 다른 사람들에게 전해 줄 수 있다.

사명이나 비전을 품는 일은 쉽다. 그러나 복음화 운동을 일으키는 것은 쉬운 일이 아니다. 사명이나 비전을 품었다고 해서 저절로 운동이 일어나지는 않는다. 다른 사람들도 같은 사명을 품게 해서 스스로 성취하게 할 때 운동이 일어난다. 당신이 품고 있는 사명을 효과적으로 전달하면 다른 사람들도 당신을 따를 것이고, 당신이 하는 일에 사역자들이 몰릴 것이다. 그러나 운동이란 단순히 그런 차원이 아니다. 운동은 어느 한 사람에게 국한된 사명이 아니라, 모든 사람이 널리 퍼뜨리기를 원하는 사명이다. 왜냐하면 그들도 동일하게 그 사명을 품게 되었기 때문이다. 이때의 사명은 한 사람의 것이 아닌 '모든 사람'의 것이 된다.

사명에는 매력적인 것을 첨가하면 안 된다. 오히려 매력적인 것을 제거해야 한다. 모든 것을 제거하고 가장 중요한 핵심만 남게 되면, 그것이야말로 가장 단순하고 의미심장한 것이 된다. 단순하고 의미심장한 것은 누구든지 기억하기가 쉬우므로 운동을 일으킬 만한 촉매가 될 수 있다. 이는 쉽고도 어려운 일이다. 즉 말하기는 쉬워도 실천하기는 어렵다는 뜻이다. 자신의 생각과 사명을 귀하게 여기는 것 이상으로 그것을 깎고 다듬는 과정을 귀하게 여길 줄 알아야 한다. 우리는 별로 중요하지 않는 것에 필요 이상으로 큰 관심을 기울인다. 자기가 소중히 여기던 다른 생각까지 슬쩍 끼워 넣어서 더 복잡하고 덜 효과적이게 만들기 때문에 제대로 퍼져 나가지 못하는 것이다. 필요 없는 것을 제거하는 과정에는 자신의 것을 기꺼이 희생할 수 있는 '객관성'이 필요하다. 바로 그 점이 어렵다는 것이다.

당신과 나는 우리가 일으키는 운동의 창시자가 아니다. 오직 예수님이 우리의 왕이시며, 그분이 우리 운동에 알맹이를 주신 분이다. 복음의 알맹이는 놀라울 정도로 단순하다. 얼마나 단순한지 어린아이도 이해하고 받아들일 수 있을 정도다. 그와 동시에 매우 깊고 심오해서 신학자들이 평생토록 연구해도 제대로 깨닫지 못한다. 하지만 어쨌든 복음은 단순하다.

**좋은 촉매는 작고 소박하다**

나는 큰 것을 꿈꾸는 사람이다. 사람들은 내가 작은 교회를 개척하니까 큰 것에 반감을 품은 줄 알지만 사실은 그렇지 않다. 나는 전 세계가 복음화되기 전까지는 결코 만족할 수 없다. 한 교회가 세계 복음화를 이룰 수는 없지만, 작은 교회들이 모이면 가능하다. 세계적인 변화는 소규모에서 시작해야 한다.

세스 고딘은 "작은 것이 큰 것이다"라고 과감하게 말했다.[14] 사람들이 일반적으로 생각하는 것과 달리, 커지기 위해서는 먼저 작아져야 한다. 물론 이것은 인간 본성에 반하는 일이다. 우리는 더 큰 일을 하려다가, 오히려 할 수 있는 일보다 더 작은 일만 하게 되는 경우가 허다하다. 예수님은 누룩 비유로 작은 것이 얼마나 큰지를 보여 주셨다. 또한 가장 작은 씨에 지진을 일으킬 만한 엄청난 힘이 있다고 말씀하셨다(마 17:20).

말콤 글래드웰은 세간의 호평을 받았던 《티핑 포인트》라는 책에서 유행병처럼 급속히 확산되는 동향, 사상, 바이러스가 가진 세 가지 특징을 이렇게 요약했다. "첫째는 전염력이 있다는 것이고, 둘째는 작은 요인이 커다란 효과를 불러일으킨다는 것이며, 셋째는 그런 변화가 점진적으로 일어나는 게 아니라 한순간에 극적으로 일어난다는 것이다(그는 바로 이 순간을 '티핑 포인트'라고 불렀다)."[15] 그는 책의 상당 부분에서 '소수의 법칙'이라는 주제를 다루면서, 적은 수의 사람에서 비롯한 운동들이 유행병처럼 확산되었던 역사적 사례를 들었다. 실제로 그런 운동은 그런 방법으로만 시작된다.

물론 작다고 해서 무조건 강력한 것은 아니다. 작은 것 안에 무엇이 들어있는가가 관건이다. 모래 한 알과 밀알 한 알은 모두 조그맣다. 하나는 하나님이 주신 잠재력이 있어 굶주린 인류를 먹일 수 있고, 다른 하나는 촉매가 되어 상처를 내거나 진주를 만들 수 있다. 다만 '단 한 번'만 가능하다. 내면에 전도의 천재적 재능이 있지 않은 한, 작은 것의 촉매 역할만으로는 충분치 못하다.

세상을 바꾸기 전에 한 사람의 삶부터 바꿀 수 있어야 한다. 그리고 그 사람이 같은 방법으로 다른 사람의 삶도 바꿀 수 있어야 한다. 이런 일이 일어나기에 가장 좋은 조건은 거창한 환경이 아니라 아주 작은 환경이다. 바로 그런 방법에 결국은 세계도 변한다. 당신에게 잠재해 있는 생각 바이러스를 큰 집단의 도움을 받아 전하려 한다면, 당신의 시도는 실패로 돌아갈 것이다. 그러나 한 사람이 다른 한 사람에게 전하는 단순하고 소박한 방법을 사용한다면, 이미 전염력이 있는 바이러스가 급속히 퍼져 나갈 것이다.

에이즈(AIDS)라는 미세한 바이러스가 수십 개 나라로 이루어진 아프리카 대륙을 무릎 꿇게 했다. 에이즈 바이러스는 한 사람에게서 다른 사람에게로, 충분히 예견 가능한 방법으로 거의 아무런 방해도 받지 않고 퍼져 나갔다. 그 이유는 감염된 사람이 계속해서 바이러스를 퍼뜨렸기 때문이다. 에이즈를 퇴치하려면 바이러스를 죽일 방법을 고안해서는 안 된다. 바이러스를 퍼뜨리는 사람들의 행동을 막아야 한다. 사실은 그것이 더 어려운 문제다. 사람들의 자연스러운 행동 욕구를 저지해야 하기 때문이다.

왜 작은 것이 큰가? 작은 것은 비용이 많이 들지 않고 증식하기가 쉽다. 변경과 대체도 수월하다. 작으면 이동이 간편하고 멈추기는 어렵다. 또한 작을수록 더 친밀하고 더 단순하며 쉽게 스며든다. 작은 일은 사람들이 자기도 할 수 있다고 생각한다. 하지만 큰 것은 이와 정반대다. 전략을 축소할수록 우리는 더 빨리 세계를 바꿀 수 있다.

세스 고딘은 작은 것이 급속히 커지는 것도 경계하라고 했다.[16] 비전의 전염력이 매우 강하면, 애초에 그 비전에 매력을 더해 주었던 그 전염력의 주체가 타락해 버릴 수 있다. 그러면 극적인 전환점을 맞는 게 아니라, 바이러스처럼 퍼져 나가서 전형적인 타락을 길을 걷다가 결국 모든 걸 잃고 만다. 미약한 시작(슥 4:10)을 절대로 우습게 여기지 마라. 작은 것을 빨리 끝내서 어서 큰 것으로 성장하려는 조급함을 버리기 바란다.

### 좋은 촉매는 놀랍고 신기하다

'정체' 상태에는 문제가 있다. 심지어 정체라는 단어만 봐도 답답한 마음이 들지 않는가? 정체란 아무런 흥분도 불러일으키지 못하고 창조력도 자극하지 못한다. 새 천 년이 열린 이 시대에 정체는 저주나 다름없다.

복음은 '변화'다. 그리스도인의 삶은 정체와 정반대다. 내가 성경을 제대로 읽었다는 전제 아래 주장하자면, 항상 제자리에 머무는 그리스도인은 그리스도인이 아니다. 세상의 많은 종교가 담대한 모험을 회피하고 현상 유지에만 매달린다. 하나님의 백성인 우리는 과감히 변할 뿐 아니라, 가는 곳마다 변화를 몰고 와야 한다. 그러나 불행하게도 사람들의 평가는 그와 다르다. "최악의 종교는 보통 믿음을 희생으로 치르면서 정체 현상을 심화한다"라고 세스 고딘은 말했다.[17]

운동을 일으키려면 현재 우리가 어디에 있는지를 파악하고 길을 선택해서 나아가야 한다. 이유는 간단하다. 안주한다는 것은 움직이지 않는다는 뜻이기 때문이다. 가만히 앉아서 운동을 일으킨다는 건 불가능하다.

우리가 가는 길은 사람들의 호기심을 자극할 정도로 놀라운 길이 되어야 한다. 《스틱!》에서 히스 형제가 한 말을 주목해 보라. "우리는 사람들의 예상을 깨뜨려야 한다. 직관에 반하는 일을 해야 하고…흥미와 호기심을 자극해야 한다…사람들의 지식에 들어 있는 '틈새'를 조직적으로 공략해서 그 틈새를 채워야 한다."[18] 기독교는 신비롭고 불가사의한 여정으로 사람들을 초대한다. 복음이 충격적인 이유는 사람들의 예상을 뒤엎기 때문이다. 가슴 조이며 애태우던 문제에 누군가 의외의 해결책을 찾아 주면 그 일은 잊기가 어렵다. 잊기 어려운 정도가 아니라 다른 사람에게 말하고 싶어 입이 근질거리까지 한다.

복음은 죽음에 대한 해결책이다. 영원한 죽음뿐만 아니라 피할 수 없는 죗값으로 하루하루 죽음에 다가서는 삶을 완전히 해결한다. 죄의 종살이에서 해방되었다는 이야기는 누구에게든 들려주고 싶은 좋은 소식이다. 사랑의 하나님이 보낸 완벽한 대리인이 우리를 대신해서 죽었다가 부활함으로써 우리를 죽음에서 건져 냈다는 놀라운 소식이 바로 '복음' 아닌가! 어떻게 이처럼 기쁘고 놀라운 소식을 말하지 않고 배길 수 있단 말인가?

복음을 지루하고 따분하게 하는 것은 죄다. 복음은 무엇이든 바꾸는 힘이 있어 운동을 일으킨다. 강대상 앞에 나와서 영접 기도하는 게 복음의 끝이 아니다. 복음은 평생토록 지속될 모험의 시작이다! 복음은 보람 있고 뜻있는 인생길을 약속한다. 아울러 우리를 아들딸로 입양하신 영원한 하나님과의 친밀한 관계를 약속한다. 또한 복음에는 예수 그리스도가 우리와 언제 어디서든 영원히 함께하신다는 약속이 들어 있다. 한편 우리 인생에는 사도 바울이 '신비로움'이라고 표현한 놀라운 진실이 담겨 있다. 바로 영광의 소망이신 예수 그리스도가 우리 안에 거하신다는 사실이다. 그 사실에 놀라지 않는 이 과연 누구인가?

**좋은 촉매는 의미심장하다**

단순한 것을 놀랍고 소박한 방법으로 제시한다 해도 알맹이가 시시하고 보잘것없으면 가치가 떨어진다. 속까지 파고 들어갔을 때 알맹이까지 대단한 것이라면, 우리는 기본적으로 진짜 중요한 것을 가진 셈이다.

최근 유행하는 마케팅 서적들은 중요도에 별로 가치를 두고 있지 않지만, 나는 우리가 전하는 것이 반드시 중요한 것이어야 한다고 생각한다. 어떤 책은 허시파피 신발과[19] 채소 껍질을 벗기는 필러의 개발[20]을 획기적인 발명이라고 주장한다. 그러나 그건 일시적인 유행일 뿐 '운동'이라고 할 수는 없다. 운동이란 신고 먹는 것 이상의 변화를 뜻한다. 즉 무언가를 '하게' 하거나, 무언가가 '되게' 하는 것을 의미한다. 단지 어떤 상품을 구입하게 하는 게 아니라, 하나의 사상이나 비전을 '품게' 하는 것이다. 그것은 시대 유행보다 오래갈 뿐만 아니라 전 사회에 지워지지 않는 흔적을 남긴다. 물론 좋은 흔적일 수도 있고 나쁜 흔적일 수도 있다. 독일에서 일어난 나치의 청년 운동은 긍정적인 것이 아니었지만 역사에 흔적을 남겼다.

유행과 운동의 차이는 사람들을 어떻게 바꾸고 세상에 어떤 흔적을 남기느냐에 있다. 시대 유행은 왔다가 사라진다. 한때 유행했던 훌라후프는 이제 '그때 그 시절'을 떠올리게 하는 추억의 물건이 되었다. 물론 지금도 여전히 훌라후프를 사용하는 곳이 있다. 그러나 예전처럼 대대적인 광고를 하지는 않는다. 그것을 구매할 만큼 관심을 갖는 사람이 없기 때문이다. 이제 유행은 끝난 것이다. "나도 한때는 그랬지." 모두 옛이야기일 뿐이다.

잔잔한 작은 호수에 손바닥만 한 돌을 집어 던지면 출렁이는 물결이 호숫가로 점점 넓게 퍼진다. 몇 분이 지나면 돌에서 발생된 힘이 사라지면서 더는 반응이 일어나지 않으며, 호수는 예전의 모습으로 돌아간다. 유행도 그와 똑같다. 그럼 돌이 아니라 같은 크기의 표백제 덩어리를 호수에 던진다면 어떻게 되겠는가? 이번에도 물결이 일어났다가 서서히 사라지겠지만, 그와 동시에 물에서 연쇄적인 화학 작용이 일어나 몇 시간 내에 물의 성질이 바뀔 것이다. 이것이 바로 운동이다. 운동은 연쇄적인 반응을 일으켜 '영원한 변화'를 가져온다.

사람들은 내게 유기적 교회 운동도 일시적인 유행으로 끝나는 게 아니냐고 묻는다. 그러나 사람이 딴사람으로 바뀐다면 그건 유행이 아니다. 그리스도인이 가정에서 예배드리며 이전 교회에서 했던 일을 똑같이 반복할 때, 그리고 무엇보다 이전 교회에서 안 했던 일을 여전히 하지 않을 때 그럴 때는 유행을 겪는 것이 분명하다. 요점은 사람들이 '정말로 바뀌느냐'다. 사람들이 다시는 과거 모습으로 돌아가지 않을 정도로 큰 은혜를 경험하여 새 사람으로 변화했는가? 운동이냐 아니냐를 궁극적으로 판단할 사람은 선교학자도, 신학자도, 통계학자도 아니다. 미래의 역사가다. 교회나 성당이 아닌 집에서 예배드린다고 해서 운동이 될 만큼 대단한 뭔가가 생기는 게 아니다. 그건 일시적 유행으로 끝날 것이다. 다만 우리가 변화를 몰고 올 만큼의 강력한 의견과 방법을 제시해서, 한순간의 유행이 아닌 운동이 탄생했으면 하는 소망이 있다.

하나님 나라에는 훌륭한 사상이 많이 있지만, 변화를 몰고 올 만큼의 강력한 사상은 언제나 '성경 말씀' 자체라고 생각한다. 우리가 어찌 성경을 제쳐 놓을 수 있겠는가? 몇 명이 소그룹을 구성하여 하나님 말씀에만 귀를 기울이는 단순한 과정을 만들어 낸다면, 그 과정은 퍼져 나갈 것이고 또 당연히 퍼져 나가야만 한다. 나는 지난 20여 년 동안 이 사역에 종사하면서, 이 사역이야말로 조금도 힘들지 않다는 사실을 깨달았다. 성경은 전 세계로 퍼져 나갈 진리의 말씀이다. 우리는 자신의 의견이나 사상이 아닌 성경 말씀을 신뢰해야 한다. 이 장 뒷부분에서는 성경이 촉매가 되어 자체적으로 진리를 전하는 실제 사례들을 소개할 것이다.

우리에게 '진리'는 무엇보다 가장 중요한 핵심을 아는 것이다. 앞서 펴낸 《오가닉 처치》에서도 밝혔듯이, 비기독교인 월터 모벌리(Walter Moberly)라는 교육가는 그리스도인들에게 이런 말을 한 적이 있다. "당신들이 믿는 것의 10분의 1의 내용이라도 진실이라면, 당신들은 지금보다 10배는 더 기뻐해야 마땅하다."[21] 우리는 왜 더 많은 운동이 일어나지 않는지를 스스로 자문해야 한다. 아무래도 그 대답은 우리 신앙에서 가장 중요한 하나님 말씀을 올바로 전하지 못해서가 아니겠는가?

### 좋은 촉매는 '달라붙는' 특징이 있다

말콤 글래드웰은 그의 책《티핑 포인트》에서 어떤 것이 인상적이고 도움이 될 때, 그것이 우리에게 착 '달라붙는다'는 표현을 사용했다. 그는 그것을 '달라붙는 속성'이라고 이름 붙였다. 그가 만든 이름은 정말로 착 달라붙는 속성이 있는 모양이다. 계속해서 많은 책이 같은 용어를 인용하고 있으니 말이다. 래리 오스본(Larry Osbourne)이 저술한《달라붙는 교회》(*Sticky Church*)와 앞서 언급한 히스 형제의《스틱!》은 모두 글래드웰의 표현에서 영감을 받은 것이다.

달라붙는다는 말은 어떤 개념이나 제품이나 방법에는 기억에 남을 만한 특징이 있다는 뜻이다. 그 특징이 널리 퍼지면 운동이 일어난다. 어떤 개념이나 사상이 무척이나 흥미롭고 인상적일 경우, 그것은 사람들의 기억에 달라붙는다. 그래서 도저히 잊어버리지 못하게 되며, 마침내 운동이 일어난다. 만약 그것이 다른 사람에게 이야기하고 싶을 만큼 흥미로운 것이 아니라면, 절대 운동은 일어나지 않는다. 운동이 시작되기 위해서는 개념이나 사상이 사람들의 입에서 계속 오르내려야 하는데, 그것이 머리에 달라붙는 개념이 아닌 이상 그렇게 되기는 어렵다.

같은 주제로 책을 쓴 히스 형제는 달라붙는다는 표현을 그런 식으로 적용한 글래드웰에게 경의를 표했다. 아울러 그는 하나의 사상이 사람들의 생각에 달라붙는 데 필요한 요소를 나열했다. 단순성, 의외성, 중요성(이런 요소는 내가 이미 이 장에서 언급했다)을 제외하고 나머지 세 가지는 여기에 소개하는 것이 좋을 것 같다.

1. **구체성**: 구체적인 이미지를 사용해서 일상적인 것과 연관해 설명하면, 전달하려는 사상이 사람들에게 더 확실해지므로 즉시 이해하고 믿기 쉬워진다.
2. **감정**: 사람들이 그 사상에서 어떤 감정을 느끼지 못하면 기억 속에 깊이 박히지 않는다.
3. **이야기**: 사람들은 단순한 정보보다 '이야기'를 잘 기억한다.

이때 중요한 사실은 어떤 것이 달라붙는 속성을 가지는지 파악하고자 별도의 평가 도구를 사용할 필요가 없다는 것이다. 우리가 할 일은 그저 우리 자신이 그것에 어떤 감정을 느끼느냐를 살펴보면 된다. 그것이 우리 자신에게 달라붙지 않는다면, 역시 다른 사람에게도 달라붙지 못할 것이다. 반면 어떤 것들은 특정한 사람에게만 달라붙는다고 말하는 사람들도 있다. 만일 당신이 어떤 분야에서 아주 참신한 아이디어를 생각해 냈는데, 그것이 당신에게 달라붙지 않는다면 처음으로 다시 돌아가는 게 좋다. 물론 달라붙는 속성을 최종으로 판단하는 일은, 그것이 얼마나 퍼져 나가느냐에 달려 있을 것이다. 사실 그것을 판단하기는 아주 쉽다. 그저 다른 사람에게 전해 주고 나서 어떤 결과가 생기는지를 지켜보기만 하면 된다.

지금까지 교회 배가 운동에서는 새로운 방법과 개념을 많이 개발해 냈다. 정말로 달라붙는 속성이 강한 것은 책이나 광고를 통해 공식적으로 알릴 필요조차 없었다. 달라붙는 것들은 사람들의 입에서 입으로(보통은 냅킨에 도표까지 그려 가며) 자연스럽게 퍼져 나갔다. 사실 우리는 그런 식으로 퍼져 나가는 것을 먼저 확인한 다음에야 책을 썼다. 무언가 실제로 사람들에게 달라붙어서 퍼져 나가는 것이 보이면, 그때는 우리가 그 내용을 책으로 써서 퍼져 나가는 속도를 가속화할 것인가 말 것인가를 결정했다.

〈아름다운 세상을 위하여〉(Pay It Forward)라는 영화는 달라붙는 생각에서 시작된 특정한 운동이 어떻게 전개되었는지를 보여 주는 좋은 사례다. 이 영화는 중학교에 다니는 한 남학생이 사회 선생님으로부터 '세상을 바꿀 만한 좋은 아이디어'를 생각해 보라는 제안을 받은 데서 시작한다. 선생님의 제안대로 그 학생은 아주 좋은 아이디어를 생각해 낸다. 바로 '다른 사람에게 신세 갚기'라는 것이었다. 그의 아이디어에는 이 장에서 소개한 기본 요소가 골고루 갖추어져 있다.

다른 사람을 도와줄 때는 시시한 일이 아니라 '아주 중요한 일'을 도와주어야 한다. 그렇게 도움을 받은 사람은 도움을 준 사람이 아니라, 또 다른 세 사람에게 그 신세를 갚아야 하고, 도움을 받은 세 사람은 또다시 다른 세 사람에게 도움을 주어야 한다. 그처럼 단순하고, 기억하기 쉽고, 의미 있는 아이디어는 자연스럽게 주변 사람들에게 퍼져서 운동을 일으켰다. 이 아이디어가 이처럼 잘 전해졌던 결정적 요인은 다른 사람이 스스로 할 수 없는 일에 아주 큰 도움을 주었다는 점이었다. 바로 그 점이 사람들의 생각에 달라붙을 수 있었던 요인이었다. 만일 길을 건너는 할머니를 도와주거나 다른 사람이 들어올 때까지 문을 열어 주는 것처럼 작고 사소한 일을 도와주었다면, 도움을 받은 사람이 감사하는 마음을 가지기는 했겠지만 곧 쉽게 잊고 말았을 것이다. 즉 생각 속에 달라붙지는 못했을 것이라는 이야기다.

달라붙는 교회만으로 운동을 일으키기는 역부족이다. 교회가 참으로 좋고 모든 게 은혜로워서 지인들에게 자랑하고 싶다 해도, 사람들을 교회로 데리고 오는 것 외에 할 수 있는 일이 뭐가 있겠는가? 달라붙는 속성만으로는 부족하다. 운동이 일어나려면 이 장에서 말하는 특징을 골고루 갖추어야 한다. 혹시 당신이 다니는 교회가 정말 좋아서 친구들에게 말하지 않고는 못 배기겠는가? 물론 그것도 매우 좋은 일임에 틀림없다.

**좋은 촉매는 관계로 퍼져 나간다**

나는《오가닉 처치》에서 인맥이 있는 사람과 관계를 맺어야 한다고 주장했다.[22] '여섯 다리만 건너면 아는 사람이다'라는 말을 들은 적이 있다. 좀 더 구체적으로 말하면, 이 세상에 존재하는 나와 다른 사람들 사이에 여섯 단계만 거치면 어떤 식으로든 나와 인연이 있다는 뜻이다. 즉 상대가 베니스의 곤돌라 상인이건 콩고의 피그미족이건 영국의 총리건 관계 없이 말이다. 이 말을 곰곰이 생각해 보면 반가운 결론에 도달하게 된다. 즉 세상 모든 사람이 가깝게 연결되어 있으므로 한 사람만 전도하면 그 사람 덕분에 수천, 수만 명이 예수님을 믿을 수 있다는 의미기 때문이다.

참으로 놀라운 사실이다. 그러나 그런 일이 일어나기 위한 전제 조건은 '모든 사람'이 아니라, 글래드웰이 말한 '소수의 법칙'이다. 글래드웰은 그 소수를 세 부류로 구별하여 연결자, 전문가, 판매원으로 나누었다. 그런 놀라운 현상이 빚어지는 이유는 무엇일까? 바로 누구도 따라올 수 없을 만큼 인맥 형성에 비상한 재능이 있는 사람이 존재하기 때문이다.

내 책에 종종 이름이 거론되는 지인 한 사람이 있다. 나의 멘토이자 하나님 나라에서 귀한 일을 하는 캐럴 데이비스(Carol Davis)다. 아마 독자 중에는 이미 캐럴을 아는 사람이 있을지도 모른다. 이 말은 절대 지나친 과장이 아니다. 캐럴은 저자도 아니다(나는 지금도 캐럴에게 생각을 글로 적어 보라고 계속 권하고 있다). 또한 박사 학위가 있는 것도 아니고 큰 단체에서 요직을 맡은 유명 인사도 아니다. 그렇다고 돈 많은 재력가나 정치가도 아니다. 그저 사람들을 잘 이해하고 하나님 나라를 아는 사람일 뿐이다. 사람들은 캐럴의 지혜를 귀하게 여긴다. 비록 캐럴의 이름을 새긴 책을 보지는 못했지만, 유명 저술가가 쓴 수십 권의 책에서 '감사의 글'에 캐럴이 언급되는 것을 보았을 것이다. 캐럴의 비상한 재주는 직관적으로 사람을 파악한다는 것, 즉 상대의 잠재력을 알아보고 그에 맞게 사람들을 연결해 준다는 것이다. 당연히 아는 사람도 아주 많다.

우리가 가끔 농담 삼아 하는 말이 있다. 이 세상은 여섯 다리만 건너면 아는 사람이지만, 캐럴을 알게 된 뒤로는 두 다리만 건너면 아는 사람이 된다는 것이다. 하나님이 그런 인맥의 귀재를 창조하고 세상에 보내시는 이유는 단순히 물건 파는 사람이 필요해서가 아니다. 다만 더 높은 차원의 목적이 있어서다. 만약 세스 고딘이 캐럴을 만났다면 '강력한 재채기꾼'이라고 불렀을 것이다.[23] 고딘은 마치 재채기하는 사람에게서 감기 바이러스가 전염되는 것처럼, 인맥의 귀재들도 재채기로 운동을 퍼뜨린다고 주장했기 때문이다. 그리고 그들을 다시 두 부류로 나누어, 뭐든지 닥치는 대로 퍼뜨리는 사람들을 '무차별 재채기꾼'이라 지칭했다. 또한 캐럴처럼 복음화 운동의 원동력이 되는 사람은 '강력한 재채기꾼'이라고 불렀다.

강력한 재채기꾼은 절대 함부로 아무나 연결하지 않는다. 그들은 깊고 해박한 지식을 바탕으로 특별한 취향을 소유했다. 따라서 사람을 추천할 때 자신의 명성을 고려하여 신중하게 결정한다. 지인을 소중히 여기는 마음으로, 그들에게 도움이 안 될 만한 것은 절대 권하지 않는다. 그렇기에 그들이 가치 있는 무언가를 발견하고 이야기해 주면, 친한 사람들은 즉시 그것을 받아들인다. 왜냐하면 그 이야기가 그들의 입에서 나왔기 때문이다. 게다가 무차별 재채기꾼까지 가세하면 운동이 일어난다. 바로 이것이 운동이 일어나는 길이다. 인맥의 귀재 몇 명이 당신의 비전을 재채기로 전파하면 신속히 운동이 일어날 수 있다.

나는 늘 캐럴에게 내가 집필한 책을 여러 권 증정한다. 나와 친하기 때문이기도 하지만(아마도 내 책 어딘가에 캐럴의 이름이 또 거론되어 있을 것이다), 캐럴이 강력한 재채기꾼이라는 이유도 한몫한다. 내 책 중 두 권은 캐럴의 입김 덕에 출판사 마케팅부의 광고보다 더 큰 관심을 불러 모았다.[24] 캐럴은 내가 준 다른 책들도 고마워했다. 캐럴이 추천하는 책이라면 두말 않고 사는 이유도 단지 친분이 있기 때문만은 아니다. 나는 캐럴의 통찰력과 지혜를 신뢰한다. 캐럴을 아는 각국의 허다한 지인도 그 점을 잘 알고 있다.

## 교회 배가 운동에서 여섯 가지 촉매의 특징

교회 배가 운동이 설립된 초기에 우리는 촉매가 될 만한 방법과 개념을 고안하는 데 열중했다. 우리가 온 힘을 다한 일이 바로 그것이었다. 물론 우리가 제시한 방법이 모두 성공하지는 않았다. 오히려 성공하기보다 실패한 경우가 많았다. 우리는 여섯 가지 촉매의 특징을 바탕으로 모든 것을 검토해 보았다. 앞으로 이 책에 우리가 성공했던 사례를 소개하겠다. 다만 한 가지에 성공하기 위해 열 번 실패했다는 사실을 먼저 밝힌다. 이 실패들은 우리 사무실 '수치심 선반'에서 먼지를 뒤집어 쓴 채 쌓여 있다.

### 단순한 과정: 요한복음의 일곱 가지 기적

복음화 운동의 밑바탕에는 활활 타오르던 복음의 불길이 있다. 그 불길을 접한 사람이 같은 날 다른 사람들에게 불씨를 퍼뜨리는 방식이야말로 가장 훌륭한 촉매제가 된다. 우리는 복음을 듣고 싶어 하는 사람들에게 진정으로 예수님을 알게 해줄 수단이 필요하다고 느꼈다. 그 방법은 나라, 문화, 언어, 세대를 초월해 누구나 쉽게 이해할 수 있는 단순한 방법이어야 했다. 이는 사실 엄청난 과업이었다. 우리는 그 해답을 성경, 특히 요한복음에서 찾았다. 여기서 말하는 요한의 '일곱 가지 기적'이란, 요한이 본문 마지막 부분에 언급했던 말을 기반으로 살펴본 것이다.

> 예수께서 제자들 앞에서 이 책에 기록되지 아니한 다른 표적도 많이 행하셨으나 오직 이것을 기록함은 너희로 예수께서 하나님의 아들 그리스도이심을 믿게 하려 함이요 또 너희로 믿고 그 이름을 힘입어 생명을 얻게 하려 함이니라(요 20:30-31).

요한은 예수님의 공생애 초기부터 함께하며 그분이 행하신 모든 기적을 본 사람이었다. 그는 특히 일곱 가지 기적을 다음 순서대로[25] 기록했는데 그렇게 순서를 정한 데는 나름의 목적이 있었다. 즉 믿지 않는 사람들의 눈을 뜨게 해서 참된 그리스도를 믿음으로 영원한 생명을 얻게 하려는 것이었다. 이는 나의 개인적인 의견이 아니다. 성경에서 직접 말하는 진실이다. 그러니까 성령께서는 요한복음에 기록된 기적이 안 믿는 사람들에게 참 그리스도를 깨닫게 해주는 가장 효과적인 방법이라고 주장하고 계신 것이다. 미국의 기독교 지도자들이 기적의 효과를 과장하는 버릇이 있기는 하지만, 이번에는 내가 아니라 바로 성령께서 기적의 효과를 보증하고 계신다. 일곱 가지 기적은 바로 이것이다.

1. 물을 포도주로 바꾸심(2:1-12)
2. 신하의 아들을 고치심(4:46-54)
3. 베데스다 연못의 중풍병자를 고치심(5:1-17)
4. 오천 명을 먹이심(6:1-14)
5. 바다 위를 걸어가심(6:15-25)
6. 날 때부터 맹인이던 사람을 고치심(9:1-41)
7. 죽은 나사로를 살리심(11:1-46)

기적 이야기를 활용하는 방식은, 먼저 당신이 전도하는 사람에게 하루에 혹은 일주일에 한 가지씩 그 이야기를 읽으라고 권하는 것이다. 가령 첫째 주에 예수님이 물을 포도주로 바꾸시는 이야기를 읽었으면, 주말에 만나서 다시 한 번 그 대목을 함께 읽는다. 그러고 나서 그에게 다음 네 가지 간단한 질문을 던지며 대화하면 된다.

1. 이 이야기에 등장하는 사람들은 어떤 사람들인가?
2. 이 이야기에 등장한 예수님은 어떤 분인가?
3. 이 이야기를 읽고서 당신이 느낀 점은 무엇인가?
4. 이 이야기를 꼭 들어야 할 사람이 누구라고 생각하는가?

기독교에 관심을 보이는 사람이 있다면, 일주일에 한 번 커피숍에서 만나 이런 식의 대화를 나누는 게 그리 어렵지는 않을 것이다. 내가 개척했던 유기적 교회들은 모두 이러한 방식을 활용했다. 우리는 매주 예수님이 일으키신 기적 이야기를 읽고 나서, 간단한 질문을 하는 것으로 시작했다. 현재까지 이 모임에서 예수님을 영접하지 않은 사람은 없었다. 물론 독자들에게도 같은 결과가 나오리라고 100% 보증하지는 못하지만, 예수님이 행하신 기적이 그분을 믿게 한다는 성령의 말씀을 보증으로 삼길 바란다.

이러한 방법은 모든 문화의 장벽을 뛰어넘어 엄청난 효과를 발휘했다. 그 이유는 성경이 자체적으로 복음을 증거하기 때문이다(이는 매우 중요한 원리다). 또한 질문이 간단해서 쉽게 기억할 수 있으므로 누구든 이 방법을 따라 할 수 있다. 교회의 본보기나 교육 과정을 제시하는 게 아니라, 하나님 말씀이 사람들에게 역사하게 하라는 이야기다. 이 방법이 다른 문화권에서는 통하지 않는다고 말하는 것은 성경이 다른 문화권에서 통하지 않는다고 말하는 것이나 다름없다. 대부분 사람이 글을 모르는 곳에서조차 이 방법은 여전히 유효하다. '이야기'로 전하는 방식이기 때문이다.

### 작게 시작하라: LTG 소그룹

교회의 사명은 불신자를 신자로 만드는 게 아니라 '제자'로 삼는 것이다. 모든 제자가 신속히 다른 사람을 제자 삼으면서 예수님과 긴밀히 연결되는 형태야말로 복음화 운동의 강력한 촉매제다. 'LTG'(Life Transformation Group)라는 사역은 바로 그런 취지로 시작되었다. 교회를 평가하고 싶으면 그 제자들을 보면 된다. 누구든 쉽게 따라 할 수 있는 제자 삼기 방법이 있다면 제자들의 배가는 그만큼 수월해진다. 생명이 생명을 낳는 법이다.

LTG는 기본적으로 동성 성도 2-3명이 매주 만나서, 신앙 및 인격 성숙에 관한 문제를 서로 확인하며 도움을 주는 모임이다. 초기 3명에서 1명이 늘어나면 4명으로 구성된 그룹이 되는 게 아니라 그룹을 다시 둘로 나눈다. 즉 네 번째 사람이 들어오면 새로운 그룹을 만들 준비를 하는 것이다. 네 번째 사람이 진지하고 헌신적으로 모임에 임할 경우에는(2-3주 동안) 2명씩 두 그룹으로 나눈다. LTG만을 위한 별도의 교과 과정이나 훈련이 따로 있지는 않다. 다만 성경과 성경 사이에 끼워 둘 서표만 있으면 충분하다. 영적 성장을 위한 LTG 모임의 기본 요소는 세 가지다. 죄를 고백하고, 성경을 반복적으로 읽는 습관을 들이고, 불신자를 위해 기도하는 것이다.

모임 형태는 아주 간단하고 평범하다. 질문이 적힌 카드를 준비하여 두세 사람 가운데 아무나 그 질문을 읽는다. 그리고 돌아가며 그 질문에 대답한다. 또한 성경에서 한 책을 골라서 그 주간에 읽기로 하고 일주일에 20-30장 정도를 읽는다. 만일 한 사람이라도 정해진 분량을 읽지 못하면, 모든 사람이 같은 책을 다음 주에 또 반복해서 읽는다. 그런 식으로 세 사람 모두 같은 주에 정해진 분량을 완전히 다 읽을 때까지 되풀이한다. 그다음에는 또 다른 책으로 넘어간다. 어떤 사람은 성경 읽기 분량이 너무 많다고 생각하는데, 한 주에 다 끝내기 위해서 그렇게 하는 게 아니다. 성경 읽기 양을 최대한으로 잡기 때문에 이 일은 몇 주가 걸려야 끝난다. 세 사람은 각자 자신이 전도하고 싶은 사람 3명의 이름을 LTG 카드에 적은 뒤, 날마다 한 사람씩 돌아가며 기도한다.

### 놀라운 계획: 우리 단체의 금언

나는 설교나 강의를 할 때마다 "우리 단체에는 금언이 있습니다"라는 말을 자주 한다. 그러고 나서 그중 하나의 금언을 이야기한다. 사실은 일부러 그렇게 한다. 그것이 금언임을 밝히지 않고 사람들에게 그냥 이야기해 줄 수도 있지만, 그들이 다른 사람에게 계속 전해 주기를 바라는 마음으로 미리 밝히는 것이다. 한편으로는 닐 콜이 인용한 금언이라는 언질 없이 그저 입에서 입으로 전해지기를 은근히 바라기도 한다.

우리는 지금까지 많은 금언을 지었다. 중요한 계획을 수행하고자 사람들의 기억에 남을 '생각의 씨'를 심기 위해서였다. 말하자면 사람들에게 충격을 주고, 색다른 방법이 존재한다는 걸 보여 주기 위한 유기적 교회 운동의 잠언인 셈이다. 여기에 몇 가지를 소개하겠다.

- "우리는 교회 개척의 눈높이를 낮추어 누구든 교회를 세울 수 있게 하고, 제자도의 눈높이를 높여 누구든 그런 제자가 되게 하겠다."
- "예수님을 위해 세상을 복음화하려면 흡연실에도 앉아 있을 준비를 하라."
- "나쁜 사람이 복음을 위한 좋은 토양을 만든다. 그들의 삶에는 거름이 많다."

아마도 금언에 다리가 달린 모양이다. 다른 사람의 책, 블로그, 훈련에서 이 말이 종종 인용되는 것이 발견되니 말이다. 혹시 우리의 금언을 더 알고 싶다면, 데이비드 개리슨이 지은《하나님의 교회개척 배가운동》을 읽어 보기 바란다.[26] 그런 다음 마치 당신이 지은 말처럼 이 금언들을 사람들에게 전달하라. 그것이 우리의 바람이다.

## 의미심장한 기반: 하나님 말씀

성경은 하나님 말씀이 강력하다고 말한다. 나는 그 말을 전적으로 확신한다. 오래전부터 우리는 하나님 말씀이 영생의 씨앗이기 때문에 비옥한 토양에 심겨야 한다는 사실을 알았다. 생명과 건강과 성장과 열매에 필요한 모든 것은 '하나님 말씀'이라는 씨앗 안에 들어 있다. 사람들은 그 씨앗을 다른 것으로 대체해서 하나님 말씀을 전하는 대신에 하나님 말씀에 대해 설교한다. 마치 우리 도움이 없이는 그분의 생각이 제대로 전달될 수 없으니까 우리가 하나님을 도와 그분 말씀을 해석해 드려야 한다는 식이다. 설교 주제로 삼은 하나님의 말씀보다 자신의 설교가 더 낫다고 믿는 것이야말로 주제넘고 어리석은 생각이다. 그래서 우리는 요한복음의 일곱 가지 기적과 LTG 모임을 사용하여, 다른 도움 없이 하나님 말씀이 사람들의 마음에 심겨지게 한다. 우리는 하나님 말씀이 사람들에게 직접 전해지는 방법을 활용한다. 그 방법은 아주 훌륭하게 통하고 있다. 우리 단체에서 훈련을 받았던 UCLA 대학생 마일스 햄비(Myles Hamby)가 히브리서 말씀을 읽어 주던 때가 생각난다.

> 하나님의 말씀은 살아 있고 활력이 있어 좌우에 날 선 어떤 검보다도 예리하여 혼과 영과 및 관절과 골수를 찔러 조개기까지 하며 또 마음의 생각과 뜻을 판단하나니(히 4:12).

이 말씀을 읽고 잠시 동안 아무 말이 없던 마일스는 모여 있던 후배들에게 "여러분이 이런 일을 할 수 있겠어요?"라고 물었다. 물론 학생들은 웃음보를 터뜨렸다. 인간으로서 그런 능력을 소유한 사람이 누가 있겠는가? 그런데도 교회에서는 마치 인간의 훈련과 설교와 방법에 그런 능력이 있는 것처럼 행동한다. 왜 우리는 사람에게 하나님 말씀을 안 주고 그런 것만 잔뜩 심어 주는 걸까?

### 달라붙는 잠재력: TLA

그동안 교회 배가 운동에서는 아주 훌륭한 훈련 자료를 개발해 왔다. 그러나 우리는 그런 자료들을 움켜쥔 채 저작권을 주장하는 대신, 그 자료를 계속해서 무료로 사람들에게 나누어 주었다. 다만 무료로 주기 전에 한 가지 조건을 내걸었다. 먼저 유기적 교회 다섯 개를 세워야 한다는 것이다. 우리는 현장 경험이 없는 전문 상담가를 키우려는 게 아니라 아주 강력한 재채기꾼을 배가하게 하고 싶다. 강력한 재채기꾼은 반드시 경험에서 우러나오는 신뢰성을 갖추고 있어야 한다.

또한 우리가 나눠 주는 자료들을 바꾸거나 수정하는 것도 허용했다. 심지어 자료 이름까지 바꾸어도 좋다고 했다(다만 우리가 만든 자료에서 따온 것임을 어딘가에 표시해 달라고 함). 우리로서는 더 많은 사람이 유기적 교회 바이러스를 널리 퍼뜨려 주는 것이 고마운 일이다. 사역을 인정받는 것보다 사역 자체가 귀하기 때문이다. 자료를 주는 사람들에게 우리는 단 한 가지를 간곡히 당부한다. 우리 자료에 무엇을 더하건 빼건 별 상관이 없지만 바꾸기 전에 제발 'TLA'를 고려해 달라고 한다. 이 말에 사람들이 어리둥절한 표정을 지으면, 나는 TLA가 세 개 대문자가 조합된 약어(Three-Letter Acronym)임을 알려 준다. TLA에 들어가는 약어란 DNA, CMM, LTG,

POP, 411, 10-2b, 7SJ을 말한다. DNA(유전자)와 CMM(교회 배가 운동)은 이미 앞에서 설명했고, LTG는 소그룹 모임이며, 7SJ는 요한복음에 나오는 예수님의 일곱 가지 기적을 의미한다는 걸 알아차렸는가? 그렇다면 이제는 우리가 중요하게 여기는 원칙을 알려 주고자 POP와 10-2b에 대해서 간략하게 설명하겠다.

이 두 가지는 훌륭한 본보기이며, 전염병처럼 급속히 확산되는 운동의 원리다. 보통은 이 두 가지를 함께 가르친다. POP는 누가복음 10장과 마태복음 10장에 나오는 예수님의 가르침을 기반으로 한다. 예수님은 복음화 운동을 촉진하기 위해 어두운 곳에서 하나님 나라를 확장하는 전도 전략을 말씀하셨다. 《오가닉 처치》에 구체적인 이야기가 나오므로 여기에서는 자세한 설명을 생략하고 간단히 정리하겠다.[27] 우리는 두 성경 본문에서 여섯 가지 원칙을 추렸는데, 그 각 원칙의 첫머리가 POP로 시작한다.

1. 같은 사람들(Pockets of People)
   먼저 사람들이 자연스럽게 형성하는 사회 집단을 알아내라. 그리고 그들에게 가서 복음을 전하라. 단, 사람들을 그 집단에서 빼내어 교회로 데리고 오지는 마라.
2. 기도의 훈련(Practice of Prayer)
   누가복음 10장 2절에는 "추수할 것은 많되 일꾼이 적으니 그러므로 추수하는 주인에게 청하여 추수할 일꾼들을 보내 주소서 하라"고 했다. 우리는 이 구절의 뒷부분을 '10-2b'라고 이름 지어 이 바이러스를 퍼뜨리려고 노력한다. 우리가 이 구절을 가르칠 때는 청중 앞에서 아주 큰 소리로 과장해서 재채기를 한다. 그다음에 나는 도저히 제거할 수 없는 전염력 강한 바이러스를 가졌다고 고백한다. 그러고 나서 그것은 10-2b라고 불리는 바이러스라고 이야기하면서 그 바이러스를 청중에게 전해 준다.

이때 우리가 사용하는 아주 실제적 방법이 있다. 그것은 휴대 전화의 알람이 매일 아침 10시 2분에 울리도록 맞추게 하는 것이다. 알람 소리가 들리면 그 순간 하던 일을 멈추고 생각을 천국에 고정한다. 그런 뒤에 아버지께 추수할 밭을 위해 일꾼을 보내 달라고 아버지께 간구해야 한다. 또한 그 순간에 주변에 다른 사람이 있다면, 그에게도 자신이 무엇을 하는지 이야기해 주고 그 사람도 알람을 맞추어 기도하도록 권한다.

청중에게 그 말을 할 때면, 나는 잠시 강의를 중단하고 모든 청중이 휴대 전화 알람을 맞추도록 시간을 준다. 만약 그 시간에 주님을 믿지 않는 사람이 주변에 있을 경우, 그들에게는 기도를 권하지는 않는다. 다만 그들을 위해 내가 기도해 줄 것이 있는지를 묻고 나서 그들을 위해 기도한다. 이 방법은 촉매의 훌륭한 본보기다. 참으로 간단하고, 소박하고, 놀랍고, 의미 있고, 착 달라붙고, 잘 퍼져 나갈 것 같지 않은가? 나는 세계 각국을 다니며 강의할 때마다 그곳에 이 바이러스를 전한다. 날마다 이 시간이 되면 추수할 일꾼을 보내 달라는 하나님 백성의 기도가 천국에 폭주할 것이다.

### 3. 계획의 문제(Problems of Planning)

예수님은 제자들을 두 명씩 짝지어 보내면서, 오로지 '동역자'와 '복음'이라는 두 가지 자원만 갖고 가게 하셨다. 재정이나 사전 계획이나 사역 도구는 상관하지 말고, 오로지 "하나님 나라가 가까이 왔다"라고만 전하라고 하셨다. 즉 하나님의 능력을 보여 주든지, 아니면 진짜 바보가 되든지 둘 중 하나를 하라는 셈이다. 이는 인간의 능력을 과시하지 말라는 의도였다. 우리는 흔히 정반대의 잘못을 저지른다. 온갖 계획을 세우고 풍부한 자원과 값비싼 전략을 갖추고 전도하러 나간다. 우리가 그렇게 전도하면 사람들은 본능적으로 전도할 때 그런 값비싼 자원이 필요하다는 것을 배우게 된다. 따라서 복음화 운동은 시작하기도 전에 끝난다. 우리는 우리의 능력이 아닌 예수님의 능력이 빛나게 해야 한다. 우리의 연약함과 믿음으로 나아가는 법을 배워야 한다.

4. 존재감의 위력(Power of Presence)

예수님은 제자들에게 마을로 들어가서 하나님 나라가 가까웠음을 선포하라고 하셨다. 사실 그게 얼마나 용기가 필요한 일인지 아는가? 파격적인 이야기로 사람들의 시선을 한 몸에 받아야 하다니! 예수님 말씀은 우리가 가는 곳에 하나님 나라(주님의 통치)가 우리와 함께 간다는 것을 의미한다. 그래서 우리가 '직접' 가는 것이 중요하다. 빛은 언제나 어둠을 이긴다. 우리는 세상의 빛이다. 우리의 존재감은 어두운 곳에서 더 힘을 발휘한다.

5. 평화의 사람(Person of Peace)

예수님이 하신 말씀이다. "어느 집에 들어가든지 먼저 말하되 이 집이 평안할지어다 하라 만일 평안을 받을 사람이 거기 있으면 너희의 평안이 그에게 머물 것이요 그렇지 않으면 너희에게로 돌아오리라 그 집에 유하며 주는 것을 먹고 마시라 일꾼이 그 삯을 받는 것이 마땅하니라 이 집에서 저 집으로 옮기지 말라"(눅 10:5-7). 평안을 받을 사람이란 복음화 운동에 영향력 있는 '재채기꾼'을 말한다. 주님이 단호하게 지시하신 사항은 이 집 저 집으로 돌아다니지 말라는 것이었다. 물론 복음은 그래야겠지만 우리는 그러면 안 된다. 평화의 사람이 전도의 핵심 인물이다. 우리는 평화의 사람을 찾아내어 복음의 도미노 현상에서 첫 번째 패가 되게 해야 한다. 우리 단체에서는 평화의 사람을 발견하는 방법을 전략적으로 가르친다.

6. 목적 있는 사람(People of Purpose)

예수님의 전도 전략은 불신자들이 사는 곳에 가서 새로운 교회를 개척하는 것이었다. 이것은 곧 다른 지역의 같은 부류 사람들에게도 계속해서 퍼져 나갔다. 예수님은 복음화 운동에서 촉매의 원리를 잘 이해하고 계셨다.

나는 다른 사람 역시 우리의 TLA를 가르친다는 사실을 알게 되었다. 나름의 방법으로 TLA를 전파해 주는 게 정말 기뻤지만, 무엇보다 제이슨 마(Jaeson Ma)의 유명한 소책자《캠퍼스 행전》(WLI Korea 역간)에 등장한 점이 고무적이다. 학생 주도로 세워진 대학 교회 이야기를 다루는 이 책에는 DNA, POP, LTG, 10-2b, 411 등 중요한 요소가 다 담겨 있다. 이 책은 여러 면에서 그린하우스 훈련을 상황화했다고 말할 수 있다.[28] 토니와 펄리시티 데일(Tony & Felicity Dale)이 지은《토끼와 코끼리》(*The Rabbit and the Elephant*)에도 DNA와 LTG를 언급하는 대목이 나온다. LTG는 그보다 더 많은 책에서 언급되었는데, 그중에는 최근에 나온《위험한 교회》(SFC 출판부 역간),《잊힌 길》,《세상을 변화시키는 운동》(*Movements That Change the World*),《당신의 교회를 배가하는 방법》(*How to Multiply Your Church*),《선교의 르네상스》(*Missional Renaissance*)가 있다. 내가 이 이야기를 하는 이유는 TLA가 '달라붙는 속성'이 있다는 점, 그리고 강력한 재치기꾼들이 그 속성을 전파하고 있다는 사실을 독자들에게 확인해 주고 싶어서다.

### 퍼지는 능력: 그린하우스 훈련 사역

'그린하우스'란 유기적 교회를 세우기 위해 우리가 진행하는 훈련 방식을 말한다. 이 글을 쓰고 있는 현재까지 우리는 총 209개 주말 행사를 개최했고, 21,000명이 넘는 사람들을 훈련했다. 우리는 그린하우스 훈련에서 지금까지 소개한 촉매의 특성들을 알려 주었다. 이 모든 것이 불과 8년 만에 이루어진 성과였다. 얼핏 생각하면 이 사역은 우리 단체가 세상으로 나가는 대문이자 교회 배가 운동을 퍼뜨리는 씨앗처럼 보이는데, 실제로도 틀린 말은 아니다. 그러나 이 사역의 최고 장점은 겉보다는 실속이라고 생각한다. 우리는 강의를 마치고 난 뒤, 청중 중에 우리의 가르침을 그대로 적용해서 실천한 사람이 있는지 알아본다. 우리가 제시한 원칙을 바탕으로 서너 개 교회를 개척해서 하나의 네트워크를 만든 사람에게는 그린하우스 훈련자의 자격을 부여한다.

그린하우스 훈련을 할 때는 적어도 두 명 이상 자신의 성공 사례를 발표하게 한다. 그래서 교회 개척의 대조적인 형태나 다양한 사역 체험들을 접하게 해준다. 그러나 발표자로 두 사람을 두는 더 근본적인 이유는 새로운 훈련원을 계속해서 양성하기 위해서다. 가르침을 받을 때보다 가르칠 때 더 많이 배우는 법이기에, 우리는 그런 식으로 교회 배가 운동의 촉진제가 될 사람들을 계속 발굴해 내려 한다.

처음 훈련자의 자격으로 훈련에 참가한 사람에게는 일단 '보조 해설자' 역할을 맡겨서 사람들의 질문에 대답해 주고, 한두 가지 자신의 경험담을 들려준다. 이로써 훈련에서 진행되는 모든 강의와 훈련을 다시 한 번 반복할 수 있게 해준다. 그다음 훈련에서는 그들에게 자신 있는 분야를 두세 개 정도 가르칠 기회를 주고, 선배 지도자가 곁에서 그의 강의를 지켜본다. 네 번째 훈련 과정에 이르면, 그들이 전에 가르치지 않았던 분야도 가르치게 한다. 과정이 모두 끝나면 드디어 그들도 유능한 훈련자가 되어 청중을 훈련할 뿐만 아니라 새로운 훈련자도 양성할 능력을 갖추게 된다.

이 과정의 최고 장점은 전도유망한 사람들에게 한층 심화된 훈련을 해서 배가 운동의 촉매가 되게 한다는 점이다. 우리는 그들이 우리의 훈련 과정을 언제 어디서든 가르칠 수 있도록 허용한다. 유능한 자질을 보이는 지도자들에게는 어떤 제한이나 제제도 가하지 않는다. 그렇다고 해서 그들이 우리 것만 가르치는 것은 아니다. 어떤 경우에는 우리 훈련 자료를 나름으로 가감하거나 변경해서 그들만의 고유한 자료로 만들기도 한다.

미국 전역(이제는 세계 전역까지)에서 그린하우스와 상당히 비슷한 훈련이 다른 이름으로 진행되는 경우가 많다. 그 안에는 촉매 훈련, 블루프린트 훈련, 학생 CPx 등 우리가 개발한 과정이 포함되어 있다. 이 훈련의 개발자들은 자신의 자료에 대단한 자부심을 갖고 있다. 우리가 얼마든지 자유롭게 우리 자료를 사용하고 변경할 수 있도록 허용한 까닭이다.

우리가 양성한 훈련자 가운데 재능이 아주 탁월한 사람에게는 전면에서 훈련 행사를 이끌게 하고, 나는 그저 보조 강사로 도와주기도 한다. 지금 이 글을 쓰고 있는 시점에도, 우리가 양성한 60여 명의 강력한 재채기꾼들이 유기적 교회 배가 운동의 씨앗을 널리 퍼뜨리고 있다.

교회가 존재하는 이유는 사람들을 그리스도께
인도해서 작은 그리스도가 되게 하려는 것이다.
만약 그 일을 하지 않는다면, 모든 교회와 성직자와 사역과
설교, 심지어 성경 자체도 단지 시간 낭비에 불과하다.
하나님이 인간이 되신 목적은 그것 하나밖에 없다.

C. S. 루이스(C. S. Lewis)

9장

# 세례와 성찬식은 어떻게 하는가?

## 관행에서 실천으로

나는 지난 십 년 동안 많은 교회를 개척했다. 그러나 주님을 영접한 첫 새신자가 세례를 받아야만 비로소 교회를 교회답다고 느꼈다. 십 년 동안 많은 세례 잔치를 열었는데, 교인들이 한 가족으로서 가장 기뻐하는 순간은 아마도 그때가 아닌가 싶다.

언젠가 복잡한 남자관계로 고민하던 앨리스라는 여성이 롱비치의 커피숍에서 주님을 영접했다. 우리는 앨리스에게 세례를 베푸는 게 좋겠다고 결정했다. 나는 그 자리에 있던 앨리스의 친구들에게 "앨리스에게 세례를 주기 위해 바다에 가려 합니다" 하고 이야기했다. 그 말에 여러 사람이 호기심을 보이며 차를 몰아 세례식이 열리는 바닷가로 따라왔다.

그렇게 20명 정도 되는 사람이 바닷가에 둥글게 모여 섰다. 우리는 앨리스에게 "왜 세례 받기를 원하십니까?" 하고 물었다. 그러자 앨리스는 "저는 예수님을 믿기로 결심했습니다. 이제 저의 결정을 만천하에 알리고 싶어요"라고 답했다. 우리는 앨리스를 위해 함께 기도했고, 앨리스는 자신을 주님께로 인도한 사람과 함께 바다로 들어갔다. 참으로 아름다운 밤이었다. 두 사람이 바다로 걸어 들어가는 동안 발광 플랑크톤이 신비하고 오묘한 빛을 발했다. 앨리스가 세례를 받는 순간, 바닷가에 모여 선 모든 사람의 입에서는 일제히 환호성이 터졌다.

두 사람이 바다에서 나오자 우리는 다시 둥그렇게 원을 그리고 둘러서서 손에 손을 맞잡고 기도를 드렸다. 그런 다음 예수님의 죽음과 부활에 대해 짧은 설교를 하고 나서 "혹시 이 중에서 주님을 믿고 싶은 사람이 있습니까?" 하고 묻자, 두 사람이 그 자리에서 주님을 믿겠다고 응답했다. 결국 그들도 입은 옷 그대로 곧장 바다에 들어가 세례를 받았다.

우리에게는 이런 장면이 매우 익숙하다. 사람들이 그 자리에서 세례를 받는 모습은 사실상 이보다 더 자주 목격할 수 있다. 만일 이런 기회를 더 많이 준다면, 잔치를 더 많이 열어 큰 기쁨을 맛볼 것이다. 이 장에서는 예수님이 복음의 진리를 표현하기 위해 아주 인상적인 의식을 주셨음을 이야기하려 한다. 우리가 이러한 방법을 예수님이 가르치신 대로 잘 사용하기만 한다면, 의식에서 비롯된 의도된 결과를 주변에서 더 흔히 보게 되리라고 믿는다.

'성례전'이나 '사제 안수'와 관련해서 종교 혁명가들이 걸었던 가장 위험한 길을 꼽으라면 세례와 성찬을 들 수 있을 것이다. 헤아릴 수 없이 많은 사람이 주님이 명령하신 이 의식을 치르다가 목숨까지 잃었다. 나는 이 책의 내용이 거센 반발에 부딪힐 것을 각오했다. 이제부터 나는 예수님의 가르침을 약간 다른 각도에서 바라보며, 혹시 그동안 기독교 지도자들이 주장했던 이야기와 다른 면이 있는지를 살펴보려 한다.

앞 장에서는 배가 운동을 더 빠르고 널리 퍼뜨리는 '촉매'에 관해 이야기했다. 또한 POP라는 우리의 사역 방식을 언급했는데, POP란 예수님의 가르침에서 따온 여섯 가지 전도 원칙을 말한다. 사실 그 전도 원칙에는 모든 촉매의 특징들이 예시되어 있다. 예수님이 그 원칙들을 어떻게 사용하셨는지는 이미 앞에서 이야기했지만, 전도의 천재성에 대해서는 배워야 할 부분이 더 있다고 생각한다. 이 장에서는 전통적인 기독교 의식을 새로운 시각에서 살펴보고, 그에 대한 대안도 제시할 것이다. 독자 중에는 그 대안에 동의하는 사람도 있을 것이고, 동의하지 않는 사람도 있을 것이다. 그러나 최소한 예수님의 천재성에 대해서는 새로운 사실을 깨달을 수 있으리라 믿는다.

## 전도의 천재성 뒤에 있는 '천재 전도자'

예수님이 천재이자 전도자였다는 사실은 누구나 알고 있다. 그분은 또한 우리에게도 전도의 천재성을 물려주어, 교회 배가 운동을 수행할 수 있게 하셨다. 예수님은 교회 운동의 선구 역할을 하셨지만, 과연 주님도 앞에서 언급한 여섯 가지 촉매의 특징, 즉 '전도의 천재성'을 강화하는 특징을 활용하셨을까? 그렇다. 예수님은 그 특징을 아주 효과적으로 사용하셨다. 그러나 불행하게도 그런 점은 교회 교리에 묻혔으며 스테인드글라스 뒤에 가려졌다.

예수님은 단순하고 따라 하기 쉬운 몇 가지 방법을 사용해서 하나님 나라의 복음을 멀리 전파하고 사람들의 삶을 바꾸셨다. 예수님의 방법은 누구든 시도할 수 있으며, 또 그렇게 하기를 바라서 고안된 것이다.

사탄은 그런 예수님의 의도를 무너뜨리려고 온갖 수단과 방법을 가리지 않았다. 신약 시대에는 만인이 보는 시장에서 했던 일들이 지금 우리의 신앙생활에서는 자취를 감추고 말았다. 우리는 그것(설교, 세례, 성찬식)을 거룩한 예식으로 '성화'해서 스테인드글라스 창문 뒤로 옮겨 놓았다. 심지어 그것이 성인의 예식이라는 교리를 만들어 냄으로써, 사제복을 입은 특별한 지도자에게만 의식을 거행할 권리를 부여해 주었다.

우리의 원수는 예수님이 만드신 소중한 의식에 재를 뿌리려고 안간힘을 썼다. 그 의식이 정말로 자신에게 위협이 되지 않도록 미리 손을 써 둔 것이다. 원래 '세례'는 공공연하게 하라는 의식이었다. '성찬'은 날마다 함께 나누라고 하는 의식이었다. 이 의식은 "주의 죽으심을 그가 오실 때까지 전하기"(고전 11:26) 위해서 존재하는 것이었다. 신약에 나오는 설교는 어둠에 갇힌 사람들에게 하나님 나라의 복음을 전하는 것이 주된 목적이었다. 강대상 위에서 이미 주님을 영접한 교인들의 믿음을 강화하고자 설교했던 게 아니었다.

## 세례

앞에서 말했듯이 기독교에는 다른 어떤 것보다 '세례' 때문에 목숨을 잃은 순교자가 가장 많다. 지금도 기독교를 용인하지 않는 나라에서는 이와 같은 일이 일어나고 있다. 예수님을 영접할 때는 주변의 반대에 부딪히지만, 세례를 받을 때는 강력한 핍박을 각오하지 않으면 안 된다. 기독교 역사에서 위대한 신앙인으로 불리는 사람들(루터, 칼뱅, 츠빙글리 등)이 만약 성인이 되어 세례를 받으려는 사람을 보았다면, 그를 익사하게 하거나 그 밖의 방법을 써서라도 처형하려 했을 것이다. 내가 속한 교단에서도 세례의 방법과 자격 문제를 놓고 여러 차례 분열이 일어났다.

심지어 요즘도 로스앤젤레스에서는 세례와 관련해 의견이 분분하다. 내가 전도했던 회교도들은 예수님을 믿고 신앙생활하는 것은 좋아했지만 세례는 받지 않으려 했다. 가족에게 따돌림 당하는 걸 견딜 수 없었기 때문이다. 천주교 집안에서 성장해서 나중에 개신교로 개종한 사람도 성인이 되어 세례받는 것을 극도로 꺼렸다. 그들은 부모에게서 의절당하게 될까봐 두려워했다.

최근에 우리 교회에 다니던 한 청년은 부모에게서 심한 구타를 당했는데, 독립교회 교인인 부모가 아들이 세례를 받고 싶어 한다는 이유로 핍박한 것이었다. 그 부모가 다니는 교회 목사가 나서서 그들을 설득했다. 유기적 교회의 교인은 '초신자'이고 '이단'이기 때문에, 그 청년은 부모가 다니는 교회에서 적절한 자격을 갖춘 성직자에게 세례를 받아야 한다는 내용의 주장이었다. 대체 그게 무슨 소리인가? 성경 어디에 그런 말이 있다는 말인가?

어떤 사람은 세례를 매우 중요하게 여긴 나머지, 세례를 자기 교단의 정체성으로 삼고 스스로 구별 짓기도 한다. 이들은 일명 '세례교파'다. 세례교파에도 여러 부류가 있기에, 구체적으로 어떤 부류를 의미하는지 알려면 또 다른 명칭이 필요하다. 하나의 간단한 의식이 어쩌다 그토록 복잡한 문제가 되었을까? 왜 세상 사람들, 기독교인, 교파, 단체, 목사, 역사적 인물을 망라해서 몇 분이면 끝나는 일에 그처럼 과민 반응을 보일까?

아마 독자 중에는 속으로 "이 문제는 그만 이야기합시다. 단순히 상징 행위이지 않습니까? 그저 한 번으로 끝나는 일인데 왜 서로 미워하고 갈라서서 피를 흘리는 겁니까?"라고 생각하는 사람도 있을 것이다. 매우 냉정하고 이성적인 이야기 같지만, 사탄이 원하는 게 바로 그런 생각이다. 나는 원수 사탄이 세례 의식을 예수님의 의도에서 벗어나게 하려고 그토록 발버둥치는 이유가 분명히 있다고 생각한다.

이 장에서 세례의 중요성을 언급하는 동안에도 내 안에는 새로운 열정이 샘솟아 나는 것 같다. 왜냐하면 세례는 예수님을 사랑하는 모든 성도의 '중심'이기 때문이다. 주님께 순종하여 그분을 따르고, 다른 사람을 전도하여 또 다른 제자를 만드는 모든 일의 중심이 바로 '세례'다. 만일 사탄이 이 모든 일의 시작을 방해할 수 있다면, 사실상 엄청난 승리를 거둔 것이 아닌가? 바로 그런 이유에서 세례는 원수의 방해 공작 목표가 된 것이다. 따라서 세례 때문에 생기는 마찰이 어리석다고 무시할 수는 없다.

### 우리 주님의 마지막 말씀

'지상 대명령'은 중요하다. 지상 대명령은 예수님이 이 세상에서 사명을 완수하고 나서 승천하기 전에 제자들에게 남기신 마지막 말씀이다. 얼마 전 우리 교회 교인들이 마태복음 28장 19-20절을 소리 내어 읽었을 때, 나는 그 구절의 모든 헬라어가 영어로 번역되었지만 '뱁티조'(baptizo)라는 단어는 빠졌다는 사실을 말해 주었다. '뱁티조'는 '잠긴다'는 뜻으로 배가 바다에 가라앉거나 물들인 옷을 가리킬 때 사용했던 말이다. 그러니까 단지 물을 붓거나 뿌리는 정도가 아니라 완전히 물속에 잠긴다는 뜻인 셈이다. 나는 지금 1세기에 했던 홀치기염색을 말하는 게 아니다.

성경이 영어로 처음 번역될 당시에는 물에 완전히 잠기는 세례를 주는 의식을 더는 하지 않고 있었다. 따라서 '뱁티조'라는 단어를 그대로 번역할 수가 없었던 것이다. 그때는 아기에게 물을 뿌리는 식으로 유아 세례를 주었으므로 번역자들은 헬라어를 음역해서 영어 단어 '세례 주다'(baptize)를 만들었다.

사탄은 기다렸다는 듯이 세례 의식을 공격해서 원래 취지에서 어긋나게 하는 일에 앞장섰다. 1세기가 채 끝나기도 전에 교회는 이미 신약에서 했던 세례 방식을 버리고, 새신자의 세례식을 뒤로 미루었다. 그뿐만 아니라 정말로 그리스도인이 되었음을 증명하는 사람에게만 세례를 주기로 했다. 또한 구약의 할례 의식을 본떠서, 태어난 지 얼마 안 되는 아기들에게 세례를 주기 시작했다. 갓난아기를 물에 푹 잠기게 할 수는 없었으므로 그저 물을 뿌리기만 했다. 얼마 뒤에는 특별한 제복을 입은 '안수받은 성직자'만 세례식을 거행할 수 있다는 규정을 만들었다. 신약이 일반 영어로 번역되던 시기에는 '세례'라는 단어가 더는 물에 잠기는 것을 의미하지 않았기에 새로운 단어를 만들어야 했다.

세례는 단순히 교회 행사 가운데 하나가 아니다. 이는 제자 삼는 일의 핵심 요소이며 지상 대명령의 중심이다. 세례를 평신도의 손에서 빼앗아 성직자의 권한으로만 제한하는 것은, 제자 삼기를 평신도의 손에서 빼앗는 것과 똑같은 일이다. 나는 교인들에게 지상 대명령을 수행하라고 말하면서도 세례의 권한을 허용하지 않아 그 명령을 수행하지 못하게 하는 목사들을 보면 참으로 어이가 없다.

평신도에게 예수님이 명령하신 모든 것을 실천하게 해주면, 누구나 상황에 맞게 훌륭하게 대처해 나갈 것이다. 정말로 지상 대명령을 완수하고 싶은가? 우리 주님의 마지막 말씀에 순종하고 싶은가? 그렇다면 평신도의 손에서 아무것도 빼앗아 가면 안 된다.

### 교회에서 벌어지는 한심한 사태

세례는 예수님이 성직자나 교회, 혹은 교단에만 위임하신 의식이 아니다. 이는 모든 제자에게 허락하신 것이다. 우리 단체에서 하는 교회 배가 운동의 금언 가운데 하나가 "성경은 세례를 받을 뿐만 아니라 세례를 주라고 말씀하신다"(마 28:19-20 참고)이다.

지역 교회의 성직자만이 세례를 줄 수 있다는 주장에는 성경의 근거가 없다. 물론 교회 전통이나 관습을 보면 그렇게 하는 것이 타당해 보이겠지만, 성경 말씀은 다르다. 오히려 성경 말씀은 그 반대로 말한다. 신약을 보면 기독교 지도자보다는 오히려 그들의 제자들이 세례를 베푸는 경우가 더 많았다(요 4:1-2). 사도 바울은 고린도 교회에서 오직 소수만 세례를 준 것을 다행으로 여긴다고 했다(고전 1:13-15).

누군가에게 세례를 주는 간단한 일이 기독교 역사에 얼마나 많은 논란과 폐해를 불러일으켰는지를 보면 놀라지 않을 수 없다. 많은 사람이 죽임을 당하고, 이단이 생겨나고, 교파가 갈라지고, 이단자는 화형에 처하고, 많은 기독교 단체가 생겨났다. 모두 세례를 성경에 맞지 않게 잘못 해석한 탓이었다. 성경을 제대로 읽고 성경에서 하는 말씀을 그대로 따라 하기만 했다면, 세례를 '성스러운 의식'으로 보호막 칠 것 없이 교회가 더욱 건강해졌을 것이다.

우리는 신성한 의식이라는 영적 울타리 만들었지만, 그런 울타리는 성경 어디에도 나와 있지 않다. 잘못된 울타리에 성경의 권위까지 주었으니 사태는 악화될 수밖에 없다. 우리는 그것을 진리로 받아들인 채, 마치 성경 말씀인 것처럼 옹호했다. 애석하게도 그리스도인들은 성경 말씀보다 그런 분열의 악습을 더 추종하려는 습성이 있다. 사탄의 교묘한 술책이 엄청난 파괴력을 몰고 온 것도 바로 그런 배경 때문이다. 불합리한 조직적 분쟁을 일삼으며 기독교를 갈라놓는 인위적 울타리를 만들었으니 한심한 사태가 벌어지지 않을 수 없었던 것이다.

한 예로 어느 기독교 단체의 구호 중에 이런 말이 있다. "이 세대에 지상 대명령을 완수하기 위하여!" 아주 그럴듯한 구호다. 문제는 그들 스스로 지상 대명령을 완수할 수 없게 하는 걸림돌을 두었다는 것이다. 지상 대명령의 중심에는 제자들에게 '세례를 베풀라'는 명령이 있다. 그러나 그 단체는 오직 교회만이 세례를 베풀 수 있다는 규정으로 세례를 엄격히 금하고 있다.

### 빨리 세례를 주라

우리는 새신자가 하나님을 의탁하지 못하게 가로막는 죄를 저지르고 있다. 예수님의 본을 따라 새신자를 즉시 사역에 투입한다면 그들이 얼마나 빠른 시일 안에 기도하고, 하나님을 신뢰하고, 성령의 음성을 듣고, 해답을 발견하는지를 알게 될 것이다. 그들은 신앙 초기부터 더욱 헌신적인 사람이 될 것이며, 그리스도 몸의 머리 되시는 예수님과 끊어지지 않는 관계를 이어갈 것이다. 아울러 주를 위해 고난 받는 법도 배우게 될 것이다. 예수님과 바울이 우리를 위해 보여 준 본보기가 바로 그것이었다(빌 1:27-29).

아마도 신약에서 재빨리 세례를 행했던 이유도 바로 그런 점 때문이었을 것이다. 세례는 예수님을 구주로 영접한 새신자가 새롭게 자기의 주(主)가 되신 분께 공공연히 신앙을 고백할 기회였다. 즉 모든 가족과 친지와 동료가 보는 가운데 성삼위 하나님만을 섬기겠다고 단호히 결단하는 시간이었던 것이다.

다시 한 번 강조하지만, 나는 우리가 성경의 명백한 진리에서 벗어나 위험을 자초하고 있음을 우려한다. 세례 의식을 원래대로 간단하게 치른다면 성도들은 모든 교회 생활에서 도움을 받았을 것이다. 우리 단체에서는 주님을 영접한 사람에게 가능한 한 빨리, 공개적으로 세례를 준다. 그러다 보니 남의 세례식에 참석했다가 그 자리에서 주님을 영접하고 곧바로 세례를 받는 일이 드물지 않게 일어난다.

### 세례는 구원의 전제 조건이 아니다

지금까지 교회에서 논란이 되었던 문제 가운데 하나는 세례가 구원의 전제 조건인가 아닌가 하는 점이었다. 논란이 생긴 배후에는 콘스탄티노플 황제 시대부터 교회가 세례를 '성례전'으로 지정했던 일이 있다. 제도화된 교회와 교회 지도자들에게 평신도보다 우월한 권위를 주는 도구로 세례를 사용한 것이 요인인 것이다. 그 사실이 기독교 역사를 통틀어 엄청난 혼란을 일으켰다.

그러나 그것만이 전부는 아니었다. 제도화된 교회가 그렇게 했던 이유는 신약에서 세례와 구원을 매우 밀접하게 연관 지었기 때문이다(행 2:38; 롬

6:24; 벧전 3:21). 물론 세례와 구원이 연관 있다는 사실은 누구도 부인하지 못한다. 다만 어떤 연관이 있느냐가 문제다.

나는 물 자체에 신비한 힘이 있다고 믿지 않는다. 또한 예수님을 영접해서 구주로 섬기는 은혜 이외에 세례가 특별한 은혜를 전해 준다고 생각하지도 않는다. 세례를 포함해 인간의 어떤 행위가 구원의 '전제 조건'이 된다는 사실은 더더욱 믿지 않는다.

세례는 구원을 받기 위한 수단이 아니다. 주님을 믿겠다는 결심이 단지 내적인 결심만이 아님을 '상징적'으로 보여 주기 위한 것이다. 사실상 주님을 영접하는 일은 단순한 결심 이상의 것을 의미한다. 주님을 영접해서 구원을 받는 것은 '전인격적인 일'이다. 즉, 사고와 감정과 의지를 총동원해야 하는 중대한 일인 것이다. 구원은 새로운 삶, 순종하는 삶의 출발점이다. 따라서 세례로 내면의 믿음을 의지적으로 표현하여 자기 결심을 만천하에 공표하는 것이다. 다시 말해, 만왕의 왕에게 충성을 맹세하는 언약식인 셈이다.

사도 바울은 마음속으로만 믿는 것은 대단할 게 없다고 말했다. 믿음에는 의지적인 행위가 뒤따라야 하며, 간단한 의식으로 그런 행위가 구체화된다고 했다. 로마서 10장에서 바울이 언급한 말도 바로 그 점을 의미하는 것이 아닌가 생각한다.

> 네가 만일 네 입으로 예수를 주로 시인하며 또 하나님께서 그를 죽은 자 가운데서 살리신 것을 네 마음에 믿으면 구원을 받으리라 사람이 마음으로 믿어 의에 이르고 입으로 시인하여 구원에 이르느니라(롬 10:9-10).

새신자가 사람들 앞에서 예수님을 믿는다고 공공연한 고백을 하는 것이 바로 세례다. 신약에 보면 그리스도를 믿기로 결심한 사람이 첫 단계로 물에 들어가 세례를 받았다. 어떤 면에서 세례는 이후에 교회에서 비롯된 관습, 즉 주님을 영접하기로 한 사람이 강대상 앞으로 나가 영접 기도를 하는 관습과 비슷한 것이라고 할 수 있다. 사실 '영접 기도' 역시 예수님이 하신 의식을 우리가 성경에 맞지 않은 방법으로 대체한 경우다. 강대상 앞으로 나가는 것이나 영접 기도는 절대 세례를 대신할 수 없다.

세례에는 영접 기도보다 더 상징적인 의미가 있다. 세례는 죄 씻음, 무덤(죽음과 부활), 거듭남을 의미한다. 성삼위 하나님의 이름으로 물에 완전히 잠김으로써 그 무엇도 그에게 간섭할 수 없음을 나타낸다. 옛 삶이 끝나고 새 삶이 시작된 것이다.

세례는 예수님이 전도하는 데 천재성을 드러내셨음을 보여 준다.

- **단순한 과정:** 우리가 목욕하는 것처럼 세례는 자연스럽고도 간단한 일이다. 아마 그 당시에 흔하게 치렀던, 그래서 누구나 어떻게 하는지 아는 관습 중 하나였을 가능성이 높다. 세례는 일어나고 앉는 것만큼이나 매우 간단한 일이다.
- **소박한 형태:** 세례는 제자 삼기의 핵심이며 일대일로 행하는 의식이다. 공동체 안에서 행하는 매우 단순한 의식이며, 동시에 교회 신앙생활의 기본 단위, 즉 제자 두 명이 친밀한 관계를 맺게 되는 의식이다.
- **놀라운 계획:** 예수님은 흔하게 행하던 관습에 특별한 의미를 불어넣어 완전히 다른 것으로 바꾸셨다. 첫째, 성부와 성자와 성령의 이름으로 세례를 주

라고 하셨다. 하나님은 한 분이면서 동시에 삼위의 하나님이시다. 얼마나 신비로운 일인가? 그러나 하나도 신비로울 게 없다. 그 이유는 하나님은 사랑이시고 영원한 분이기 때문이다. 하나님이 사랑인 동시에 영원하기 위해서는 인류 역사 시작 전에 누군가를 사랑하셔야만 한다. 아무도 없는데 혼자 사랑할 수는 없는 노릇이다. 하나님은 인간을 자신의 형상을 따라 창조하셔서 우리를 사회적 존재로 만드셨다. 그래서 인간이 혼자 있는 게 좋지 않다고 말씀하신 것이다. 마찬가지로 하나님도 혼자 계시는 것은 좋지 않으셨을 것이다. 하나님이 사회적인 존재였기에 우리도 그분의 형상을 따라 사회적인 존재로 지어졌다. 삼위 하나님은 유일신이면서 사회적인 하나님이 될 수 있는 유일한 길이었다. 우리는 하나님처럼 서로 사랑의 관계를 맺어야 한다(요 17:20-26). 둘째, 죽음으로 생명을 얻는다는 점이다. 이것 역시 놀라운 사실 아닌가? 세례는 우리의 옛 자아가 죽어서 주님과 함께 묻혔다가, 다시 새 생명으로 태어나는 것을 상징한다.

- **중요한 기반:** 세례는 모든 것의 기반이 되는 하나의 사실을 증거한다. 즉 어떤 희생을 치르더라도 성삼위 하나님을 섬기기로 했다는 사실이다.
- **달라붙는 힘:** 새신자에게는 세례가 상당히 당혹스러울 수 있다. 가족과 지인이 모두 지켜보는 앞에서 공공연하게 이루어지기 때문이다. 어쩌면 그런 당혹스러움이 세례의 일부분인지도 모른다. 개인의 희생과 위험을 감수하고, 믿음의 행위로 자신의 새 삶을 시작하는 순간은 영원히 기억에 '달라붙어' 있을 것이다. 모든 사람에게 보여 주는 감동적인 삶의 이야기가 아닌가! 세례를 받는 사람도, 지켜보는 사람도 절대 잊지 못할 순간이다.
- **퍼지는 능력:** 세례를 받은 제자가 새로 제자가 된 사람에게 세례를 베풀고,

그는 다시 예수님의 명령에 순종하여 또 다른 사람을 제자 삼아서 세례를 베푼다는 게 세례의 근본 취지다. 바꿔 말하면, 세례를 베풀어 제자를 배가하는 것이 예수님의 명령에 순종하는 길이라는 뜻이다.

## 성찬

공생애의 마지막이 가까워진 시점에서 예수님은 갑자기 뜻밖의 말씀을 하셨다. 많은 사람이 그 말씀에 어이없다는 반응을 보이며 주님에게서 등을 돌렸다. 위대한 스승이자 기적을 행하고 병자를 치료했던 분이, 어느 날 갑자기 메시아가 아니라 흡혈귀 같은 소리를 하시는 게 아닌가!

예수님은 자신의 살을 먹고 자신의 피를 마시라고 말씀하셨다. 그 말씀에 숨어 있는 진리는 제자들과의 만찬에서 드러났다. 만찬에서 예수님은 유월절 의식이 아닌 새로운 의식을 소개하셨다. 떡을 들어 나눈 뒤에 그것이 만인을 위한 그분의 몸이라고 하셨고, 그다음에는 포도주 잔을 들고 식탁에 앉아 있는 제자들에게 돌리며 그것은 만인을 위해 흘리는 그분의 피라고 말씀하셨다. 아울러 그리스도인은 앞으로 이와 같은 의식을 자주 치르면서 그분을 기억하라고 하셨다. 예수님은 제자들을 위해 새로운 의식을 만들어 내신 것이다. 그것은 복음의 핵심을 상징하는 의식이었으며, 반복해서 따라 해야 할 의식이었다. 그리스도인은 지금까지 그 의식을 따라 했다. 적어도 어느 면에서는 그랬다. 다만 문제는 성찬의 원래 의도에서 벗어났다는 것이다.

### 식탁은 어디로 갔는가?

성찬을 '주의 만찬'이라고 부르는 이유는 예수님이 처음으로 행하신 만찬 의식에서 비롯했기 때문이다. 또한 이 의식을 언제나 저녁의 일부로 행했기에 만찬이라고 칭했다. 초대교회는 이것을 아가페(agape), 즉 '애찬식'이라고 불렀다. 오늘날에는 모든 의식이 매우 간소화되어, 스티로폼 비슷한 '떡' 한 조각과 포도 주스 한 잔이 차례로 교인들에게 돌아간다. 그것으로 끝이 나는 것이다. 그런데도 우리는 염치없이 그것을 '주의 만찬'이라고 부른다(나중에 천국에서 주님이 베푸실 저녁 만찬에는 훨씬 더 나은 음식과 음료가 나오기를…).

원래 주의 만찬은 교인들이 모여 만찬을 나누면서 주님이 하신 일을 기념하고, 그분이 재림하실 때 모두 참여하게 될 연회를 기억하기 위한 것이다. 예수님은 분명 모든 교인이 '함께' 음식을 먹기를 기대하셨다. 가족이라면 당연히 그래야 하지 않겠는가? 일렬로 된 의자에서 앞사람 뒤통수를 바라보며 음식을 받아먹는 것과 식탁 부근에 둘러앉아 함께 음식을 먹는 것은 엄연히 다르다. 가족이 식탁 주위에 둥그렇게 모여 앉아 먹는 상황이 아니라, 교인이 일렬로 앉아서 받아먹는 상황으로 성찬이 바뀌면 많은 것을 잃고 만다. 우리는 평범한 식탁을 신성한 제단으로 바꾸었지만, 예수님이 떡을 떼고 잔을 돌리신 곳은 절대 그런 곳이 아니었다. 가정에서 일어나는 평범한 일이 신앙생활에서 배제되면 신앙은 편협하고 왜곡된 것이 되고 만다.

예수님의 성찬 의식은 사람이 날마다 대하는 평범한 식사에 영적인 의미를 부여하신 것이었다. 1세기 사람들의 주식은 빵(한국어 성경에는 떡으로 번역되어 있으나, 사실 이스라엘과 중동 지역은 둥글고 납작하게 생긴 빵을 주식으로 먹는다 – 역주)과 포도주였다. 예수님은 생활에서 가장 흔한 요소를 사용해서 그 안에 상징적 의미를 부여하셨다. 왜 그러셨을까? 예수님을 '기억'하게 하기 위해서였다.

우리는 예수님의 의도와 전혀 다르게 평범하지 않은 의식을 만들어서 오직 사제나 목사만이 성찬을 주도할 수 있게 했다. 가정의 식탁이 아닌 교회나 '성전' 제단에서만 성찬을 하게 되었다. 원래 주의 만찬은 모든 사람이 참여할 수 있었지만, 지금은 세례 받지 않은 사람은 참여하지 않는다. 성찬 음식이라는 것도 한 끼 식사가 아니라, 딱딱한 과자 조각이나 발효되지 않은 포도 주스처럼 애찬식에 어울리는 것보다는 유치원 간식에 가까운 것이 등장한다. 하루에 두어 번씩 하던 전례도 없어졌다. 지금은 많아야 일주일에 한 번, 보통은 석 달에 한 번 거행하는 특별 행사가 돼 버렸다. 생활에서 평범하게 행하는 요소는 모두 사라지고, 완전히 '종교의식'으로 변질된 것이다.

### 누구나 참여할 수 있다

교회는 고린도전서 말씀을 잘못 해석해서 성찬 예식 대상자를 오직 형제자매, 신실한 성도로 제한해 버렸다. 고린도 교회에서는 일부 부유한 교인들이 가난한 교인들(대부분 노예였음)을 전혀 배려하지 않고 성찬을 '독식'하는 일이 벌어졌다. 온종일 부자들을 섬기느라 늦게 도착한 교인들은 아무것도 먹을 수 없었다. 먼저 온 부자 교인들이 음식을 다 먹어 치워 버렸기 때문이다. 하나님의 백성을 사랑으로 하나 되게 해야 할 성찬이 이기적이고 배타적인 의식으로 전락한 것이다. 바로 그런 죄 때문에 고린도 교회에는 병이 들거나 죽는 교인도 생겨났다. 성경 말씀을 살펴보자.

> 그러므로 누구든지 주의 떡이나 잔을 합당하지 않게 먹고 마시는 자는 주의 몸과 피에 대하여 죄를 짓는 것이니라 사람이 자기를 살피고 그 후에야 이 떡을 먹고 이 잔을 마실지니 주의 몸을 분별하지 못하고 먹고 마시는 자는 자기의 죄를 먹고 마시는 것이니라 그러므로 너희 중에 약한 자와 병든 자가 많고 잠자는 자도 적지 아니하니 우리가 우리를 살폈으면 판단을 받지 아니 하려니와 우리가 판단을 받는 것은 주께 징계를 받는 것이니 이는 우리로 세상과 함께 정죄함을 받지 않게 하려 하심이라 그런즉 내 형제들아 먹으러 모일 때에 서로 기다리라 만일 누구든지 시장하거든 집에서 먹을지니 이는 너희의 모임이 판단받는 모임이 되지 않게 하려 함이라 그 밖의 일들은 내가 언제든지 갈 때에 바로잡으리라(고전 11:27-34).

꽤 오랫동안 그리스도인은 오직 깨끗한 양심을 가진 교인만 성찬에 임할 수 있다는 주장을 펼치며 위의 말씀을 그 근거로 삼았다. 그래서 우리 가운데 믿지 않는 사람이 있으면 같이 성찬을 하다가 큰 벌을 받을지 모른다고 경고했다. 그러나 바울의 서신에 나오는 천벌 받은 사람은 다른 교인과 함께 나누지 않고, 이기적으로 독식했던 그리스도인이었다. 참으로 아이러니한 일이 아닌가?

우리는 함께 나누어 먹지 않은 게 잘못이라는 말씀을, 함께 나누어 먹지 말라는 뜻으로 완전히 바꾸어 사용한다. 종잇장 같은 과자와 포도 주스 한 모금에 여전히 배가 고픈 사실은 뒤로 미뤄 두더라도 말이다.

전 세계 어디를 가서 보더라도 믿지 않는 사람은 성찬에 참여하지 못하게 되어 있다. 그러나 성경은 결코 그런 뜻으로 이야기하지 않았다. 다른 사람들과 음식을 나누어 먹지 않는 그리스도인에게 경고만 했을 뿐이다. 실제로 성경에는 "너희가 이 떡을 먹으며 이 잔을 마실 때마다 주의 죽으심을 그가 오실 때까지 전하는 것이니라"(고전 11:26)고 기록되어 있다. 아직 주님을 믿지 않는 사람에게 이보다 가슴 찡한 이야기가 어디 있겠는가? 생각해 볼수록 정말 대단한 말씀이다.

복음의 핵심에는 우리가 다른 사람들과 함께 음식을 나누어야 한다는 말씀이 있다. 그리스도인은 굶주린 세상에서 '베푸는 사람'이 되어야 한다. 그것이 예수님의 사랑과 희생을 드러내는 일이다. 이기적이고 배타적이었던 고린도 교인들이 주님의 징계를 받아 병들거나 죽은 것도 그런 이유에서였다. 우리 주님은 그것을 매우 심각한 죄로 여기셨기에 응당 값비싼 대가를 치르게 하신 것이다.

예수님이 성찬을 권면하실 때, 가룟 유다에게도 직접 떡을 잘라 주셨다는 사실을 기억하는가?(요 13:18, 26). 가룟 유다는 주님을 믿는 그리스도인이 아니었다(요 13:11). 예수님이 우리에게 본보기를 보여 주셨다는 사실을 정말로 확신한다면, 불신자가 성찬에 참여하지 못하게 하는 일은 절대 옳지 않다. 우리는 성찬에 참여하는 사람보다 배제하는 사람에 더 신경을 써야 한다. 분명 고린도전서 말씀은 성찬에 참여했던 일부 사람에게만 경고했던 내용이었기 때문이다.

### 복음을 소화하다

안수받은 기독교 지도자만이 주의 만찬을 집전해야 한다는 말씀은 성경 어디에도 없다. 나는 성찬 의식이 아주 평범한 의식이라는 점, 따라서 누구라도 주도할 수 있으며 하루에 한 번 이상도 행할 수 있다는 점을 확신한다. 성찬은 원래 사적인 식사 자리였고, 어느 손님이든지 환영하여 복음을 전할 수 있는 간편한 의식이었다.

믿지 않는 친구를 집에 초대해서 가족과 함께 식사한다고 생각해 보라. 이는 조금도 어려운 일이 아니다. 화기애애한 분위기 속에서 떡을 잘라 그 떡의 의미를 이야기해 준다. 그러고 나서 포도주 잔을 들고 기도한 뒤에 그것의 상징적 의미를 설명한다. 그런 식으로라면 누구든 좋은 분위기 속에서 복음을 전할 수 있을 것이다. 얼마나 간단하고, 인상 깊고, 따라 하기 쉬운 방법인가?

식사에 초대된 불신자는 편안하고 화목한 분위기에서 복음을 들을 뿐만 아니라 직접 맛볼 수도 있다. 그러므로 복음이 더 큰 영향을 미칠 수밖에 없다. 마음을 거쳐 머리로 들어가고 배에도 들어가니 모든 감각 기관이 총동원되는 셈이다. 불신자들은 하나의 기관이 아닌 전 기관으로 복된 소식을 소화한다. 떡과 포도주의 맛있는 냄새는 기억 신경을 자극한다. 이렇게 성찬에 참여하고 나면, 어디서든 떡과 포도주를 먹고 마실 때마다 복음이 생각나지 않겠는가?

### 하나님 가족의 사랑 온도를 높이라

"'예수님이라면 어떻게 하셨을까?'라는 문구가 새겨진 차량 스티커와 티

셔츠, 팔찌, 그리고 너희의 방대한 지식을 보며 모든 사람이 너희가 내 제자인 줄을 알리라"고 예수님은 말씀하지 않으셨다. 오로지 서로 사랑하는 것만이 예수님에 대한 헌신을 보여 주는 길이다(요 13:35). 교회의 교리나 교단 이름은 그것을 증명하지 못한다. 성찬은 우리 영혼에 사랑의 불을 지피는 바람이 되어야 한다.

성찬을 '주의 만찬'이나 '애찬'이라고 부르는 이유는, 떡과 포도주가 우리의 죄를 사해 주신 예수님의 사랑과 희생을 기억나게 하기 때문이기도 하다. 복음만큼 우리의 눈을 우리 자신에게서 주님께로 향하도록 이끌어 주는 것은 없다. 요한은 무엇이라고 말했는가? "우리가 사랑함은 그가 먼저 우리를 사랑하셨음이라"(요일 4:19). 주의 만찬은 우리가 날마다 죄를 용서받고 있다는 사실을 상기하게 한다. 예수님은 많이 용서받은 사람이 많이 사랑하게 된다고 말씀하셨다(눅 7:46-48).

성찬은 사랑으로 가득 찬 식사다. 따라서 성찬에 참여하는 사람이라면 누구나 예수님과 그분을 따르는 사람들을 사랑하지 않을 수 없다. 그러나 오늘날 우리가 행하는 성찬은 정확히 그 반대 결과를 낳고 있다. 예수님이 우리를 위해 얼마나 위대한 일을 하셨는지를 기억하며 감사함으로 먹는 자리가 아니라, 홀로 묵묵히 예수님을 생각하면서 침묵 속에 먹고 마시는 개별적인 식사가 되었다.

과연 이런 식으로 해서 교회 안 사랑의 온도가 올라가겠는가? 훌륭하고 재능 있는 교인이 많다는 게 교회의 자랑거리가 아니다. 서로 긍정적인 마음가짐으로 대하는 것만으로도 부족하다. 아무리 사랑에 관한 책을 읽고 사랑의 개념을 이해한다고 해도 실질적인 사랑의 온도는 올라가지 않는다.

자기에게 사랑이 부족하다고 자책하며 한탄해도 사랑의 불길은 타오르지 않는다. 우리를 위해 돌아가신 예수님의 사랑과 희생을 기억해야 다른 사람에 대한 사랑의 마음이 불타오를 수 있다. 복음은 '사랑의 원천'이며, 사랑은 '신앙생활의 완성'이다. 바울의 고백을 기억하라.

> 내가 너희 중에서 예수 그리스도와 그가 십자가에 못 박히신 것 외에는 아무것도 알지 아니하기로 작정하였음이라(고전 2:2).

### 가능한 자주 행하라

성찬에 관련해서 한 가지 더 짚고 넘어가야 할 부분이 있다. 예수님이 음식을 먹고 마시는 평범한 행동으로 성찬 의식을 치르신 데는 중요한 이유가 있다. 그분의 희생을 자주, 즉 먹고 마시는 일처럼 수시로 기억하라는 의도가 있는 것이다. 떡을 떼고 포도주를 마시는 일은 한 달에 한 번, 혹은 3개월에 한 번 했던 특별한 일이 아니라 늘 반복했던 생활의 일부였다.

바울은 예수님의 말씀을 인용해서 다음과 같이 말했다.

> 이것은 너희를 위하는 내 몸이니 이것을 행하여 나를 기념하라 하시고 식후에 또한 그와 같이 잔을 가지시고 이르시되 이 잔은 내 피로 세운 새 언약이니 이것을 행하여 마실 때마다 나를 기념하라 하셨으니(고전 11:24-25, NASB 번역은 'as often as'라는 말이 추가되어 가능한 자주 성찬을 하라고 되어 있음 – 역주)

복음으로 우리 영혼을 적실수록, 우리는 다른 사람을 더 깊이 사랑할 수 있다. 그래서 예수님은 그분의 희생을 기억하는 의식을 하루에 여러 번 하는 '식사'와 연관 지으신 것이다. 우리가 음식을 먹거나 음료를 마실 때마다 잠깐이라도 예수님의 사랑과 희생을 기억한다면 어떨까? 정말 기발한 생각 아닌가! 먹고 마시는 순간마다 진실로 복음을 생각한다면, 그 생각이 우리를 얼마나 바꾸어 놓을까? 가족과 함께 식사하거나, 친구 집에 가서 저녁을 먹거나, 혹은 점심 모임에서라도 예수님의 죽음과 부활을 잠깐이나마 언급한다면 얼마나 좋은 기회가 될지 상상해 보라.

복음은 단지 전도를 하기 위한 말씀이 아니다. 사도 바울은 "믿는 모든 자에게 구원을 주시는 하나님의 능력"(롬 1:16)이라고 말했다. 복음은 믿는 자들의 능력이다. 솔직히 말하면, 우리 삶에는 '능력'이 반드시 필요하다. 정말로 먹고 마실 때마다 주님의 희생을 기억하며 감사한다면, 우리는 분명 다른 사람이 되어 있을 것이다.

그럼 지금까지 살펴본 성찬의 내용을 '전도의 천재성'이라는 범주에 넣어 분석해 보자.

- **단순한 과정**: 함께 모여 식사하는 것처럼 간단하고 단순한 일은 없다.
- **소박한 형태**: 성찬은 사람들이 모여서 음식을 먹고 교제하며 사랑을 나누는 자리다. 가장 이상적인 환경은 가족이다.
- **놀라운 계획**: "내 살을 먹고 내 피를 마시라"는 말씀처럼 놀라운 이야기가 어디 있겠는가? 기상천외하고도 확실하게 기억에 남을 말씀이다.
- **중요한 기반**: 예수님의 속죄 사역은 그 안에 들어 있는 의미만큼이나 중요하다. 예수님이 자신의 생명을 죽음과 바꾸었다는 것은 매우 의미심장한 일

이다. 그분이 우리를 위해 몸을 주셔서 우리가 건강한 그분의 몸이 되었으니 얼마나 감사한 일인가! 성찬은 새 언약의 참모습이다.

- **달라붙는 힘**: 하나님이 자신의 독생자를 속죄 제물로 삼으셨다는 이야기만큼 감동적이고 인상적인 이야기가 어디에 있겠는가? 이것은 모든 고난과 역경을 극복하고 원수와 맞서 최후 승리를 거둔다는 구속의 이야기다. 모든 역사는 바로 이 이야기 위에서 전개되고 있다.
- **퍼지는 능력**: 지구 위의 모든 길은 만찬 식탁을 거쳐 간다. 그리스도인의 저녁 식탁에서 복음을 듣고 맛본 사람은 같은 식탁을 대할 때마다 감동적인 복음을 다시 기억하게 될 것이다. 요즘에도 나는 식탁에서 빵을 자를 때마다 예수님을 떠올린다.

## 주기도문

또 한 가지 중요한 의식은 '주기도문'이다. 적어도 이 경우에는 제도화된 교회들이 평신도의 손에서 이 의식을 빼앗아 가지 않았다. 그러나 이 안에 있는 능력이 현저히 약화되게 함으로써 주기도문을 마치 미신처럼 만들어 버렸다.

제자들은 예수님이 날마다 하나님 아버지께 나아가 열심히 기도하시는 모습을 보았다. 따라서 그 비결이 무엇인지 궁금해하는 것도 어쩌면 당연한 일이었다. 제자들은 예수님께 어떻게 기도해야 하느냐고 물었고, 예수님은 다음과 같은 기도의 본보기를 보여 주셨다.

그러므로 너희는 이렇게 기도하라 하늘에 계신 우리 아버지여 이름이 거룩히 여김을 받으시오며 나라가 임하시오며 뜻이 하늘에서 이루어진 것같이 땅에서도 이루어지이다 오늘 우리에게 일용할 양식을 주시옵고 우리가 우리에게 죄 지은 자를 사하여 준 것같이 우리 죄를 사하여 주시옵고 우리를 시험에 들게 하지 마시옵고 다만 악에서 구하시옵소서 나라와 권세와 영광이 아버지께 영원히 있사옵나이다 아멘(마 6:9-13).

이 기도는 암기해서 입버릇처럼 되풀이해야 하는 단순한 기도인가, 아니면 그 이상의 의미가 있는 기도인가? 나는 주기도문이야말로 암기 이상의 심오한 기도라고 생각한다. 이 기도는 또한 예수님께 있었던 전도의 천재성을 보여 준다. 성도들은 이 기도를 쉽게 따라 할 수 있으며, 그 결과로 아름다운 열매가 맺힐 것이다. 그뿐만 아니라 다른 사람들도 이 기도에 동참하게 될 것이다.

나는 예수님이 우리에게 주기도문을 주신 이유가 그리스도인이 하나님과 대화 나누는 본을 보여 주기 위해서라고 믿는다. 주기도문이야말로 유기적 교회 예배에서 사용할 만한 매우 훌륭한 기도 형태다. 제자들(복수)은 어떻게 기도해야 하는지를 물었고, 예수님은 그들에게 기도하는 방법을 가르쳐 주셨다. 서양의 개인주의 문화에서는 모든 것을 그저 개인적으로만 적용하려고 한다. 그러나 예수님의 의도는 그런 것이 아니었다.

여기에서 주기도문의 형태를 간략히 나누어 살펴보겠다.

• 하나님을 경배하며 그분의 존재를 찬미한다.

"하늘에 계신 우리 아버지여 이름이 거룩히 여김을 받으시오며."

• 복음화 사명을 다 함께 의식하고 하나님의 통치에 순복한다.

"나라가 임하시오며 뜻이 하늘에서 이루어진 것같이 땅에서도 이루어지이다."

• 그날 필요한 것을 위해 다 함께 기도한다.

"오늘 우리에게 일용할 양식을 주시옵고."

• 서로 용서와 화해를 다짐하는 획기적인 관계 개선책과 의식을 도모한다.

"우리가 우리에게 죄 지은 자를 사하여 준 것같이 우리 죄를 사하여 주시옵고."

• 지속적인 영적 전쟁에서 인도와 보호를 간구한다.

"우리를 시험에 들게 하지 마시옵고 다만 악에서 구하시옵소서."

• 주님이 우리의 왕이시며 우리의 삶이 그분에게 속했음을 인정한다.

"나라와 권세와 영광이 아버지께 영원히 있사옵나이다. 아멘."

주기도문의 모든 문장이 복수형으로 되어 있다는 사실을 눈치챘는가? 이것은 개인의 기도가 아니다. 하나님 아버지를 가장으로 모신 가족의 기도다. 예수님은 우리가 기도할 때 단지 무엇을 말해야 하는가를 가르쳐 주신 게 아니다. 하나님을 아버지로 모신 영적인 가족으로서 우리가 어떻게 신앙생활을 해야 하는지를 보여 주신 것이다.

주기도문의 형태는 어떤 면에서 내 친구 앤드루 존스의 생활을 닮았다. 그는 사람들을 사귀고, 파티를 열고, 복음을 전하고, 선물을 주는 식으로 불신자들을 전도해서 교회를 개척한다. 앤드루는 전도의 천재성을 충분히 발휘하여 교회 개척의 본보기를 보여 주었다. 교회 개척은 아주 단순하고, 누구나 따라 할 수 있으며, 뜻깊은 일이라는 것을 보여 준 것이다. 평소에

할 수 있으므로 손쉽고 확실하고 친숙한 방식인 셈이다.

사람을 사귀고, 파티를 열고, 복음을 전하고, 선물을 주는 일은 누구라도 할 수 있다. 이 일은 신 나고 즐겁고 재미있는 일이다. 사람들에게 교회를 개척하라고 하면(현대 사회에서 이 말이 의미하는 게 무엇인지를 알고 있다면) 대부분 아주 난처한 표정을 짓는다. 아주 단순하고도 확실하며 강력한 방법을 추구해 보라. 쉽고 평범한 일을 할 수 있는 보통 사람들을 하나님의 무한한 능력과 지혜에 접속하게 하라.

어려운 일은 하나님이 하시게 해서 그분 홀로 영광을 받으시게 하고, 우리는 간단하고 쉬운 일을 해서 아무런 칭찬도 받지 말자. 그저 평범한 일을 했는데 우리가 칭찬받을 이유가 있겠는가? 우리는 하나님의 진리와 영광을 담고 있는 토기일 뿐이다. 우리가 중요하고 어려운 일을 할수록 하나님께는 영광을 조금만 돌리게 된다. 그만큼 우리가 하는 일과 방식에 조명을 비추게 되기 때문이다.

주기도문은 지구에 사는 사람 절반이 암송하는 기도지만, 그만큼 주님의 의도를 따르지 않기에 그 영향력은 미미하다. 나는 이것이 비극이라기보다는 오히려 절호의 기회라고 생각한다. 주기도문을 주신 이유가 하나님을 아버지로 모시는 영적 가족의 신앙생활을 위한 것이라면, 이미 주기도문을 알고 있는 인류의 절반이 그 위력을 제대로 발휘할 경우 얼마나 많은 교회가 이 땅에 생기겠는가! 어떤 면에서는 하나님이 이미 급속한 교회 배가 운동의 기반을 내려 주신 것이나 다름없다. 우리는 그저 사람들이 이미 알고 있는 사실만 다시 깨닫게 해주면 된다.

그럼 주기도문에 담긴 촉매의 특징을 살펴보자.

- **단순한 과정**: 단 3개 문장으로 이루어진 간단한 기도가 주기도문이다. 매우 단순해서 지금도 전 세계 곳곳에서 수많은 사람이 외우고 있다.
- **소박한 형태**: 주기도문은 영적 가족 집단(12-15명)에 적합하다. 서로 돌보고 친밀하게 지내는 믿음의 공동체에 반드시 필요하다. 일반적 관행과 달리 주기도문은 주어를 단수로 바꾸지 않는 한 홀로 드릴 수 없는 기도다. 주기도문을 이상적으로 적용하기 위해서는 집단의 크기를 엄격하게 제한할 필요가 있다.
- **놀라운 계획**: 전지전능하고 영원하신 하나님은 우리와 친밀한 관계를 맺기 원하시고, 우리에게 필요한 것을 공급해 주시며, 다른 사람들과 사이좋게 지내게 하시고, 악한 원수에게서 보호해 주시고, 하나님 능력에 힘입어 그분의 영광을 위해 다 함께 사명을 완수하길 원하신다. 그분은 우리의 아버지가 되고 싶어 하신다. 이 얼마나 놀랍고도 기쁜 일인가!
- **중요한 기반**: 믿음의 가족이 다 함께 하나님과 친밀한 교제를 누린다는 사실보다 더 중요하고 의미 있는 일이 어디 있겠는가!
- **달라붙는 힘**: 주기도문은 간단하고, 기억하기 쉽고, 명확하다. 아울러 하나님 아버지가 자녀를 사랑하신다는 단순하고도 감동적인 내용으로 우리를 하나로 묶어 준다. 현재의 기도 형태가 원래 의도에서 벗어나기는 했지만, 주기도문의 달라붙는 특성은 여전하다. 지금도 수억 명이 이 기도를 외운다는 게 바로 그 증거 아니겠는가!
- **퍼지는 능력**: 사회의 기반은 가족이다. 어느 나라, 어느 문화권을 막론하고 그것은 변함없는 사실이며 바람직한 원리다. 가족이 있는 곳마다 주기도문은 더 자연스럽게 자리를 잡을 것이다.

예수님이 주신 단순한 의식을 하나씩 살펴보고 각 상황과 목적을 설명한 이유는, 독자들에게 한 가지 사실을 알려 주기 위해서다. 바로 그것은 사탄이 얼마나 많은 것을 우리에게서 빼앗아 갔는가 하는 점이다. 그토록 심오하고 의미 있는 것을 졸렬한 모조품으로 대체해 버리는 바람에, 영향을 주어야 할 사람에게 아무런 영향도 못 미치게 했으니 얼마나 안타까운 일인가! 이 의식을 얼마나 싸구려로 깎아내리고 왜곡했으면, 사람들이 의식을 치러도 예수님을 전혀 알아차리지 못한단 말인가?

그러나 무엇보다 가슴 아픈 점은, 이 글을 읽는 독자 중에 내가 신성한 의식을 짓밟고 거룩한 것을 더럽혔다고 생각하는 사람이 분명 있을 거라는 사실이다. 부디 없기를 바라지만 아마도 아주 없기는 힘들 것이다.

헌신적으로 예수님을 따르는 제자가 불신자를 제자 삼아 그의 가족과 친구들 앞에서 세례를 준다면 어떤 일이 일어날까? 세례식 도중에 다른 사람도 주님을 영접하고 세례를 받는 일이 일어난다면 어떨까? 그런 뒤에 그들이 다른 제자들을 집으로 초대해서 함께 식사하며 예수님의 사랑과 희생을 기억하고, 그 희생을 바탕으로 서로 사랑한다면 어떻게 될까? 그들이 영적 가족으로 모여 정기적인 모임을 갖고, 주님이 가르쳐 주신 대로 예배하고 기도한다면 어떻게 될까?

이 모든 게 매우 간단해서 어떤 지도자의 허락이나 지시 없이도 누구나 쉽게 따라 할 수 있다면 어떨까? 평신도가 예수님이 가르쳐 주신 의식을 행한다면 그 속에서 복음의 씨앗이 자라 제도화된 교회보다 더 넓고 더 빠르게 복음화 운동이 확산될 수 있지 않을까? 나는 그럴 것이라고 믿는다. 아니라면 왜 사탄이 그토록 애를 써 가며 이 의식들을 사람들에게서 멀어지게 했단 말인가? 이 의식에 담긴 전도의 천재성이야말로 목숨을 내놓고 지킬 만한 가치가 있는 것이다.

예수님이 가지신 전도의 천재성을 물려받아 우리도 그 천재성을 발휘해야 한다. 영적인 지도자들은 뒤로 물러나고 평신도에게 강력한 촉매를 돌려주어 2천 년 전에 예수님이 시작하신 복음화 운동을 이 시대에도 활활 타오르도록 해야 한다.

신약의 그리스도인들은 교회를 건물이나 기관으로 여기지 않았다.

**스탠리 그랜츠**(Stanley Grenz)

10장

# 주일학교는 어떻게 하는가?

## 믿음의 교실에서 믿음의 가정으로

어느 날 밤, 터틀 씨 가족은 차를 몰고 로스앤젤레스 시내를 달리고 있었다. 그때 스키드로 거리의 모습이 그들의 시선을 잡아끌었다. 특히 여덟 살 난 앤드루는 노숙자들이 길바닥에 눕거나 마분지 상자 안에 들어가 잠을 자는 모습에 충격을 받았다. 어떤 사람은 신발도 신고 있지 않았다. 앤드루는 엄마와 아빠에게 질문을 퍼부었다. "왜 저 사람들은 거리에서 살아요? 왜 집이 없어요? 가족은 어디 있어요?" 그리고 이어진 앤드루의 질문이 터틀 씨 가족의 삶을 완전히 바꾸어 놓았다. "우리가 저 사람들을 도와줄 수 없을까요?"

사실 팀은 아들에게 이런 대답을 해주고 싶었다. "얘야, 그렇게 간단한 문제가 아니야. 우리도 어쩔 수 없단다. 네가 저 사람들을 도울 방법은 아무것도 없어. 그저 기도나 해주렴." 그런 대답을 궁리하고 있던 중, 문득 그 말이 앤드루의 인생관에 어떤 영향을 미칠까 하는 생각이 들었다. 부정적인 영향을 미칠 것이 분명했다. 팀은 앤드루에게 그들을 어떻게 도울지 하나님께 알려 달라고 기도하는 게 어떻겠느냐고 제안했다. 앤드루의 작은 관심은 어머니인 스테이시의 마음에 불을 댕겼다. 그 일을 계기로 노숙자를 도울 길을 적극적으로 찾게 했던 것이다.

앤드루의 질문과 부모의 노력으로 '돌봄 캠페인'(Campaign for Care)이라는 사역이 탄생했다.[1] 담요와 스티로폼 매트리스를 모아서 거리의 노숙자들에게 나눠 주는 사역이었다. 이 사역을 시작한 건 어른이 아니라 아이다운 믿음과 상상력으로 세상을 바라보았던 여덟 살짜리 소년이었다. 그의 현명한 부모 역시 아들의 말에 귀를 기울이며, 주님의 뜻을 따를 수 있도록 격려했다.

우리가 자주 반복하는 금언 가운데 이런 말이 있다. "아이가 예수님을 영접했다고 해서 아이 크기의 성령과 예수 인형을 받는 게 아니다." 어린아이도 '온전한' 성령의 능력을 받고, 어른 못지않은 영적 권위를 갖는다. 하나님의 능력과 아이다운 믿음이 합쳐질 때, 세계를 바꿀 만한 위력이 생긴다. 어린아이는 우리의 미래이며, 하나님 나라를 전파할 '강력한 대사'다.

유기적 교회에 대해 가장 많이 하는 질문 가운데 하나가 "주일학교는 어떻게 하나요?"이다. 아마도 우리가 다른 지역 교회처럼 주일학교를 운영하지 않거나 연령별 성경공부 체제를 갖추지 않았다고 생각해서 묻는 것일 테다. 또한 우리가 일반 교회와 같은 교육 방안을 사용하지 않아서 아이들의 신앙 교육에 소홀할 것이라고 예상하는 듯하다. 나는 절대 그렇지 않다는 사실을 밝히고 싶다.

서양 지역 교회와 기독교 단체는 어른과 아이들을 따로 구별해서 설교하고 가르쳐야 한다고 생각한다. 물론 어린아이들이 왔다 갔다 하면 어른이 집중하기 어렵고, 그 반대도 마찬가지이긴 하다. 아이들을 연령별로 구분해서 교육 자료를 만들고, 그 자료로 가르치는 게 관행이다. 교육 자료를 바꾼다든지 다른 연령대와 혼합하는 일은 좀처럼 없다. 일반적인 관행에 의문을 제시하는 사람은 별로 없지만, 나는 그것이 매우 편협한 고정관념이며 더 나은 방법을 보지 못하는 맹목적인 시각이라고 말하고 싶다.

성경을 대충 읽어 보아도 하나님에게 아이들이 얼마나 특별한 존재인지를 금방 알 수 있다. 그래서 하나님은 아이들의 양육을 책임질 장소로 학교를 선택하지 않고 '가정'을 선택하셨다. 태초부터 아이들이 성장하고 발달할 최적의 환경은 뭐니 뭐니 해도 가정이었다. 현대 사회의 가장 큰 문제는 가정이라는 환경이 급속히 무너지고 있다는 점이다. 아이들의 성장과 발달을 위한 장소로 학교가 더 중요하게 인식되어 버렸다. 힐러리 클린턴(Hillary Clinton) 국무장관이 한 말로는, 이제 가족이 아이를 키우는 시대가 아니라, 전 지역 사회가 아이를 키우는 시대가 되었다고 한다. 여기에서 지역 사회란 '공공 기관'(특히 학교)을 가리킨다.

나의 아내 다나는 LA 통합 교육구에서 학생을 가르치는 교사로서, 현재 LA 남중부에서 일하고 있다. 아내의 말로는 화목한 가정에서 자란 아이보다 문제 가정에서 자란 아이가 공부에 더 어려움을 겪는다고 한다. 미국 사회는 교육에 대한 책임을 전부 교사의 어깨에만 지우려고 하지만, 하나님은 그렇게 하지 않으셨다. 하나님은 가정에 그 일을 맡기셨다.

교회는 하나님의 뜻을 따르는 대신 세상의 관행을 따라 아이의 신앙 교육을 일주일에 한 번 주일학교 교사에게만 맡겨 놓고 있다. 신약에 나오는 교회들이 모든 일을 영적 가족 차원에서 함께했던 것과는 달리, 요즘 교회는 일주일에 한 번 모이고 흩어지는 종교 행사 기관에 불과하다. 어른에게나 아이에게나 교회 생활은 그저 가르침밖에 없다. 심지어 '주일학교'니, '기독교 교육'이니 하는 학교 용어를 사용해서 교회 안에서의 가르침을 묘사한다.

물론 이해하지 못하는 건 아니다. 교회를 개척하고 목회하는 사람은 모두 '학교'라는 기관에서 훈련과 교육을 받은 사람이다. 어떻게 교회를 이끌어야 하는지를 알고 싶은 사람은 신학대학원에 가서 교회 목회를 배운다. 결국 자신이 배운 방법을 그대로 실천해서 영적 가족이 아닌 '신앙 교육' 기관을 낳는 것이다. 교육 기관의 목적은 가르치는 것이다. 많은 교회의 목적이 똑같다. 교육에 너무 많은 투자를 한 나머지, 교육과 성숙을 동일시하는 잘못을 범하기도 한다.

이제는 우리가 신약의 교회 개념으로 돌아가서 아이와 부모를 다른 시각으로 바라볼 때가 되었다.

## 아이들과 함께 있는 게 따로 있는 것보다 낫다

나는 자녀 세 명을 두었는데, 그 아이들은 정말 순식간에 자랐다. 우리 아이들은 태어날 때부터 교회에 다녔다. 대형 교회에도 다녔고, 그보다 작은 지역 교회에도 다녔고, 유기적 교회에도 다녔다. 아마 우리 아이들에게 질문을 던지면 그 교회들의 장단점을 모두 말해 줄 것이다.

우리 아이들은 전통적인 지역 교회의 주일학교에서 많은 것을 배웠고, 나는 그 점에 감사한다. 그곳의 교육은 체험보다 지식을 얻는 것에 초점이 맞춰져 있었다. 예수님에 관한 것을 배우고, 골리앗을 죽인 다윗과 사자 굴에 들어간 다니엘에 대해 배웠지만, 동생을 사랑하는 법이나 학교 친구들에게 복음을 전하는 법은 배우지 못했다. 물론 사랑을 배우기는 했겠지만, 진정한 사랑은 머리로 배우는 것이 아니라 생활에서 체험하며 배우는 것이다. 좋은 성품에 대해서도 배웠겠지만, 실제로 좋은 성품을 갖춘 사람을 겪으며 그들이 다른 사람들과 어떻게 지내는지를 볼 기회는 없었다. 그런데 집에 오면 이야기가 달라진다.

몇 년 전에 우리 가족은 새로운 사역을 해 달라는 제의를 받았다. 그때까지 우리가 살던 지역은 미연방수사국이 가장 안전한 지역의 하나로 선정한 10만 명 인구의 교외 소도시였다. 조용한 거리에 집도 있고 멋진 정원도 딸려 있었다. 그러나 우리가 새로 시작할 사역은 롱비치라는 도시에 있었다. 그곳은 전국적인 조직망을 갖춘 조직 폭력배들이 활개를 치는 곳이었다. 우리는 정원도 없는 뒷골목 집에 세를 들었다. 귀뚜라미 울음소리 대신 머리 위에서 헬리콥터 소리가 들렸다. 밤마다 비추는 환한 불빛에 눈이 부실 정도였다.

아이들을 생각하더라도 그건 현명한 이사가 아니었다고 사람들은 말했다. 나도 그 점을 인정하기는 했다. 한편으로는 내 결정에 의구심이 일기도 했다. 그러나 마음 깊은 곳에서는 이것이 옳은 결정이라는 확신이 들었다. 우리는 추수의 주인이신 예수님의 뜻을 따랐고, 예수님은 우리보다 더 우리 아이들은 사랑하셨다.

지금 되돌아보면, 우리 가족이 그 뒷골목 집에서 지냈던 시간은 무엇과도 바꾸고 싶지 않은 귀하고 값진 시간이었다. 롱비치 거리에서 배운 것은 우리 아이들에게는 평생 잊지 못할 교훈이 되었다. 아이들은 세상을 피해 기독교의 안전지대에 사는 법을 배우지 않았다. 오히려 전혀 다른 기독교의 진국을 맛보았다. 그것은 위험과 희생을 각오하고 어려운 상황에서 진리대로 살아가는 진정한 신앙생활이었다.

우리 아이들은 복음의 능력을 머리로 믿을 뿐 아니라 마음으로도 확신한다. 수많은 사람이 실제로 변화되는 모습을 '직접' 목격했기 때문이다. 또한 타락한 삶을 살아가는 수많은 주변 사람을 보면서 죄의 실체를 냉정하게 인식하기도 했다. 이런 교육은 돈을 주고도 살 수 없다. 이는 성경공부나 주일학교 교육으로도 얻을 수 없는 깊은 차원의 배움이다. 왜냐하면 모두 이름과 얼굴과 사연이 있는 '실제 사람'의 이야기이기 때문이다. 우리 아이들은 생활에서 그것을 모두 눈으로 직접 보았다.

도시로 이사 와서 유기적 교회들을 개척할 때부터 아이들은 '체험 신앙'이 무엇인지를 배웠다. 사람들이 변화되는 것을 보았고, 타락한 삶을 살았던 사람의 간증을 들었으며, 그런 사람이 예수님께 헌신해서 새 사람으로 살아가는 것을 지켜보았다. 심지어 우리 아들은 가족의 사랑과 돌봄이 필요해서 잠시 우리 집에 와 있던 아이와 같은 방 친구가 되었다. 그 시간에 아들이 배운 사랑과 친절과 인정은 주일학교에서 그림 동화로 들려주는 선한 사마리아인 이야기에 비할 바가 아니었다.

유기적 교회에서는 아이들에게 대단한 기대를 건다. 그런데 그 기대가 무너지는 일은 드물다. 우리 교회에서 가장 기발한 질문을 하고 가장 심오한 생각을 하는 교인은 보통 아이들이다. 언젠가 한번은《레프트 비하인드》(홍성사 역간)라는 소설 덕분에 '휴거'라는 주제로 이야기를 나눈 적이 있었다. 당시 열두 살이었던 둘째 딸 에린이 이야기를 듣다가 고개를 갸웃거리며 내게 물었다. "휴거가 일어나면 사람들이 전부 위로 올라가는 거예요?" "그래, 다 그렇게 알고 있단다"라고 내가 대답했다. 그러자 에린은 아리송한 표정을 지었다. 머릿속에 많은 생각이 오가는 눈치였다.

이윽고 에린이 내게 다시 질문을 던졌다. "아빠, 지구는 둥글잖아요. 그런데 사람들이 전부 위로 올라가면 각자 뿔뿔이 다른 곳으로 간다는 이야기예요?" 나는 미처 그런 생각을 해본 적이 없었다. 아마 아이만이 그런 기발한 생각을 할 수 있을 것이다. 나는 에린에게 "휴거가 일어나면 우리 모두 같은 곳으로 가게 될 거야. 너 혼자 남겨질 일은 절대 없을 테니 걱정하지 말아라" 하며 안심시켰다.

유아도 마찬가지다. 아이를 유아실에 보내서 다른 사람이 돌보거나 〈베지 테일〉(Veggie Tales) 만화영화만 보게 하지 않는다. 어른과 같이 예배도 드리고 기도도 하지만, 보통은 뒤뚱거리는 모습으로 사람들 무릎 사이를 오가며 논다. 지금까지 아이들 때문에 예배를 방해받았던 기억이 한 번도 없다. 아이들은 워낙 교회 예배에 익숙해져 있기에, 그런 상황에서 어떻게 행동해야 하는지를 잘 알고 있다.

한번은 이런 일도 있었다. 안구 교정 수술을 받은 남자아이가 예배에 나왔던 날이었다. 찬양과 기도 시간이 다가오자, 그 아이는 마치 기다렸다는 듯 자기 간증을 시작했다. 키가 작아서 의자에 앉으면 발이 바닥에 닿지도 않는 아이였다. 아이는 눈을 크게 뜨고 신기하다는 표정으로 "예수님이 제 눈을 고쳐 주셨어요"라고 말했다. 그러면서 천천히 고개를 돌려 모든 사람에게 자기 얼굴을 보여 주는 것이었다.

우리는 모두 속으로 '와! 정말 은혜로운 예배다!'라고 생각했다. 예수님도 그 장면을 보며 얼마나 기뻐하셨을까! 도대체 왜 우리는 그런 아이들을 다른 방에 보내서 만화영화만 보게 하는 걸까?

유기적 교회 운동을 시작하던 초기에 동료 폴 카크는 자신의 어린 자녀, 일라이자와 제러마이어가 유기적 교회에 잘 적응할지를 걱정했다. 그의 가족은 휴가를 맞아 캘리포니아 시골에 가서 두 달 동안 교회를 개척했다. 그러던 어느 날, 예배 모임에서 사람들과 함께 기도하던 폴은 주위가 너무 조용하다는 것을 느꼈다. 이윽고 그의 마음에 수상한 생각이 들었다.

어린아이들이 조용히 있기를 바라는 게 부모 마음이지만, 사실 조용한 게 항상 좋은 징조는 아니다. 폴은 일라이자가 혹시 무슨 말썽을 부리고 있는 게 아닌가 싶어 살며시 눈을 떴다. 그런데 놀랍게도 아이는 바로 자기 앞에 얌전히 앉아 있었다. 오히려 엄마 아빠가 다른 사람을 위해 기도하는 모습을 신기하게 쳐다보고 있었다! 미국 아이들이 기도하는 자기 부모의 모습을 보는 것은(다행히 기도하는 부모일 경우) 저녁 식탁 자리밖에 없다. 폴은 그 순간에 아이들과 함께 예배드리는 것이 얼마나 귀한 일인가를 깨달았다.

신앙생활이란 그림 동화와 색칠 공부로 배우는 게 아니라, 결국은 '본보기를 보면서' 배우는 것이라는 사실을 우리는 잊고 있다. 아이들이 하나님께 경배하는 부모의 모습을 지켜보는 것이야말로 진정한 축복이다. 나는 우리 아이들이 주님을 찬양하고 다른 사람을 위해 기도할 때마다 코끝이 찡할 정도로 기쁘고 감동적이다. 어른끼리 예배를 독점한 채, 아이들은 딴 방에서 놀게 하는 일은 이제 절대로 하고 싶지 않다.

성경에는 제자들이 예수님 가까이 가려는 아이들을 저지하는 장면이 나온다. 예수님이 더 중요한(?) 일을 하실 수 있게 아이들을 떼어 놓으려는 것이다. 예수님은 제자들(그리고 우리)을 꾸짖으면서 아이들을 쫓지 말라고 말씀하셨다. 우리가 모두 '아이 같은 믿음'을 배워야 한다는 것이었다(마 19:13-15). 예수님은 어른에게 아이들이 필요하며, 어른이 아이에게서 배워야 한다고 말씀하셨다. 우리 세 아이는 교회 예배에 참여하는 게 얼마나 좋은 일인지를 독자에게 언제라도 증언할 것이다.

몇 해 전 일본에서 사역하고 있을 때 일이다. 어느 날 밤에 나는 당시 열다섯 살이었던 맏딸 헤더가 친구들과 함께 캘리포니아의 헌팅턴 비치에서 교회를 개척하는 꿈을 꾸었다. 헤더는 그 지역에 있는 학교에 다니고 있었다. 일본에서 돌아온 나는 딸에게 꿈 이야기를 해주며 "네가 집을 떠나 있어도 나는 언제나 너를 생각하고 있단다"라고 말했다.

다음 날, 학교가 끝나고 집에 온 헤더는 나에게 "아빠, 내 친구들이 하고 싶데요"라고 말했다. 어리둥절한 내가 "무얼 말이니?" 하고 묻자, 그 아이는 "교회를 개척하는 거요"라고 대답했다. 자기 친구들이 따분하고 재미없는 교회(딸의 표현을 따르면)가 싫어서 새로운 교회에 다니고 싶다고 말했다는 것이다. 그동안 헤더는 우리가 유기적 교회를 개척하는 모습을 여러 번 지켜보았다. 그래서 나는 헤더에게 이렇게 충고했다. "그럼, 어떻게 해야 하는지 너도 잘 알고 있지? 아는 대로 한번 해봐. 필요한 일이 있으면 내가 언제든지 도와줄게."

그러고 나서 다음 날, 학교에서 집에 돌아온 헤더는 다음 주 목요일에 헌팅턴 비치에 있는 친구의 집에서 첫 예배 모임을 열기로 했다고 알려 주었다. 자신이 다니는 고등학교 친구들을 가능한 한 많이 초대할 계획이라고 했다. 또 악기를 다루는 친구가 찬양을 인도할 예정이라고 했다. 바야흐로 목요일에 새로운 교회 하나가 탄생할 예정이었다.

우리 아이들은 교회 개척의 일원으로 활약하면서 주일학교에서 배울 수 없는 것을 '몸'으로 배웠다. 마약중독자들이 회개하고 주님을 영접하는 걸 보았고, 하나님 나라의 유능한 일꾼으로 거듭나는 모습도 지켜보았다. 그래서 하나님이 사람들을 바꿀 수 있을 만큼 능력 있는 분임을 전적으로 확신했다. 단지 사도행전을 읽어서만이 아니다. 이는 실제로 사람들에게 일어난 일들을 목격하며 얻게 된 믿음이었다. 우리 아이들은 이제 불신자에게 진정한 관심과 믿음을 갖고 있다. 교회에 다니는 아이 가운데 그런 관심을 보이는 경우는 별로 많지 않다. 하지만 우리 아이들은 불신자를 사랑하는 법을 배웠다. 그리고 그들에게 복음을 전하길 바라고 있다.

어느 날 저녁, 우리 부부는 둘만의 오붓한 시간을 보내기 위해 아이들을 집에 남겨 두고 외출을 했다. 나는 저녁을 먹고 나서 집으로 전화를 걸어 막내아들 재커리가 취침 준비를 하고 있는지 물었다. 이미 늦은 저녁이었으므로 막내는 잠자리에 들어야 할 시간이었다. 전화를 받은 헤더는 에린과 재커리가 아직도 골목에서 놀고 있다고 대답했다. 나는 빨리 아이들을 집에 들어오게 하라고 재촉했다. 롱비치 도시의 어두운 골목은 어린아이들이 놀기에 안전한 곳이 아니었다.

얼마 뒤 전화를 받은 재커리는 격앙된 목소리로 말했다. "아빠, 저기 골목 뒤쪽에 사는 심술쟁이 할머니 있잖아요. 그 할머니가 쓰레기를 버리러 나오면서 나하고 누나한테 나쁜 말을 했어요." 나는 뒷골목에서 무엇을 했느냐는 말은 전혀 묻지 않은 채 "왜 그렇게 늦게까지 밖에 있었니?"라고만 다그쳤다. 그러자 재커리는 "할머니가 쓰레기 버리고 돌아오기를 기다렸어요. 왜냐하면 나랑 누나가 할머니한테 보여 주려고 만들어 놓은 게 있거든요"라고 대답했다. 재커리는 할머니를 조금이라도 기쁘게 해주려고 그림을 그렸고, 에린은 예수님에 대한 짤막한 이야기를 썼다고 했다.

내가 재커리에게 빨리 집에 들어가서 자야 한다고 이야기하자, 재커리는 금세 울먹이는 목소리가 되었다. "하지만 아빠, 그 할머니는 늙었고 예수님을 믿지 않잖아요. 분명히 오래 살지도 못하실 텐데…. 나는 그 할머니에게 예수님에 대해 알려 드리고 싶어요. 누나랑 같이 할머니 위해 기도하다가 이걸 드리고 싶어서 만든 거란 말이에요." 아들은 자기를 벌레만도 못하게 대하는 할머니의 영혼을 위해 울고 있었다. 사실 어른도 불신자의 영혼을 위해 울기는 쉽지 않다. 더욱이 자기에게 불친절하게 대하는 사람이라면 더더욱 그럴 것이다.

우리 아이들은 분명 성령으로 충만했다. 자기에게 늘 못되게 구는 사람에게 깊은 동정심을 느낄 수 있었으니 말이다. 아들과 통화하던 나의 눈시울이 뜨거워졌다(지금 이 글을 쓰는 중에도 또다시 눈물이 난다). 다음 날 나는 재커리에게 그 그림을 할머니에게 갖다 드리라고 했다. 그래도 여전히 할머니의 태도에는 아무런 변화가 없었지만, 해가 바뀌면서 조금씩 누그러진 모습을 보이셨다.

그러한 동정심은 성경공부 책을 다 공부한다고 해서 배울 수 있는 게 아니다. 누군가 본을 보여 주고 실생활에서 직접 경험해 봐야 생기는 것이다. 뒷골목에서만 배울 수 있는 교훈을 배우고 싶다면, 뒷골목에서 살기로 정해야 한다.

몇 년이 지나 재커리는 P.O.D라는 밴드의 음반에서 "열방의 청년"(Youth

of the Nation)이라는 곡을 듣게 되었다. 이 세상의 수많은 청년이 예수님을 알지 못해 소망 없이 죽어 간다는 슬픈 노래였다. 노래에 감동을 받은 재커리는 한밤중에 우리 부부가 자는 방으로 들어와서 나를 흔들어 깨웠다. 도저히 잠을 잘 수 없었던 것이다. 내가 무슨 일이냐고 묻자 재커리는 다시 공립학교에 다니고 싶다고 했다. 그 노래 가사처럼 예수님을 알지 못하는 아이들을 전도하기 위해서였다.

우리는 5학년 꼬마를 인도하시는 주님의 뜻을 따르기로 했다. 그래서 그해 가을 학기에는 기독교 학교에 다니던 재커리를 공립학교로 전학시켰다. 작은 기독교 학교에서 큰 학교로 옮겼지만 재커리는 잘 적응했고 공부도 곧잘 했다. 현재 재커리는 큰 공립 고등학교 졸업반 학생이다. 그는 세 가지 운동에서 두각을 드러냈으며, 품행이 좋아서 교사나 친구들에게서 칭찬을 받고 있다. 지금은 재커리를 통해 예수님을 영접한 친구들과 함께 그들만의 유기적 교회를 운영하고 있다.

이러한 생활 태도가 우리 아이들의 삶에 깊이 뿌리박힌 이유는 불신자에게 복음을 전하고자 희생하는 모습과 사람들이 완전히 바뀌는 모습을 직접 보았기 때문이다. 우리 아이들은 복음의 능력을 알고 그 능력을 신뢰한다. 직접 체험하며 배운 것들은 일평생 그들의 삶에서 떠나지 않을 것이다. 수천 년 전에 살았던 신앙인들의 이야기를 듣는 데에 그치지 않고, 그들 자신이 믿음의 '산 증인'이 된 것이다. 심지어 냉혹한 현실에서 실패했던 경험도 그들에게는 소중한 교훈이 되었다.

나의 개인적인 바람은 모든 아이가 예전 세대와는 다른 시각으로 교회를 바라보게 되었으면 좋겠다는 것이다. 교회를 신앙의 공연장으로 여기고 개인의 필요를 충족해 주는 곳으로 보는 게 아니라, 신앙 공동체로 각 사람이 특별한 공헌을 하며 사명을 완수하는 곳으로 여겨 주기를 바란다. 소비자가 좋은 제품을 보듯이 교회를 보는 게 아니라, 의미 있는 모험을 함께하는 가족으로서 하나님의 백성이 감당해야 할 공통 사명을 위해 각 사람의 특별한 은사와 재주를 활용하는 곳으로 봐 주기를 바란다. 아이들을 약하고 무력한 존재이자 돌봄이 필요한 존재로 여기면, 그들은 정말 그런 식으로 행동한다. 그러나 살아 계신 하나님이 거하시는 존재로 존중해 주며 우리 스스로 믿음의 본보기가 되면, 아이들은 그 기대에 부응한다.

## 아이들과 함께하는 것이 어른에게도 좋다

교회 생활에 아이들을 참여하게 하는 것은 아이들에게만 좋은 일이 아니다. 이는 상상 이상으로 어른에게도 유익하다. 우리는 가족이 해체되고 가정 교육이 실종된 시대에 살고 있다. 시간이 갈수록 사태는 점점 심각해진다. 부모의 문제는 자녀 세대로 대물림되고, 손자 세대로 가면 또 다른 문제가 더해진다. 이처럼 눈덩이처럼 불어나는 문제들은 언덕을 내려가면서 가속도가 붙는다. 그리하여 결국은 우리 사회 전체를 파멸의 위기로 몰아넣는 것이다.

이런 시대에 난관에 봉착한 현대인에게 더욱 요구되는 것은 훌륭한 부모로서 보여 주어야 할 본보기다. 교회는 이러한 상황에 전혀 도움을 주지 못하고 있다. 가정 교육 방법을 알려 주는 다양한 프로그램과 세미나를 개설하고 책을 추천하지만, 교회 안에서는 훌륭한 본보기를 보여 주지 않는다. 어른과 아이들을 따로 두는데 아이들이 어떻게 본보기를 보고 배우겠는가? 그러므로 구세대 부모들이 본을 보이며 아이들을 가르치는 모습을 보고, 신세대 부모가 배울 수 있는 상황을 만들어야 한다.

사실 교회에서 어른 예배에 아이들을 못 오게 하는 이유는, 아이들이 예배에 방해된다고 생각하기 때문이다. 예배는 신성하고 거룩한 것이기에 아이들이 시끄럽게 굴면 안 된다는 것을 우리는 일찍부터 배웠다. 높은 천장에 스테인드글라스 창문이 있는 예배당에만 해당하는 이야기가 아니다.

폴 카크가 인도에 갔을 때의 일이다. 그는 야외예배를 드리는 어느 교회를 방문하게 되었다. 그곳 교인들은 땅바닥에 담요를 깔아 놓고 그 위에서 예배드리고 있었다. 얼마 뒤에 주변에서 뛰놀던 아이 한 명이 그 담요 위를 가로질러 뛰어가자, 교회 장로가 그 아이의 팔을 붙잡아 야단을 쳤다. 감히 교회에서 뛰었다는 이유 때문이었다.

우리는 종교의 신성함을 아주 해괴한 방식으로 이해하고 있다. 교회가 종교의식을 거행하는 장소가 아니라 믿음의 가족이 모이는 곳이라는 단순한 사실만 이해해도 충분하다. 그러면 아이들을 예배에 참석하게 해서 믿음의 사람으로 키우는 것이 지극히 당연하게 여겨지지 않겠는가?

특히 자녀 교육을 어떻게 해야 할지 고민하는 어린 자녀의 부모가 아이들과 함께 드리는 예배는 매우 유익하다. 우리 교회의 교인 중에는 마약중독자, 조직 폭력배, 성도착증 환자, 자살 시도 경력을 지닌 자가 많다. 따라서 나는 미성숙한 부모(그들 자신도 그런 부모 밑에서 자랐음)가 어린 자녀를 어떻게 대하는지 누구보다 잘 알고 있다. 그러나 지금까지 9년 동안 교회 목회를 하면서 어린아이들이 예배에 방해가 되었던 적은 없었다. 우리 교회는 과거 마약 밀매꾼이었던 교인의 집에서 첫 예배를 드리며 시작했다.

아이들이 예배에 방해가 되지 않는 이유는 간단하다. 방해할 게 아무것도 없기 때문이다! 그렇다고 오해하지는 마라. 우리도 하나님 말씀을 전하고 성경을 공부하는 시간이 있다. 그러나 그 시간은 강사 혼자 말하고 청중은 듣기만 하는 시간이 아니다. 모든 교회 식구가 함께 배우는 시간이므로 아이들도 함께 참여할 수 있다. 그러므로 아이들이 방해될 리가 없다.

교회 예배를 일주일에 한 번 드리는 종교 행사로 여기지 않고 '교회 식구들의 모임'으로 생각한다면, 교회에 대한 시각이 완전히 달라질 것이다. 아이들은 교회 식구를 방해하지 않는다. 왜냐하면 아이들도 교회 식구이기 때문이다. 교인들은 서로 배우고 다른 부모에게서 자녀를 교육하는 법도 배운다. 유기적 교회에서는 좋은 부모의 본보기를 보고 자라지 못한 젊은 부모들이 자녀를 양육하는 법에 대해 많은 것을 배울 수 있다. 그러나 교인들을 연령별로 구분해 놓으면 그런 혜택을 누리기 어렵다. 아무리 젊은 부모라도 자존심이 상하기 때문이다. 따라서 자기 아이들을 제대로 키우지 못한다고 인정하기가 어렵다. 그러니 현명하게 자녀 교육을 하는 부모가 실제로 있지 않는 한, 따로 도움을 요청하기가 쉽지 않다. 자녀가 어릴수록 훌륭한 부모의 본보기를 보는 것이 큰 도움이 된다.

우리 교회에서도 가끔은(자주 있는 일은 아니고) 엄마나 아빠가 어린아이를 데리고 잠깐 밖에 나갔다가 들어오는 경우가 있다. 또한 부모가 성경공부를 할 때는 내가 아이를 데리고 나가 동화책을 읽어 주기도 한다. 아이들이 원하면 밖으로 나가서 공놀이를 하게 하고, 성경 말씀을 두고 토론할 때는 옆에서 그림을 그리게 한다. 아이는 아이다워야 하기 때문에 우리도 아이들에게 많은 것을 바라지는 않는다.

교회를 영적 가족으로 본다면 아이들도 반드시 모임에 참여하게 해야 한다. 교회 안에서 한 식구같이 예배드리며 어울리는 것이 일주일에 한 번 설교를 듣는 것보다 삶에 훨씬 더 큰 영향을 미친다고 확신한다. 분명 내 말이 귀에 거슬리는 사람도 있을 것이다. 특히 열과 성의를 다해 매주 중요한 설교를 준비하는 목사라면 더욱 그럴 것이다. 하지만 이렇게 생각해 보라. 성경에서 그리스도인에게 '하나님 말씀을 가르치라'는 구절과 '서로 사랑하고 섬기라'는 구절을 뽑아서 비교해 보라. 후자의 말씀이 전자보다 훨씬 많다는 걸 알게 될 것이다. 물론 우리는 서로 가르쳐야 하지만, 사실 가장 좋은 교육은 몸소 실천함으로 배우는 것이다. 유기적 교회의 상황은 그런 형태의 교육에 가장 적합하다.

또한 아이들이 어른을 가르친다는 것도 맞는 말이다. 실제로 교회 모임에서 우리 아이들이 가장 성숙한 교인이었던 적이 셀 수 없이 많다는 사실을 여러 사람이 증명해 줄 것이다. 이는 우리 부부가 아이들을 잘 키워서가 아니다. 우리가 전도했던 문제 있는 어른이 어떻게 변하는지를 지켜보면서 나름 깨달은 것이 있기 때문이다. 교회 일의 일부를 맡기면, 아이들은 교회 생활에 더 적극적으로 참여하게 된다. 장차 그 아이들이 자라서 교회 지도자가 된다면 이 땅의 교회들이 얼마나 더 좋아질 것인가!

## 실제적인 조언

교회 모임에 아이들을 참여하게 하는 방안 하나만으로도 충분히 책 한 권을 쓸 수 있겠지만 여기에서는 몇 가지 도움이 될 만한 것만 요약해 보겠다.

첫째, 아이들도 어른 못지않은 '교회의 일부'라는 사실을 명심하라. 아이들과 함께 시간을 보낼 때 그 점을 잊지 말아야 한다. 어른만이 아니라 아이들에게도 질문함으로써 적극적으로 참여하게 해야 한다. 모임이나 예배 전에 아이들을 어떻게 참여하게 할지 미리 구체적인 계획을 세우면 좋다. 아이들에게도 기도를 시켜서 그들의 기도가 얼마나 중요한지를 깨닫게 해 주고, 기도할 문제가 있는지 물어서 기도 제목이나 감사할 거리를 이야기할 때 신중하게 들어주어야 한다. 아이들에게도 어른처럼 성령이 내재하시지만 지능이나 인지 발달이 완전하지 않다는 점을 고려하여, 절대로 아이들을 열등한 존재로 취급하면 안 된다. 어린아이에게도 나름의 할 일을 맡겨 주기 바란다. 예를 들면, 교인들에게 알려야 할 중요한 광고 사항이 있을 때 아이들에게 그 내용을 그림으로 그리게 하는 것이다. 그래서 그림으로 설명하게 하면 어떻겠는가?

둘째, 아이를 데리고 차를 운전할 때 교회에서 자주 부르는 찬양을 들려주면 아이가 그 찬양에 친숙해져서 예배 시간에 더 적극적으로 참여하게 된다. 우리 교회에서는 찬양 시간에 아이들에게 다양한 타악기를 나누어 주어 마음껏 '즐거운 소음'을 내게 한다. 또한 아이들이 좋아하는 찬양을 고르게 해서 그 찬양을 부르기도 한다.

셋째, 가끔 아이들 없이 어른들만 시간을 보내야 할 때가 있다. 어린아이들이 듣기에 적합하지 않은 이야기를 해야 할 때는 아이들만 따로 모여서 놀 수 있도록 미리 준비해 두라. 또한 아이들이 따로 모여야 하는 시간에는 반드시 어른들이 돌아가면서 아이들을 돌봐야 한다. 항상 책임감 있고 신뢰할 만한 사람에게 그 일을 맡기라. 교회 모임이 길어질 때는 아이들이 따로 놀 만한 공간을 마련해 두는 것이 좋다. 되도록 가까운 곳에 놀이 공간을 두어, 아이들이 어른들의 이야기를 들으면서 놀 수 있게 하라. 그때는 조용하게 노는 법을 가르쳐야 한다. 만일 그것이 여의치 않다면, 다른 장소에 놀이 공간을 마련할 수밖에 없다. 부모가 아이들과 잠시 떨어져 휴식을 취할 수 있도록 다른 교인들이 아이들을 돌봐 주는 배려도 잊지 말기를 권장한다. 우리 모두 한 가족이 아닌가!

마지막으로, 특정한 방법과 묘책이 전부가 아니라는 사실을 꼭 기억하기 바란다. 부디 유연한 사고로 실전에서 하나씩 배워 가기를 소망한다. 주님의 인도하심에 귀를 기울이며 아이들이 흥미를 느끼는 것을 계속 시도해 보라. 아이는 각자 다르기 때문에 모든 교인이 계속해서 기도하고, 주님의 인도하심에 순종하며, 각 아이에게 필요한 것을 채워 주어야 한다. 그것은 비단 부모만 해야 할 일이 아니라 전 교인이 함께 풀어야 할 숙제다.

교회 안에서 아이들을 위해 기도하고, 각 아이에 대한 주님의 말씀을 듣는 시간이 필요하다. 아이를 위한 '주님의 말씀'을 들었다면, 교인들의 지혜와 성경 말씀과 성숙도에 따라 그 말씀의 진위 여부를 판단하라. 우리가 보기에는 문제인 것 같아도, 그 순간이 주님이 허락하신 가르침의 기회인 경우가 많다. 융통성을 발휘하라. 유기적 교회로서 자발성을 잃지 말며, 주님의 인도하심에 민감하게 반응하라. 모든 게 각본대로만 흘러간다면 자발적인 참여와 성장을 기대하기가 어렵다.

우리 둘째 딸 에린이 열세 살이었을 때, 우리 교회에 대한 생각을 시로 표현한 것이 있다. 시 내용에서 알 수 있듯이 에린은 교회가 '자기 교회'임을 분명하게 의식하고 있다.

**우리 교회**

금요일 저녁 여섯 시 삼십 분에서 일곱 시가 되면
나는 교회에서 천국의 성도들을 만난다.
다 같이 모여서 예배드리고
기도해야 할 온갖 이야기를 함께 나눈다.
어떤 날에는 다섯 명이나 열 명밖에 없고
어떤 날에는 서른 명이 전부 모인다.
전에는 모두 믿지 않는 영혼이었지만
이제는 무슨 일이 있어도 하나님을 사랑한다.
예배 시작 전 하나님께 찬양을 올릴 때
내가 드럼을 치면 모두 놀라워한다.
예수님이 우리를 위해 십자가를 지셨는데
그걸 믿지 않는다면 정말 큰 손해다.
예수님 때문에 교회를 보는 눈도 달라졌다.
하나님은 나만이 아니라 모든 사람을 사랑하신다.
교회는 똑같은 것만 반복하고 전통을 지키는 곳이 아니라
무조건적인 하나님의 사랑을 나누는 곳이다.

위대한 깨달음은 모두 이단에서 시작한다.

**조지 버나드 쇼(George Bernard Shaw)**

11장

# 이단 문제는 어떻게 하는가?

**유식한 목사에서 유식한 교인으로**

이유는 확실히 알 수 없지만(아울러 이유를 알려고 하지도 않겠지만), 몇 년 전에 미국의 한 교단이 우리 단체의 유기적 교회 운동에 이단 요소가 있는지 알아보기로 했다. 누구도 나에게(혹은 우리 동료 누구에게도) 전화를 걸어 우리가 무엇을 가르치는지 물어보지 않았다. 다만 인터넷에 "빠르게 성장하지만 성경적으로 잘못된 운동이 젊은이들 사이에 큰 호응을 얻고 있다"라는 글이 공개적으로 실렸다. 한마디로 말하면, 그 교단은 우리를 이단으로 규정한 것이다.[1]

그들은 기독교 지도자 수십 명이 인터넷에 올린 엄청난 양의 글과 기사를 검색한 뒤, 우리를 이단으로 규정할 만한 잘못된 교리를 두 가지 발견했다고 말했다. 첫째는 교회를 가족이라고 하는 것인데, 그렇다면 가정이 교회의 시작이라는 뜻이 된다. 둘째는 아침 식사 자리에서 예수님에 대해 가르치던 어떤 사람이 식탁에 있던 음식을 성찬의 재료로 사용했다는 것이다. 말하자면, 팬케이크와 시럽을 성찬에 사용했다는 것이다.[2]

그 교단에 속한 교회 개척 팀 사무실에는 동요가 일었다. 매카시(미국 공화당 상원의원이었으며, 근거 없이 사람을 공산주의자로 몰아 곤경에 빠뜨린 것으로 유명하다 – 역주)식의 탐문 검색으로 그 교단에서 유기적 교회 운동을 지지했던 사람과 실제로 참여했던 사람을 색출해 냈다. 어떤 사람은 조기 퇴직을 강요당했고, 어떤 사람은 사임했다. 교회를 개척하는 사람들은 교회를 묘사할 때 절대로 '유기적'이나 '단순한' 같은 용어를 사용하지 못하도록 했다. 대형 교단에서 어떤 대상을 이단으로 지목하면, 그 게임은 이미 끝난 것이나 마찬가지다.

나는 그들이 지적하는 두 가지 사실이 왜 이단적인지 이해할 수가 없다. 사실 팬케이크는 납작한 빵이니까, 어쩌면 예수님이 성찬에서 사용한 빵과 더 흡사할는지도 모른다. 물론 시럽은 포도 열매가 아닌 단풍나무 진액으로 만든 것이다. 그러나 재미있는 사실은 그 교단에 속한 목사나 선교사가 예수님이 성찬식에서 사용하셨던 것과 똑같이 포도주를 사용했다면 술을 마셨다는 이유로 해임되었을 거라는 점이다. 말하자면 이것은 해도 비난받고 안 해도 비난받는 경우에 해당한다. 아무래도 시럽보다는 포도 주스가 포도주 대용으로 공식 인정을 받은 듯하다.

현대 사회 안에서 이단은 그리스도 몸의 암과 같아서 교회가 가장 두려워하는 부분이기도 하다. 사람들은 보통 이렇게 생각한다. 제대로 교육받지 않은 지도자나 평신도가 목회하게 되면, 교회 안에 이단이 만연하지 않을까? 물론 위험 요소가 없지는 않다. 그러나 위험을 줄일 수 있는 아주 간단한 해결책이 있다. 건강한 사람은 병든 사람보다 세균에 대항해서 싸우는 면역력이 훨씬 강하다. 면역 체계는 인간 신체의 선천적 기능이다. 그리스도의 몸에는 우리가 오랫동안 익숙해 있던 체계보다 더 좋은 면역 체계가 존재한다.

그렇다고 우리가 이단을 경계하지 않아도 된다는 이야기가 아니다. 나는 이성적이고 논리 정연하게 이 문제를 언급하기 원한다. 그만큼 중요한 문제이기 때문이다. 만일 우리 단체가 이단 문제를 가볍게 여겼다면, 유기적 교회 운동은 절대 오래 지속하지 못했을 것이다. 유기적 교회 운동이 더 건강하고 온전한 형태로 발전하지 않는다면, 사실상 이 운동에 참여할 가치도 없다. 우리 단체가 추구하는 유기적 교회 운동은 건강하며 교회를 더 나은 곳이 되게 한다. 또한 우리가 이렇게 주장하는 데는 신학적 타당성도 포함되어 있다.

## 진짜 위험 요소는 무엇인가?

현실적으로 교회에서 이단을 100% 제거할 수 있는 길은 없다. 예수님도 항상 거짓 교사가 있을 것이라고 말씀하셨다(마 24:4-5, 11). 사탄은 거짓말쟁이이며(요 8:44), 우리 안에 은밀하게 잠입해 온다(유 4, 10-13). 거짓말쟁이가 우리 마음에 진리 대신 다른 것을 넣는 데 성공하면, 우리는 예수님의 죽음과 부활로 이룬 모든 혜택을 받지 못한다. 불행하게도 사탄이 성공을 거두었다는 생각이 든다. 그것도 잘못된 교리를 물리친다는 깃발 아래에서 말이다.

교회에서 이단을 제거하는 가장 좋은 방법은 강대상에 교육을 많이 받은 지도자를 올리는 것이 아니라 교인석에 교육을 많이 받은 교인들을 앉히는 것이다. 사람들은 지도자가 교인들을 가르치고 훈련해야 한다고 말하지만, 그것은 현실적으로 녹록지 않은 일이다. 평신도에게 진리를 가르치고, 하나님 말씀을 전하고, 사역자를 키우는 좋은 지도자가 필요한 것은 사실이다(엡 4:11). 그러나 모든 교리와 믿음을 일일이 검토하고 성경 말씀의 파수꾼이 되기란 쉬운 일이 아니다.

소수 지도자가 무엇이 옳고 그른지를 결정하는 책임을 지면, 오히려 이단이 생기는 데 더 좋은 조건이 조성된다. 교회 지도자들을 진리의 파수꾼으로 여기는 한, 평신도는 가만히 앉아서 지도자들이 먹여 주는 것만 받아먹으려 할 것이다. 평신도는 그렇게 하도록 훈련받았기 때문이다. 이단을 막으려고 사용하는 방법이 사실은 이단을 더 부추긴다는 것이 얼마나 아이러니한 일인가!

하나님 말씀을 지키는 파수꾼이 따로 있는 게 아니다. 사도 바울이 감옥에 갇혀 간수의 감시를 받고 있을 때, 그는 "하나님의 말씀은 매이지 아니하니라"(딤후 2:9)고 말했다. 진실을 이야기하자면 우리는 하나님의 말씀을 보호할 필요가 없다. 말씀이 우리를 보호한다!(엡 6:10-18). 어떤 시대든지 사람들은 하나님 말씀을 공격했다. 나라 전체가 하나님 말씀에 총력전을 펼친 때도 있었다. 그러나 하나님 말씀의 진리는 무너지지 않았다.

진리를 지키기 위해서는 사람의 도움이 필요하다는 생각 자체가 어리석기 그지없다. 사람들이 진리를 거룩하게 지킨 게 아니라 진리가 사람들을 거룩하게 지킨 것이다(시 119:9-11; 요 17:17). 그 사실을 알지 못하면 우리는 정말로 어이없는 실수를 범하게 된다. 우리를 원하는 것 이상으로 우리에게는 하나님 말씀이 필요하다. 만일 내가 지켜 내야 겨우 지탱할 수 있을 정도로 하나님 말씀이 연약하다면, 어떻게 그 말씀을 믿고 신앙생활을 하겠는가?

하나님 말씀이 평신도의 손에 있다 해도 절대 위험하지 않다! 위험하다고 생각하는 게 더 위험하다. 만약 하나님 말씀을 평신도의 손에서 멀어지게 했다면 즉시 회개해야 한다. 누구든 성경을 자유롭게 읽게 하려고 수많은 믿음의 사람들이 자기 목숨까지 내놓았다. 그 희생을 가치 있게 하려면, 평신도의 손에 하나님 말씀을 쥐어 주길 망설이지 말아야 한다.

물론 사람들이 자기 마음대로 진리를 왜곡할 수는 있다. 사탄은 태초부터 그런 짓을 해왔고(창 3:3), 불 연못에 떨어질 때까지 그 일을 멈추지 않을 것이다. 그럼 우리는 어떻게 대처해야 할까? 신약 서신들을 보면 그들은 거짓 교리에 정면으로 맞섰다. 우리도 그래야 한다. 문제는 거짓 교리에 어떤 식으로 대응하느냐가 아니라, 우리가 하는 일이 무엇이냐는 것이다. 지난 2천 년 동안 교회가 반사적으로 보인 반응은 소수 신학자들이 더 논리를 강화해서 나머지 그리스도인을 대신해 싸우게 하는 것이었다.

바로 어제, 나는 유기적 교회 운동을 위협하는 두 개의 이단 교리를 경고했다. 재미있는 사실은 그런 교리가 전통적인 교회에 오랫동안 널리 퍼져 있었다는 점이다. 사람들은 그 문제를 어떻게 처리할 것이냐고 물었다. 현재로서는 아무것도 하지 않을 생각이다. 그 이유는 누구나 자기가 믿고 싶은 것을 믿을 자유가 있다고 생각하기 때문이다.

잘못된 것을 자유롭게 믿는 것이 옳은 것을 억지로 믿는 것보다 낫다고 본다. 물론 옳은 교리를 자유롭게 믿는 게 최상인 것은 두말할 나위가 없다. 만약에 옳고 그름의 선택권이 우리 앞에 놓여 있지 않다면, 우리는 깊게 사고하려 들지도 않을 것이다. 사고하는 일에 게으름을 피우는 것은 좋지 않다. 놀라운 사실은 이단이 궁극적으로는 언제나 우리에게 유익한 결과를 남긴다는 점이다. 거짓된 교리는 참된 교리에 도움이 된다. 해괴한 소리처럼 들리겠지만 역사가 그 사실을 증명한다. 약간의 병균을 우리 몸에 집어넣어 면역력을 강화하는 예방 주사처럼, 거짓 교리는 오히려 그리스도인의 사고를 자극해서 진리를 더 명확히 이해하게 해준다. 아리우스와 몬타누스의 이단 교리가 없었다면, 사도신경은 탄생하지 않았을지도 모른다.

물론 면역력이 너무 없을 때는 예방 접종도 견디기 어렵다. 병균에 대항하려면 일단 몸이 건강해야 한다. 그동안 교회는 병균에 대항할 수 있을 정도로 건강하지 못했다. 그래서 외부의 도움을 받아 이단을 막아 내는 경우가 많았다. 교회 3.0은 면역 체계를 강화해 언제든 거짓 교리에 맞설 힘을 지녔다. 전문가가 있어서가 아니라 교인 모두 '진리'로 무장했기 때문이다. 나는 그처럼 중요한 문제를 소수 전문가에게만 맡기는 것에 반대한다. 어떤 면에서 우리는 하나님과 그분의 말씀과 그분의 백성을 신뢰해야 한다.

우리에게 필요한 것은 혹독한 비난이나 따돌림을 당할 걱정 없이 자유롭게 교리를 토론할 수 있는 건전한 분위기라고 생각한다. 내가 속했던 교단에는 그런 분위기가 조성돼 있지 않아서 다른 사람을 함부로 비난했다. 그래서 누구도 감히 문제를 거론할 수 없었다. 행여 우리가 고수하는 교리에 흠을 낼까 봐 마음껏 토론하며 배울 수가 없었던 것이다.

나는 강한 그리스도의 몸을 만들고자 소수 전문가에만 의존하는 것을 반대한다. 인간의 결함에서 교회를 보호하기 위해 외부 사람(역시 결함이 있는)에게 대신 사고해 달라고 맡기는 게 진정 현명한 일이라고 생각하는가? 그건 마치 한 문제를 해결하려고 더 많은 문제를 일으키거나, 모닥불에 휘발유를 끼얹는 것과 똑같은 일이다.

서양 교회들이 능력을 잃어버린 것은 계시된 성경 말씀의 능력과 순수성을 신뢰하지 않았기 때문인지도 모른다. 그동안 우리는 성경을 해석하고 가르치고 체계화하는 일을 소수 사람에게만 맡겨 놓았다. 하나님 말씀은 그 자체로 능력 있기 때문에 말씀을 신뢰하는 법을 배워야 한다. 하나님 말씀에 담긴 능력은 불신하고 하나님 말씀에 대한 인간의 가르침에만 의존했으니, 하나님 백성이 사회에 영향력을 미치지 못하는 것도 이상한 일이 아니다. 그런데 더 슬픈 사실은 이 모든 것이 하나님 말씀을 잘못 존중해서 벌어진 일이라는 것이다.

유기적 교회에 대한 우려 중 하나는 신학 교육을 받지 않은 지도자가 목회하면 온갖 잘못된 가르침이 난무할 거라는 점이다. 그러나 실상은 이단이 가장 많이 생겨나는 곳이 신학교다. 어떤 사람은 신학대학원에서 가르치는 자유 신학과 이단 사상 때문에 근본주의 운동이 시작되었다고 주장한다. 특히 20세기 초 독일이 그랬다.

신학교에서는 신학자들 도움 없이 평신도가 이단에 맞서기는 불가능하다고 가르쳤다. 물론 신학대학원이 기독교 최고 학부인 것은 틀림없다. 다만 그 역사가 매우 짧다. 그리고 신학대학원이 세워진 이래로 과연 이단이 줄어들었는지 감히 의문을 제기하고 싶다. 나는 신학대학원에 가는 게 잘못되었다고는 생각하지 않지만(언제나 높은 수준의 교육을 받는 것이 유익하다고 믿는다), 또한 신학대학원이 이단의 해결책이라고도 믿지 않는다.

신학교에 지나친 기대를 거는 것은 신학교나 교회를 위해 좋은 일이 아니다. 지난 수백 년 동안 엄선된 소수 기독교 지도자들을 키우기 위해 투자한 어마어마한 노력과 자원을 평신도를 훈련하는 데 투자했다면 어떤 일이 일어났을지 궁금하다. 만일 그랬다면 현재 교회는 어떤 모습일까?

신약에서 가장 치열하게 논쟁했던 이단은 율법주의였다. 갈라디아 율법주의는 인간의 노력이 신앙의 전제 조건이고, 자기 자신의 힘으로 영적 성숙을 이룰 수 있다고 주장했다. 즉, 구원은 예수님이 이루어 주시지만, 십계명을 지키고 훌륭한 사람이 되어야만 신앙이 자랄 수 있다고 믿는 것이다. 이것은 명백한 거짓말이다.

율법주의는 예수님과 바울이 여러 번 준엄하게 경고했던 거짓 교리다. 그럼에도 오늘날 교회와 전 교파에 여전히 그런 교리가 유행한다. 죄를 짓지 않고 똑바로 사는 것이 신앙생활인 것처럼 생각한다. 그것은 인간이 만든 영성에 불과하다. 하나님의 이름으로 주일 아침에 하는 많은 일이 그다음 주에도 성령의 임재와 상관없이 똑같이 되풀이되고 있다.

한번 자신에게 자문해 보라. 하나님의 능력을 힘입지 않고 우리의 힘으로 소위 목회라는 것을 할 수 있다고 생각하는가? 믿지 않는 사람들이 교회에 들어오면 신앙 공동체 안에서 일어나는 기적 같은 일에 감탄하겠는가, 아니면 인간의 힘으로 얼마든지 할 수 있는 일을 하는 교인들을 주목하겠는가? 속지 마라. 그런 식의 신앙은 율법주의이며, 아무리 정통 교리를 믿는다 해도 실제로는 선한 일을 해야 천국에 갈 수 있다고 말하는 것이나 다름없다.

서양 교회에 스며들어 있는 거짓 교리가 무엇인지 잘못 알고 있다. 머리로는 옳은 사상을 지지하지만 생활에서는 얼마든지 잘못된 사상대로 살 수 있다. 자기가 믿는 신앙 신조가 바르다고 해서 자동으로 정통파 교인이 되는 것은 아니다.

디도서 2장에서 사도 바울은 '올바른 교리'를 따르라고 충고했다. 그리고 그 주장에 따른 구체적인 내용도 기록해 놓았다. 여기에 2장 전체의 내용을 옮겨 놓은 이유는, 길지 않은 말씀 안에서 제대로 진실을 보게 해주기 때문이다. 다음 말씀을 읽고, 사도 바울이 무엇을 '바른 교훈'이라고 했는지 찾아보기 바란다.

오직 너는 바른 교훈에 합당한 것을 말하여 늙은 남자로는 절제하며 경건하며 신중하며 믿음과 사랑과 인내함에 온전하게 하고 늙은 여자로는 이와 같이 행실이 거룩하며 모함하지 말며 많은 술의 종이 되지 아니하며 선한 것을 가르치는 자들이 되고 그들로 젊은 여자들을 교훈하되 그 남편과 자녀를 사랑하며 신중하며 순전하며 집안일을 하며 선하며 자기 남편에게 복종하게 하라 이는 하나님의 말씀이 비방을 받지 않게 하려 함이라 너는 이와 같이 젊은 남자들을 신중하도록 권면하되 범사에 네 자신이 선한 일의 본을 보이며 교훈에 부패하지 아니함과 단정함과 책망할 것이 없는 바른 말을 하게 하라 이는 대적하는 자로 하여금 부끄러워 우리를 악하다 할 것이 없게 하려 함이라 종들은 자기 상전들에게 범사에 순종하여 기쁘게 하고 거슬러 말하지 말며 훔치지 말고 오히려 모든 참된 신실성을 나타내게 하라 이는 범사에 우리 구주 하나님의 교훈을 빛나게 하려 함이라 모든 사람에게 구원을 주시는 하나님의 은혜가 나타나 우리를 양육하시되 경건하지 않은 것과 이 세상 정욕을 다 버리고 신중함과 의로움과 경건함으로 이 세상에 살고 복스러운 소망과 우리의 크신 하나님 구주 예수 그리스도의 영광이 나타나심을 기다리게 하셨으니 그가 우리를 대신하여 자신을 주심은 모든 불법에서 우리를 속량하시고 우리를 깨끗하게 하사 선한 일을 열심히 하는 자기 백성이 되게 하려 하심이라 너는 이 것을 말하고 권면하며 모든 권위로 책망하여 누구에게서든지 업신여김을 받지 말라(딛 2:1-15).

바른 교훈이란 다른 사람의 유익을 위해 우리의 인격과 삶으로 드러내는 진리를 말한다. 정말로 그런 교회에 다니고 싶지 않은가? 지난 수 세기 동안 수많은 사람이 더 나은 교회를 만들고자 더 나은 교리가 필요하다고 말했다. 모든 그리스도인이 디도서 2장에서 바울이 설명한 것과 같은 바른 교훈만 잘 지킨다면, 분명히 더 나은 교회가 될 것이라고 장담한다.

디도서 2장은 바른 교훈을 설명하기 위해 특별히 지면을 할애한 장이다. 우리는 그 안에 언급된 이야기만이 아니라 언급되지 않은 부분에도 유의할 필요가 있다. 말씀의 어디를 보아도 말세에 일어날 사건의 순서나 성삼위 하나님에 대한 이야기를 찾을 수 없다. 또한 칼뱅주의자들이 주장한 5대 강령이 단 하나도 언급되어 있지 않다. 그러한 내용이 중요하지 않아서가 아니다. 다만 올바른 교리가 우리 성품에 '빛나서' 다른 사람들에게 그대로 보여야 하기 때문이다. 교리는 단순히 글로 적어서 머리로 동의하는 내용이 아니다.

### 언제 성경 해석법을 가르치는 게 좋은가?

내가 평신도들이 직접 성경을 읽고 가르치는 것을 주장한다고 해서 성경을 해석하는 법도 가르치지 않는다고 생각하면 오해다. 다만 성경 해석을 우선시하지는 않는다. 첫째로 나는 교인들에게 다른 교재 없이 오로지 '성경만'을 읽으라고 권한다. 선한 목자의 음성을 들은 양은 그분을 평생 따라간다. 신앙 초기부터 철저히 각인되어야 한다. 자연 세계에서는 엄마와 갓난아기 사이에 유대감이 형성된다. 모든 생물의 기억 속에는 생애 최초로 유대감을 맺은 존재가 영원히 기억된다. 이것을 전문 용어로 '각인'이라 부른다.

주님을 영접한 새신자는 신앙생활 초기부터 하나님의 음성을 들을 줄 알아야 한다. 마치 오리 새끼가 어미 오리를 따라다니는 것처럼 말이다. 하나님 말씀에 대해 설교하는 목사의 고함치는 음성만 들어서는 안 된다. 교회에서는 교인들에게 성경을 읽으라고 권하면서도 성경 읽기에 맛을 들이게 하지는 않는다. 나는 사람들이 "성경을 읽으려고 했는데요, 무슨 이야기인지 도통 모르겠고 목사님이 설명해 주시는 게 훨씬 이해하기가 쉬워요"라고 하는 말을 귀에 못이 박이게 들었다. 이들은 목사의 음성은 알아들어도 예수님의 음성은 못 알아듣는 양이다.

우리 교회에서는 혹시라도 교인들이 성경을 잘못 해석할까 봐 노심초사하지 않는다. 물론 제대로 해석하지 못할 것이다. 나 역시 초신자 시절에는 그랬다. 사실 우리는 모두 성경을 평생 읽고 공부해도 그 깊이의 끝에 도달하지 못한다. 그렇다면 차라리 교인들이 실수하도록 놔두는 게 낫지 않을까? 약간의 질문만 던지면서 스스로 배우고 자라게 하는 게 낫지 않을까?

내가 난생처음으로 교인들에게 성경을 가르쳤던 때가 기억난다. 아무리 좋게 이야기하려 해도 그것은 엉터리 강의였다. 아니, 거의 이단에 가까웠다. 심지어 성경을 가르치다 저속한 말까지 입에서 튀어나왔다. 그나마 그 다음 기회에 조금 더 잘할 수 있게 된 게 얼마나 다행인지 모른다. 내가 처음으로 했던 설교를 생각하면 지금도 쥐구멍에 숨고 싶은 심정이다. 만일 목회 초기 철학을 그대로 붙들고 있었더라면, 나는 전혀 발전이 없는 그리스도인이 되었을 것이다. 지금은 그때보다 훨씬 더 생각이 깊어졌다. 앞으로 십 년 뒤에는 더 현명한 사람이 되어 있기를 소망한다.

실수를 용납하지 않으면 배우지 못한다. 따라서 성경 말씀을 깨닫는 이해력도 제자리에 머물고 만다. 모든 성경 말씀이 완벽하게 해석되었고 여러 가지 교리 문제가 전부 풀렸다고 생각한다면, 신학자들은 다 은퇴해야 한다. 당연히 그래야 마땅한 일 아닌가? 더 배울 것이 없는데 무엇을 공부한단 말인가? 성경과 교리 이해에 제자리걸음을 하고 있는 교회는 실수하면서 계속 배우는 교회보다 못하다고 생각한다.

유기적 교회에 대해 가르칠 때 나는 "혹시 여기 계신 분들 중에서 성경을 잘못 해석한 적이 있는 분이 계시면 손을 들어 보십시오"라고 부탁한다. 그러면 대부분 손을 든다. 나는 그들을 화형에 처하는(?) 대신 다른 사람도 자신처럼 실수하며 배우는 것을 용납하라고 부탁한다.

아이러니하게도 성경 해석에서 오류를 제거하려는 것보다 오히려 오류를 허용할 때 그리스도의 몸은 훨씬 더 건전한 교리를 믿게 된다. 100% 정확하게 이해해야 한다는 이유로 매우 높은 기준을 강요하면, 겁에 질려 아예 성경 읽기를 꺼리는 사태가 발생한다. 물론 권위 있는 전문가의 성경 해석을 듣는 게 안전하지만, 그 역시 소수가 다수를 책임지는 형태이기에 하나님의 백성이 하나님 말씀을 내면으로 소화하지 못한다.

만일 100% 정확성을 배움의 표준으로 삼는다면 모든 인간이 표준 미달이다. 아무도 배우지 않고 아무도 생각하지 않을 것이다. 교회 역사를 자세히 공부해 보면, 우리가 신앙 위인으로 받드는 사람이 정말 이상한 교리를 믿었다는 사실에 놀라게 된다. 그래도 하나님은 그들을 축복하고 사용하셨으며, 지금도 여전히 사용하고 계신다. 그들이 하나님 말씀을 완벽하게 이해하지 못했는데도 말이다. 이처럼 우리에게도 결함이 있을 수 있다. 어쩌면 몇십 년 뒤나 몇백 년 뒤에 진실이 밝혀질 만큼 아주 뻔한 오류를 저지르고 있을지도 모른다.

새신자들이 신앙생활 초기에 실수하도록 허용하는 게 좋지 않겠는가? 누구나 그런 식으로 배우면서 성장하지 않는가? 처음부터 모든 사실을 완벽하게 아는 것은 누구에게라도 불가능한 일이다. 그러니 많은 신자가 성경을 펴는 일조차 두려워하는 게 아니겠는가? 모든 말씀을 항상 정확하게 이해해야 한다고 하니, 어찌 감히 성경을 펴서 읽을 엄두를 내겠는가?

성경을 해석하는 자가 자신의 부족함을 인정하며 겸손한 태도를 취하는 것이, 진리를 다 알고 모든 의문을 다 풀었다고 자신하는 것보다 훨씬 안전하다. 나는 오히려 지나친 자신감이 이단에 더 가깝다고 본다. 그것은 성경 말씀과도 반대이며, 독선적이고 침체된 교회를 낳는다. 그러므로 많은 질문을 하는 사람이 모든 정답을 아는 사람보다 낫다.

성 제롬은 성경에 대해 이런 말을 했다. "성경 말씀은 어린아이가 익사할 걱정을 안 해도 될 정도로 얕고, 신학자가 바닥에 닿을 수 없을 정도로 깊다." 우리 모두 깊은 곳도 헤엄쳐 보고 얕은 곳에도 들어가 보자!

우리 교회에서는 새신자가 지도자로 성장해서 다른 사람을 가르칠 수 있을 때까지 성경 해석법의 기초를 가르친다. 그 과정에서 나는 한 가지 놀라운 사실을 발견했다. 새신자에게 처음으로 성경 해석법을 가르치는데도,

그들은 꼭 복습하듯이 임한다. 새신자는 주님을 영접한 다음부터 성경 전체를 여러 번 읽기에(우리가 시행하는 LTG에서는 성경 읽기를 습관 삼으라고 가르침) 이미 성경 해석에 대한 기본 사항을 직감적으로 파악하고 있었다. 그럴 때면 나는 성령이야말로 가장 유능한 교사이며, 우리가 성경 말씀을 잘 이해하기를 우리보다 더 간절히 원하고 계심을 새삼 실감하게 된다.

성경을 올바르게 해석하는 비결은 성경을 읽고 '상식적'으로 이해하는 것이다. 내가 성경 해석법을 가르칠 때, 그들은 이미 많은 것을 스스로 파악하고 있었다. 신실한 새신자는 성경을 '여러 번' 반복해서 '많이' 읽기에 성경 해석에 필요한 기본 사항, 즉 성경 본문의 주제라든가 글의 형식, 저자의 의도와 같은 것을 자연스럽게 깨달았다.

교회의 문제는 성경을 잘못 해석한 이단 교리가 많다거나, 다른 사람을 가르칠 만한 탁월한 성경 해석 도구가 없다는 게 아니다. 기독교의 문제는 하나님 말씀을 지속적으로 먹고 마시는 왕성한 식욕을 가진 성도들이 없다는 것이다. 하나님 말씀에 사로잡힌 열정적인 성도들이 있다면 그들이 해석을 잘하는지 못하는지 감시할 필요도 없다. 오직 성령께서 평생토록 충실한 안내인이 돼 주실 것이다.

모든 사람에게 성경 교사가 필요하다는 어설픈 사고방식이 가로막고 있기 때문에, 성령이 본분인 성경 교사 일을 못하시는 것이다. 하나님은 일부를 교사로 세우시지만, 그들이 성령이 맡으실 교사 역할까지 담당해서는 안 된다. 그들이 할 일은 성도들을 가르쳐서, 그 성도들이 또 다른 사람들을 가르칠 수 있게 하는 것이다. 어떤 경우든지 성령은 우리에게 가장 좋은 '조력자'가 되신다.

## 이단이란 대체 무엇인가?

우리는 교회에 가장 위협적인 문제가 이단이라고 배웠다. 그래서 유기적 교회 운동에서 가장 먼저, 그리고 가장 많이 질문을 받는 게 이단에 대한 것이다. 강의 도중 그런 질문을 받을 경우 "혹시 아는 사람 중에 사이비 종교에 빠진 사람이 있으면 손 한번 들어 보세요"라고 말한다. 그러면 보통 두세 사람이 손을 든다(그들 중에 사이비 종교를 제대로 몰라서 손을 못 든 사람도 있다고 본다). 그러면 다시 질문을 던진다. "혹시 자신이 아는 기독교 지도자 중에 불륜이나 성적인 범죄를 저지른 사람이 있으면 손을 들어 보세요." 그러면 강의실에 있는 거의 모든 사람이 예외 없이 손을 든다.

내가 하고 싶은 말은 이것이다. "우리는 대체 왜 그렇게 이단을 걱정하는가?" 사실 교회에는 다른 문제가 더 크고 심각하다. 서양 교회의 문제는 잘못 믿는 게 아니라 '올바로' 믿기를 제대로 실천하지 않는 것이다. 배운 게 너무도 많은 우리는 고분고분 순종하지 않는다. 더 많은 교육을 받을수록 자신이 아는 간단한 진리조차 실천하려 들지 않는다.

어떤 사람은 성적인 죄가 잘못된 믿음의 결과라고 주장한다. 다시 말해, 생각이 똑바로 박힌 사람이라면 절대로 그렇게 행동하지 않을 거라고 주장했다. 어떤 면에서 그것도 틀린 말은 아니다. 또한 그들은 교육을 제대로 받으면 더 훌륭한 그리스도인이 될 수 있다고 주장한다. 미안하지만 지난 수백 년의 화려한(?) 역사가 보여 주듯, 그 주장은 전적으로 틀렸다고 본다. 우리의 문제는 인식의 문제가 아니라 윤리와 영의 문제다. 올바른 행동을 하겠다고 다짐한다고 해서 반드시 실행에 옮기는 것은 아니다. 보통은 행동한 것이 생각으로 이어지기 마련이다. 생각보다는 '의지'가 문제인 것이다. 예수님을 믿기로 결심하는 것은 단순히 그분이 말씀하신 것이 진리라고 인식하는 차원이 아니다. 세상에는 잘못된 것인지 알면서도 여전히 그 행동을 하는 사람(솔직히 말하자면 그것을 원하기 때문에)이 수두룩하다. 배운 걸 순종하기 거부하는 사람들을 계속해서 가르쳐 봤자, 오히려 불순종을 장려하고 미지근한 신앙만 키울 뿐이다.

훌륭한 교육이 잘못된 행동을 바로잡을 수 있는지를 보기 위해 수백 년 동안 지속해 왔던 실험을 되풀이할 필요는 없다. 우리가 할 일은 지금까지 귀로만 들은 성경을 직접 펼쳐 들고 눈으로 읽는 것이다. 야고보의 충고를 들어 보라.

> 너희는 말씀을 행하는 자가 되고 듣기만 하여 자신을 속이는 자가 되지 말라 누구든지 말씀을 듣고 행하지 아니하면 그는 거울로 자기의 생긴 얼굴을 보는 사람과 같아서 제 자신이 보고 가서 그 모습이 어떠했는지를 곧 잊어버리거니와(약 1:22-24).

야고보 말씀을 보면, 배운 대로 실천하지 않는 사람을 계속 가르치는 것은 세상 사람 눈에 창피한 일(헝클어진 머리, 더러운 얼굴, 누런 이를 한 사람처럼)이라고 한다. 그뿐만 아니라 자기 자신을 괜찮은 사람이라고 여기는 기만을 낳는다고 한다. 정말 심각한 문제다. 자기가 남보다 낫다고 스스로 속이는 사람은 자신에게 문제가 있어도 해결책을 찾을 생각조차 하지 않는다. 애초부터 문제를 문제로 인식하지 못하기 때문이다. 자기 기만은 위험하다. 심각한 문제가 생겨도 알아차리지 못한다. 누구든 바지 지퍼가 열린 것을 알면 손을 써서 문제를 해결하려 한다. 그러나 그 사실을 알지 못한다면 계속해서 우스꽝스러운 모습을 하고 다닐 게 분명하다. 이것이 오늘날 우리의 모습이다. 세상 사람 앞에 죄가 탄로 나고 우스워 보이는데도 여전히 우리는 자신이 훌륭하다고 생각하는 것이다!

## 과거의 이단이 미래에서는 영웅

나는 사람들이 이단이라고 규정하는 교리에도 의문을 제기하고 싶다. 여기서는 이단이라고 해도 저기서는 정통 교리로 받아들여지는 예가 허다하다. 저마다 자기 교리가 정통이고 역사적 근거가 있다고 주장한다.

내가 속했던 교단에서도 마찬가지였다. 소수 목사가 나를 이단이라고 몰아세웠다. 한번은 어떤 목사가 공개적으로 나를 사기꾼이라고 몰아세우면서 '평생 이렇다 할 업적도 없이 죽을 사람'이라고 말했다. 또한 내가 사람들의 인기만 얻으려 한다고 비난했다. 또 다른 목사는 내가 이단임을 폭로하기 위해 기사를 올리기도 했다(나와 함께 조지 바나와 프랭크 바이올라도 이단이라고 고발했다). 그는 영국의 옥스퍼드에서 그 기사를 사람들에게 읽어준 뒤, 우리 교단에 속한 모든 교회에 기사의 복사본을 한 장씩 보냈다. 그 기사는 내가 쓴 책 가운데 한 권을 잘못 해석한 내용이었다.

그는 조지 바나, 프랭크 바이올라와 나를 한통속으로 몰아세우며 마치 우리가 한자리에 앉아 같은 내용의 책을 공모라도 한 듯이 이야기했다. 재미있는 사실은 그가 나를 이단으로 모는 이유가 하나님을 나의 형상으로 만들려는 것이라고 주장하면서, 정작 그가 쓴 기사의 앞면에 나온 사진에는 그 자신이 예수님 같은 이미지를 하고 있었다는 점이다. 그는 한 번이라도 나에게 전화를 해서 사실을 확인하거나 이단 주장을 철회하라고 충고한 적이 없었다. 나의 동료 몇 명이 그와 이야기해 보려 했지만, 그는 대화하는 데는 아무런 관심이 없었다.

앞에서 언급한 모든 사건은 개인적인 비난이 아니라 공개적인 비난이었다. 그는 나를 이단이라고 하면서도 내게 확인하거나 설명할 기회를 주지 않았다. 사실 확인은 아예 관심조차 두지 않았다. 나름 동료로 여겼던 사람들의 입에서 그런 말이 나온 것도 속상했지만, 잘못된 행동과 성경에 맞지 않는 고발 절차를 취하는 것을 보고도 아무 말 없이 침묵했던 사람들 때문에 더 서운했다.

우리가 그런 식으로 악을 허용하는 것은, 사실 악을 장려하는 행위나 마찬가지 아닌가? 결국 모든 사람이 그 결과의 고통을 당하게 돼 있다. 이단이라는 비난을 액면 그대로 받아들이고 의문을 제기하지 않는다면, 잘못된 고발을 묵인할 뿐만 아니라 계속 그런 행동을 하도록 간접적으로 부추기는 셈이 된다.

잠언에는 비방, 험담, 허풍을 비롯해 온갖 종류의 악이 활개를 치는 이유가 그것을 '들어주는 귀'가 있기 때문이라고 했다(잠 17:4, 18:8, 26:22). 성경에서는 특히 두세 사람의 증인이 있지 않은 한, 장로를 고발하지 말라고 했다(딤전 5:19). 성경 말씀을 지킨다는 명분으로 말씀을 노골적으로 어기고 있으니 정말 한심한 노릇이 아닐 수 없다. 더욱 아이러니한 점은 남이 전하는 성경이 틀렸다며 성경에 전혀 합당하지 않는 방법으로 인신공격을 하면서도, 그 결과에 대해서는 아무런 책임을 지지 않으려 한다는 점이다. 사람들은 확실한 근거도 없이 비난받는 사람을 의심하고, 정작 비난한 사람에게는 별다른 책임을 묻지 않는다.

교회에서는 거짓 교리를 전하는 사람이나 교회와 상의 없이 그런 교사를 따라가는 사람을 가장 큰 죄인으로 단정한다. 이 자리에서 분명히 밝혀두지만 먼저 당사자를 만나 사실 관계를 확인하지 않고, 아무런 증인이나 증거 자료 없이 공개적으로 누군가를 비난하고 고발하는 것은 명백한 죄다. 원수(사탄)는 고발자이고 비난하는 자(마귀)임을 절대 잊지 마라. 우리가 그들과 똑같은 일을 행한다면, 그리스도를 닮은 자가 아니라 사탄을 닮은 자가 되는 것이다.

나는 공개적인 비난을 받을 때마다 내 자신을 방어하거나 변호하려 들지 않았다. 그렇게 해봤자 오히려 비난하는 쪽만 유리해지고, 나에 대한 의혹은 커질 게 뻔하다. 그래도 이단이라는 소리를 듣는 건 약과였다. 그보다 더 기막힌 일은 따로 있었다. 그런 비상식적 분위기가 일으키는 가장 불행한 결과가 따로 있다. 혹시라도 이단으로 몰릴까 봐, 더는 드러내 놓고 신학적 의문을 제기하지 못하는 것이다. 성경에 합당한 윤리적 근거 없이 다른 사람을 비난하면, 신학적인 문제를 두고 토론하고 배우는 일을 점점 꺼리게 된다.

기독교 역사상 존경받은 지도자를 둘로 구분해서 한쪽에는 이단으로 불린 사람들을, 그리고 다른 한쪽에는 정통파로 불린 사람들을 모아 놓고 천천히 훑어보라. 아마도 이단으로 불린 사람들에게 훨씬 더 호감을 느낄 것이다. 왜냐하면 마르틴 루터, 요한 웨슬리, 조지 폭스, 얀 후스, 존 위클리프, 갈릴레오, 사도 바울과 같이 빛나는 신앙인들이기 때문이다. 그뿐만 아니라 심지어 예수님도 그 안에 포함되어 있지 않은가. 그 외에도 셀 수 없이 많은 사람이 이단으로 몰렸다. 아마 정통파에 있는 사람들은 이름도 들어 본 적 없는 사람이 많을 것이다. 물론 이단으로 불린 사람 중에는 진짜로 괴짜였던 인물도 있다. 하지만 아무리 보아도 이단으로 몰렸던 사람과 영생을 함께 누리는 편이 훨씬 더 재미있을 것 같다. 반대쪽 사람들은 너무 따분하지 않겠는가. 이단으로 불리는 걸 걱정하기보다는, 그저 빛 가운데서 성장하는 일에 더 관심을 기울여야 한다고 본다.

알고 보면 역사상 위대한 신앙인이라고 하는 사람도 오늘날 우리가 인정하기 어려운 신학적, 도덕적 문제를 어느 정도는 가지고 있었다. 그것은 그 시대나 문화의 산물이었으며, 확실한 것에 대한 우리의 판단을 흐리게 하는 것이기도 하다. 그러나 우리 자신에게도 그런 점이 있음을 깨닫지 못한다면 어리석기 짝이 없는 일이다. 달라스 윌라드(Dallas Willard)가 현명하게 지적했듯, 우리는 "옳아야만 구원을 받는 게 아니다."[3]

세상 가치관을 좇아서 편안하고 안정된 삶만을 추구한다면 세상은 절대 바뀌지 않을 것이다. 세상을 바꾸었던 사람 중에 동시대 사람들에게서 이단으로 평가되지 않았던 사람을 찾기란 매우 어렵다. 예수님이 다음과 같이 말씀하신 것도 분명 그 점을 염두에 두셨기 때문이었을 것이다.

> 의를 위하여 박해를 받은 자는 복이 있나니 천국이 그들의 것임이라 나로 말미암아 너희를 욕하고 박해하고 거짓으로 너희를 거슬러 모든 악한 말을 할 때에는 너희에게 복이 있나니 기뻐하고 즐거워하라 하늘에서 너희의 상이 큼이라 너희 전에 있던 선지자들도 이같이 박해하였느니라(마 5:10-12).

그럼 이렇게 말할 수도 있다. 박해를 받지 않는다면 우리는 뭔가 잘못하고 있는 거라고(딤후 3:12) 말이다. 바울은 남에게 경건한 사람으로 보이고자 노력하고 박해를 피하는 사람이 사실은 거짓 교사라고 말했다(갈 6:12). 예수님은 장차 하나님의 파송을 받아 복음을 전하는 사람을 교회가 이단으로 몰 것이며, 하나님을 섬긴다는 명목으로 그들을 박해하리라고 예언하셨다(요 16:1-4). 성경에 나오는 사건만 보아도 그렇다. 하나님이 그분의 백성에게 보내신 사람들이 종종 무시당하고 거짓 교사로 몰리며, 교회에서 쫓겨났다. 따라서 정통파로 인정받기를 바라지 말고, 진리와 참된 변화를 위해 무엇이든 견디려는 각오를 해야 한다.

물론 거짓 교사와 진짜 이단이 없다는 말이 아니다. 분명히 있다. 예수님과 사도 바울도 그런 자들을 질책하셨으며, 우리 또한 그래야 한다. 다만 이단을 거론할 때는 좀 더 겸허하고 조심스러운 태도가 필요하다고 본다. 그런 태도라면, 자신을 살피면서 더 많은 것을 배우고 남을 비난하는 일에도 신중할 것이다.

어느 선교사가 프랑스 정부에서 자신을 이단으로 규정할까 봐 걱정된다고 이야기한 적이 있다. 똑같은 이야기를 몇 차례 듣고 나자 더는 가만히 있을 수가 없어서 그에게 물었다. "프랑스 정부가 이단이라고 부르는 것을 왜 그토록 걱정하십니까?" 그는 프랑스인의 사고가 미국인보다 더 사회주의적이라고 설명했다. 프랑스인은 정부의 의견에 의문을 품지 않을 것이고, 그러면 그리스도인이 영향력을 끼칠 수 없을 것이라고 말했다. 나는 그 말에 이렇게 대꾸했다. "영생의 빛이 없는 세상 정부가 당신이 하는 일을 잘한다고 말한다면, 그건 분명 당신이 뭔가 잘못하고 있다는 증거입니다.

나라면 그들이 이단이라고 하든 말든 신경 쓰지 않을 겁니다. 오히려 당신 일에 찬성하는 게 더 걱정스러운 일입니다!"

시대를 막론하고 하나님 나라가 번성할 때마다 사람들은 '부흥의 움직임'을 이단이라고 했다. 1세기 그리스도인부터 그랬다. 그러나 기독교가 정부의 승인이나 지원을 받을 때는 항상 잘못된 길로 빗나갔다. 하나님 나라는 언제나 주류가 아닌 비주류를 통해 번성했다.

이단으로 규정되는 걸 최악의 사태로 보는 대신 오히려 내가 제대로 하고 있다는 증거로 보면 어떨까 하는 생각이 든다. 사탄이 우리에게 전혀 위협을 느끼지 않는다면, 우리가 뭔가를 잘못하는 것이다. 사탄이 위협을 느낄 때는 겉만 진짜 같고 알맹이는 가짜인 모조품을 만들어 내려고 노력할 것이다. 지금 나는 이단을 허용하거나, 남에게 허용하라고 권하는 것이 결코 아니다. 단지 두려움에 경직될 정도로 이단을 걱정하지 말자고 이야기하는 것이다.

사소한 신학적 문제로 의견이 다르다고 해서 기독교 지도자가 공개적으로 다른 지도자를 비난하는 것을 볼 때면 내 마음이 불편하다. 정통 교리를 가장해서 견해가 다른 사람을 탄핵하는 것은 옹졸한 처사일 뿐 아니라 원수의 책략인 경우가 많다. 그것은 절대 성령의 인도하심이 아니다. 물론 교리에 밝은 것은 좋은 일이고, 그에 따른 활발한 논의도 이루어져야 한다. 그러나 정확한 근거 없이 형제자매를 고발하는 것은 잘못된 교리를 믿는 것보다 더 큰 죄가 아닐까 생각한다.

### 어떻게 교리를 가려내야 하는가?

이단 문제는 결국 사람들이 믿는 교리를 어떤 식으로 가려내느냐의 문제로 귀착된다. 우리가 하는 유기적 교회 운동에서는 그리스도 몸의 유전자(DNA)를 건강, 생명력, 번식력을 좌우하는 '유전 암호'로 생각한다. 우리는 그리스도 몸의 모든 세포에 그러한 유전 인자가 들어 있기를 소망한다. 유기적 교회 운동을 가능하게 하는 것이 바로 그것이기 때문이다.

하나님의 진리는 교회의 건강과 연합과 배가 운동에 반드시 필요한 요소다. 물론 성경 말씀에서 하나님의 진리를 찾을 수 있지만, 단지 성경만 의미하지는 않는다. 하나님을 세상에 보내 주신 분이 예수님이기 때문에 그분도 '하나님의 진리'이시다. 하나님의 말씀을 굳건히 붙잡는 것이 모든 그리스도인에게 가장 중요한 일이다. 현재 우리가 하는 교회 개척 운동에 많은 교단이 참여하고 있다(개혁파, 빈야드파, 루터파 등 다양하다). 그렇다면 문제는 어떤 교리가 중요하고 어떤 교리가 덜 중요하냐는 것이다. 교리의 차이로 성도들이 배타적인 태도를 보인다면 무슨 유익이 있겠는가?

다양성을 인정하며 하나 되는 방법 중에는 우리가 '권총 실험'이라 부르는 것이 있다. 사람들에게 "누군가 당신 머리에 권총을 대고 '이 교리를 부인하지 않으면 쏴 죽이겠다'라고 한다면 어떡하겠는가?"라고 물었을 때 만일 "총을 쏘시오"라는 대답이 나오면, 그것이 바로 '권총 교리'다. 즉 절대로 타협할 수 없는 교리를 뜻한다. 그러나 교회에는 권총 교리가 아닌 교리들이 있다. 아무리 그것을 확신 있게 가르친다 해도, 권총 교리가 아닌 교리들로 형제자매를 배척하거나 공격해서는 안 된다. 그런 교리들은 계몽적이긴 해도 목숨을 내놓을 문제는 아니며, 남을 죽일 문제는 더더욱 아니다.

권총 교리에 들어갈 필수 내용은 다음과 같다.

- 하나님은 성부, 성자, 성령의 삼위일체 하나님이다.
- 하나님인 동시에 인간으로 성육신하신 예수 그리스도는 죽음과 장사 지냄과 부활과 승천과 앞으로의 재림을 통해 구속의 역사를 이루셨다.
- 영혼의 지속적인 갱생과 성화의 과정인 구원은 예수 그리스도의 구속 역사를 믿는 믿음에 의해 은혜로 이루어지며, 결코 인간의 노력으로 이루어지지 않는다.
- 하나님 말씀은 오류가 없는 하나님의 영감과 능력으로 기록되었다.
- 구원받은 모든 성도는 하나님 나라를 확장하는 사명을 받았으며, 그 일을 하기 위한 능력은 내주하시는 성령으로 말미암는다.

물론 권총 실험만이 절대 진리를 가려내는 유일한 방법은 아니다. 이는 시간이 지나면서 더욱 견고해질 관계의 시작에 불과하며, 그 관계는 문서로 교리에 동의하는 것보다 더 높은 차원 위에 세워질 것이다. 이런 형태의 교리 선별은 "필수 요소에 대한 합의와 필수 요소가 아닌 것에 대한 자유, 그리고 모든 것에 대한 사랑"을 갖게 해준다.[4]

또한 권총 실험이 이단을 가려내는 확실한 방법이라고 과신해서도 안 된다. 1978년 가이아나에서는 거짓 교리와 잘못된 가르침에 속아 '독약 실험'으로 900명이 넘는 사람이 애꿎은 목숨을 잃었다. 인류 역사를 보면 거짓말에 생명을 던진 사람이 수두룩하다. 그러므로 어떤 경우에도 그런 식의 실험을 절대적으로 신뢰해서는 안 된다. 다만 그것을 성령을 받은 사람들이 그분의 음성을 듣고, 절대 타협할 수 없는 진리로 하나 되는 '출발점'으로는 볼 수 있다.

하나님 나라를 확장하는 배가 운동이 일어날 때는 처음부터 참된 제자를 선별해 내는 기본 과정이 있었고, 그 과정은 끝까지 지속되었다. 교리는 그런 선별 기준의 하나일 뿐이다. 그 외에 순종, 헌신, 성과 등도 참 제자를 가려내기 위한 필수 요소였다.

어쨌든 교리로는 교회의 연합을 이끌어 내기가 어렵다. 실제로 교리만으로 성도들의 교제가 이루어진다면 분열을 피할 수가 없다. 진정한 연합은 오로지 '겸손'으로만 이루어진다. 바울은 다른 사람을 자기보다 낫게 여기고 남을 먼저 배려하는 것이 곧 겸손이라고 말했다(빌 2:3-4). 그런 겸손이 없다면 우리는 절대 연합의 기반을 발견하지 못할 것이다. 주님은 우리에게 원수도 사랑하라고 말씀하셨다(마 5:44). 그렇다면 교리 일부가 달라도 같이 주님을 따르는 사람끼리 서로 사랑하는 게 당연한 일 아니겠는가!

**유기적 교회 운동에서 이단을 막아 내는 방법은 무엇인가?**

이단을 완벽하게 제거하는 일은 예수님이 재림하셔야만 가능하겠지만, 유기적 교회 운동에도 아주 효과적인 면역 체계가 갖추어져 있다. 사실은 기존 교회들이 거짓 교리를 막기 위해 사용하는 방법보다 훨씬 더 향상된 훌륭하고 강력한 면역 체계라고 생각한다.

이단은 보통 세 가지 요인 때문에 생겨난다. 첫째는 강하고 독선적인 지도자가 가능한 한 많은 추종자를 만들려 하기 때문이고, 둘째는 성경에 무지한 그리스도인이 그를 따르기 때문이며, 마지막으로는 문맥에서 벗어난 성경 말씀으로 거짓 교리를 만들기 때문이다.

우리 단체에서는 LTG 모임[5]을 활용해, 교리에 관한 문제를 초신자일 때부터 다룬다. 그리스도의 몸이 병균에 감염되느냐 마느냐의 전쟁은 바로 세포에서 결정이 나기 때문이다.

LTG는 같은 성별의 성도들이 모이는 소그룹으로, 최대 세 명을 넘지 않는다. 이런 소수 집단에서 미래의 사이비 교주가 나오기는 조금 어려울 것이다. LTG 모임에서는 항상 성경을 많이 읽는다(일주일에 25-30장 정도). 소그룹에 속한 모든 사람이 똑같은 속도로 반복해서 읽는다. 만일 로마서를 읽는다면, 소그룹 구성원 전원이 로마서 전체를 두 번 반복해서 읽는다. 그 주 모임 시간까지 성경 읽기를 다 끝내지 못한 사람이 있으면, 다음 주 모임 때까지 모든 구성원이 로마서 전체를 다시 두 번씩 읽는다. 그런 식으로 모든 사람이 성경 읽기 과제를 마쳐야만 다른 책으로 넘어갈 수 있다. 만일 사도행전이나 복음서를 읽기로 했다면 일주일에 한 번만 읽는다. 그러나 에베소서나 갈라디아서라면 일주일에 다섯 번을 되풀이해서 읽는다.

꿍꿍이가 있는 지도자라도 LTG 모임에서는 사람들을 홀리기가 쉽지 않다. 모두 성경을 잘 모르는 사람들이 아니기 때문이다. 만일 4주에 걸쳐 로마서 읽기가 끝났다면, 소그룹 구성원 중에는 그 달에 로마서를 최대 여덟 번 읽은 사람도 있을 수 있다. 성령이 거하시는 두세 명이 같은 성경의 전체 내용을 거듭해서 읽는 동안, 본문의 내용과 동떨어진 거짓말을 주입하기는 쉽지 않다. 혹시 LTG 모임에 참석한 사람이 "아무래도 이 말씀은 내가 신이라고 말하는 것 같습니다"라고 한다면, 다른 사람이 "그런 말이 아닌 것 같은데요"라고 이의를 제기할 가능성이 높다. 하나님의 백성이 그분의 말씀에 몰입하면, 이단은 처음부터 싹이 잘리게 된다.

너무 오랜 세월 동안 교회는 강대상 위의 교육받은 목사를 이단의 해결책으로 여겼다. 진짜 해결책은 교인석에 앉아 있는 성도들에게 하나님의 말씀을 새겨 주는 것인데, 교회는 그것을 도외시했다. 성도를 보면 교회를 알 수 있다. 하나님 말씀과 해석을 전문가의 손에 맡긴 것이 결과적으로는 이단에 더 취약한 환경을 만들고 말았다.

나는 유기적 교회 운동이 이단을 허용하지 않을 뿐만 아니라 이단을 물리치는 데도 한 단계 앞서 있다고 확신한다. 유기적 교회는 엄격한 감시나 진리의 파수꾼 없이도 이단 문제를 효과적으로 다룰 수 있다. 그동안 교회가 가장 주저하던 것, 즉 성경을 평신도 손에 맡기는 것이 실제로는 이단을 막는 최선책이다. 만일 모든 성도가 하나님 말씀을 읽고 목자의 음성을 들으며 산다면, 이단 교리가 싹틀 기회는 현저히 줄어들 것이다.

통제하는 분위기를 조성하고, 소수에게만 신학적 문제를 맡기는 것이 이단의 영향에 쉽게 노출되는 요인이 될 수 있다. 그 소수에게 그릇된 사상을 주입하면, 그 밑에 있는 사람들은 저절로 거짓에 휩쓸릴 것이다. 강력한 지도자 한 명에게 모든 판단권을 주는 것이 이단에 가장 취약한 일이다. 진리를 사수하려는 열성이 오히려 더 많은 해악을 낳은 것은 아닐까?

하나님의 것은 그 무엇도 돈으로 살 수 없다.

터툴리안(Tertullian)

12장

# 재정은 어떻게 하는가?

## 십일조에서 온전한 헌신으로

신약에는 '돈'에 관한 이야기가 많이 나온다. 교회 역시 돈에 관한 이야기를 많이 한다. 그러나 과연 같은 이야기를 하는 걸까? 나는 결코 아니라고 생각한다.

목사들은 헌금을 강요하는 사람으로 악명 높다. 특히 텔레비전에 나오는 부흥 강사들이 그렇다. 교회는 세상 사람들에게 웃음거리가 되었고, 늦은 밤 토크쇼 출연자의 농담거리로 전락한 지 오래다. 돈을 숭상하는 자본주의 사회에 살아가는 우리는 돈 요구에 불편해하는 세상 사람들이 지나친 과민 반응을 보이는 것이라고 단정 지어 버린다. 그렇다고 해도 그런 반응이 마냥 즐거운 것은 아니다.

반면에 돈 이야기라면 무조건 회피하는 사람도 있다. 어떤 목사나 성도들은 돈을 밝히는 속물로 비칠까 봐 돈 이야기는 일절 입에 올리지 않는다. 나 역시 그런 축에 속했다. 많은 그리스도인이 무슨 잘못이라도 저지르는 것처럼 재정 이야기만 나오면 꿀 먹은 벙어리가 된다. 심지어 나도 재정 이야기를 이 책의 맨 마지막 장으로 미루어 놓았지 않았는가! 맘몬 우상에 대해 이야기를 하려니 아무래도 마음이 거북하다. 그러나 반드시 짚고 넘어

가야 할 이야기이고, 도외시하기에는 매우 중요한 문제다.

유기적 교회에서는 재정 운영 방식에 대해 많은 질문을 받는다. 어떤 식으로 헌금을 거두고, 어디에 재정을 사용하고, 어떻게 세금을 계산하는지 궁금해한다. 이제부터 그 문제를 하나씩 설명하겠다. 단, 먼저 성경을 토대로 몇 가지 짚고 가야 할 사항이 있다.

교회 재정이라는 주제 자체가 여기에서 논하기에는 몹시 크고 방대하다. 앞서 쓴 책에서 교회 지도자들 후원하는 문제를 이미 언급했으므로 그 주제를 더 깊이 다루지 않을 참이다.[1] 다만 여기에서는 십일조와 헌금을 걷는 부분만 이야기하겠다.

## 구약 교회의 관례

아마도 '구약 교회의 관례'라는 제목이 이상하게 들릴 것이다. 구약 시대에는 교회 자체가 없었기 때문이다. 그러나 헌금에 관한 문제에서 신약 시대 관점을 제대로 보려면 구약 시대 개념과 관례를 들여다볼 필요가 있다.

구약에 나오는 이스라엘 사람들은 하나님의 백성이었다. 그들은 정부, 군대, 경제 체제를 갖춘 하나의 국가였으며 교회는 아니었다. 이스라엘은 '신정 정치'를 했기에 하나님이 그들의 왕이었다. 그러나 권력자를 부러워했던 그들은 다른 나라처럼 인간 왕을 세우고 싶어 했다. 하나님은 인간이 왕이 되면 불행이 찾아오고 무거운 세금을 내야 하리라고 경고하셨지만, 그들은 계속해서 고집을 부렸고 결국 하나님은 그 요구를 들어주셨다.

이스라엘의 경제를 이끌어 가는 자원의 일부는 '십일조'였다. 말하자면,

종교 체제(성전과 제사장)를 유지하기 위해 사람들에게서 거두어들이는 일종의 세금 역할을 했다고 볼 수 있다. 이처럼 신정 정치에서는 종교와 정치가 따로 분리되지 않는다.

여호와 하나님은 이스라엘 백성에게 십일조를 다루는 특별한 방법을 지시하셨다. 그것은 하나님 백성이 거두는 '첫 열매'에서 내는 것이었다. 오늘날 교회에서 하는 '십일조' 역시 10%를 헌금한다는 의미로 사용된다. 그러나 이스라엘 백성은 십일조를 한 번만 내지 않았다. 이스라엘 정부가 율법을 철저하게 적용할 때는 백성의 수입에서 최대 23.3%까지 걷어 들일 수 있었다.

요즘에도 여전히 십일조를 하는 교회가 있는가 하면, 십일조라는 용어를 사용하지 않고 그저 헌금이라고만 하는 교회도 있다. 물론 두 가지를 모두 내야 하는 교회도 있다! 십일조를 내라고 하는 교회는 아브라함 사례를 근거로 이야기한다. 구약에는 이스라엘 국가가 형성되기 전에 아브라함이 전쟁에서 얻은 노획물의 10분의 1을 멜기세덱 제사장에게 바치는 이야기가 나온다. 이것으로 보아 십일조는 단지 이스라엘 국가만을 위한 세금이 아니었음을 알 수 있다. 십일조를 고수하는 교회는 하나님이 아브라함의 사례에서 우리에게 말씀하시는 바대로 모세의 율법을 믿었던 유대인뿐 아니라 하나님을 믿는 '모든 사람'이 십일조를 해야 한다고 주장한다. 그러나 전쟁 노획물의 10분의 1을 자발적으로 바치는 일은 모세 시대 이전에 흔하게 있었던 관습이었다. 따라서 아브라함도 하나님의 말씀보다는 그 당시 이방 사회의 풍습을 따랐을 가능성이 높다.

일부 교회가 교인들에게 수입의 10%를 헌금하라고 가르치는 것은, 결국 고대 이스라엘이 십일조를 냈다는 논리의 비약인 셈이다. 내가 보기에 이건 명백한 논리의 비약인 것 같다. 10%를 헌금하는 게 잘못된 일이라서가 아니다. 말라기서를 읽어 주면서 "십일조를 내지 않으면 하나님 것을 도적질하는 것입니다"라고 가르치는 것은, 좋게 말하면 한심한 해석이고 나쁘게 말하면 사기 치는 것이다. 그런 식의 해석은 하나님의 성품과 뜻을 오해하게 한다.

정말로 하나님이 고리대금업자처럼 우리 수입의 10%를 꼬박꼬박 받아 챙기면서 그 대가로 무언가를 해주시는 분이라고 생각하는가? 우리가 십일조를 바치지 않으면 하나님 것을 도적질하는 것인가? 물론 아니다. 그 이유는 첫째로 모든 것이 하나님의 것이기 때문이며, 둘째로 하나님이 모든 것의 소유주이시기 때문이다. 우리에게 은혜를 베풀어 주신다고 10% 팁을 요구하실 분이 아니다. 하나님께는 더 드려야 마땅하며, 사실상 우리 모든 것을 드려야 한다. 하나님께 물질이 필요해서가 아니다. 다만 우리를 그분의 온전한 소유로 삼기를 원하시기 때문이다.

## 신약의 십일조

앞에서 '구약 교회의 관례'라는 표현이 이상하게 들렸던 것처럼 '신약의 십일조'도 생소한 표현일 것이다. 신약에서는 '십일조'라는 단어 자체가 눈에 띄지 않는다. 거기에는 그럴 만한 이유가 있다. 여기에 그 몇 가지를 소개하겠다.

첫째, 우리에게는 유지하고 관리해야 할 성전 건물이라는 게 없다. 신약의 복음서에 보면, 예수님은 성전 건물에 그다지 관심이 없으셨다. 성전은 그분의 시대에 끝난 이야기라고 선언하셨다. 예수님은 성전이라는 개념 자체를 완전히 새롭게 해석하여, 바로 '우리'가 성전이라고 하셨다. 즉 하나님이 우리 안에 거하시는 것이다!

둘째, 우리에게는 생활을 보장해 주어야 할 제사장이라는 특별한 직종이 없다. 예수님이 이 땅에 오심으로 모든 것이 달라졌다. 예전에는 제사장이라는 특별한 사람들이 모든 백성을 대표해서 하나님께 나아갔지만, 더는 그럴 필요가 없어졌다. 이제는 우리가 제사장이다. 주님을 믿는 모든 사람이 하나님 앞에서 제사장이다.

셋째, 우리는 이제 더는 이스라엘의 율법에 따라 살아가지 않는다. 예수님은 율법을 폐하지 않으셨다. 오히려 율법을 성취하고, 하나님의 법을 돌이 아닌 우리 마음에 새겨 '새 언약'을 맺으셨다. 모세 율법에 제시된 의의 기준은 예수님을 제외하고 누구도 달성할 수 없었다. 이제 우리는 율법이 아니라 우리 마음에 새겨진 '사랑의 법'을 따라 살아간다. 그러므로 율법이 아닌 '은혜'에 따라 행동해야 한다. 계속해서 율법에 따라 행동하는 것은 예수님의 죽음을 무의미하게 하는 것이다(갈 2:21).

넷째, 우리는 세상 나라가 아닌 하나님 나라에 속한 새로운 백성이다. 교회는 그리스도의 몸이지 정부의 일부가 아니다. 베드로는 우리를 '왕 같은 제사장'이라고 불렀다. 이는 예수님 덕분에 현실이 얼마나 획기적으로 변했는지를 보여 주는 한 증거다. 또한 바울은 우리를 '새로운 피조물'이라고 했다(고후 5:17). 아담과 하와 때문에 인류는 타락했지만, 현재 우리는 새로운 피조물이 되었다. 우리는 살아 계신 하나님의 성령이 거하시는 사람이다. 얼마나 놀라운 일인가? 그런데도 예전 상태로 돌아가고 싶은가?

신약에는 십일조를 바치라는 명령이 없다. 그런데 왜 교회에서는 여전히 십일조를 강요하는가? 내가 보기에 교회에서 십일조를 강조하는 이유는 한 가지다. 목사와 교역자를 '고용'하고, 교회 건물을 '유지'하기 위해서다. 그러나 신약성경을 아무리 뒤져도 헌금을 거둘 만한 명목을 찾을 수 없었다. 그래서 할 수 없이 구약으로 눈을 돌렸다. 구약에는 건물과 성직자 제도를 갖춘 완벽한 중앙집권적 종교 체제가 등장한다. 그 체제를 유지하는 소득원이 바로 십일조였다. 교회가 그 사실을 알아냈기에 그토록 십일조를 강조하는 것이다. 예수님은 바리새인의 위선 행위를 정죄하셨을 뿐, 신약 어디를 보아도 십일조를 하라고 명령하지는 않으셨다. 심지어 십일조를 언급한 대목조차 없다. 물론 '베풀고 주라'는 말씀은 많이 나와 있다.

## 헌금

구약 시대에는 속죄, 치유, 용서 등 다양한 목적으로 하나님의 제단에 제물을 바쳤다. 번제, 소제, 화목제, 속죄제, 속건제가 바로 그것이다. 제물로는 새, 양, 소, 곡식 등을 바쳤다.

제사드릴 때 돈을 바치는 경우는 매우 드물었다. 보통은 속죄의 의미로 짐승이나 물건을 하나님께 제물로 바쳤다. 레위기 율법에 보면 십일조는 사실상 돈이 아니라 음식이었다(레 27:30-32; 신 12:17, 14:23).

신약으로 가면 제사를 언급하는 대목이 현저하게 줄어든다. 예수님은 이 세상에 계시는 동안 언제나 율법을 지키셨다. 사람들의 병을 고쳐 주신 뒤에 성전에 가서 제물을 바치라고 말씀하셨고(마 8:4; 눅 5:14), 헌금함에 정성껏 헌금한 과부를 칭찬하셨다(눅 21:1-5). 복음서를 제외한 다른 책에는 제사에 대한 언급이 극히 적게 나타나 있다. 사도 바울은 예루살렘 교회 율법을 옹호하는 교인들이 자기에게 품고 있는 적개심을 누그러뜨리려는 목적으로 성전에 가서 제사를 드린 적이 있다(행 24:17).

신약에는 아주 중요한 제사가 하나 등장한다. 바로 예수님이 우리 죄를 위해 자신을 제물로 바친 제사다(히 10:1-18). 이 제사 이후로 신약에 나오는 '제사'라는 단어는 '헌신적으로 하나님 일을 하는 사람들'을 가리킬 때 사용되었다(롬 12:1-3; 빌 2:17; 딤후 4:6). 그러나 교회를 운영하고자 교인들에게서 헌금을 받으라는 말씀은 신약 어디에도 나오지 않는다. 지금까지 교회 관례를 되돌아볼 때 정말 희한한 이야기가 아닌가?

이 책을 읽는 독자 중에는 교회에서 그런 식으로 십일조와 헌금을 걷지 않는다면 어떻게 교회를 운영하느냐고 묻고 싶은 사람이 있을 것이다. 만일 그리스도인에게 예수님께 전폭적으로 순복해서 전 생애를 바치라고 한다면 어떤 일이 일어날까? 물론 성경에 나오는 부자 청년처럼 등을 돌리고 떠날 사람이 많겠지만, 남은 소수는 진정한 믿음의 사람으로 변모할 것이다. 모든 것을 바치고 헌신한 사람에게 소득의 10%는 새 발의 피일 것이다. 그렇게 헌신하는 사람만 교회에 있다면 헌금 이야기를 꺼낼 필요조차 없지 않을까? 모든 사람이 제발 헌금을 더 드리게 해 달라고 사정할 테니까.

그렇다면 교회는 십일조와 헌금 없이 어떻게 살아남을 수 있을까? 교회 3.0은 초대교회와 비슷해서 건물이나 전임 사역자에게 의존하지 않는다. 필요한 재정이 많지 않으니 살아남는 데도 문제가 없고 성장하기도 쉽다.

## 신약 교회의 재정

교회에서 신약 말씀으로 십일조와 헌금을 강조하는 경우, 항상 본문 문맥에서 벗어난 이야기를 한다. 예를 들면, 주일 헌금을 드리는 근거로 흔히 고린도전서 말씀을 인용한다. 전 세계 헌금 봉투에 다음 두 구절이 얼마나 많이 인쇄되어 있을지 궁금하다.

> 성도를 위하는 연보에 관하여는 내가 갈라디아 교회들에게 명한 것같이 너희도 그렇게 하라 매주 첫날에 너희 각 사람이 수입에 따라 모아 두어서 내가 갈 때에 연보를 하지 않게 하라(고전 16:1-2).

이 말씀에서 사도 바울은 분명히 십일조와 헌금에 대해 이야기하고 있다. 바울은 성도를 위해 헌금을 걷으라고 했고, 그 명령을 받은 대상은 교회였다. 헌금은 매주 첫날에 걷을 것이며, 모든 교회가 그렇게 해야 한다고 지시했다. 다만 문제는 요즘에 우리가 통상적으로 하는 이야기를 한 것은 아니라는 점이다.

첫째, 바울은 교회를 위해 헌금하라고 말하는 게 아니라 그 반대로 말하고 있다는 점을 주목해야 한다. 그는 '교회가 성도를 위해' 헌금을 거두라고 말했다. 둘째, 교회가 헌금을 걷는 게 아니라 사람들, 즉 각 사람이 하나님께서 베풀어 주신 양에 따라 헌금할 돈을 따로 모아 두었다가 바치라고 했다. 셋째, 모아 둔 돈을 받았던 사람은 목사나 사역자가 아니라 그 지역을 지나가는 선교사, 즉 사도 바울이었다. 마지막으로, 헌금을 받는 곳은 돈을 거두었던 교회가 아니라 기근으로 고생하던 예루살렘의 성도들이었다. 말하자면, 십일조나 기타 헌금이 아니라 '기근 구제 헌금'이었던 셈이다. 다음 절에서 바울은 이렇게 말했다.

> 내가 이를 때에 너희가 인정한 사람에게 편지를 주어 너희의 은혜를 예루살렘으로 가지고 가게 하리니 만일 나도 가는 것이 합당하며 그들이 나와 함께 가리라(고전 16:3-4).

이 말씀의 중요한 골자는 어느 정도 비율을 헌금하고, 어떤 식으로 헌금을 걷느냐가 아니다. 주님이 성도에게서 진정으로 원하시는 것이 무엇인지를 깨닫는 것이다. 예수님은 돈에 대한 말씀을 자주 하셨다. 그분이 원하신 것은 10%가 아니라 '전체'였다. 물론 우리 소득의 100%, 혹은 소유한 것의 100%를 내라는 말이 아니다. 주님이 우리 존재의 100%를 원하신다는 말이다. 우리가 주님의 제자로 받아들여졌다는 사실 하나만으로도 우리는 전 생애를 그분께 헌신해야 마땅하다.

주님이 반복해서 하신 말씀이 무엇인가? "누구든지 나를 따라오려거든 자기를 부인하고 자기 십자가를 지고 나를 따를 것이니라"(마 16:24). 제자들은 그 말이 무엇을 의미하는지 알고 있었다. 십자가를 지고 간다는 것은 겨우 10% 정도가 아니라 '완전한 죽음'을 의미했다. 즉, 사형 집행장으로 끌려간다는 뜻이다. 예수님은 우리 수입의 10분의 1을 원하시는 게 아니다. 우리의 '전 생애'를 원하시는 것이다.

신약에 십일조가 거론되지 않은 이유는 더 언급할 필요가 없어서다. 평생을 헌신한 사람에게 10분의 1을 바치라는 이야기가 무슨 소용이 있겠는가? 모든 것을 다 바쳤는데 새삼스럽게 왜 십일조를 바치라고 하는가? 예수님을 따르기로 결정한 사람이라면 10%가 남고 말고 할 것조차 없다.

예수님은 우리 영혼보다 돈에 관심이 있는 분이 아니다. "네 보물 있는 그곳에는 네 마음도 있느니라"(마 6:21). 이 말씀은 우리의 헌금 습관을 되돌아보라는 게 아니라 '마음의 헌신'을 되돌아보라는 뜻이다. 만일 10%라는 숫자에만 연연하는 사람이 있다면, 그의 마음은 온전히 주님께 있는 게 아니라 남아 있는 90%에 있는 것이다.

그렇다면 우리가 받는 월급봉투를 몽땅 주님께 드리고 가진 모든 물건을 다 바치라는 말씀인가? 물론 실제로 그렇게 한 사례도 있었다(행 4:32-37). 그러나 이 말씀은 일반적인 명령이 아니라 특별한 상황에서 일어났던 사건으로 봐야 한다.

사도 바울은 교회 헌금과 베풂에 대해 훌륭한 모범 사례를 제시했다.

> 형제들아 하나님께서 마게도냐 교회들에게 주신 은혜를 우리가 너희에게 알리노니 환난의 많은 시련 가운데서 그들의 넘치는 기쁨과 극심한 가난이 그들의 풍성한 연보를 넘치도록 하게 하였느니라 내가 증언하노니 그들이 힘대로 할 뿐 아니라 힘에 지나도록 자원하여 이 은혜와 성도 섬기는 일에 참여함에 대하여 우리에게 간절히 구하니 우리가 바라던 것뿐 아니라 그들이 먼저 자신을 주께 드리고 또 하나님의 뜻을 따라 우리에게 주었도다(고후 8:1-5).

이 말씀은 교회에 십일조와 헌금을 내는 명분으로 흔히 인용되는 구절이지만, 여기에 나오는 헌금 역시 기근 구제 헌금이지 교회 재정이나 목사의 월급이나 교회 건축을 위한 헌금이 아니었다.

이 말씀에 등장하는 마게도냐 교인들은 수입이 변변치 못할 뿐 아니라 정말로 가난했던 극빈자였다. 로마 황제를 숭상하던 시기에 그리스도인은 어디에서도 직업을 구할 수가 없었다. 그럼에도 마게도냐 그리스도인들은 놀랄 정도로 후하게 베풀었다. 그뿐만이 아니었다. 더 많이 헌금하게 해 달라고 조를 정도였다! 그리고 실제로도 그렇게 헌금함으로써 기대 이상, 아니 힘에 부칠 정도로 풍성하게 바쳤다.

우리는 언제나 가난한 사람들이 더 후하게 헌금하는 걸 보며 감동을 받지만, 사실 그래서는 안 된다. 그러나 현실적으로 가난한 사람들이 훨씬 더 잘 베푼다. 그 이유는 아마도 가진 게 아무것도 없어서일 것이다. 모든 걸 주님께 드렸는데, 남에게 무엇인들 베풀지 못하겠는가! 그들은 주님이 주신 자원을 다시 분배하는 '통로'이며 주님의 '종'이기도 하다. 따라서 주님이 주라고 하시면 의문을 제기하지 않는다. 종은 아무것도 소유하지 않는다. 다만 주인의 명령에 순종하며, 주인이 알아서 자신에게 필요한 것을 공급하시리라 믿을 뿐이다. 주님이 주문한 것은 주님이 계산하신다는 사실을 언제나 명심할 필요가 있다.

신약에서 한결같이 하는 말씀은 '주라'는 것(눅 6:38)과, '후하게 주라'는 것(고후 9:6)과 '즐겁게 주라'는 것(고후 9:7)이다. 복음서에는 기록되지 않았지만, 바울은 예수님이 하셨던 말씀을 인용하면서 "주는 것이 받는 것보다 복이 있다"(행 20:35)라고 했다. 우리가 내는 헌금은 강요에 의해서가 아니라 전적으로 하나님과 이웃을 '사랑'해서 내는 것이어야 한다(고후

9:7). 우리는 절대로 궁핍한 사람에게 등을 돌리면 안 된다(마 6:3). 사람들의 시선을 끌려는 목적으로 헌금해서도 안 되고(마 6:1-4), 가난한 사람을 괄시하고 부자만 환대해서도 안 되며, 모든 사람을 평등하게 대해야 한다(약 2:1-13). 이 모든 태도와 마음가짐은 하나님께 전부를 바쳤다는 온전한 헌신에서 비롯하는 것이다.

그러면 교회 지도자를 재정으로 지원하는 일이 잘못되었는가? 물론 그렇지 않다. 오히려 지원하지 않는 게 잘못이라고 할 수 있다. 바울 역시 사도가 교회에서 생활비를 받는 것이 당연한 권리라고 주장했다(고전 9:14). 그 당시에도 헌금을 받아서 사역자에게 나눠 주는 특정한 분배 방식이 있었을 것이다. 그러나 사례비를 주는 방식에 관해서는 성경에 구체적으로 기록되어 있지 않다. 아울러 모든 사도가 그런 권리를 행사했던 것도 아니었다. 바울과 바나바가 그 대표적인 예다. 바울은 1세기에 수많은 지역을 돌아다녔지만, 보통은 천막을 만들어 팔면서 자비로 여행 경비를 충당했다. 때로는 그의 동료들이 일해서 선교사들을 후원해 주었으므로 바울과 그 일행은 전적으로 선교에만 전념할 수 있었다.

가르치는 장로는 사례비를 받았고, 어떤 경우에는 두 배의 사례비를 받았다는 기록도 있다. 하지만 과연 그것이 전임 사역자의 월급에 해당하는 금액이었는지는 분명하지 않다. 신약 두 군데에 '일꾼'이 그 삯을 받는 게 마땅하다는 이야기가 나온다. 아무런 재정 지원 없이 70인 제자를 단기선교에 파송하셨을 때도 예수님은 같은 말씀을 하셨다(눅 10:7). 주님을 섬기는 동안 음식과 숙소를 제공받는 게 당연하다고 하신 것이다.

디모데전서 5장 18절에서는 바울이 그 말씀을 인용하며 말씀과 가르침에 수고하는 장로들을 배나 존경하라고 권면했다. 두 가지 말씀 모두 가르침을 받는 성도들이 가르치는 지도자의 수고에 합당한 대우를 해주라는 뜻이다. 바울도 갈라디아 교인들에게 "가르침을 받는 자는 말씀을 가르치는 자와 모든 좋은 것을 함께하라"(갈 6:6)고 말했다. 내 생각에 그것은 하루치 사례비나 그 두 배에 해당하는 사례비를 뜻하는 것일 뿐, 고정적인 월급을 준다는 의미는 아닌 것 같다. 현재 우리가 하는 십일조나 헌금의 개념보다는 '사례비' 개념이 이 경우에 더 근접하다고 볼 수 있다.

헌금에 관한 신약 말씀에 비추어 한 가지 더 고려할 점은, 그들에게 돈이 아니라 음식을 주었다는 사실이다. 예수님이 '일꾼의 삯'이라고 하신 것은 숙식을 제공받는 것을 뜻했다. 앞에서도 말했듯이 구약에 나오는 십일조는 전부 다 음식이나 농산물이었다. 또한 성경에 나오는 제물도 대부분 사람이 먹을 수 있는 것이었다.

성경에서 말씀하지 않는 일이라고 해서 무조건 잘못된 것은 아니다. 우리가 성경에 기록된 대로 교회 헌금을 하지 않는다고 해서 그것이 꼭 잘못되었다는 이야기는 아니다. 그러나 마치 성경에서 명령하는 것처럼 헌금하라고 다그치거나 죄책감으로 헌금하게 만드는 것은 분명히 잘못된 일이다. 헌금을 제대로 바치지 않는다고 해서 주님 명령에 불순종하는 자라거나, 나쁜 청지기라거나, 믿음이 약한 자라고 비난하는 것은 전적으로 틀렸다. 아울러 헌금을 많이 할수록 하나님이 천국 문을 열어서 더 많은 축복을 베푸실 것이라는 가르침도 옳지 않다.

심은 대로 거둔다는 진리가 있기는 하지만, 교회나 단체에 헌금을 많이 해야 하나님이 우리를 더 사랑하고 더 많이 축복하신다는 이야기는 근거 없는 망언이며, 뻔뻔한 거짓말이다. 하나님의 사랑과 축복은 절대로, 어떤 경우에도 조건이 붙을 수 없다. 그분은 우리가 아직 죄인이었을 때 모든 것을 우리에게 주신 분이다(롬 5:8).

문제는 교회가 전적으로 의존할 수밖에 없는 헌금 체제를 우리 자신이 만들어 놓고, 그 근거를 대기 위해 성경을 이용한다는 것이다. 하나님의 백성은 그런 식으로 하나님 말씀을 오용하면 안 된다.

### 유기적 교회의 재정

분권화된 교회 배가 운동에는 중앙 본부가 있지 않기 때문에 한곳에서 일일이 지시를 내릴 수가 없다. 따라서 주님의 인도하심에 따라 각 교회가 처한 상황에 가장 적절하다고 판단하는 결정을 내려야 한다. 우리 단체(CMA) 역시 재정 사용에 대해 따로 정해진 원칙이 없다. 각 교회가 알아서 결정하게 한다.

내가 목회하는 어웨이커닝 교회처럼 분권화된 교회 네트워크에서는 각 교회가 주님의 인도하심에 따라 알아서 교회 재정을 사용한다. 그러나 중집권화된 네트워크는 본부 역할을 하는 곳에 교회 재정의 일부, 혹은 전부를 보내어 네트워크 사역을 지원한다.

예산이나 정기적인 헌금이나 당좌 예금 등의 부분에서 전통 교회와 큰 차이가 없는 네트워크가 있다. 반면에 어떤 네트워크의 교회들은 당좌 예금 계좌는 물론 예금 계좌가 따로 없고, 특별한 사용처가 생겼을 때만 헌금을 걷는다. 또한 상자 하나를 놓아 두고 주님이 인도하시는 대로 교인들이 자유롭게 헌금하게 하는 교회가 있는가 하면, 예배 모임 때마다 헌금함을 돌려서 헌금을 걷는 교회도 있다.

나는 매주 예배 때 드리는 정기적인 헌금 외에도 다양한 방법으로 후하게 베푸는 성도들을 자주 보았다. 궁핍한 사람들을 집에 데려다 숙식을 제공하고 가족처럼 대하는 사람들이 있는가 하면, 자신의 자동차를 기부하는 사람도 있었다. 또 시간을 내어 몸으로 섬기는 사람도 있고, 어려운 이웃을 위해 식료품을 사서 아무도 모르게 문 앞에 놓아 주고 가는 사람도 있었다. 그들은 모두 후하고 너그러운 사람들이었다. 그들의 주님이 후하고 은혜롭고 너그러운 분이라서 그렇다. 주님께 자기 자신을 드렸으므로, 그들에게는 살아가는 데 필요한 모든 것이 자기 것이 아니라 주님 것이다.

### 세금법과 교회

미국 교회들은 면세 특혜를 누릴 수 있다. 교회가 받는 헌금이나 기부금에는 세금이 부과되지 않으며, 교인들 역시 헌금이나 기부액에 대한 소득 공제를 받는다. 미연방 국세청은 교회를 비영리 종교 단체로 구분해서 면세 특혜를 부여하기 때문에 '501(c)(3)'이라 하는 면세 자격을 취득하기 위해서는 많은 양의 증빙 서류를 정부 기관에 제출해야 한다.

사실 교회가 면세 특혜를 누리려면 반드시 면세 자격을 취득할 필요는 없다. 이는 권장 사항일 뿐 필수적인 것은 아니다. 501(c)(3)을 취득하지 않은 교회에 헌금해도 헌금 영수증만 있으면 여전히 소득 공제를 받을 수 있다. 하지만 아무래도 사람들은 정식으로 501(c)(3)을 받은 교회에 헌금하는 걸 안전하다고 생각한다.

분권화된 네트워크 교회들은 501(c)(3)의 면세 자격을 갖춘 교회 산하에서 운영되기도 한다. 그런 경우에는 헌금으로 들어온 재정을 그 교회 이름으로 된 계좌에 입금하는 것이 좋다.

## 어웨이커닝 교회의 예

우리가 처음 어웨이커닝 교회를 시작할 때는 예배드리는 가정에 '헌금함'을 놓아두고 사람들에게 "헌금함을 놓아두었으니 자유롭게 헌금하시면 됩니다"라고 이야기했다. 그런 뒤에 헌금함에 들어 있는 돈을 거둬서 모교회 이름으로 된 계좌에 예치했다. 그 모교회는 우리 교회를 개척하도록 후원했던 교회다. 우리 교회는 건물 임대료나 목회자 월급을 낼 필요가 없고 후원하는 선교사도 없었기에, 헌금함에 모인 재정은 한동안 사용되지 않고 그대로 남아 있었다. 주님이 재정이 필요한 곳을 알게 해주실 때가 있는데, 그곳에 필요한 금액과 우리가 모아 둔 금액이 일치할 때가 많았다.

언젠가 한번은 우리 모임을 찾아온 사람의 트럭 변속기가 고장 나는 바람에 우리가 수리비를 내어 그 사람이 집에 돌아갈 수 있게 해준 적도 있다. 또 어떤 때는 자비량 선교사로 국외에 나가는 교회 개척가에게 노트북을 사 준 적도 있다. 주님을 영접하고 새신자가 된 사람이나 기독교에 관심을 보이는 사람에게 곧잘 성경을 사 주었다. 국외로 단기 선교를 떠나는 사람들의 비행기 표 구매에 도움을 주기도 했다. 노숙자를 위해 도시락을 만들어서 매주 나누어 주는 봉사를 일 년 넘게 실천한 적도 있다. 우리가 무엇을 하든지 하나님은 언제나 모자라지 않게 넉넉히 공급해 주셨다.

우리가 개척한 다른 교회들도 거의 비슷한 형태로 운영한다. 우리는 모든 교회에 하나님이 이끄시는 대로 얼마든지 자유롭게 운영할 재량권을 주었다. 단 한 번도 모교회나 교회 배가 운동 단체에 재정을 보내라고 요구하지 않았다. 사실 교회 배가 운동에서는 누구에게도 헌금을 요청하지 않는다. 그래도 어떤 이들은 정기적으로 우리를 후원하고 있다.

교인들 집에서 돌아가며 예배 모임을 하던 어느 날, 어웨이커닝 교회 헌금함을 잃어버린 적이 있다. 그럼에도 우리의 봉사와 사역에는 전혀 모자람이 없었다. 그것은 모두 "가난한 자에게 구제할 수 있도록"(엡 4:28) "풍성한 연보를 넘치도록"(고후 8:2) 한 까닭이었다. 만일 교회에 재정이 필요하면, 모든 교인에게 알려 헌금할 수 있게 한다. 따로 헌금함이니 봉투니 헌금 주머니를 돌리지 않는다. 우리에게는 그분께 순종하는 마음만 있으면 된다.

하나님은 우리를 위해 그 무엇도 아끼지 않으셨다. 주님은 천국의 부요함을 소유한 분이었지만, 우리를 위해 가난한 자로 와서 우리로 그 부요함을 얻게 하셨다(고후 8:9). 10%만이 아니라 '모든 것'을 우리에게 주셨다. 그러니 우리도 똑같이 하는 게 마땅하지 않겠는가!

마침내 교회의 쇠퇴가 질병 수준에 이르렀다.
질병 초기에는 발견은 어려워도 고치기는 쉽지만,
반면에 말기에는 발견은 쉬워도 고치기가 어렵다.
겉으로는 교회가 대단해 보여도 내부는 이미 병들어서
매우 위태롭게 파멸의 모퉁이를 걷고 있다.

**짐 콜린스**(Jim Collins)

맺음말

# 그럼 우리 교회는 어떻게 해야 하는가?

**배우는 성도에서 능력 있는 성도로**

이 책 내용에 전혀 동의하지 않는 독자도 분명 있을 것이다. 아마도 많은 사람이 불쾌함을 느꼈으리라고 생각한다. 내가 이 책에 서술한 이야기가 잘못되었다고 말해도 괜찮다. 다만 먼저 하나님의 말씀을 확인한 뒤에 그렇게 해주기를 바란다. 그러나 내가 하는 이야기가 지금까지 수 세기 동안 우리가 믿고 행해 왔던 교회 의식이나 운영 방식이 신약에 나오는 진정한 교회의 것과 다르다면, 예수님의 의도와 달리 교회 배가 운동에 불을 붙이고 활활 타오르게 할 수 있는 막강한 위력과 진정성을 잃어버린 거라면, 과연 이제 우리는 어떻게 하는 것이 좋을까?

나는 이 책에서 주일학교, 교리의 순수성, 십일조와 헌금, 성찬과 세례 등을 바라보는 기독교의 일반적인 관점에 이의를 제기했다. 내가 제기한 이야기를 말도 안 되는 소리라고 일축하기 전에, 신약을 새로운 눈으로 다시 한 번만 읽어 보라. 부디 이 책에서 이야기한 내용과 맞는 것이 있는지 직접 확인해 보기를 바란다. 지금까지 당신의 머릿속에서 맴돌던 옛 노래 버튼을 조용히 누르고, 성경에서 들려오는 참 노래에 귀를 기울여 보라. 그것이 이 책과 같은 가락이든 아니든 상관하지 마라. 신약을 읽고 나서 2.0 교회의 주일예배에 참석하면, 분명 일치하지 않는 무언가가 있음을 발견하게 될 것이다. 이 문제는 감정이나 전통의 잣대로 평가할 일이 절대 아니다.

그러나 아무리 성경을 열심히 읽어도, 내가 이 책에서 말하는 내용을 반박할 만한 근거를 마땅히 찾을 수 없다면 어떻게 해야 할까? 그것은 독자가 풀어야 할 숙제다. 기도하고, 생각하고, 묵상하고, 예배하고, 듣고, 상기하면서 씨름할 만한 가치가 있는 문제가 아닌가? 이 책 내용을 옳다고 받아들일 때와 거짓이라고 거부할 때 치러야 할 대가를 따져 보기 바란다.

현재 당신이 이 책의 결론 부분에 도달했다면, 한 가지 중요한 질문을 하지 않을 수 없을 것이다. 그럼 우리 교회는 어떻게 할까? 이제 나는 어떻게 해야 할까?

그동안 2.0 버전 교회에서 많은 훈련과 교육을 했음에도, 이 책에서 말하는 내용이 생소하게 들린다는 건 참으로 희한한 일이다. 우리는 기독교 역사상 가장 교육을 많이 받은 세대다. 어떤 정보든 거의 제한 없이 접근할 수 있는 시대이건만, 가장 중요한 문제에서는 아직도 어둠 속에 묻혀 있다. 사실상 우리가 안고 있는 문제는 교육의 문제가 아니라 '능력의 문제'다. 아무리 많은 지식과 정보를 안다 해도 그것을 사용할 능력이 없다면, 그 정보는 아무 소용이 없다. 우리가 사람들에게 예수님이 명령하신 것을 순종하라고 가르치지 않는다면, 우리는 제자를 삼고 있는 것이 아니다. 알고 보면 간단한 이야기다. 궁극적으로 우리는 지식이 아니라 '삶'을 바꾸는 능력을 전해 주어야 한다. 결국 해결책은 '제자 삼는 일'에서 시작한다. 그러므로 그 일에서 모든 것이 파생되어야 한다.

내가 열 가지 해결책을 제시했으니, 당장 그것을 따라 하겠다고 하는 건

무의미하다. 무엇을 하라고 지시하는 것은 내 역할이 아니다. 오로지 나는 예수님이 당신을 위해 예비하신 곳으로 인도해 가신다는 사실을 알려 주고 싶을 뿐이다. 그분의 인도하심을 따르면, 당신은 절대 실망하지 않을 것이다. 예수님은 믿음의 시련이 없는 곳, 공허하고 무력하며 그분의 희생에 걸맞지 않은 신앙생활로 인도하지 않으실 것이다. 내가 우리 주님에 대해 확실하게 아는 한 가지가 있다. 주님은 언제나 우리를 기대 이상으로 성장하게 하신다는 것이다. 그러기 위해서는 옛것을 버리고 새것으로 옮겨 가는 과정, 즉 회개(생각의 전환)가 필요하다. 물론 쉬운 길은 아니다. 그러나 더욱 풍요롭고 의미 있는 삶으로 인도하는 길인 것은 틀림없다.

아직도 당신이 2.0 버전 교회에 다닌다면 어떻게 해야 할까? 몇 가지 방안이 있겠지만, 결국은 누구든지 두 가지 중 하나를 선택해야 한다. 예수님이 말씀하시는 것을 하든지, 아니면 다른 것을 하든지다. 여기에 다섯 가지 방안을 제시한다.

1. 이 책 내용에 동의하더라도, 당신이 다니는 교회 목사나 교단 지도자들을 원망하거나 비난하지 마라. 그저 기도하면서 여러 문제를 더 깊이 생각해 보기를 권한다. 회개란 '생각을 바꾸는 것'임을 명심하라(당신의 생각을 바꾸는 것이지 남의 생각을 바꾸는 것이 아니다). 겸허한 태도로 다른 사람을 섬기는 것이 예수님의 방법이다. 우리의 원수는 피와 살을 가진 인간이 아님을 잊지 마라.
2. 치러야 할 대가를 계산해 보라. 예수님이 우리에게 그렇게 하라고 말씀하셨다. 개중에는 상당히 비싼 대가를 치러야 할 사람도 있을 것이다. 그렇다고

시도할 가치가 없는 건 아니다. 결정에 대한 결과를 예상하고, 최대한 사람들과 소통하는 시간을 보내라는 뜻이다.

3. 획기적인 변화를 주기에 불가능한 위치에 처해 있다면, 먼저 작은 변화부터 모색해 보라. 지금까지 교회에서 하던 일은 그 자체로 나쁘거나 잘못된 것이 아니다. 십일조를 드리는 것은 나쁜 일이 아니라 오히려 선한 일이다. 낯선 교인과 교인석에 나란히 앉아서 웨하스와 포도 주스로 성찬식을 한다고 해서 죄를 범하는 게 아니다. 내가 하고 싶은 이야기는, 우리가 좋은 것에 너무 익숙해진 나머지 가장 좋은 것을 놓치고 있다는 점이다. 예전 것을 계속해도 좋겠지만, 이제는 새로운 시스템을 내려받아서 가장 좋은 것을 누려 보면 어떻겠는가?
4. 만일 당신이 얼리 어답터라면, 예전 교회 생활로 돌아가는 것이 불가능함을 깨달았을 것이다. 그런 이들은 유기적 교회에 대해 더 많은 정보를 알아보기 바란다. 현재 유능하고 경험 많은 저술가들이 많은 책을 펴냈다. 그런 하우스 사역에 동참하는 것도 좋은 방법이다. 우리 단체의 홈페이지(www.cmaresources.org)를 방문해서 책이나 훈련에 대해 알아보고, 다른 사이트도 방문해 보라.
5. 만일 이 책의 내용이 전혀 마음에 들지 않았다면, 이 책에 온갖 위험하고 형편없는 이야기들이 실려 있다고 만방에 폭로한 뒤에 책을 불태우고 블랙리스트에 올리라. 그러고서 계속 교회 2.0 버전을 사수하라.

냉전 시대에 학교에서 했던 '대피 훈련'을 기억하는가? 핵폭탄이 터질 때를 대비해서 받았던 훈련 말이다. 사이렌이 울리면 모든 학생이 교실 책상 밑으로 들어가 숨어야 했다. 그런데 진짜 핵폭탄이 터지면 그깟 얇은 판자로 만든 책상이 무슨 소용이 있겠는가? 다만 절박한 상황에서 그래도 무언가로 자기 목숨을 지킬 수 있다는 환상과 거짓 안도감을 갖게 하려는 게 그 대피 훈련의 목적이었다.

교회 3.0 시대가 도래했다. 이미 교회 3.0이 전 세계로 퍼져 나가고 있다. 당신은 어딘가에 들어가 숨거나, 하나님이 하시는 위력적인 역사에 동참하거나 두 가지 중 하나를 선택해야 한다. 그러나 당신이 절대로 할 수 없는 한 가지가 있다. 그것은 하나님의 역사를 중단하게 하는 일이다!

# 주

## 머리말 이 책은 무엇을 말하고 있는가?

1. Heath, C., and Heath, D. *Made to Stick: Why some Ideas Survive and Others Die* (New York: Random House, 2007), p.19-20.《스틱!》(웅진윙스).
2. 같은 책, p.20.

## 1장 지금은 어떤 시대인가?

1. Thom Wolf, 오버레이크 크리스천 교회에서 했던 강의 (2005년 10월 20-21일).
2. Friedman, T. L. *The World Is Flat: A Brief History of the Twenty-First Century* (New York: Picador, 2005).《세계는 평평하다》(창해).
3. Friedman은 세계화의 세 가지 버전을 이야기했다. 세계화 1.0은 미국 대륙이 발견되고 강대국들이 세계 각국을 식민지로 점령하던 때이고, 세계화 2.0은 1800년부터 2000년까지 기업들이 세계적 기업으로 발돋움하던 시기다. 세계화 3.0은 개인의 목소리가 높아지고 세계화의 일원으로 참여하는 현대를 가리키며, 그 배경에는 기술의 발전이 큰 몫을 차지한다. 같은 책, p.9-10.
4. 같은 책, p.11.

## 2장 세상은 어떻게 변하고 있는가?

1. Stetzer, E., Stanley, R., and Hates, J. *Lost and Found: The Younger Unchurched and the Churches That Reach Them* (Nashville: B&H, 2009), p.44.
2. 같은 책, p.45.
3. 같은 책, p.43.
4. 같은 책, p.36-37.
5. 같은 책, p.38.

6. 같은 책, p.43.
7. 같은 책, p.32.

## 3장 교회의 목표는 무엇인가?

1. 처음에 교회를 호수와 강으로 비유한 사람은 Daniel Brown이다. 여기에 그의 비유를 옮길 수 있어 감사한다.
2. Hall, C. "Missional Possible: Steps to Transform a Consumer Church into a Missional Church." *Leadership Journal* (Winter 2007), p.35.
3. Hirsch, A. "Defining Missional." *Leadership Journal* (Fall 2008), p.22.
4. 같은 책, p.22.
5. 니케아 콘스탄티노플 신경
6. J. Slak, "Doing the Math: Looking at Lostness-Atlanta, GA." *Doing the Math: Analyzing the Growth and the Church Planting Task in USA* (August 2007).
7. 같은 책.
8. Brown, M., ed. "Giving USA 2009: The Annual Report on Philanthropy for the Year 2007." (Glenview, III.: Giving USA Foundation, 2009). 2009년 6월 10일에 나온 데이터를 요약한 PDF 파일을 보려면 다음 인터넷 주소로 연결하라.
www.givinginstitute.org/press_releases/gusa.cfm, p.3.
9. http://hirr.hartsem.edu/megachurch/definition.html.
10. http://www.gallup.com/poll/117409/easter-smaller-percentage-americans-christian.aspx.
11. Kosmin, B. A., and Keysar, A. *American Religious Identification Survey* (Hartford, Conn.: Trinity College, 2008).
12. Frost, M., and Hirsch, A. *The Shaping of Things to Come* (Peabody, Mass.: Henrickson,

2003), p.72.《새로운 교회가 온다》(한국기독학생회출판부 역간).
13. Cole, N. *Organic Church* (San Francisco: Jessey-Bass, 2005), p.53.《오가닉 처치》(가나북스 역간).
14. Hirsch, A. *The Forgotten Ways* (Grand Rapids, Mich.: Brazos Press, 2006), p.143.
15. Hirsch, "Defining Missional," p.22.
16. Nunez, E. A., and Taylor, W. D. *Hope in Latin America: An Evangelical Perspective* (Chicago: Moody Press, 1989), p.332-333.《라틴 아메리카의 위기와 희망》(기독교문서선교회 역간).
17. Cole, *Organic Church*, p.xxii.
18. 같은 책, p.65.

## 4장 교회 성장은 어떻게 이루어지는가?

1. Alan Hirsch는 모든 그리스도인이 가진 '전도의 천재적 재능'을 증명하기 위해 이 비유를 자주 사용한다. 저자의 허락을 받고 이곳에 옮겨 놓았다.
2. Hirsch, *The Forgotten Ways*, p.19.
3. Yancey, P. "Discreet and Dynamic: Why, with No Apparent Resources, Chinese Churches Thrive." *Christianity Today* (July 2004), p.72.
4. Garrison, D. *Church Planting Movements* (Midlothian, Va.: WIGTake Resources, 2004), p.21.《하나님의 교회개척 배가운동》(요단출판사 역간).
5. 같은 책, p.172.
6. http://en.wikipedia.org/wiki/Social_movement.
7. Stetzer, E. "House Church Report: Excerpts from the Report, 'State of Church Planting in U.S. Today': Prepared for the Leadership Network." Leadership Network (2008).
8. Schwarz and Schalk. *Implementation Guide to Natural Church Development* (Carol Stream,

ChurchSmart Resources, 2003), p.136.《자연적 교회성장 실행지침서》(NCD 역간).
9. 같은 책, p.136.
10. Cole, N. *Search & Rescue: Becoming a Disciple That Makes a Difference* (Grand Rapids, Mich.: Baker Books, 2008), p.77.
11. 같은 책, p.78-79.
12. Surratt, G., Ligon, G., and Bird, W. *A Multi-site Church Road Trip: Exploring the New Normal* (Grand Rapids, Mich.: Zondervan), p.14.
13. 같은 책, p.14.
14. 같은 책, p.210-215.

## 5장 교회 형태는 어떻게 되어 있는가?(1)

1. Myers, J. *Organic Community: Creating a Place Where People Naturally Connect* (Grand Rapids, Mich.: Baker Books, 2007).《유기적 공동체》(SFC 출판부 역간).
2. Watts, D. J. *Six Degrees: The Science of a Connected Age* (New York: Norton, 2003), p.27.《Small World》(세종연구원 역간).
3. Buchanan, M. *Nexus: Small Worlds and the Groundbreaking Science of Networks* (New York: Norton, 2002), p.19.《넥서스》(세종연구원 역간).
4. 첫 번째는 다이애드(dyad)라고 하며, 다른 집단이 더해지지 않고 오직 두 사람만으로 이루어진 것을 말한다. 말하자면 둘로 이루어진 네트워크다. 이 장에서는 간략함과 타당성 문제로 이런 형태에 대한 설명을 배제했지만, 7장에서 그 개념과 중요성을 자세하게 볼 수 있을 것이다.
5. Evan, W. M. "An Organization-Set Model of Interorganizational Relations." In M. Tuite, R. Chisholm, and M. Radnor (eds.), *Interorganizational decision Making* (New Brunswick, Maine: Aldie Transaction, 1972), p.181-200.
6. Arquilla, J., and Ronfeldt, D. "Networks and Netwars: The Future of Terror, Crime,

and Militancy." http://www.rand.org/publications/MR/MR1382/.

7. Hirsch, *The Forgotten Ways*, p.200-202.

8. Arquilla, J., and Ronfeldt, D. "Networks and Netwars", p.9.

9. Cole, *Organic Church*, p.115.

10. 고린도전서 9장 말씀에서 미루어 보면, 다른 사도들은 모두 전적인 후원을 받았으나 바울과 바나바만 후원을 받지 않았던 것 같다.

11. 우리 몸에서 전체 유전자를 가지지 않은 세포는 '생식 세포'뿐이다. 이 세포는 일부러 유전자의 반만을 가짐으로써 다른 개체의 유전자 반쪽과 결합해서 새로운 생명을 탄생시킨다.

## 6장 교회 형태는 어떻게 되어 있는가? (2)

1. Curtis는 그의 유명 저서《불가사리와 거미》가 출판되기 전에 이 비유를 사용했다.

2. Brafman, O., and Beckstrom, R. *The Starfich and th Spider* (New York: Portfolio, 2006), p.144.《불가사리와 거미》(리더스북 역간).

3. 같은 책.

4. 같은 책, p.46-55.

5. 같은 책, p.50-51.

6. Hirsch, *The Forgotten Ways*, p.142-143.

7. McCallum, D., and Lowery, J. *Organic Disciplemaking: Mentoring Others into Spiritual Maturity and Leadership* (Houston, Texas: TOUGH Publications, 2006).

8. 같은 책, p.80.

9. Cole, *Search & Rescue*, p.168-169.

10. 이런 집단이 어떻게 기능하는지 설명하고, 그러한 질문을 포함한 LTG Cards는 다음 홈페이지에서 구입할 수 있다. www.cmaresources.org.

## 7장 대규모 집회도 여는가?


1. Shirky, C. *Here Comes Everybody: The Power of Organizing Without Organizations* (New York: Penguin, 2008), p.17.《끌리고 쏠리고 들끓다》(갤리온 역간).
2. 같은 책, p.16.
3. "How to Design Small Decision Making Groups." http://www.intuitor.com/statistics/SmallGroups.html. © 1996-2001, all rights reserved, 인터넷 방문 일자 2009년 7월 14일.
4. Shirky, *Here Comes Everybody*, p.27-28.
5. 같은 책.
6. Intuitor.com의 연구자들은 작은 결정 내리기 그룹을 통계적으로 조사한 뒤, 다음 결론을 내렸다. "다수결로 결정을 내릴 때 (그룹에 있는) 구성원 다섯 명은 '홀수'라는 이점을 이용한다. 다섯 명으로 이루어진 집단이 만장일치로 결정을 내릴 때는 전체 집단이 99%, 개인적으로는 60% 정확성을 보였으며, 한 사람이 정답을 알고 있더라도 다른 사람들을 설득해서 정답을 확신하게 할 수 있었다. 개인적으로 50% 정도의 정확성을 보인다 해도, 전체 집단은 평균 96.9%의 정확성을 보였다. 다른 사람들이 집단에 들어오더라도 정확성은 더 증가하지 않는다. 그러나 구성원이 많아지면 상호 관계가 일어나는 횟수가 급속히 늘어나므로 집단 관리 문제가 크게 증가되었다."
7. Christopher Allen은 자신의 블로그 "Life with Alacrity"에 올린 "던바 숫자의 과학"이라는 글에서 다음과 같이 말했다. "내 의견으로는 다섯 명이 모였을 때 본격적으로 '팀'이라는 의식이 생겨난다고 본다. 모든 구성원이 한자리에 모여 집단이 하는 일을 이야기할 수 있고 각자의 사기도 크게 높아진다. 그러나 집단의 구성원이 9명에서 12명에 이르면 분열이 일어난다. 모임이 너무 소란하거나 지루하거나 길거나, 이 모든 요소가 합쳐져서 집단의 각 사람에게 고른 관심을 기울일 수 없게 된다." http://www.lifewithalacrity.com/2004/03/the_dunbar_numb.html.
8. Allen, C. "Community by the Numbers, Part One: Group Thresholds." 2008년 9월 28일자로 'Life with Alacrity'라는 블로그에 올린 글에서 발췌. http://www.lifewithalacrity.com/2008/09/group_threshold.html.

9. 이 특이한 홈페이지는 자칭 '얼간이 가족'이라고 하는 사람들이 운영하는데, 흥미로운 문제 안에 들어 있는 숫자를 물리학과 수학적 관점에서 풀어 준다. http://intuitor.com.
10. http://intuitor.com.
11. Allen, "Community by the Numbers."
12. 같은 글.
13. http://hirr.hartsem.edu/research/fastfacts/fast_facts.html#sizecong.
14. Allen, "Community by the Numbers."
15. 같은 글.
16. 물론 Dunbar의 모든 연구는 진화론적 편견에 치우쳐 있다. 그럼에도 그는 인간이 제한된 숫자의 사람과만 관계를 맺을 수 있다는 가설을 충실히 증명하는 데 성공했다.
17. Gladwell은 이것을 '마법의 수 150'이라고 했다. *The Tipping Point: How Little Things Can Make a Big Difference* (New York: BackBay Books, 2002), p.169-192.《티핑 포인트》(21세기북스 역간).
18. Buchanan, *Nexus*.
19. Watts, *Six Degrees*.
20. Watts, D. J. *Small Worlds: The Dynamics of Networks Between Order and Randomness* (Princeton, N. J.: Princeton University Press, 1999).
21. Robb, "The Optimal Size of a Terrorist Network." 2004년 3월 24일 접속. http://globalguerillas.typepad.com/globalgueillas/2004/03/what_is_the_opt.html.
22. http://hirr.hartsem.edu/research/fastfacts/fast_facts.html#sizecong.
23. Dunbar, R. "Coevolution of Neocortical Size, Group Size and Language in Humans." *Behavioral and Brain Sciences* (1993, 16(4)), p.681-735. http://www.bbsonline.org/documents/a/00/00/05/65/bbs00000565-00/bbs.dunbar.html.
24. 같은 글.
25. Allen, "Community by the Numbers."

26. Shirky, *Here Comes Everybody*, p.19-20.
27. Ross Mayfield의 블로그 "Markets, Technology and Musings." http://radio.weblogs.coom/0114726/2003/02/12.html#a284.
28. Gladwell, *The Tipping Point*, p.30-88.
29. Shirky, *Here Comes Everybody*, p.21.

## 8장 전도는 어떻게 하는가?

1. Hirsh, *The Forgotten Ways*, p.18.
2. 같은 책, p.18.
3. 같은 책, p.274.
4. Hirsch, A., & Altclass, D. *The Forgotten Ways Handbook* (Grand Rapids, Mich.: Brazos Press, 2009), p.117-134.
5. 다섯 가지 습관은 첫째, 개척하고 배가한다. 둘째, 전도의 천재적 재능을 개발한다. 셋째, 공동체 사명과 특성을 명심한다. 넷째, 사역 능력을 향상시킨다. 다섯째, 촉매 역할을 한다.
6. Brafman, and Beckstrom, *The Starfich and th Spider*, p.109-131.
7. *Journeys to Significance* (Jossey-Bass)는 출판을 앞둔 나의 책으로, 사도 바울의 선교 여정의 발자취를 따라간다. 이 책은 지도자의 성숙과 전도 은사를 개발하는 과정을 면밀히 파헤친다.
8. 같은 책, p.133.
9. 전도의 천재적 재능을 논한 Hirsch의 책은 성장하는 네트워크의 연결점에 초점을 맞추고 있지만, 나는 수학에서 변이라 부르는 연결점 사이의 고리를 이야기하고 싶다. 두 가지 모두 네트워크가 확장되기 위한 중요한 요소다. 아울러 전도의 천재적 재능을 이루는 일부분이라고 생각한다. 구성원 안에 있는 것은 다른 사람들에게 똑같은 능력으로 퍼져야 그것이 계속 퍼져 나갈 수 있다. 그런 전파력이 이 장의 초점이다.
10. Godin, S. *Tribes: We Need You to Lead Us* (New York: Pengun, 2008), p.23.

11. 이 문제는 우리가 하는 모든 일에 매우 중요한 요소이므로 특별히 이 주제를 중심으로 책을 써야 한다는 생각이 든다. 우선 이 책에서는 몇 가지 새로운 사실을 구체적으로 살펴볼 것이다.
12. Heath, *Made to Stick*, p.16.
13. Godin, *Tribes*, p.79.
14. Godin, S. *Small Is the New Big: And 183 Other Riffs, Rants and Remarkable Business Ideas* (New York: Penguin, 2006).《이제는 작은 것이 큰 것이다》(재인출판사 역간).
15. Gladwell, *The Tipping Point*, p.9.
16. Godin, S. *Unleashing the Idea Virus* (New York: Hyperion, 2001), p.180-183.《아이디어 바이러스》(21세기 북스 역간).
17. Godin, *Tribes*, p.81.
18. Heath, *Made to Stick*, p.16.
19. Gladwell, *The Tipping Point*, p.3-5.
20. Godin, *Unleashing the Idea Virus*, p.43-44.
21. Cole, *Organic Church*, p.xxviii, Sir Walter Moberly "Crisis in the University"에서 발췌.
22. 같은 책, p.159-169.
23. Godin, *Unleashing the Idea Virus*, p.49-51.
24. 나의 책《LTG 삶을 변화시키는 소그룹》과《오가닉 처치》는 캐럴 덕분에 세상에서 더욱 유명해졌다. 아쉽게도 다른 책들은 아직 캐럴의 덕을 보지 못하고 있다.
25. 요한복음은 예수님의 생애를 기록한 책이지만, 다른 공관복음서에 비해 정확한 연대순이 아닌 '주제별'로 기록되었다. 요한은 예수님이 기적을 일으킨 사건들의 순서로 의도적인 배열을 했다. 그가 의도한 순서를 따르는 것이 필수는 아니지만, 그 부분을 참고하면 유익할 것이다.
26. Garrison, *Church Planting Movements*, p.163-164.
27. 나는 이 다섯 가지 원칙을《오가닉 처치》의 한 장 전체를 할애해서 설명했다.
28. Ma, J. *The Blueprint* (Ventura, Calif.: Regal, 2007), p.226-238.《캠퍼스 행전》(WLI Korea 역간).

## 10장 주일학교는 어떻게 하는가?

1. 더 자세한 사항은 다음 홈페이지를 참고하라. Campaignforcare.org와 www.myspace.com/campaign_for_care.

## 11장 이단 문제는 어떻게 하는가?

1. 우리를 비난했던 사람 중 일부는 다른 곳으로 자리를 옮겼다. 다행히 우리는 현재 그 교단 사람들과 좋은 관계를 유지하고 있다.
2. 그 당시 우리의 교회들은 그 교단의 지도자들 사이에서 '팬케이크 교회'로 통했다. 우리가 그런 성찬식을 가르친 것도 아니고, 내가 알기로 그런 성찬식은 더 계속되지도 않았다. 따라서 거짓 가르침이라고 단정하는 것은 분명 과장된 말이다. 판단력이 부족했다고 말할 수는 있으나, 우리를 거짓 교사라고 부르는 것은 터무니없다. 나는 교회가 '가족'이 되어야 한다고 믿으며, 한 가족이 하나의 교회가 되어 교회 개척을 할 수도 있다고 믿는다. 그것을 전혀 이단 교리라고 생각하지 않는다. 그렇다고 모든 핵가족을 교회라고 말하는 것은 아니며, 그렇게 말해 본 적도 없다. 그러나 설령 우리가 그렇게 말했다고 해도, 과연 그것이 잘못된 교리라고 단언할 수 있는가?
3. D. Willard가 2001년 Anaheim Vineyard에서 했던 강의에서 발췌함.
4. 다양한 표현으로 번역된 이 문장은 모라비안 교도 또는 아우구스티누스가 한 말로 추정한다.
5. LTG에 대한 구체적인 사항은 나의 책《Search & Rescue》나《LTG 삶을 변화시키는 소그룹》이나, 다음 홈페이지를 참고하기 바란다. www.cmaresources.org.

## 12장 재정은 어떻게 하는가?

1. Cole, *Organic Leadership*, p.280-292.

1984년에 설립된 리더십 네트워크(Leadership Network)는 능력 있는 기독교 지도자를 발굴, 육성, 지원하여 그 지도력을 최대한 발휘할 수 있도록 도와줌으로써 교회 혁신과 성장을 꾀하는 기독교 사역 단체다.

현대 교회가 처한 문제와 상황에 따라 리더십 네트워크의 사역도 그에 합당한 변화를 모색하고는 있지만, 기본 사역에 있어서는 항상 일관적이고도 검증된 형태를 따르고 있다. 기본 사역이란, 동일한 사역 목표를 세운 진취적인 지도자들을 훈련하는 것을 의미한다. 우리는 교파를 초월하여 지도자들의 연합을 도모함으로써, 각 지도자가 자신의 사역 전략을 분석하고 조율할 수 있는 밑거름이 되어 주며, 참가자 간의 다양한 참여 활동과 대화 및 토론의 장을 만들어 참신한 발상과 쇄신을 이끌어 내는 데 주력한다. 아울러 오디오와 비디오 프로그램을 비롯해 전문 보고서, 전자책, 인터넷 자료 등 정교하고 우수한 자료와 도구를 개발하고 제공하여 교회 사역의 효율성을 높이는 일에 매진한다.

리더십 네트워크의 도움을 받은 오늘날 기독교 지도자들은 활기차고 유능하며 헌신되게 하나님 나라를 건설하는 데 매진하는 주님의 일꾼으로 성장하고 있다.

1996년에는 조시 배스(Jossey-Bass) 출판사와 손잡고 리더십 네트워크 출판사를 세웠다. 그리하여 저명한 사상가들의 연구와 혁신적인 사고를 이 시대에 솔선수범하는 교회들에 제공하게 되었다. 리더십 네트워크에서 발간한 광범위한 훈련 자료들은 독자적인 주제를 기본으로 다음 다섯 가지 영역 가운데 하나, 혹은 그 이상에 초점을 맞추고 있다.

1. 효과적으로 리더십을 발휘하도록 돕는다.
2. 하나님이 주신 사명을 발견하도록 돕는다.
3. 진정한 공동체를 건설하도록 돕는다.
4. 하나님 나라의 가치관을 형성하도록 돕는다.
5. 문화와 특성에 맞는 사역을 개발하도록 돕는다.

리더십 네트워크의 활동과 사역에 대해 더 자세한 정보를 원한다면, 다음 전화번호와 전자우편으로 연락하기 바란다.

Leadership Network
(800) 765-5323 | client.care@leadnet.org

교회 3.0

**지은이** 닐 콜
**옮긴이** 안정임

2012년 10월 4일 1판 1쇄 펴냄
2022년 8월 12일 1판 6쇄 펴냄

**펴낸곳** 도서출판 예수전도단
**출판 등록** 1989년 2월 24일(제2-761호)
**주소** 서울특별시 관악구 신림로7나길 14
**전화** 02-6933-9981 · **팩스** 02-6933-9989
**이메일** ywam_publishing@ywam.co.kr
**홈페이지** www.ywampubl.com

ISBN 978-89-5536-413-2
책값은 뒤표지에 있습니다.